KNU 경북대학교 인문학술원 HK+사업단 자료총서05
INSTITUTE OF HUMANITIES STUDIES

일본목간총람(중)

日本木簡總覽(中)

윤재석 편저

주류성

경북대학교
인문학술원
HK+사업단
자료총서
05

일본 목간 총람 (중)

발 간 처 | 경북대학교 인문학술원 HK+사업단
편 저 자 | 윤재석
저　　자 | 오수문, 하시모토 시게루(橋本繁), 팡궈화(方國花), 김도영
펴 낸 날 | 2022년 1월 31일
발 행 처 | 주류성출판사　www.juluesung.co.kr
서울특별시 서초구 강남대로 435 주류성빌딩 15층
TEL | 02-3481-1024(대표전화)·FAX | 02-3482-0656
e-mail | juluesung@daum.net

이 저서는 2019년 대한민국 교육부와 한국연구재단의 지원을 받아 수행된 연구임
(NRF-2019S1A6A3A01055801).

잘못된 책은 교환해 드립니다.

ISBN　978-89-6246-468-9　94910
ISBN　978-89-6246-463-4　94910(세트)

* 이 책의 일부에는 함초롬체가 사용되었음.

일본목간총람(중)
日本木簡總覽(中)

윤재석 편저

차 례

2) 落合Ⅱ遺跡
3) 胆澤城跡(20次)
4) 胆澤城跡(25次)
5) 胆澤城跡(39次)
6) 胆澤城跡(49次)
7) 胆澤城跡(52次)
8) 胆澤城跡(59次)
9) 道上遺跡

2. 宮城縣
1) 郡山遺跡(15次)
2) 田道町遺跡C地点
3) 多賀城跡外郭南面中央部(8次)
4) 多賀城跡外郭東南隅(11次)
5) 多賀城跡外郭南邊中央部(20次)
6) 多賀城跡外郭東南部地區(24次)
7) 多賀城跡雀山地區南低湿地(34次)
8) 多賀城跡外郭東邊地域南部(38次)
9) 多賀城跡外郭東邊地區(41次)
10) 多賀城跡外郭中央地區南部(44次)
11) 多賀城跡外郭線西邊中央部(47次)
12) 多賀城跡(大畑地區)(60次)
13) 多賀城跡(鴻ノ池地區)(61次)
14) 多賀城跡(鴻ノ池地區)(81次)
15) 多賀城跡(五万崎地區)(83次)
16) 市川橋遺跡(水入地區)
17) 市川橋遺跡(8次)
18) 市川橋遺跡(10次)
19) 市川橋遺跡(24次)
20) 市川橋遺跡(25次)
21) 市川橋遺跡(26次)
22) 市川橋遺跡(27次)
23) 市川橋遺跡(28次)
24) 市川橋遺跡(29次)
25) 市川橋遺跡(37次)
26) 市川橋遺跡(45次)
27) 市川橋遺跡(95年度調査)
28) 市川橋遺跡(97年度調査)
29) 市川橋遺跡(98年度調査)
30) 山王遺跡(八幡地區)(89年度調査)
31) 山王遺跡 1차(93年度調査)
32) 山王遺跡 2차(2차·93年度調査)
33) 山王遺跡(多賀前地區)(3次·94年度調査)

4. 山形縣
  1) 今塚遺跡
  2) 石田遺跡(3次)
  3) 梅野木前1遺跡
  4) 笹原遺跡
  5) 大浦C遺跡
  6) 古志田東遺跡(99年度調査)
  7) 馳上遺跡
  8) 平形遺跡
  9) 山田遺跡(97年度調査)
  10) 山田遺跡(99年度調査)
  11) 興屋川原遺跡(2次)
  12) 城輪柵遺跡(16次)
  13) 堂の前遺跡(9次)
  14) 俵田遺跡(2次)
  15) 新青渡遺跡
  16) 熊野田遺跡(88年度調査)
  17) 三條遺跡(3次)
  18) 大在家遺跡(6次)
  19) 高畠町尻遺跡(3次)
  20) 高畠町尻遺跡(4次)
  21) 道傳遺跡(1次)
  22) 道傳遺跡(2次)
  23) 大坪遺跡(2次)
  24) 上高田遺跡(2次)
  25) 宮ノ下遺跡

5. 福島縣
  1) 門田條里制跡(89年度調査)
  2) 門田條里制跡(92年度調査)
  3) 矢玉遺跡
  4) 東高久遺跡
  5) 荒田目條里制遺構
  6) 荒田目條里遺跡
  7) 小茶円遺跡(92年度調査)
  8) 番匠地遺跡
  9) 根岸遺跡(9次)
  10) 大猿田遺跡(1次)
  11) 大猿田遺跡(2次)
  12) 高堂太遺跡(4次)
  13) 泉廢寺跡(10次)
  14) 泉廢寺跡(陸奧國行方郡衙)(16次)
  15) 泉廢寺跡(陸奧國行方郡衙)(21次)

12. 神奈川縣
　　1) 今小路西遺跡(御成小學校內)(1次)(舊, 今小路周邊遺跡)
　　2) 下曽我遺跡(國學院1次·2次)
　　3) 下曽我遺跡(千代廢寺·下曽我遺跡縣60年度調査)
　　4) 十代南原遺跡第Ⅶ地点(7次)
　　5) 居村B遺跡(本調査)
　　6) 居村B遺跡(3次)
　　7) 本村居村B遺跡(4次)
　　8) 香川·下寺尾遺跡群(下寺尾地區北B地点)
　　9) 西富岡·向畑遺跡
　　10) 宮久保遺跡

13. 新潟縣
　　1) 的場遺跡(89年度調査)
　　2) 的場遺跡(90年度調査)
　　3) 緒立C遺跡
　　4) 大澤谷內遺跡(12次)
　　5) 八幡林遺跡(90年度調査)
　　6) 八幡林遺跡(92年度調査)
　　7) 八幡林遺跡(93年度調査)
　　8) 下ノ西遺跡(2次)
　　9) 下ノ西遺跡(3次)
　　10) 下ノ西遺跡(6次)
　　11) 浦反甫東遺跡
　　12) 箕輪遺跡
　　13) 曽根遺跡
　　14) 野中土手付遺跡(1次)
　　15) 野中土手付遺跡(2次)
　　16) 青田遺跡(立會調査)
　　17) 馬見坂遺跡(1次)
　　18) 七社遺跡
　　19) 空毛遺跡
　　20) 馬越遺跡(99年度調査)
　　21) 馬越遺跡(06年度調査)
　　22) 上田遺跡
　　23) 前波南遺跡(06年度調査)
　　24) 前波南遺跡(07年度調査)
　　25) 三角田遺跡
　　26) 延命寺遺跡(06年度調査)
　　27) 延命寺遺跡(07年度調査)
　　28) 岩ノ原遺跡
　　29) 發久遺跡(88年度調査)
　　30) 發久遺跡(99年度調査)

9) 戸水大西遺跡(4次)

10) 金石本町遺跡(3次)

11) 金石本町遺跡(8次)

12) 金石本町遺跡(9次)

13) 大友西遺跡

14) 磯部カンダ遺跡

15) 神野遺跡

16) 觀法寺遺跡

17) 畝田・寺中遺跡(99年度調査)

18) 畝田・寺中遺跡(01年度調査)

19) 畝田・寺中遺跡(02年度調査)

20) 畝田ナベタ遺跡

21) 中屋サワ遺跡(中屋・福増遺跡群)(01年度調査)

22) 能登國分寺跡(S 190-E 40地區)

23) 吉田C遺跡

24) 漆町遺跡(C地區)

25) 高堂遺跡

26) 淨水寺跡(2次)

27) 指江B遺跡

28) 森ガッコウ遺跡

29) 橫江荘遺跡(テニスコート地區・85年度調査)

30) 橫江荘遺跡(第2次分布調査・88年度調査)

31) 加茂遺跡(4次)

32) 加茂遺跡(5次)

33) 加茂遺跡(6次)

34) 加茂遺跡(05年度調査)

35) 加茂遺跡(町5次)

36) 田中遺跡

37) 森本C遺跡

16. 福井縣

1) 鐘島遺跡(舊, 大森鐘島遺跡)

2) 高塚遺跡

3) 木崎遺跡

4) 西縄手下遺跡(2次)

5) 西太郎丸遺跡

6) 田名遺跡

7) 角谷遺跡(1次・範圍確認調査)

8) 角谷遺跡(2次・本調査)

17. 山梨縣

1) 大坪遺跡

28) 中村遺跡(02年度調査)
29) 大蒲村東Ⅰ遺跡
30) 東前遺跡
31) 鳥居松遺跡(5次)
32) 箱根田遺跡
33) 伊勢堰遺跡
34) 御殿·二之宮遺跡(1次)
35) 御殿·二之宮遺跡(34次)
36) 御子ヶ谷遺跡
37) 秋合遺跡(3次)
38) 郡遺跡(3次·立花F地區)
39) 郡遺跡(4次·立花H地區)
40) 水守Ⅰ遺跡(96年度調査)
41) 坂尻遺跡(2次)
42) 坂尻遺跡(3次)
43) 土橋遺跡(5次)
44) 仲島遺跡
45) 宮ノ西遺跡

21. 愛知縣
1) 志賀公園遺跡
2) 大毛沖遺跡(94G)
3) 勝川遺跡(苗田地區)
4) 下懸遺跡(00年度調査)
5) 下懸遺跡(09年度調査)
6) 惣作遺跡(04年度調査)
7) 惣作遺跡(08年度調査)
8) 大渕遺跡

22. 三重縣
1) 六大A遺跡(95年度調査)
2) 宮の西遺跡
3) 杉垣内遺跡
4) 下郡遺跡
5) 西沖遺跡
6) 伊賀國府推定地(3次)
7) 辻子遺跡(2次)
8) 田丸道遺跡(2次)

23. 滋賀縣
1) 北大津遺蹟
2) 野畑遺跡(2次)
3) 南滋賀遺蹟

28. 奈良縣·飛鳥藤原

1) 藤原宮跡北邊地區
2) 藤原宮跡西邊地區(68年度調査)
3) 藤原宮跡(1次)南面中門地區
4) 藤原宮跡(2次)內裏地區
5) 藤原宮跡(4次)內裏地區
6) 藤原宮跡(5次)西方官衙南地區
7) 藤原宮跡(10次)西南官衙地區
8) 藤原宮跡(11次)內裏西官衙地區
9) 藤原宮跡(18次)北面中門地區
10) 藤原宮跡(18-7次)東面中門南東地區
11) 藤原宮跡東面中門南東地區(19-1次)
12) 藤原宮跡(19-2次)西南官衙地區
13) 藤原宮跡(20次)大極殿院地區
14) 藤原宮跡(24次)東方官衙北地區
15) 藤原宮跡(27次)東面北門地區
16) 藤原宮跡(29次)東方官衙北地區
17) 藤原宮跡(75-13次)東方官衙北地區·東面北門南方地區
18) 藤原宮跡(29-6次)南面西門西方地區
19) 藤原宮跡(34次)西南官衙地區
20) 藤原宮跡(36次)西北官衙地區
21) 藤原宮跡西面中門地區(37次)
22) 藤原宮跡(37-6次)南面西門南西地區
23) 藤原宮跡(41次)東方官衙北地區
24) 藤原宮跡(55次)內裏·內裏東官衙地區
25) 藤原宮跡(58次)內裏·內裏東官衙地區
26) 藤原宮跡(58-1次)西面南門地區
27) 藤原宮跡(59次)西南官衙地區
28) 藤原宮跡(60-20次)南面西門地區
29) 藤原宮跡(61次)內裏東官衙地區
30) 藤原宮跡(67次)內裏東官衙地區
31) 藤原宮跡(69-4次)南面西門地區
32) 藤原宮跡(70次)內裏·內裏西官衙地區
33) 藤原宮跡(71次)內裏東官衙地區
34) 藤原宮跡(72次)西南官衙地區
35) 藤原宮跡(78次)內裏東官衙·東方官衙北地區
36) 藤原宮跡(79次)西方官衙南地區
37) 藤原宮跡(80次)西方官衙南地區
38) 藤原宮跡(82次)西方官衙南地區
39) 藤原宮跡(107次)內裏·朝堂院·朝堂院東地區

83) 四條遺跡(30次)

84) 和田廢寺(3次)

85) 本藥師寺西南隅

86) 山田寺跡(1次)

87) 山田寺跡(4次)

88) 山田寺跡(7次)

89) 山田寺跡(8次)

90) 阿部六ノ坪遺跡

91) 上之宮遺跡(5次)

92) 安倍寺跡(20次)

93) 下茶屋地藏谷遺跡

94) 下田東遺跡(五位堂區劃第5次)

95) 丹切遺跡(3次)

96) 上宮遺跡(14次)

97) 下永東方遺跡(4次)

98) 薩摩遺跡(8次)

99) 飛鳥京跡(28次)

100) 飛鳥京跡(51次)

101) 飛鳥京跡(104次)

102) 飛鳥京跡(111次)

103) 飛鳥京跡(129次)

104) 飛鳥京跡(131次)

105) 飛鳥京跡(152次)

106) 飛鳥京跡苑池(2次)(飛鳥京跡143次)

107) 飛鳥京跡苑池(3次)(飛鳥京跡145次)

108) 飛鳥京跡苑池(4次)(飛鳥京跡147次)

109) 飛鳥京跡苑池(6次)(飛鳥京跡170次)

110) 坂田寺跡(1次)

111) 坂田寺跡(2次)

112) 坂田寺跡(23次)

113) 縣立明日香養護學校遺跡

114) 大官大寺跡(3次)

115) 紀寺跡

116) 小山廢寺東南部(舊, 紀寺跡(1987-1次))

117) 飛鳥寺南方遺跡(84年度調査)(舊, 飛鳥寺南方の調査)

118) 飛鳥寺南方遺跡(1次)

119) 飛鳥寺南方遺跡(3次)

120) 橘寺(1986-1次)

121) 山田道跡(3次)(飛鳥藤原63-14次)

122) 山田道跡(8次)(飛鳥藤原104次)

123) 飛鳥池遺跡(飛鳥寺1991-1次)

124) 飛鳥池遺跡(飛鳥藤原84次)

125) 飛鳥池遺跡(飛鳥藤原93次)

7) 江分遺跡

　　8) 稲城遺跡

　　9) 三田谷Ⅰ遺跡(94年度調査)

　　10) 三田谷Ⅰ遺跡(95年度調査)

　　11) 三田谷Ⅰ遺跡(97年度調査)

　　12) 三田谷Ⅰ遺跡(98年度調査)

　　13) 靑木遺跡(02年度調査)

　　14) 山持遺跡(6區)(7次)

　　15) 白坏遺跡(1次)

　　16) 白坏遺跡(2次)

　　17) 五丁遺跡

　　18) 中尾H遺跡

　　19) 大婦け遺跡

32. 岡山縣

　　1) 肩脊堀の內遺跡

　　2) 川入·中撫川遺跡(法万寺Ⅳ調査區)

　　3) 美作國府跡(縣3次)

33. 廣島縣

　　1) 安芸國分尼寺跡(1次)

　　2) 安芸國分寺跡(12次)

　　3) 安芸國分寺跡(25次)

　　4) 郡山城下町遺跡

　　5) 下岡田遺跡(2次)

34. 山口縣

　　1) 長門國分寺跡(國分寺地區)(81年度調査)

　　2) 長門國分寺跡

　　3) 延行條里遺跡(八幡ノ前地區)(08年度調査)

　　4) 二刀遺跡

　　5) 周防國府跡(47次)

　　6) 周防國府跡(62次)

　　7) 周防國府跡(112次)

　　8) 周防國府跡(121次)

　　9) 周防國府跡(125次)

　　10) 長登銅山跡(90年度調査)

　　11) 長登銅山跡(91年度調査)

　　12) 長登銅山跡(94年度調査 Ⅱ期3年次)(大切ⅡC區4T)

　　13) 長登銅山跡(96年度調査 Ⅲ期1年次)

　　14) 長登銅山跡(97年度調査 Ⅲ期2年次)

22) 九州大學筑紫地區構內遺跡
23) 本堂遺跡(7次)
24) 大宰府跡藏司西地區(4次)
25) 大宰府跡大楠地區(14次·71年度)
26) 大宰府跡學校院地區東邊部(74次)
27) 大宰府跡大楠地區(76次)
28) 大宰府跡不丁官衙地區(右郭五條二坊)(83次)
29) 大宰府跡不丁官衙地區(右郭六條一坊·六條二坊)(85次)
30) 大宰府跡大楠地區(14次補足·83年度)
31) 大宰府跡不丁官衙地區(87次)
32) 大宰府跡不丁官衙地區(90次)
33) 大宰府跡廣丸地區(96次)
34) 大宰府跡不丁官衙地區(98次)
35) 大宰府跡月山東官衙地區(99次)
36) 大宰府跡不丁官衙地區(124次)
37) 觀世音寺跡東邊中央部(119次)
38) 大宰府條坊跡(256次)
39) 大宰府條坊跡(277次)
40) 大宰府條坊跡(289次)
41) 脇道遺跡(1·2次)
42) 國分松本遺跡(11次)
43) 國分松本遺跡(13次)
44) 長安寺廢寺跡(8次)
45) 泊リュウサキ遺跡
46) 松崎遺跡
47) 雨窪遺跡群

40. 佐賀縣
1) 中原遺跡(99年度調査)
2) 中原遺跡(00年度調査)
3) 千堂遺跡
4) 吉野ヶ里遺跡(吉野ヶ里地區Ⅳ區)(87年度調査)
5) 吉野ヶ里遺跡(志波屋四の坪地區)
6) 吉野ヶ里遺跡(志波屋三の坪甲地區)(87年度調査)
7) 中園遺跡(Ⅲ區)
8) 荒堅目遺跡
9) 多田遺跡

41. 長崎縣
1) 原の辻遺跡

42. 熊本縣
1) 北島遺跡群(舊, 北島北遺跡)(99年度立會調査)

발간사

　인류가 문자 생활을 영위한 이래 기록물의 효용성은 단순히 인간의 의사소통과 감성 표현의 편의성 제공에만 머물지 않았다. 각종 지식과 정보의 생산·가공·유통에 기초한 인간의 사회적 존립을 가능케 하고, 축적된 인류사회의 경험과 기억의 전승 수단으로서 역사발전을 추동하는 원천으로 작용하였다. 이 과정에서 기록용 도구는 기록물의 제작과 보급의 정도를 질적 양적으로 결정하는 중요 인자로서, 특히 종이는 인류사회 발전의 창의와 혁신의 아이콘으로 작용하였다. 그러나 인류사에서 종이의 보편적 사용 기간이 약 1천 5백 년에 불과한 점에서 볼 때, 종이 사용 이전의 역사는 非紙質 문자 자료의 발굴과 연구에 의존할 수밖에 없다. 한국·중국·일본 등 동아시아지역에서 공통으로 발굴되는 목간을 비롯하여 이집트의 파피루스와 서양의 양피지 등은 종이 사용 이전 역사 연구의 필수 기록물임은 잘 알려진 사실이다.

　경북대 인문학술원에서 2019년 5월부터 7년간 수행하는 인문한국플러스(HK+) 지원사업의 연구 아젠다인 "동아시아 기록문화의 원류와 지적네트워크 연구"의 주요 연구 대상이 바로 非紙質 문자 자료 중 한국·중국·일본에서 발굴된 약 100만 매의 '木簡'이다. 이들 목간은 기록물 담당자 또는 연구자에 의해 가공과 윤색을 거치지 않은 1차 사료로서 당해 사회의 면면을 고스란히 간직하고 있다. 따라서 목간은 문헌자료가 전해주지 못하는 고대 동아시아의 각종 지식과 정보를 함축한 역사적 기억공간이자 이 지역의 역사와 문화적 동질성을 확인하는 터전이기도 하다. 그런 만큼 목간에 대한 연구는 고대 동아시아세계의 역사적 맥락을 재조명하는 중요한 계기가 될 것이다.

　지금까지의 목간 연구는 주로 문헌자료의 부족으로 인하여 연구가 미진하거나 오류로 밝혀진 각국의 역사를 재조명하는 '一國史' 연구의 보조적 역할을 하거나, 연구자 개인의 학문적 취향을 만족시키는 데 머문 경향이 없지 않았다. 그 결과 동아시아 삼국의 목간에 대한 상호 교차

연구가 미진할 뿐 아니라 목간을 매개로 형성된 고대 동아시아의 기록문화와 여기에 내재된 동아시아 역사에 대한 거시적이고 종합적 연구가 부족하였다. 이에 우리 HK+사업단에서는 목간을 단순히 일국사 연구의 재료로서만이 아니라 고대 동아시아 기록문화와 이를 바탕으로 형성·전개된 동아시아의 역사적 맥락을 再開하고자 한다. 그리고 기존의 개별 분산적 분과학문의 폐쇄적 연구를 탈피하기 위하여 목간학 전공자는 물론이고 역사학·고고학·어문학·고문자학·서지학·사전학 등의 전문연구자와 협업을 꾀하고자 하며, 이 과정에서 국제적 학술교류에 힘쓰고자 한다.

본서는 이러한 연구목표를 달성하기 위한 기초작업으로서, 1900년대 초반부터 지금까지 한중일 삼국에서 발굴된 모든 목간의 형태와 내용 및 출토 상황 등을 포함한 목간의 기본 정보를 망라하여 『한국목간총람』 『중국목간총람』 『일본목간총람』의 세 책에 수록하였다. 이를 통하여 동아시아 목간에 대한 유기적·통섭적 연구를 기대함과 동시에 소위 '동아시아목간학'의 토대가 구축되기를 희망한다. 아울러 본서가 학문후속세대와 일반인들에게 목간이라는 생소한 자료를 이해하는 길잡이가 되기를 바란다. 나아가 이러한 학문적 성과의 나눔이 고대 동아시아세계가 공유한 역사적 경험과 상호 소통의 역량을 오늘날 동아시아세계의 소통과 상생의 에너지로 재현하는 중요한 계기가 되기를 희망한다.

짧은 기간임에도 불구하고 방대한 분량의 원고를 집필해주신 HK연구진에 감사를 드린다. 아울러 본서의 완성도를 높이기 위해 꼼꼼하게 감수와 조언을 아끼지 않으신 한중일 목간학계와 자료 정리 등의 궂은 일을 마다하지 않은 연구보조원들에게도 감사의 마음을 전한다. 그리고 본서의 출간을 포함한 경북대 인문학술원의 HK+연구사업을 지원하고 있는 한국연구재단과 본서의 출간을 흔쾌히 수락해주신 주류성 출판사에 고마움을 표한다.

윤재석
경북대학교 인문학술원장
HK+지원사업연구책임자
2022년 1월

서문

이 책은 경북대학교 HK+사업단 '동아시아 기록문화의 원류와 지적 네트워크 연구'의 일환으로 간행하는 『동아시아 목간 총람』의 일본편이다. 일본열도에서 출토된 고대 목간에 대해 목간이 출토된 유적의 개요와 목간의 출토현황, 목간의 석문 및 내용에 대해 해설하였다.

일본에서는 1961년 나라문화재연구소가 헤이조큐(平城宮)를 발굴하면서 본격적으로 목간이 출토되었다. 이전에도 단편적으로 발견되기는 하였으나 역사 사료로 인식되기 시작한 것은 이 헤이조큐(平城宮)에서 목간이 발견되고 난 이후였다. '郡評論爭' 등 고대사의 과제가 목간으로 해결되는 등 연구가 활발해지면서 1979년 목간학회가 결성되었고 현재까지 목간 조사 및 연구의 중심역할을 하고 있다. 이후 헤이조쿄(平城京)에서 1988년에는 나가야오(長屋王)의 저택지에서 35,000점의 목간이 출토되었고 인근에서도 二條大路 목간 74,000여 점이 출토되는 등 대량의 목간이 연이어 발견되면서 수량이 급증했다. 현재까지 홋카이도에서 오키나와에 이르기까지 전국의 유적에서 총 45만점 이상의 목간이 출토되었으며 그중 70% 이상이 고대의 수도가 있었던 기나이(畿內)에 집중되어 있다.

가장 오래된 목간의 연대는 630년경으로 6세기까지 올라가는 목간은 아직 확인되지 않고 있다. 7세기 후반에 이르면 율령제의 정비와 함께 목간이 증가하며 8세기가 되면 목간이 급증하여 가장 많은 목간이 확인된다. 이후 중세와 근세에 사용한 목간만이 아니라 심지어 20세기에 사용된 목간이 보고되기도 한다. 이 책에서는 본 사업단의 연구 주제와 직접적으로 관련된 일본의 목간을 10세기까지 한정하여 소개하였다.

일본 목간의 연구 성과에 대해서는 지금까지(2021년 12월 현재) 다음과 같은 몇 권의 연구서가 한국에서 번역·소개되었다. 도노 하루유키(이용현 옮김) 『목간이 들려주는 일본의 고대』(주류성 2008년), 이치 히로키(이병호 옮김) 『아스카의 목간 : 일본 고대사의 새로운 해명』(주류성 2014년), 사토 마코토(송완범 옮김)『목간에 비친 고대일본의 서울 헤이조쿄』(성균관대학교 출판부 2017년), 바바 하지메(김도영 옮김)『일본 고대 목간론』(주류성, 2021년) 등이 있다. 또 한국목간학회의 『목간과 문자』에도 일본 목간에 대한 연구논문과 새로이 출토된 자료를 소개하고 있다. 그러나 일본 목간의 전모를 알 수 있는 자료집은 국내에서는 지금까지 출판되지 않았다.

일본에서 출판된 고대 일본의 목간 전모를 알 수 있는 자료집으로 목간학회에 의한 『日本古代木簡選』(岩波書店 1990年), 『日本古代木簡集成』(東京大學出版會 2003年), 그리고 沖森卓也·佐藤信『上代木簡資料集成』(おうふう 1994年) 등이 대표적이다. 이러한 자료집에는 목간 도판과 함께 석문 및 해설이 수록되었다. 이 밖에도 목간학회에서 매년 간행하고 있는 『木簡研究』는 각지에서 출토된 목간을 소개한다.

또 나라문화재연구소는 목간에 관한 많은 데이터베이스를 공개하고 있다. 목간이 출토된 유적에 대해서는 '전국목간출토유적 및 보고서 데이터베이스'에서 2012년까지의 발굴성과를 정리하여 공개하고 있는데 수록된 유적의 수는 1,364곳, 발굴조사 건수는 2,855건에 이른다. 2020년 6월 현재 '木簡庫'는 목간의 종합적인 데이터베이스로 석문, 용도, 형태 등의 다양한 검색이 가능하며 이미지도 참조할 수 있다.

이 책에서는 고대 목간이 출토된 유적을 망라하여 출토된 유적 및 목간의 석문과 내용을 소개한다. 수록된 목간은 약 3,200점에 이른다. 11세기 이후의 것은 제외하였고 목간의 내용이 불분명하거나 문자가 판독되지 않아 내용을 알 수 없는 경우에는 생략하였다. 기본적으로는 위에서 언급한 데이터베이스와 『木簡研究』를 참고하여 집필하였고 일부 보고서를 참조한 것도 있다. 수록된 목간은 각 유적에서 출토된 목간 가운데 대표적인 사례로 한정하였다. 여러 목간이 출토된 경우는 숫자((1) (2) (3)…)로 표기하였는데 이는 연구서 말미에 게재한 "총람 수록 목간 크기 일람표"의 번호와 대응한다. 또 보고서를 바탕으로 한 내용에 대해서는 목간 번호도 기재하고 있다. 석문은 가급적 목간학회의 기재방식을 따르되 원래 세로로 쓴 문자를 가로로 표기하였고 기술적인 문제로 부득이하게 생략하거나 변경한 부분도 있다.

또 독자의 이해를 돕기 위해 첫머리에 일본 목간의 다양한 종류, 목간의 내용과 관련된 용어,

목제품, 대표적인 유적 소개, 고대사 용어, 지도, 연표 등을 추가하였다.

이 연구서는 일본의 고대 목간을 전체적으로 파악할 수 있다는 데에 그 의의가 있다. 데이터베이스를 통해 특정 문자, 특징적인 목간을 검색할 수는 있어도 그 목간의 출토 상황, 출토된 유적의 성격, 공반된 유물에 관해서는 확인하기 어렵다. 이 연구서를 활용하면 유적 속에서 목간을 이해할 수 있을 것이다. 이 연구서를 다양한 분야의 연구자가 참조하여 여러 연구에 도움이 되었으면 한다.

마지막으로 일본 목간 총람의 원고는 HK+사업단의 오수문, 하시모토 시게루, 방국화, 김도영이 집필하였다. 또 총람의 원고를 작성하는데 필요한 자료 수집, 데이터 정리는 우근태, 야마다 후미토, 주지송, 한승희 보조연구원이 수고해주었다.

범 례

고대사 용어는 여러 자료를 참고하였다. 그중에서도 上田正昭 감수 『日本古代史大辭典』(大和書房, 2006년)을 주로 참조하였다.

1. 일본사의 시대구분

繩文(조몬)시대	기원전 14000년경~기원전 10세기
彌生(야요이)시대	기원전 4세기~기원후 3세기 중엽
古墳(고훈)시대	3세기 중엽~7세기
飛鳥(아스카)시대	592~710년
奈良(나라)시대	710~794년
平安(헤이안)시대	794~1185년
鎌倉(가마쿠라)시대	1185~1333년
室町(무로마치)시대	1336~1573년
安土桃山(아즈치모모야마)시대	1573~1603년
江戶(에도)시대	1603~1868년
明治(메이지)시대	1868~1912년
大正(다이쇼)시대	1912~1926년
昭和(쇼와)시대	1926~1989년
平成(헤이세이)시대	1989~2019년
令和(레이와) 시대	2019~현재

2. 목간 판독문의 기호

목간의 판독문에 사용한 기호는 일본 목간학회에서 사용하는 것을 기본으로 하였다(『木簡研究』범례). 각 기호의 의미는 아래와 같다. 일부 생략한 것이 있다.

〔 〕	교정에 관한 주석 가운데 다른 판독 가능성이 있는 글자가 있는 것.
( )	그 이외의 교정이나 설명 주석.
?	주 가운데 의문이 있는 것.
·	목간 앞뒤에 글자가 있는 경우 그 구별을 표시.
「 」	목간 상단 및 하단이 원형이라는 것을 표시한다. 상·하단은 나뭇결 방향을 기준으로 한다.
∨	목간 상단이나 하단에 홈이 있는 것을 표시한다.
○	목간에 뚫린 구멍을 표시한다.
□□□	결실된 글자 가운데 글자 수를 추정할 수 있는 것.
[ ]	결실된 글자 가운데 글자 수를 추정할 수 없는 것.
×	기재 내용으로 보아 글자가 더 있는 것으로 추정되나 결실 등으로 글자가 없어진 것.
『 』	다른 사람이 쓴 것, 즉 이필(異筆)로 생각되는 글자.
=	석문이 길어서 1행을 2행 이상으로 제시할 때 행 끝과 행 머리에 붙인 것.
木	먹을 덧칠하여 지운 자획이 분명한 것.
§	체크했음을 나타냄.
※	묵선(墨線)을 나타냄.
◎	동그라미 또는 이중 동그라미를 나타냄.
▬	JIS코드에 없는 특수한 문자를 나타냄.
～～	말소된 글자이지만, 자획이 분명한 경우에 한해서 원 글자의 아랫부분에 붙인 것.
■	말소에 의해 판독이 곤란한 것.
*	Ⅱ 역사용어이며 해당 부분의 내용을 참조.
【 】	글자의 배열이 역방향임을 표기한 것.

3. 목간의 크기

목간의 크기는 나라문화재연구소에서 공개하고 있는 木簡庫(https://mokkanko.

nabunken.go.jp/kr/ 한국어판 URL임)에 근거하여 일람표를 별도로 작성하였다(본서 말미에 "총람 수록 목간 일람표" 참조). 따라서 일람표에 사용된 기호도 木簡庫와 같다. 다만, 본문의 판독문은 앞의 "2. 목간 판독문의 기호"에 제시된 바와 같이 木簡庫와 약간 다른 부분이 있다. 크기 부분의 기호에 대한 설명은 다음과 같다.

크기는 "길이", "너비", "두께"(단위: 밀리미터)의 3항목으로 나누어져 있다. "길이"는 목간이 기록된 문자의 방향을 기준으로 하였다. 길이에 관한 표현("長邊" 등)뿐만 아니라 높이에 관한 표현("器高" 등)도 포함된다. "너비"에는 폭에 관한 여러 표현("幅"자가 포함된 것, "徑"자가 포함된 것, "外寸"(외부치수)·"內寸"(내부치수))이 포함된다. "두께"에는 "奧行"(안길이)도 포함된다.

1점의 목간이 복수의 단편으로 갈라진 경우, 각 단편의 치수를 항목별로 나누어 " ; "로 연결시켜 표시하였다(ab 등으로 각 부분에 명칭을 단 경우도 있다). 결손이나 2차적인 성형에 의해 원형과 달라진 경우에는 숫자에 ( )를 붙였다. 단,『木簡硏究』에는 2차적인 성형의 경우, ( )를 붙이지 않았다. 본서에서는『木簡硏究』에 게재된 데이터를 그대로 수록하였으므로 이 점에 관해서는 유의하기 바란다. 그리고 삭설의 크기는 표시하지 않았다.

4. 목간의 분류 및 종류

일본 학계에서는 기재 내용을 기준으로 목간을 크게 文書, 付札, 기타의 3종류로 구분한다.

文書는 여러 관청에서 작성된 여러 가지 문서, 記錄, 관인의 書狀 등을 총칭한 말이다. 이는 다시 '협의의 문서'와 '帳簿, 傳票' 등의 기록으로 나눌 수 있다. 협의의 문서란 서식으로 어떤 형태로든 授受 관계를 알 수 있는 것을 말한다. 문서의 발신자와 수신자가 명기되는 것은 물론이며 수신자가 없어도 어딘가에 보냈다는 것을 알 수 있는 어구가 나오는 것도 포함된다. 또 문서의 수수관계가 명기되지 않는 협의의 문서 가운데 물자의 출납에 관해 기록한 것을 장부나 전표라고 한다.

付札은 물건의 내용을 나타내기 위해 붙인 것을 총칭한다. 부찰에는 여러 관청에서 물품을 보관, 정리하기 위해 붙인 '협의의 부찰'과 調·庸·中男作物 등 稅에 붙인 '荷札'이 있다. 후자는 각 지방에서 중앙으로 貢進된 물자에 붙인 것이라는 뜻으로 貢進物付札, 貢進物荷札이라고 부를 때도 있다.

이외에 習書, 落書 등이 있는데, 습서는 문자를 연습하거나 典籍을 학습할 목적으로 글자나 문장을 반복해서 쓴 것이다.

한편 특정한 용도로 쓰인 목간을 아래와 같은 용어로 지칭한다.

1) 過所(가쇼)木簡

관문의 통행허가증. 여행자는 여행 이유, 통과할 관문의 이름, 목적지, 從者, 휴대품 등을 기록하여 신청해야 하고 京職·國司가 발급하였다. 大寶令에서는 목간을 사용하는 것도 인정되었지만 715년에 國印을 찍어야 하므로 목간이 아닌 종이로 만든 過所(가쇼)로 통일되었다.

2) 削屑(삭설)

목간을 재사용하기 위해 표면을 칼로 얇게 깎아 낸 파편이다. 한국에서는 목간 부스러기라고도 하고 중국에서는 削衣라고 하나 본서에서는 일본에서 사용되는 삭설이란 용어를 사용한다.

3) 告知札(고쿠치후다)

유실물, 습득물, 미아 등에 관해서 길을 오가는 불특정 다수의 사람한테 알리기 위해 게시한 목간이며 내용이 '告知'로 시작한다. 형태적 특징은 길이가 1m 정도 되는 장대하고 하단을 뾰족하게 만든 것이 일반적이다.

4) 郡符(군푸)木簡

公式令 符式에 의하여 郡司가 관하의 里 등에 명령할 때 사용한 목간. 일반적인 목간의 길이는 1척(약 30㎝) 정도인데 출토된 군푸 목간은 그의 2배인 2척(약 60㎝)이다. 군푸 목간의 특징은 출토지, 즉 폐기된 장소가 수신자가 있던 곳이 아니라는 점이다. 수신자 즉 명령을 받은 책임자가 소환된 사람들을 데리고 갈 때 목간을 지참하도록 하고 발신자인 郡司의 점검을 받은

후에는 버린 것으로 생각된다.

5) 題籤軸(다이센지쿠)

두루마리 문서 축의 위부분에 문서 내용이나 제목을 쓴 표찰이 있는 것.

6) 呪符(주후)木簡

병이나 재앙을 가져오는 악귀를 막기 위해 도형이나 그림을 그리거나 주문을 쓴 목간.

7) 封緘(후칸)木簡

종이 문서를 보낼 때 타인이 볼 수 없도록 하기 위한 목간이다. 2개로 쪼갠 판자 사이에 문서를 넣고 끈으로 묶어서 그 위에서 '封'자를 써서 열지 못하도록 하였다. 상단과 중앙부에 좌우로 홈을 파고 하부는 좌우를 깎아서 자루처럼 만든다.

5. 목간 내용과 관련되는 용어

1) 具注曆(구추레키)

연월일의 吉凶을 주기한 달력. 陰陽寮의 曆博士가 작성하고 매년 11월 1일에 주상하여 관청에 배포되었다. 月의 大小, 24절기, 72候, 일·월식, 일출·일몰 시각 등을 주기하였다.

2) 急急如律令(규규뇨리쓰료)

도교에서 사용된 呪句이다. 중국 前漢 때 율령에 규정이 있는 사항과 관련해서 명령할 경우에 문서 마지막에 '如律令'이라고 썼는데 後漢 때 도교에서 사용하는 呪符 등에서 저주의 효과가 급속히 나타나도록 이 주구를 쓰기 시작하였다. 고대 일본에 도교는 전래되지 않았으나 도래인들로부터 도교적 신앙(神仙 사상)이나 도교적 주술(도술, 도사법)이 퍼졌다.

3) 萬葉假名(만요가나)

일본어를 표기하기 위해 한자의 음이나 훈을 빌려서 표기한 것. 『萬葉集』에서 많이 사용되었기 때문에 이렇게 불린다. 眞假名(마가나)라고도 한다. 한 글자로 한 음절을 표기하는 것이 기본이다. 이를 초서체로 쓴 것이 平假名(히라가나), 약자체로 쓴 것이 片假名(가타카나)이다.

4) 宣命(센묘)

천황의 명령을 일본어식 문장(宣命體; 센묘타이)으로 쓴 문서. 元日朝賀, 즉위, 改元, 立后, 立太子 의식 등에서 사용되었다. 詔·勅은 한문체로 썼지만 센묘는 용어의 어미나 동사, 조동사 등을 1자 1음의 만요가나로 표기하였다.

5) 蘇民將來(소민쇼라이)

전염병을 막는 신. 『備後國風土記』의 逸文에 의하면 須佐雄神(수사노오노카미)가 하룻밤 숙박하는 것을 청했을 때 부유한 동생인 巨旦將來(고탄쇼라이)가 거절하였으므로 몰락하고 가난한 형인 蘇民將來(소민쇼라이)는 잘 대접하여 띠로 만든 고리를 허리에 달면 전염병에 걸리지 않을 것이라고 가르쳐 주었다. 소민쇼라이 일족은 그 말을 따라 하여 전염병에서 살아남았다고 한다. 지금도 '蘇民將來之子孫'이라고 쓴 護符가 사용되는데 8세기나 9세기 목간이 출토되는 것으로 보아 이러한 신앙이 고대에도 존재했다는 것을 알 수 있다.

6. 목간과 같이 출토되는 목제품

1) 短冊(단자쿠)
글씨를 쓰거나 물건에 매다는 데 쓰는 폭이 좁은 장방형 종이.

ㄱ) 曲物(마게모노)
노송나무나 삼나무로 만든 얇은 판자를 구부려 원형으로 만든 용기.

3) 卒塔婆(소토바)

원래는 梵語 stupa를 음역한 말로 탑을 뜻하지만, 일본에서는 죽은 사람을 공양하기 위해 묘 뒤에 세운 긴 판자인 板塔婆(이타토바)를 뜻하는 경우가 많다. 위쪽 좌우에 五輪塔을 뜻하는 5개 새김을 하고 앞뒤에 梵字, 경문, 戒名, 죽은 날짜 등을 적는다.

4) 繪馬(에마)

神佛에게 기원 혹은 謝恩을 하기 위해 헌납하는 그림의 편액. 원래는 말을 헌상했는데 나중에 말을 그린 그림을 사용하게 되었다. 말이나 소를 산 제물로 하는 습속은 고훈시대 유물이나 『日本書紀』, 『續日本紀』, 『風土記』에 확인된다. 『續日本紀』에는 祈雨를 할 때나 止雨를 빌 때 올렸다는 기록이 있다. 고대 유적에서도 에마가 출토되어 일찍부터 이러한 풍습이 있었다는 것을 알 수 있다.

5) 齋串(이구시)

신에게 제사를 지낼 때 사용하는 꼬챙이. 비쭈기나무나 대나무로 만드는데, 삼 등을 걸어서 신에게 바치거나, 제사를 지내는 자리를 둘러싸서 경계로 하는 등 용도가 다양하다.

6) 籌木(주기)

배변의 뒤처리를 하는 나무 조각. 일회용 나무젓가락처럼 만든 것이 일반적인데 도성이나 관청 유적에서는 목간을 쪼개서 사용한 것이 많이 출토된다.

7) 檜扇(히오기)

노송나무나 삼나무로 만든 얇고 긴 판자를 묶어서 만든 부채.

8) 人形(히토가타)

나무, 짚, 대나무, 종이 등으로 사람 모습을 만들고 행사나 주술에서 사용한 것. 고대에는 금속으로 만든 것도 있으나 주로 나무판자를 사용하였다. 장난감이나 감상용 人形은 '닌교'라고 부른다. 사람의 더러움이나 재앙을 히토가타에 맡기고 바다나 하천에 흘려보내는 것으로 신령이 드는 依代(요리시로)로 사용되었다. 배 모양으로 만든 舟形(후나가타), 말 모양으로 만든 馬形(우마가타), 새 모양으로 만든 鳥形(도리가타)도 있다.

24. 京都府

1) 平安宮跡內酒殿·釜所·侍從所跡

1. 이름 : 헤이안쿄 터 내 술집, 아궁이, 시종소 터
2. 출토지 : 京都府(교토부) 京都市(교토시)
3. 발굴 기간 : 1995.10~1996.5
4. 발굴 기관 : (財)京都市埋藏文化財硏究所
5. 유적 종류 : 궁전·관아, 근세도시
6. 점수 : 4

7. 유적과 출토 상황

이번 조사지점은 內裏(天皇이 사는 대궐)의 동쪽에 접하는 관아에 해당한다.

목간은 헤이안시대 우물에서 출토되었다. 우물은 조사구 동단에서 확인되었다. 平安宮 유적에서는 처음 확인된 사례이다. 우물의 규모는 동서 약 5.3.m, 남북 약 5.8m, 바닥 깊이는 약 6.9m이다. 우물 내에서 목간 1점과 토기가 출토되었다.

8. 목간

```
                      人別四升 弘仁元年十月十八日
「內酒殿 夫弍人料飯捌升
                       山作      大舍人□□〔安?〕□」
```

弘仁원년(810)으로 보아 우물의 축조연대는 810년 이후이고, '內酒殿'이 平安宮에 소재한 것으로 보아 문헌사료에서 확인되는 '內酒殿'의 처음으로 발견된 연대(元慶5년, 881년)보다 약 70년 소급되어 '內酒殿'이 존재한 것임을 알 수 있다. 또 목간의 내용과 여러 『宮城圖』를 참고하면 '內酒殿'은 우물이 확인된 곳에 소재하였을 가능성이 크다고 생각된다.

9. 참고문헌

辻裕司 「京都·平安宮內酒殿·釜所·侍從所跡」(『木簡硏究』18, 1996年)

京都市埋文研『平成7年度 京都市埋藏文化財調査概要』1997年

辻裕司「平安宮の井戸」(京都市埋文研·京都市考古資料館『リーフレット京都』No.100, 1997年4月)

木簡學會編『日本古代木簡集成』東京大學出版會, 2003年

2) 平安京跡左京三條一坊十町

1. 이름 : 헤이안쿄 터 좌경3조1방10정
2. 출토지 : 京都府(교토부) 京都市(교토시)
3. 발굴 기간 : 2000.1
4. 발굴 기관 : (財)京都市埋藏文化財研究所
5. 유적 종류 : 도성
6. 점수 : 1

7. 유적과 출토 상황

아파트 건설에 따른 입회조사이다. 조사지는 平安京 左京 三條一坊十町에 있으며 八町을 차지하는 神泉苑의 중앙에 해당한다. 굴삭공사에 앞서 지반개량이 이루어졌으므로 대부분의 지점에서 유구의 확인이나 층서는 확인할 수 없었다. 부분적으로 90~130㎝ 사이에 습지 모양을 띠는 실트층(모래와 찰흙의 중간 굵기인 흙)이 확인되었으며 여기서 목간이 1점 출토되었다.

8. 목간

「□□□」

위쪽 좌우에 홈을 새겼을 가능성이 크다. 앞면에 세 근자가 확인되고 뒷면에는 글자가 확인되지 않는다.

9. 참고문헌

京都市文化市民局『京都市內遺跡立會調査槪報 平成12年度』2001年

菅田薫「京都·平安京跡左京三條一坊十町」(『木簡研究』23, 2001年)

3) 平安京跡左京三條二坊十町(堀河院跡)

1. 이름 : 헤이안쿄 터 좌경3조2방10정(호리카와인 터)
2. 출토지 : 京都府(교토부) 京都市(교토시)
3. 발굴 기간 : 2006.12~2008.3
4. 발굴 기관 : (財)京都市理藏文化財硏究所
5. 유적 종류 : 도성, 근세도시
6. 점수 : 4

7. 유적과 출토 상황

유적은 元城異中學校의 부지로 시립고등학교 이전정비사업에 따른 발굴조사이다. 조사지는 平安京 左京三條二坊十町이다. 조사 결과 헤이안시대 堀河院の池의 2곳을 확인하였다. 목간은 헤이안시대 후기의 유구인 池1570에서 총 2점 출토되었다.

8. 목간

　(1)

「方上」

　(2)

「釣二丈　□〔丈?〕行二□〔丈?〕」

‘方上’은 越前國 今立郡 方上莊으로 殿下渡領 四牧藏의 하나이다. ‘釣’도 近江國栗太郡의 莊

園이므로 모두 장원과 관련된 목간임을 알 수 있다.

9. 참고문헌

京都市埋文研 『平安京左京三條二坊十町(堀河院)跡』 (京都市埋藏文化財研究所發掘調査報告 2007-17) 2008年

丸川義廣 「京都・平安京跡左京三條二坊十町(堀河院)」 (『木簡研究』 31, 2009年)

4) 平安京跡左京四條一坊一町(2次)

1. 이름 : 헤이안쿄 터 좌경4조1방1정(2차)
2. 출토지 : 京都府(교토부) 京都市(교토시)
3. 발굴 기간 : 1992.11~1993.4
4. 발굴 기관 : (財)京都市埋藏文化財研究所
5. 유적 종류 : 도성
6. 점수 : 14

7. 유적과 출토 상황

조사지는 平安京 左京 四條一坊一町에 위치하며 서쪽으로 주작대로에 접한다. 조사는 초등학교 건물의 재건축공사에 앞서 이루어졌으며 4개의 구를 설정하였다. 확인된 유구는 크게 헤이안시대 전기와 후기로 나누어지며 목간은 헤이안시대 전기 9세기대의 유구인 제2, 제3트렌치에서 출토되었다. 목간은 총 6점 출토되었는데 3점은 자연유로, 3점은 園池에서 출토되었다.

8. 목간

(1)

・「□沙賀我太雲朗□具不祢乃都□〔久?〕」

・「□□母□難□□□ 　□　　□　　　　　」

하단이 깎여 있으며 人形에 가까운 형태이다. 뒷면의 2번째 문자는 변이 '示'이다.

(2)

・「□□□〔返抄?〕 □□〔納籠?〕□荒□□　　〔　〕　　　」

・「　　　　　　　　　　　十四年十月十□日〔　〕　　」

(3)

　　　　　　　　□三升
　　　　　　　　　　斗

・「□□□□□…　　□□〔　〕　□〔　〕　」

・「　　　　　　　×月廿六日史生□□人麻×

(4)

・「朱雀院炭日記

　　□十一年五月十三日始」

・朱雀院炭日記

　　□十一年五月十三日始」

약간 대형의 제첨으로 축부는 결실되었다. 2행의 첫 번째 글자는 알 수 없으나 공반된 토기 가운데 '十日年'은 承知11년(844), 貞觀11년(869)으로 생각된다. '炭日記'가 어떤 문서였는지 알 수 없으나 朱雀院은 이번 조사지와 주작대로를 사이에 두고 서쪽에 존재한 後院이므로 이곳이 朱雀院과 관련 깊은 시설이 존재한 것을 시사한다.

9. 참고문헌

網伸也「木簡」(古代學協會·古代學研究所『平安京提要』角川書店, 1994年)

京都市埋文研『平成4年度 京都市埋藏文化財調查槪要』1995年

南孝雄「京都·平安京跡左京四條一坊一町」(『木簡研究』17, 1995年)

木簡學會編『日本古代木簡集成』東京大學出版會, 2003年

5) 平安京跡左京八條三坊二町(2次)

1. 이름 : 헤이안쿄 터 좌경8조3방2정(2차)

2. 출토지 : 京都府(교토부) 京都市(교토시)

3. 발굴 기간 : 1984.7~1984.11

4. 발굴 기관 : 平安博物館

5. 유적 종류 : 도성

6. 점수 : 11

7. 유적과 출토 상황

본 유적은 新京都센터빌딩 부지 서쪽에 해당한다. 이번 조사에서는 주로 헤이안시대 전기~중기의 溝, 가마쿠라시대의 옹관묘와 목관, 토광묘 등이 확인되었다. 목간은 헤이안시대 溝에서 발견되었다. 溝는 크게 3층으로 나눌 수 있는데 목간은 이 가운데 중층에서 출토되었다. 공반된 유물로는 다량의 토기 외에 人形, 빗, 나막신 등 목제품과 목재편, 동물뼈, 식물 유체 등이 있다. 공반 유물로 보아 9세기대의 것으로 생각된다.

8. 목간

(1)

「三月十九日」

(2)

·「山代□

・「六年□〔十?〕月□□

9. 참고문헌

定森秀夫·古代學協會『平安京左京八條三坊二町─第2次調査』(平安京跡研究調査報告16)1985年

定森秀夫「京都·平安京左京八條三坊二町」(『木簡研究』7, 1985年)

木簡學會編『日本古代木簡選』岩波書店, 1990年

網伸也「木簡」(古代學協會·古代學研究所『平安京提要』角川書店, 1994年)

⑥ 平安京跡左京九條二坊十三町

1. 이름 : 헤이안쿄 터 좌경9조2방13정
2. 출토지 : 京都府(교토부) 京都市(교토시)
3. 발굴 기간 : 1984.5~1984.9
4. 발굴 기관 : ㈶京都市埋藏文化財研究所
5. 유적 종류 : 도성, 근세도시
6. 점수 : 100

7. 유적과 출토 상황

十三町의 중앙부에서 서부에 걸쳐 町內의 1/4 정도 면적을 조사했다. 헤이안시대 전기에서는 油小路 동측 溝, 町內의 중앙을 남북으로 흐르는 유로, 이 동쪽에 못과 같은 유구가 확인되었다. 목간은 齋串, 人形, 漆器, 나막신 등과 함께 폭 16m, 깊이 45㎝의 유로에서 출토되었다.

8. 목간

(1)

・「[   ] □□□□

・「知明日寅□〔時?〕參

(2)

・尓尓尓尓

・□尓尓尓

9. 참고문헌

梅川光隆「京都・平安京左京九條二坊十三町」(『木簡研究』7, 1985年)

京都市埋文研『平安京跡發掘資料選(二)』1986年

京都市埋文研『昭和59年度 京都市埋藏文化財調査概要』1987年

(著者不明)「生活の中の木簡」(京都市埋文研・京都市考古資料館『リーフレット京都』 No.33, 1991年10月)

7) 平安京跡右京三條一坊三町

1. 이름 : 헤이안쿄 터 우경3조1방3정
2. 출토지 : 京都府(교토부) 京都市(교토시)
3. 발굴 기간 : 1996.10~1996.12
4. 발굴 기관 : ㈶京都市埋藏文化財硏究所
5. 유적 종류 : 도성・관아, 근세 흙채취구멍
6. 점수 : 4

7. 유적과 출토 상황

JR二條驛 주변 토지구획정비 사업에 따른 조사이다. 조사지는 平安京右京三條一坊三町에 해당한다. 조사를 통해 초석건물, 굴립주건물, 책열, 토갱, 우물, 溝 등이 확인되었다. 목간은 '弘仁七年'(816년)명의 제첨축으로 조사구 중앙부근에서 확인된 습지상의 구멍 SK466에서 출토되었다. 공반유물로 연질색도기와 9세기 전반의 하지키가 있다.

8. 목간

- 「□□〔一三?〕□□

  弘仁七年

- 「□□〔一三?〕□□

  弘仁十年

9. 참고문헌

京都市埋文研『平成8年度 京都市埋藏文化財調查槪要』1998年

伊藤潔 「京都·平安京跡右京三條一坊三町」(『木簡研究』20, 1998年)

8) 平安京跡右京三條一坊六町(17次)

1. 이름 : 헤이안쿄 터 우경3조1방6정(17차)
2. 출토지 : 京都府(교토부) 京都市(교토시)
3. 발굴 기간 : 2002.1~2002.2
4. 발굴 기관 : (財)京都市埋藏文化財研究所
5. 유적 종류 : 도성
6. 점수 : 1

7. 유적과 출토 상황

조사는 JR二條驛 주변의 구획정리사업에 의해 이루어졌다. 조사지는 平安京右京三條一坊六町의 서단부에 위치하는 '拾芥抄'右京圖에서 右大臣藤原良相의 邸宅'西三條第'로 여겨지는 곳이며 주변 조사에서 건물과 못 등 헤이안시대 유구가 확인되었다. 조사 결과 9세기 초두와 9세기 후반인 두 시기의 유구가 확인되었다. 목간은 이 가운데 9세기 후반의 상층 池埋土 속에서 1점이 출토되었다. 공반된 토기의 연대는 870년에서 900년경에 해당한다.

8. 목간

· 「齊衡四年三條

　　『我我□』

· 「院正倉帳

齊衡4년(857)의 紀年이 있는 제첨축이다. 齊衡4년은 2월 21일에 天安으로 개원되어 改元과 거의 동시기에 西三條第의 주인, 藤原良相가 右大臣이다. 正倉에 대해서는 六町에 북접하여 穀倉院이, 동접에는 右京織이 존재하므로 관아시설과 관련된 것으로 생각되나 이곳은 西三條第의 추정지 가운데 하나이므로 이와 관련되었을 가능성도 부정할 수 없다.

9. 참고문헌

京都市埋文研 『平安京右京三條一坊三·六·七町跡』(京都市埋藏文化財研究所發掘調查概報 2001-5) 2002年

山口眞 「京都·平安京跡右京三條一坊六町」(『木簡研究』25, 2003年)

京都市埋文研 『平安京右京三條一坊六·七町跡ー西三條第(百花亭)跡』(京都市埋藏文化財研究所發掘調查報告2011-9) 2013年

丸川義廣 「京都·平安京跡右京三條一坊六町(第二五號)·釋文の訂正と追加」(『木簡研究』35)

9) 平安京跡右京三條一坊六町(西三條第跡)

1. 이름 : 헤이안쿄 터 우경3조1방6정(니시산죠다이 유적)
2. 출토지 : 京都府(교토부) 京都市(교토시)
3. 발굴 기간 : 2008.10~2008.11
4. 발굴 기관 : 有限會社古代文化調査會
5. 유적 종류 : 도성
6. 점수 : 3

7. 유적과 출토 상황

조사지는 平安京右京三條一坊六町에 위치한다. '拾芥抄' 소장 西京圖에는 六町에 '西三條'라고 쓰여 있는데 이는 右大臣 藤原良相(813~867)의 저택인 '西三條第'로 여겨진다. 목간은 古·新 두 시기가 있는 연못 중 新期에 해당하는 곳에서 2점 출토되었다. 공반된 토기는 9세기 후반에 속한다.

8. 목간
　(1)
赤參升阿古屎□
　상·하단이 결실되었다. 赤은 赤米를 가리키는 것으로 보인다. '阿古屎'는 인명으로 그 아래에도 글자가 있었을 것이다.
　(2)
□〔見?〕見
　상단이 결실되었다.

9. 참고문헌

古代文化調査會『平安京右京三條一坊六町・壬生遺跡―西三條第(百花亭)跡』2009年

家崎孝治「京都・平安京跡右京三條一坊六町」(『木簡研究』32, 2010年)

10) 平安京跡右京三條二坊八町

1. 이름 : 헤이안쿄 터 우경3조2방8정
2. 출토지 : 京都府(교토부) 京都市(교토시)
3. 발굴 기간 : 1986.12~1987.3
4. 발굴 기관 : (財)京都市埋藏文化財研究所
5. 유적 종류 : 도성
6. 점수 : 1

7. 유적과 출토 상황

조사지는 平安京右京三條二坊八町의 동1~3행, 북4, 5문에 위치한다. 확인된 유구는 헤이안 시대 전기부터 중기의 귀족 택지 일부로 보이는 굴립주건물과 그 남쪽에 연접해 만들어진 石組 유구, 우물, 하천 등이다. 목간은 하천 충적토 상층에서 출토되었다.

8. 목간

「南無光明眞言」

말뚝모양 목제품의 상단 약 2.5㎝에서 깎은 길이 25.5㎝, 폭 4.5㎝의 단면에 묵서하였다.

9. 참고문헌

木下保明「京都・平安京右京三條二坊八町」(『木簡研究』9, 1987年)

京都市埋文研『昭和61年度 京都市埋藏文化財調查概要』1989年

網伸也「木簡」(古代學協會·古代學硏究所『平安京提要』角川書店, 1994年)

11) 平安京跡右京四條四坊十六町(10次)

1. 이름 : 헤이안쿄 터 우경4조4방16정(10차)

2. 출토지 : 京都府(교토부) 京都市(교토시)

3. 발굴 기간 : 2003.1~2003.3

4. 발굴 기관 : (財)京都市埋藏文化財硏究所

5. 유적 종류 : 도성

6. 점수 : 1

7. 유적과 출토 상황

조사는 도로개축공사에 따른 것이다. 조사지는 平安京右京四條四坊十六町에 위치한다. 이 조사를 통해 야요이시대 토갱, 주혈군, 고훈시대 전기의 토갱, 고훈시대 중기의 수혈주거지, 헤이안시대 유로 등이 확인되었다. 목간은 헤이안시대 유로에서 1점 출토되었다. 공반된 토기는 헤이안시대 전기에 속한다.

8. 목간

「□　□　□　□」

상단은 규두상으로 깎여 있으며 하단부는 수평이다. 왼쪽 변은 일부 결실되었다. 표면 상태가 좋지 않아 육안으로 글자의 흑적을 확인하기 어렵다. 글자 또는 기호가 네 글자 있으나 판독은 어렵다.

9. 참고문헌

京都市埋文研『平安京跡右京四條四坊十五町·十六町跡』(京都市埋藏文化財研究所發掘調査概報2002-4) 2003年

近藤章子「京都·平安京跡右京四條四坊十六町」(『木簡研究』32, 2010年)

12) 平安京跡右京五條一坊二·三町

1. 이름 : 헤이안쿄 터 우경5조1방2/3정
2. 출토지 : 京都府(교토부) 京都市(교토시)
3. 발굴 기간 : 2006.8~2006.12
4. 발굴 기관 : (財)京都市埋藏文化財研究所
5. 유적 종류 : 도성
6. 점수 : 8

7. 유적과 출토 상황

조사는 JR山陰線 고가공사에 따른 발굴조사이다. 조사지는 平安京京五條一坊의 동쪽에 해당한다. 이번 五條一坊二·三町 조사에서는 헤이안시대 전기의 洲浜과 연못이 확인되었다. 연못 속에서 헤이안시대 전기의 토기와 기와, 화폐, 목제품이 출토되었다. 목제품 가운데 판독할 수 있는 목간이 2점 확인되었다.

8. 목간

· 「□〔道?〕樣文內可行米一斛八斗四升」

　　　　　　　人別二升
· □料米六斗　　　　　　　　功錢一貫

六合人別二夕　　　　　　　人別六合 ×
　　　　　醴一斗八升

상하가 결실되었다. 食料, 功錢 지급에 관한 기록이다. 앞면의 米二升은 성인남자 하루분의 표준지급료이다. 대상자 30명에 일률조건으로 하루치의 지급이 이루어진 것을 알 수 있다.

'六合人別二夕'은 상단부가 결실되었으나 지급량이 쌀의 1/100이므로 소금의 지급으로 보아도 문제없다.

한편 공전에 관한 기재는 총액 부분의 '一貫'의 아래가 결실되어 내용을 확정할 수 없다. 다만 대상자 30인, 총액 一貫 이상 二貫 미만이므로 인별지급액은 34~66文임을 알 수 있다. 나라시대 유사한 사례와 비교하여 고액이며 인플레이션이 진행된 9세기 중엽의 사회 상황을 반영한다.

9. 참고문헌

京都市埋文研『平安京跡·御土居跡』(京都市埋藏文化財研究所發掘調査報告2006-18) 2007年
加納敬二「京都·平安京跡右京五條一坊一~四町」(『木簡研究』30, 2008年)

13) 平安京跡右京五條一坊六町

1. 이름 : 헤이안쿄 터 우경5조1방6정
2. 출토지 : 京都府(교토부) 京都市(교토시)
3. 발굴 기간 : 1986.3
4. 발굴 기관 : ㈶京都市埋藏文化財研究所
5. 유적 종류 : 도성
6. 점수 : 1

7. 유적과 출토 상황

조사는 주택 겸 공장 건축에 따른 입회조사다. 조사 결과 동남쪽 방향으로 완만한 경사가 있는 늪 형태의 토층을 확인하였다. 단편적인 토층 관찰이므로 불분명한 부분이 많으나 나무조각이 섞여 있는 것을 확인하였다. 조사지는 五條一坊六町과 근접한 곳이며 목간은 연못 모양의 구덩이에서 출토되었다. 공반된 토기는 9세기로 생각된다.

8. 목간

「 [   ]」

목간 하단부는 삼각형으로 가공되어 있다. 몇 글자가 쓰여 있는 것 같으나 판독할 수는 없다.

9. 참고문헌

京都市文化市民局『京都市內遺跡試掘立會調査槪報 昭和61年度』1986年

久世康博「京都・平安京右京五條一坊六町」(『木簡研究』9, 1987年)

網伸也「木簡」(古代學協會・古代學研究所『平安京提要』角川書店, 1994年)

14) 平安京跡右京五條一坊六町

1. 이름 : 헤이안쿄 터 우경5조1방6정
2. 출토지 : 京都府(교토부) 京都市(교토시)
3. 발굴 기간 : 1999.5
4. 발굴 기관 : (財)京都市埋藏文化財研究所
5. 유적 종류 : 도성
6. 점수 : 1

7. 유적과 출토 상황

조사는 아파트 건설공사에 따른 입회조사이다. 조사지는 右京五條一坊六町의 동측 중앙부에 위치한다. 조사 결과 부지 중앙부에서 서측 전역에서 연못 모양의 유구가 확인되었다. 이 유구에서 하지키, 고배, 옹, 스에키, 목간 등이 출토되었다. 목간은 조사지 서쪽 끝의 연못 모양 유구의 최하층인 회색 진흙의 점토층에서 출토되었다.

8. 목간

· 「細工所飯肆×

· 「　大原

목간의 형태는 상단이 규두상이며 하부는 둥근 형태이다. 앞면은 長岡京에서 출토된 '考所飯肆升' 등과 같은 형식의 請飯文書로 생각된다. '細工所'는 귀족의 가정기관과 관련된 시설로 상정된다.

9. 참고문헌

京都市文化市民局『京都市內遺跡立會調査槪報 平成11年度』2000年
竜子正彦「京都·平安京跡右京五條一坊六町」(『木簡硏究』22, 2000年)

15) 平安京跡右京六條三坊六町

1. **이름** : 헤이안쿄 터 우경6조3방6정
2. **출토지** : 京都府(교토부) 京都市(교토시)
3. **발굴 기간** : 2004.4~2004.6
4. **발굴 기관** : (財)京都市埋藏文化財研究所
5. **유적 종류** : 도성

6. 점수 : 2

7. 유적과 출토 상황

본 조사는 입회시설건설에 따라 실시되었다. 조사지는 六町의 남서부에 해당하며 조사 결과 굴립주건물, 우물 등이 확인되었다. 여기서 보고하는 인명이 묵서된 남녀 한 쌍의 人形은 우물 SE1에서 출토되었다. 우물 SE1은 조사 북구 서부에 있는 건물 SE1의 남쪽 10m 떨어진 곳에서 확인되었다. 人形은 우물에서 확인된 4개의 층 가운데 제3층인 회갈색의 점질토에서 출토되었다. 우물에서 출토된 토기류의 연대는 9세기 초로 비정된다.

8. 목간
(1)
「葛井福万呂

葛井福万呂」

남성상의 人形. 인명은 왼쪽과 오른쪽 가슴에 한 줄씩 묵서되어 있다. 복부 하단부에 묵서 후 깎았다. 하나의 목재를 깎아 사람이 서 있는 모습을 표현하였으며 다리는 약간 휘어 있다. 어깨는 뒤쪽으로 휘어 있다. 頭部에 눈, 코, 입을 표현하였다. 흑색으로 머리카락, 구레나룻, 수염 등이 표현되었다.

(2)
「桧前阿古□□」

여성상의 人形. 인명이 가슴부에서 복부에 걸쳐 묵서되어 있다. 어깨는 표현되지 않았다.

'葛井', '桧前'은 모두 하급관인을 배출한 도래계의 씨족이므로 이 목간이 출토된 지점이 하급관인의 거주지로 비정된다. 남녀 인명이 묵서된 人形은 平安京과 平安京內에서도 출토된 사례가 있으나 이 사례와 같이 입체형으로 제작된 것은 없다. 손이 뒤로 묶인 것으로 보아 이 人形은 남녀의 화합과 애마이로 제작된 것이 아니라 呪貝로 사용된 것으로 생각된다.

9. 참고문헌

南孝雄·原山充志「呪詛の人形」(京都市埋文研·京都市考古資料館『リーフレット京都』No.201, 2005年10月)

京都市埋文研『平安京右京六條三坊六町跡』(京都市埋藏文化財研究所發掘調査概報2004-2) 2004年

南孝雄「京都·平安京跡右京六條三坊六町」(『木簡研究』27, 2005年)

16) 平安京跡右京六條三坊七·八·九·十町

1. 이름 : 헤이안쿄 터 우경6조3방7/8/9/10정
2. 출토지 : 京都府(교토부) 京都市(교토시)
3. 발굴 기간 : 2000.11~2001.10
4. 발굴 기관 : (財)古代學協會·古代學研究所
5. 유적 종류 : 도성
6. 점수 : 13

7. 유적과 출토 상황

조사지는 교토시가지 서남쪽, 해발 24m 정도의 충적지에 위치한다. 조사범위는 동서 약 160m, 남북 약 190m이며 조사 면적은 20,880㎡에 달한다. 목간은 하천1에서 1점, 연못 상의 구덩이에서 3점, 그 외는 하천2에서 출토되었다.

8. 목간

「∨讚岐國苅田郡白米

讚岐國 苅田郡에서 온 백미의 하찰. 하단은 결실되었다. 상부 좌우에 홈이 있다. 苅田郡는

讚岐國의 최서단 郡으로 북쪽은 瀬戸内海에 면한다. '延喜式' 民部下에 쌀을 運京하는 國 가운데 讚岐國이 확인된다.

9. 참고문헌

堀内明博「京都·平安京右京六條三坊七·八·九·十町」(『木簡研究』24, 2002年)

堀内明博「京都·平安京跡右京六條三坊(第二四號)·釋文の訂正と追加」(『木簡研究』30, 2008年)

17) 平安京跡右京七條二坊十二町(西市外町)

1. **이름** : 헤이안쿄 유적 우경6조1방13정(니시 시외 마을)

2. **출토지** : 京都府(교토부) 京都市(교토시)

3. **발굴 기간** : 1977.10~1978.4

4. **발굴 기관** : (財)京都市埋藏文化財研究所

5. **유적 종류** : 도성

6. **점수** : 4

7. 유적과 출토 상황

西市 유적의 발굴조사는 지하공동매설구의 건설에 따른 조사로 1977년부터 실시하였다. 목간이 출토된 트렌치는 西大路七條의 교차점 내에 있으며 헤이안시대 전기부터 가마쿠라시대의 여러 유구가 중복되어 확인되었다. 헤이안시대의 유구는 우물 2기, 溝, 토갱, 제사유구 등이며 목간은 우물SE20에서 3점, 최하층 유물포함층에서 1점 출토되었다.

8. 목간

SE20

(1)

「∨承和五千文安繼

(2)

・「∨承和六貫文」

・「∨勘有名　　」

하찰목간으로 우물 내에서 출토되었다. 트렌치 전체에서는 208매의 皇朝十二錢이 출토되었으며 和同開珍부터 乾元大寶까지 확인되었다. 이로 보아 위 목간은 市의 성격을 잘 나타내는 유물로 볼 수 있다.

9. 참고문헌

百瀬正恒「京都·平安京西市跡」(『木簡研究』1, 1979年)

京都市埋文研·京都市考古資料館『平安京跡發掘資料選』1980年

京都市『史料京都の歷史 2考古』平凡社, 1983年

木簡學會編『日本古代木簡選』岩波書店, 1990年菅田薫「東西の市」(京都市埋文研·京都市考古資料館『リーフレット京都』No.65, 1994年6月)

網伸也「木簡」(古代學協會·古代學研究所『平安京提要』角川書店, 1994年)

18) 平安京跡右京七條二坊十四町

1. 이름 : 헤이안쿄 터 우경7조2방14정

2. 출토지 : 京都府(교토부) 京都市(교토시)

3. 발굴 기간 : 1989.4

4. 발굴 기관 : ㈜京都市埋藏文化財研究所

5. 유적 종류 : 도성

6. 점수 : 1

7. 유적과 출토 상황

조사지는 平安京右京七條二坊十四町에 해당하며 西市의 外町에 접한 곳이다. 건물기초공사에 따른 입회조사를 실시한 결과 지표 아래 0.8m에서 암연색 모래층을 확인하였다. 이 토층을 잘라 연못에 충적된 구덩이를 확인하였다. 목간은 연못의 하층에서 출토되었다.

8. 목간

· 「□□□其宿　□□□□□」

· 「[　　　　　　　]　　　」

앞면 첫 번째 글자는 '苓' 또는 '一令'일 가능성이 있다. 두 번째 글자는 貝偏, 세 번째 글자는 '朮', 또는 '大'일 가능성이 있다. 뒷면은 묵흔이 보이나 글자 수를 확인할 수 없다.

9. 참고문헌

京都市文化觀光局『京都市內遺跡試掘立會調查槪報 平成元年度』1990年

久世康博「京都·平安京右京七條二坊十四町」(『木簡研究』12, 1990年)

菅田薫「東西の市」(京都市埋文研·京都市考古資料館『リーフレット京都』No.65, 1994年6月)

網伸也「木簡」(古代學協會·古代學研究所『平安京提要』角川書店, 1994年)

19) 平安京跡右京八條二坊二町(2次)

1. 이름 : 헤이안쿄 터 우경8조2방2정(2차)
2. 출토지 : 京都府(교토부) 京都市(교토시)
3. 발굴 기간 : 1985.8~1985.10
4. 발굴 기관 : (財)京都市理藏文化財研究所
5. 유적 종류 : 도성
6. 점수 : 97

7. 유적과 출토 상황

조사지점은 二町의 서단 및 西靱負小路에 해당하며 西市의 동남쪽에 인접한다. 초등학교 부지내 시설개축에 따른 사전조사를 실시하였다. 조사 결과 西靱負小路 및 四行八門制에 의한 一町內의 구획 溝로 생각되는 남북, 동서방향의 溝 등이 확인되었다. 유물은 각 유구에서 토기, 목기, 수입도자기, 기와, 화폐, 뼈 등이 출토되었다. 목간 및 삭설은 구획 溝에서 15점, 유로에서 13점, 西靱負小路 서측 溝에서 1점, 삭설은 구획 溝에서 63점, 유로에서 5점 등 97점 출토되었다.

8. 목간

　(1)
□藥供□〔進?〕其事甚重
□□皇□□〔大子?〕□□皇□
　(2)
□〔寧?〕□不不寧受不從有道道道□〔道?〕道
□藥供進其事甚重　　□　　　　┘

9. 참고문헌

辻裕司「京都·平安京右京八條二坊二町」(『木簡研究』8, 1986年)

京都市埋文研『昭和60年度 京都市埋藏文化財調査槪要』1988年

木簡學會編『日本古代木簡選』岩波書店, 1990年

網伸也「木簡」(古代學協會·古代學硏究所『平安京提要』角川書店, 1994年)

沖森卓也·佐藤信『上代木簡資料集成』おうふう, 1994年

20) 平安京跡右京八條二坊二町(立會調査)

1. 이름 : 헤이안쿄 터 우경8조2방2정(입회조사)
2. 출토지 : 京都府(교토부) 京都市(교토시)
3. 발굴 기간 : 1986.7
4. 발굴 기관 : (財)京都市埋藏文化財硏究所
5. 유적 종류 : 도성
6. 점수 : 1

7. 유적과 출토 상황

조사는 빌딩건설공사에 따른 입회조사이다. 조사지는 북접하는 七條초등학교 교지 내에서 2차에 걸친 조사에 의해 확인되었다. 이전 대량의 목간이 池沼狀유구에서 출토되었는데, 조사결과 池沼狀유구의 연장부가 확인되었다. 출토된 유물은 하지키, 스에키 외에 목제품이 있으며 헤이안시대 전기로 비정된다.

8. 목간

「六」

편평한 목재의 상단부에서 약 1.3㎝ 아랫부분에 홈이 있으며 하부는 둥글게 깎았다. 頭部에 묵서가 확인된다.

9. 참고문헌

京都市埋文研『京都市內遺跡試掘立會調査槪報 昭和61年度』1986年

久世康博「京都·平安京右京八條二坊二町」(『木簡硏究』9, 1987年)

網伸也「木簡」(古代學協會·古代學硏究所『平安京提要』角川書店, 1994年)

21) 平安京跡右京八條二坊二町(3次)

1. 이름 : 헤이안쿄 터 우경8조2방2정(3차)
2. 출토지 : 京都府(교토부) 京都市(교토시)
3. 발굴 기간 : 1993.12~1994.4
4. 발굴 기관 : (財)京都市埋藏文化財硏究所
5. 유적 종류 : 도성
6. 점수 : 60

7. 유적과 출토 상황

유적은 京都市立초등학교 부지 내에 입지한다. 조사지점은 平安京右京八條二坊二町의 거의 중앙서단에 해당한다. 이곳은 平安京의 西市의 外緣에 전개하는 市外町에 남접하는 위치에 해당한다. 목제품으로는 공구, 방직구, 운반구, 수렵구, 복식구, 용기, 식사구, 문구 등이 출토되었다.

목간은 釋文을 할 수 없는 것과 묵흔이 없는 부찰목간 등 총 60점이 출토되었다.

8. 목간

(1)

・「納物弐種　　　紙廿三帖　裏料
　　　　　　　　庸布一端　　　」
・「延暦廿四年五月十九日記秋穂」

공납물은 종이와 庸布였는데, 庸布는 종이 23帖을 감싸는 給料로 할당되었을 것이다. 뒷면에는 기년이 적혀 있는데 토기형식에서 연대를 부가하는 것과 함께 二町西半에서 택지조성 및 조성부지가 延暦24년(805) 이전에 이루어진 것을 나타낸다.

(2)

・「買進上米壹斛伍斗直錢壹貫肆佰伍拾文
・「□浜私買附上鶏一隻直錢京上報□〔納？〕七月×

문서목간으로 진상목간이다. 한 면에는 쌀과 그 가치, 다른 면에는 닭 한 마리와 그 가치의 지불 방법으로 생각되는 기술이 있다.

(3)

・「謹解　申請借錢事　　　　　　　　」
・「　　　　　　　　□□□□〔十九年三?〕」

빚을 청구하는 내용으로 出擧錢의 실태를 나타내는 목간이다.

9. 참고문헌

網伸也「木簡」(古代學協會・古代學研究所『平安京提要』角川書店, 1994年)

京都市埋文研『平成4年度 京都市埋藏文化財調査概要』1995年

辻裕司「京都・平安京跡右京八條二坊二町」(『木簡研究』17, 1995年)

木簡學會編『日本古代木簡集成』東京大學出版會, 2003年

22) 平安京跡右京八條二坊八町(西市外町)

1. 이름 : 헤이안쿄 터 우경8조2방8정(西市外町)
2. 출토지 : 京都府(교토부) 京都市(교토시)
3. 발굴 기간 : 1987.12~1988.2
4. 발굴 기관 : (財)京都市埋藏文化財硏究所
5. 유적 종류 : 도성
6. 점수 : 4

7. 유적과 출토 상황

平安京右京八條二坊八町의 거의 중앙에 위치하며 平安京 西市外町으로 추정되는 장소이다. 조사지의 층의 순서는 10층으로 대별할 수 있다. 목간은 8층에서 대량의 하지키, 도자기 등과 함께 4점 발견되었다.

8. 목간

　(1)
・「坂上殿□〔東?〕收　　」
・「□□十四年　　　　　」

제첨축이다. 뒷면의 '十四年'의 위는 연호인지 불분명하다.

　(2)
・「　　　　□職

　　□□鳥鳥□〔鳥?〕職職式式」
・「[　　　　　]成成成□□」

앞면에 흑칠이 도포되어 있다. 笏 또는 扇의 미완성품일 가능성이 있다.

9. 참고문헌

京都市文化觀光局·京都市埋文研『平安京跡發掘調査概報 昭和62年度』1988年

菅田薫「京都·平安京西市外町」(『木簡研究』12, 1990年)

京都市埋文研『昭和62年度 京都市埋藏文化財調査概要』1991年

網伸也「木簡」(古代學協會·古代學研究所『平安京提要』角川書店, 1994年)

23) 嵯峨院跡(史跡大覚寺御所跡)

1. 이름 : 사가노인 터(사적 다이카쿠지지 황궁터)

2. 출토지 : 京都府(교토부) 京都市(교토시)

3. 발굴 기간 : 1988.7~1988.9

4. 발굴 기관 : 宗教法人大覚寺

5. 유적 종류 : 궁전·사원

6. 점수 : 25

7. 유적과 출토 상황

大覚寺는 京都분지 서북부의 嵯峨野에 위치해 있다. 이 嵯峨院은 9세기 후반에 大覚寺가 되었다. 제1차~제4차 조사에서는 名古曽瀧跡 남측의 자갈 깔린 호안에서 헤이안시대~중세까지 물을 끌어 쓴 흔적(길이 약 40m)을 발견하였다. 또 그 남동쪽에서 대량의 헤이안시대의 유물(기와류, 녹유도기 등)을 포함한 大溝와 이 大溝에서 大澤池로 물이 빠지는 배출구 등을 발굴하였다. 제5차 조사는 상기 大澤池의 배출구 상류(북)부분을 발굴하였다. 또 이 하수구에서는 유물이 대량으로 출토되었으며 현재 정리 작업 중이다. 주로 출토된 유물은 목간 21점·묵서토기 십수점 외, 녹유도기·토기류·기와류·목제품 등 박스 40개 분량이다.

목간은 전부 하수구의 흑색점토층에서 출토되었으며 함께 출토된 토기의 편년에 의해 9세기 전반의 것으로 추정된다. 하지만 안타깝게도 전부 절손·부식이 두드러지고, 적외선 카메라로 겨우 판독이 가능한 상태다.

8. 목간

   (1)

藥用所

   약 관련 관사(官司)에 관계된 목간일 가능성이 크다.

   (2)

御厩請□〔飯?〕

   사가노인(嵯峨院)의 가정기관과 관계가 있을지도 모른다.

   (3)

□廣□

   (4)

等料

   □□□□〔納?〕物

   (5)

·   □

   子嶋□□

·   小□〔廣?〕□

   (6)

右□明

   (7)

·□衆料□

·□□弍□□〔拾?〕

9. 참고문헌

宗教法人大覚寺『史跡 大覚寺御所跡發掘調査概報』1986年

磯野浩光「京都・嵯峨院跡(史跡大覚寺御所跡)」(『木簡研究』11, 1989年)

奈文研『奈良國立文化財研究所年報1989』1990年

網伸也「木簡」(古代學協會・古代學研究所『平安京提要』角川書店, 1994年)

舊嵯峨御所大覚寺『史跡 大覚寺御所跡發掘調査報告－大澤池北岸域復原整備事業に伴う調査』1997年

24) 壬生寺境內遺蹟

1. 이름 : 미부데라 케이다이 유적
2. 출토지 : 京都府(교토부) 京都市(교토시)
3. 발굴 기간 : 1990.7~1990.9
4. 발굴 기관 : ㈶元興寺文化財研究所
5. 유적 종류 : 도성
6. 점수 : 10

7. 유적과 출토 상황

壬生寺境內遺蹟은 교토시의 거의 중앙인 壬生寺 경내 서측에 위치한다. 平安京 조방복원에서 말하는 左京五條一坊二町에 해당한다. 헤이안시대에 속하는 유물로 東側溝와 그 주변에서 人形, 齋串 등 목제품과 스에키, 하지키, 인면묵서토기, 토마, 말 뼈등 제사유구와 기와 등이 출토되었다.

8. 목간

「蘇民□〔将?〕   □〔孫?〕」

상부는 규두 모양이며 양측에 홈이 있다. 하부는 비스듬히 깎여 있으며 하단부 오른쪽 반 정도는 결실되었다.

처음 두 글자는 蘇民으로 판독할 수 있으며 다음 글자는 묵흔으로 보아 将, 또 그 아래 글자 는 孫일 가능성이 있다. '將來子孫'이라는 단어를 추정할 수 있다. 이 蘇民将來札은 헤이안시대 역병신 신앙의 전개를 생각하는 데 귀중한 자료이다.

9. 참고문헌

岡本廣義「壬生寺境內遺跡發掘調査の槪要」(『元興寺文化財硏究』37, 1991年)

岡本廣義「壬生寺境內遺跡出土の蘇民将來札」(『元興寺文化財硏究』38, 1991年)

岡本廣義「京都·壬生寺境內遺跡」(『木簡硏究』13, 1991年)

北野信彦「壬生寺境內遺跡出土の漆器資料」(『元興寺文化財硏究』40, 1992年)

木簡學會編『日本古代木簡集成』東京大學出版會, 2003年

元興寺文化財硏究所『平安京左京五條一坊二町(壬生寺境內)一老人ホーム(ウェルエイジ壬 生)建設に伴う發掘調査報告書』2011年

25) 河守遺蹟(3次)

1. 이름 : 고모리 유적(3차)
2. 출토지 : 京都府(교토부) 福知山市(舊, 加佐郡大江町)(후쿠치야마시)
3. 발굴 기간 : 1997.11~1998.3
4. 발굴 기관 : 大江町敎育委員會
5. 유적 종류 : 조리유구

6. 점수 : 1

7. 유적과 출토 상횡

河守遺蹟은 大江町 중심에 있는 河守 길의 동측에 위치하며 由良川 좌안의 해발 9~11m 충적지에 있다. 조사는 포장정비공사에 다른 것으로 조사 결과 현재 자갈이 깔린 논의 둑(條里畦畔)이 동서 약 15m, 남북 약 70m에 걸쳐서 확인되었다.

출토유물은 스에키의 파편이 많으며 條里畦畔에서 헤이안시대 초기의 스에키가 출토되었다. 목간 1점은 條里畦畔 옆의 8~9세기 스에키 파편을 많이 포함한 회색점질토층에서 출토되었다.

8. 목간

津丸一段

목간은 상하 양단, 좌우 양 측면이 결실되었다. 묵흔이 옅고 육안으로 판독이 불가능하다.

9. 참고문헌

大江町教委 『河守北遺跡·河守遺跡』 (大江町文化財調査報告書5) 1998年

松本學博 「京都·河守遺跡」 (『木簡研究』 21, 1999年)

26) 里遺蹟

1. 이름 : 사토 유적(1차·C구)
2. 출토지 : 京都府(교토부) 綾部市(아야베시)
3. 발굴 기간 : 1990.4~1990.6
4. 발굴 기관 : ㈶京都府埋藏文化財調査研究センター
5. 유적 종류 : 취락

6. 점수 : 1

7. 유적과 출토 상황

里遺蹟은 綾部市街地의 북쪽 약 1.5㎞, 由良川의 북안 해발 40m 전후의 저위단구 상에 입지한다. 본 조사는 府道건설에 따른 것으로 교토부 토목 건축부의 의뢰를 받아 실시하였다. 조사결과 유적의 주요 범위는 단구 중앙의 평탄면을 중심으로 동서 100m 이상, 남북 100m전후로 추정된다. 유구로는 야요이시대 중기 溝를 비롯하여 고훈시대 후기의 고분, 나라시대 굴립주건물, 우물, 토갱, 헤이안시대 말부터 가마쿠라시대 굴립주건물, 토갱, 우물 등이 확인되었다. 목간은 단구 緣邊部에 패인 동서방향의 溝에서 출토되었으며 10세기 스에키와 공반되었다.

8. 목간

· 「在□   ×

· 「□   ×

장방형의 판재를 사용한 목간이다. 하단부가 결실되어 원래 형태를 알기 어렵다. 판독할 수 있는 글자는 在뿐이어서 내용이 명확하지 않다.

9. 참고문헌

京都府埋文調査研究センター『京都府遺跡調査概報』41, 1991年

田代弘「京都·里遺跡」(『木簡研究』13, 1991年)

27) 千代川遺蹟

1. 이름 : 지요카와 유적(13차) (87년도 조사)
2. 출토지 : 京都府(교토부) 龜岡市(가메오카시)

3. 발굴 기간 : 1987.5~1988.2

4. 발굴 기관 : (財)京都府埋藏文化財調査研究センター

5. 유적 종류 : 관아·취락

6. 점수 : 1

7. 유적과 출토 상황

千代川遺蹟은 龜岡盆地 서북부의 行者山 북동쪽 기슭에 위치한다. 조사 결과 각 시대의 건물과 溝 등 유구 외에 유물도 다수 출토되어 적어도 조몬시대 후기부터 가마쿠라시대에 걸쳐 굉장히 장기간에 걸쳐 존속한 취락유적임을 알 수 있었다.

발견된 유구는 나라·헤이안시대의 굴립주건물 3동, 溝 2조, 우물 1기 등이며 묵서토기와 목간이 출토되었다. 목간은 자연유로에서 출토되었다.

8. 목간

「∨承和七年三月廿五日」

비교적 큰 판재를 사용하였다. 뒷면은 깎인 흔적이 명확하며 또 글자가 쓰였던 것으로 생각되나 묵흔을 확인할 수 없었다.

9. 참고문헌

京都府埋文調査研究センター『京都府埋藏文化財情報』28, 1988年

土橋誠「千代川遺跡」(『木簡研究』10, 1988年)

木簡學會編『日本古代木簡選』岩波書店, 1990年

28) 長岡宮跡北邊官衙(宮31次)

1. 이름 : 나가오카큐 터 북변 관아(궁 31차)
2. 출토지 : 京都府(교토부) 向日市(무코시)
3. 발굴 기간 : 1970.4~1970.5
4. 발굴 기관 : 京都府教育委員會
5. 유적 종류 : 궁전·관아
6. 점수 : 1

7. 유적과 출토 상황

조사지는 長岡宮 北邊 관아에 위치한다. 長岡宮期의 유구로 북서쪽에서 동남쪽으로 흐르는 폭 5.6m의 작은 하천, 조사지 동북부의 직경 100m 이상의 늪, 굴립주건물 1동이 확인되었다. 작은 하천에서 長岡宮 제1호 목간, 흑서 목제품, 人形, 齋串, 나무 망치, 칠기 등이 발견되었다.

8. 목간

「∨八條四甕納米三斛九斗」

'八條四'는 전후 좌우에 늘어선 甕의 가로 8열, 4번째 위치를 나타낸다. '三斛九斗'는 1석 5 두 6승으로 長岡京期에 사용된 스에키 大甕의 한 형식이 이 용량이다. 右京七條二防五町에서 스에키 大甕을 안치한 흔적으로 추정되는 원형 구덩이가 존재하는 대규모 건물지가 확인되어 이 목간의 표기를 뒷받침한다.

9. 참고문헌

京都府教委『埋藏文化財發掘調査概報1971』1971年
向日市教委『長岡京木簡一』(向日市埋藏文化財調査報告書15) 1984年
木簡學會編『日本古代木簡選』岩波書店, 1990年

清水みき「京都・長岡宮跡(北邊官衙)」(『木簡研究』15, 1993年)

29) 長岡宮跡北邊官衙(宮33次)

1. 이름 : 나가오카큐 터 북변 관아(궁 33차)
2. 출토지 : 京都府(교토부) 向日市(무코시)
3. 발굴 기간 : 1970.7~1970.8
4. 발굴 기관 : 京都府教育委員會
5. 유적 종류 : 궁전·관아
6. 점수 : 1

7. 유적과 출토 상황

조사지는 長岡宮 北邊官衙 남당 중앙에 위치한다. 후기 건물에 후세 토갱모양 유구가 있어 그 안에서 용도를 알 수 없는 이형철기와 함께 목간 1점이 출토되었다. 유구의 시기는 확실하지 않다.

8. 목간

「□□□□[   ]」

길이 61㎝ 막대형 목제품 상부에 묵서한 것이며 판독은 어렵다.

9. 참고문헌

京都府教委『埋藏文化財發掘調査概報1971』1971年
向日市教委『長岡京木簡一』(向日市埋藏文化財調査報告書15) 1984年
清水みき「京都・長岡宮跡(北邊官衙)」(『木簡研究』15, 1993年)

30) 長岡宮跡東邊官衙(宮87次)

1. 이름 : 나가오카큐 터 동변 관아(궁 87차)
2. 출토지 : 京都府(교토부) 向日市(무코시)
3. 발굴 기간 : 1978.10~1978.12
4. 발굴 기관 : 向日市教育委員會
5. 유적 종류 : 궁전·관아
6. 점수 : 2

7. 유적과 출토 상황

조사지는 長岡宮 동변북부에 해당한다. 목산은 소사시 중잉을 북시에서 동남으로 흐르는 폭 10m, 깊이 0.6m의 溝에서 확인되었다. 溝는 총 3층으로 나뉘는데 목간은 그 가운데 2층에서 2점 확인되었다.

8. 목간

「人物志三卷」

완형품으로 완성도가 높다. 한자는 해서이며 가운데 상단부에서 5㎜ 내려 온 곳에 2.5㎜의 구멍이 뚫려 있다.

9. 참고문헌

向日市教委『向日市埋藏文化財調査報告書』5, 1979年

山中章「京都·長岡宮·京跡」(『木簡研究』1, 1979年)

向日市教委『長岡京木簡一』(向日市埋藏文化財調査報告書15) 1984年

木簡學會編『日本古代木簡選』岩波書店, 1990年

沖森卓也·佐藤信編『上代木簡資料集成』おうふう, 1994年

31) 長岡宮跡東邊官衙(宮125次)

1. 이름 : 나기오기큐 디 동변 관아(궁 125차)
2. 출토지 : 京都府(교토부) 向日市(무코시)
3. 발굴 기간 : 1982.7~1982.9
4. 발굴 기관 : (財)京都府埋藏文化財調查研究センター
5. 유적 종류 : 궁전·관아
6. 점수 : 4

7. 유적과 출토 상황

조사지는 長岡宮 동변관아지구에 해당하며 平安京 大內裏圖에서는 '左近衛府'의 위치에 해당한다. 조사 결과 조사지 서측에서 溝 2조, 서측 溝의 양안을 따라 구덩이 8개가 발견되었다. 이 溝에서는 長岡宮期의 스에키, 하지키 등 토기 파편과 기와 파편, 목간이 1점 출토되었다.

8. 목간

```
                            [  ]□知國背千嶋
「四月十二日御田□[        ]
                            家人四人              」
```

溝의 埋土 상층에서 출토되었다. 단책형을 띠며 가운데서 반으로 부러졌다. 묵서는 비교적 잘 남아 있다. 중앙부에 적힌 문자는 희미하여 판독할 수 없다.

'四月十二日'로 기재가 시작되므로 문서목간으로 분류된다.

'家人'에 대해서는 여러 설이 있는데 良民을 가리키며 가족의 성원이나 귀족의 家令, 종자를 나타낸다는 설이 유력하다.

9. 참고문헌

京都府埋文調查研究センター 『京都府遺跡調查槪報』8, 1983年

土橋誠「京都·長岡宮跡」(『木簡研究』10, 1988年)

向日市埋文センター·向日市教委『長岡京木簡二』(向日市埋藏文化財調查報告書35) 1993年

32) 長岡宮跡北邊官衙(南部)(推定大藏)(宮141次)

1. 이름 : 나가오카큐 터 북변 관아(남부) (추정 오오쿠라) (궁 141차)

2. 출토지 : 京都府(교토부) 向日市(무코시)

3. 발굴 기간 : 1983.11

4. 발굴 기관 : 向日市教育委員會

5. 유적 종류 : 궁전·관아

6. 전수 : 2

7. 유적과 출토 상황

조사지는 長岡宮 북변관아지구의 남부이다. 조사는 공공시설 신축에 따른 사전조사이다. 조사 결과 옛 지표 아래 0.5m에서 長岡宮시대의 늪 형태의 유구가 확인되었다. 목간은 늪 형태의 충적토에서 2점 출토되었다. 공반된 유물로는 하지키, 스에키, 曲物 등이다.

8. 목간

· ×道郡胡麻油一斗七升五合」

· 延曆八年十一月七日   」

상단이 결실되었다. 참기름을 貢進한 하찰이며 中男作物의 하찰로 추정된다. ×道郡이라는 군단위로 貢進된 것도 이를 뒷받침한다. 一斗七升五合은 12.6리터로 甕 하나의 용량으로 생각된다. 이는 中男 1000인분의 공납양에 해당한다.

9. 참고문헌

清水みき「京都·長岡宮·京跡」(『木簡研究』6, 1984年)

向日市埋文センター·向日市敎委『向日市埋藏文化財調査報告書』29, 1990年

向日市埋文センター·向日市敎委『長岡京木簡二』(向日市埋藏文化財調査報告書35) 1993年

33) 長岡宮跡北邊官衙(北部)(宮200次)(殿長遺跡)

1. 이름 : 나가오카큐 터 북변 관아(북부) (궁 200차) (도노나카 유적)

2. 출토지 : 京都府(교토부) 向日市(무코시)

3. 발굴 기간 : 1987.10~1987.12

4. 발굴 기관 : 向日市教育委員會

5. 유적 종류 : 궁전·관아

6. 점수 : 4

7. 유적과 출토 상황

조사지는 宮의 북단중앙에 위치한다. 조사 결과 북변관아의 구체적인 모습을 보여주는 유구 등이 확인되었다. 목간은 총 4점이 출토되었다. 3점은 SB20000에 동접하는 남북 溝SD20005의 남단부, 1점은 SX20010에서 출토되었다.

8. 목간

(1)

「陰陽寮解　申×

단책형. 문서목간으로 용건을 쓴 부분이 결실되었다. 뒷면에 묵흔이 3글자 정도 보이며 깎아서 재사용하였다.

(2)

「∨靑鄕中男作物海藻六斤」

　靑鄕은 若狹國遠敷郡靑鄕. '延喜式'에 若狹國의 中男作物 품목으로 海藻가 적혀 있다.

9. 참고문헌

向日市敎委『向日市埋藏文化財調査報告書』24, 1988年

秋山浩三·渡邊博·淸水みき「京都·長岡宮·京跡」(『木簡硏究』10, 1988年)

木簡學會編『日本古代木簡選』岩波書店, 1990年

向日市埋文センター·向日市敎委『長岡京木簡二』(向日市埋藏文化財調査報告書35) 1993年

木簡學會編『日本古代木簡集成』東京大學出版會, 2003年

34) 長岡宮跡東邊官衙·左京二條二坊一町(宮210次)

1. 이름 : 나가오카큐 터 동변 관아(궁 210차)

2. 출토지 : 京都府(교토부) 向日市(무코시)

3. 발굴 기간 : 1988.5~1988.8

4. 발굴 기관 : (財)向日市埋藏文化財センター

5. 유적 종류 : 궁전·관아·도성

6. 점수 : 1

7. 유적과 출토 상황

　長岡京 유적은 山城분지의 서남부에 위치한다. 조사 결과 東一坊大路 溝 SD21013, 21003을 확인하였다. 목간은 溝 SD21013 중층에서 1점이 출토되었다. 공반유물로는 기와, 목기, 스에키, 하지키, 습서묵서토기, 화폐 등이 있다.

8. 목간

- 白米五斗　□〔俵?〕□□□□[　　　]　　　」
- □〔延?〕曆八年四月廿九日　　　　　　」

9. 참고문헌

向日市埋文センター·向日市教委『向日市埋藏文化財調査報告書』25, 1989年

中塚良·山中章·國下多美樹·清水みき「京都·長岡宮·京跡」(『木簡研究』11, 1989年)

向日市埋文センター·向日市教委『長岡京木簡二』(向日市埋藏文化財調査報告書35) 1993年

35) 長岡宮跡北邊官衙(南部)(推定大藏)(宮301次)

1. 이름 : 나가오카큐 터 북변 관아(남부)(추정대장)(궁 301차)
2. 출토지 : 京都府(교토부) 向日市(무코시)
3. 발굴 기간 : 1995.5~1995.7
4. 발굴 기관 : (財)向日市埋藏文化財センター
5. 유적 종류 : 궁전·관아
6. 점수 : 13

7. 유적과 출토 상황

조사지는 해발 16m에 위치하며 長岡宮 북쪽 관아의 남부에 해당한다. 확인된 유구로 東一坊坊間西小路 동측 溝와 굴립주건물 등이다. 溝 SD30121은 폭 1m, 깊이 0.2~0.3m로 총 3층으로 나누어진다. 목간은 이 가운데 2층에서 나무 조각, 스에키, 하지키 등 토기와 함께 출토되었다.

8. 목간

  (1)
「□□□」
  (2)
「□」
  (3)
「□」
  (4)
「□」

네 점 모두 삭실로 문자를 판독할 수 없다.

9. 참고문헌

向日市埋文センター·向日市教委『向日市埋藏文化財調査報告書』43, 1996年

松田留美·清水みき「京都·長岡宮跡」(『木簡研究』18, 1996年)

36) 長岡宮跡(北苑)(宮316次)

1. 이름 : 나가오카큐 유적(호쿠엔) (궁 316차)

2. 출토지 : 京都府(교토부) 向日市(무코시)

3. 발굴 기간 : 1995.10~1997.1

4. 발굴 기관 : (財)向日市埋藏文化財センター

5. 유적 종류 : 관아·도성

6. 점수 : 1

7. 유적과 출토 상황

조사지는 해발 18m의 범람원에 위치하며, 北京極大路와 朝堂院中軸 宮內 道路가 교차하는 부근이다. 교차점의 북동쪽에 해당하는 제2조사구에서는 長岡京期의 溝 3조, 연못 형태의 유구 1기, 굴립주건물 1동 등이 확인되었다.

목간은 동서 溝SD31620에서 1점 출토되었으나 작은 편이기 때문에 판독할 수 없다. 같은 溝에서 '福'이 쓰여진 묵서토기가 출토되었다.

8. 목간

「[   ]」

9. 참고문헌

向日市理文センター 『長岡宮「北苑」寶幢遺構』(向日市埋藏文化財調査報告書66) 2005年
梅本康廣·中島信親·佐藤直子 「京都·長岡宮跡」(『木簡研究』28, 2006年)

37) 長岡宮跡東邊官衙(推定春宮坊)(宮329次)

1. 이름 : 나가오카큐 터 동변 관아(추정 도우구우보우) (궁 329차)
2. 출토지 : 京都府(교토부) 向日市(무코시)
3. 발굴 기간 : 1996.8~1996.10
4. 발굴 기관 : (財)向日市埋藏文化財センター
5. 유적 종류 : 관아·도성
6. 점수 : 467

7. 유적과 출토 상황

조사지는 向日구릉을 구성하는 단구의 연변에 위치한다. 목간은 모두 東一坊大路 西側溝 SD32901에서 출토되었다. 총 467점 가운데 삭설이 298점을 차지한다. 목간과 공반된 유물로 묵서토기, 하지키, 스에키, 흑색토기, 연유도기, 기와, 제사구, 숫돌, 호박, 유리 등이 있다. 목간과 다른 유물의 내용을 검토해본 결과 이곳은 春宮坊에서 폐기된 유물로 추정되었다. 목간의 기년(791, 792년)으로 보아 長岡廢都 시기 즈음에 유물이 폐기된 것으로 보인다.

8. 목간

(1)

「∨伊豆國那賀郡井田鄕戸主[　　]□〔部?〕廣□麻呂□〔調?〕荒□〔堅?〕魚拾斤伍両 =

　　　　　　　　　　　　　　　　　　= 延曆十年十月十六日郡司領外從∨

　　　　　　　　　　　　　　　八位上□□□□〔足?〕　　　　　　」

(2)

・「得度文　　　　　」

・「十一年五月廿日 」

기년이 있는 목간으로 延曆10년(719)10월 하찰과 11년5월 제첨축이 있다. 대량의 폐기물에 의해 묻힌 것으로 보아 궁성의 현저한 기능 저하를 나타내는 것으로 판단된다.

(3)

・「∨春宮坊」

・「∨　古宍　」

소형 물품하찰로 '春宮坊'에서 사용한 古宍에 붙인 것.

(4)

「神官進送酒坏四口　盤　隨□　□□　□送如件但□□〔依先?〕

短籍多疑耳　　　　□〔盤?〕　□　□□　□□　　　　　　　　　」

대형의 단책형목간. 부식이 심하여 글자 대부분이 소멸되었으나 '神官'으로 보아 酒杯와 盤

의 운송장이다.

9. 참고문헌

中島信親·山口均·清水みき「京都·長岡宮跡」(『木簡研究』20, 1998年)

木簡學會編『日本古代木簡集成』東京大學出版會, 2003年

向日市埋文センター『長岡宮春宮坊跡』(向日市埋藏文化財調査報告書62 第2分冊) 2004年

38) 長岡宮跡東邊官衙(推定春宮坊)(宮341次)

1. 이름 : 나가오카큐 유적 동변 관아(추정 도우구우보우) (궁 341차)
2. 출토지 : 京都府(교토부) 向日市(무코시)
3. 발굴 기간 : 1997.2~1997.3
4. 발굴 기관 : (財)向日市埋藏文化財センター
5. 유적 종류 : 관아·도성
6. 점수 : 667

7. 유적과 출토 상황

조사지는 向日丘陵을 구성하는 段丘의 緣邊에 위치한다. 長岡宮의 복원에서는 宮東邊官衙 및 東一方大路에 해당한다. 주된 유구로 東一方大路 서측 溝 SD32901, 동서 溝 SD35703, 고 훈시대의 溝, 헤이안시대 토갱 등이 확인되었다. 목간은 모두 東一方大路 SD32901에서 출토 되었다.

8. 목간

(1)

中衛将曹宮東□□」

　상부가 결실된 목간으로 하단부는 뒷면을 몇 번이나 깎아 절단되었다. '中衛将曹'는 中衛府의 四等官으로 從七位上 상당의 관. 中衛府는 中衛 舎人 300명을 통합하고 昼夜'大内'의 警衛에 해당하는 令外官이다.

　　(2)

・[　　　　　]南 御在編垂工四人給料Ｖ」

・　　　　　□□　　　　　　　　　Ｖ」

　상부가 2차적으로 깎였으며 하단부와 우측면은 원형이다. 세로로 갈라졌기 때문에 중앙에 있는 글자의 잔존상태는 좋지 않으며 오른쪽 아래쪽으로 치우친 행을 읽을 수 있다. '南 御在編垂工'은 남의 御在所에 사용한 垂簾을 만든 공인을 의미하는 것일까? 이 목간이 황태자의 御在所를 나타내는 것이라고 한다면 그 구조는 内裏와 같이 南殿을 설치하였을 가능성이 있다.

　　(3)

・廿三日下薄鮑壹連 堅魚
　肆節供 御料戻主膳監
　『□□　□　□　□』

・□　　自別×　『謹啓　　胡麻一斗　□〔二?〕月八日　□　餠所分
　　　〔可?〕守

　현재는 단책형이나 네 변 모두 형태가 바뀐 것으로 생각된다. 앞, 뒷면에는 4단계의 다른 기재가 확인되어 반복하여 재사용된 것을 알 수 있다. 우선 목재를 가로로 사용하여 '飯所'로의 식품지급이 기록되었으며 여백은 別筆. 상·하단을 깎은 후 뒷면을 세로로 사용하였다. 완결된 2행 외에 좌측면을 따라 남긴 것으로 보이는 옅은 묵흔이 있다.

9. 참고문헌

中島信親·淸水みき「京都·長岡宮跡」(『木簡研究』21, 1999年)

向日市埋文センター『長岡宮春宮坊跡』(向日市埋藏文化財調査報告書62 第2分冊) 2004年

39) 長岡宮跡北邊官衙(南部)(宮351次)

1. 이름 : 나가오카큐 터 북변 관아(남부) (궁 351차)

2. 출토지 : 京都府(교토부) 向日市(무코시)

3. 발굴 기간 : 1997.7~1997.8

4. 발굴 기관 : ㈜向日市埋藏文化財センター

5. 유적 종류 : 관아·도성

6. 점수 : 1

7. 유적과 출토 상황

조사지는 해발 16m의 범람원에 위치한다. 長岡宮의 관아복원에서는 궁북변 관아(남부)에 해당한다. 조사는 초등학교내 방화수조매설에 따른 것으로 약 22.5㎡로 작은 면적이나 長岡宮期의 토기군과 고훈시대를 하한으로 하는 유로 2조가 확인되었다.

목간은 유로가 완전히 매몰된 후 충적토 안에서 1점 출토되었다.

8. 목간

「∨□□[   ]□   」

앞, 뒷면 모두 평평하게 조정되어 있다. 상단부는 뒷면을 깎았고 옆면을 거칠게 다듬었다. 표면에 8~9개의 글자가 쓰여 있으나 묵흔이 엷어 읽을 수 없다.

9. 참고문헌

向日市埋文センター·向日市教委『向日市埋藏文化財調査報告書』47, 1998年

中島信親·山口均·清水みき「京都·長岡宮跡」(『木簡研究』20, 1998年)

40) 長岡宮跡北邊官衙(北部)(宮354次)

1. 이름 : 나가오카큐 터 북변 관아(북부) (궁 354차)
2. 출토지 : 京都府(교토부) 向日市(무코시)
3. 발굴 기간 : 1997.11
4. 발굴 기관 : (財)向日市埋藏文化財センター
5. 유적 종류 : 관아·도성
6. 점수 : 2

7. 유적과 출토 상황

조사지는 해발 약 20m 단구 하위면에 위치한다. 長岡宮의 관위복원에서는 관북변관아(북부)의 중앙남부에 상당한다. 확인된 유구는 중세의 溝, 長岡宮期~헤이안시대의 목책, 溝, 長岡宮期의 토갱, 고훈시대 후기의 溝 등이다.

목간은 구덩이 SX35411의 제3층에서 2점이 출토되었다. 구덩이의 埋土는 4층으로 구분할 수 있다.

8. 목간

「 山作□〔進?〕物□□ 」

비교적 큰 삭설로 여섯 글자가 남아 있다. '山作'은 山陵을 만든 山作司, 造宮·造寺와 관련된 山作所 두 계통의 의미를 생각해 볼 수 있다. 이 목간은 조사지 부근에서 이루어진 궁성 조영시기 山作所의 작물을 진상한 것과 관련된 것으로 추측된다.

9. 참고문헌

向日市埋文センター·向日市教委『向日市埋藏文化財調査報告書』49, 1999年

中島信親·清水みき「京都·長岡宮跡」(『木簡研究』21, 1999年)

41) 長岡宮跡北邊官衙(南部)·東一坊大路(宮373次)

1. 이름 : 나가오카큐 터 북변 관아(남부) (궁 373차)

2. 출토지 : 京都府(교토부) 向日市(무코시)

3. 발굴 기간 : 1998.12~1999.3

4. 발굴 기관 : (財)向日市埋藏文化財センター

5. 유적 종류 : 관아·도성

6. 점수 : 1

7. 유적과 출토 상황

조사지는 해발 14.9m 범람원에 위치한다. 북변관아(남부)의 최남단으로 一條條間大路쪽으로 열린 長岡宮 궁성문으로 추정된다. 조사에서는 長岡宮期의 條坊側溝, 문 관련 유적, 우물, 溝, 유로 등이 확인되었다.

목간은 우물 SE37309에서 4점(가운데 삭설 3점) 출토되었다.

8. 목간

「□」

9. 참고문헌

向日市埋文センター『長岡宮「東面北門」·寶菩提院廢寺』(向日市埋藏文化財調査報告書70
第1分冊) 2006年 梅本康廣·中島信親·佐藤直子「京都·長岡宮跡」(『木簡研究』28, 2006年)

42) 長岡京跡左京北一條二坊一·四町(左京345次)

1. 이름 : 나가오카쿄 터 사쿄 북1조2방1·4정(사쿄 345차)
2. 출토지 : 京都府(교토부) 向日市(무코시)
3. 발굴 기간 : 1994.5~1994.9
4. 발굴 기관 : (財)向日市埋藏文化財センター
5. 유적 종류 : 도성
6. 점수 : 1

7. 유적과 출토 상황

조사지는 해발 16m 전후의 범람원에 위치한다. 長岡京 북변부의 北京極大路에 면하는 左京
北一條二坊一·四町과 이 택지 사이의 東二坊坊間小路에 상응한다.

목간은 東二坊坊間小路 東側溝 SD34520에서 1점 출토되었다. 공반 유물은 하지키, 스에키,
曲物 등이다.

8. 목간

• 「　　　　□□□□□□□□□□□

　　　　□品品中中中　牛牛　牛

　[　　　　]□□□頁頁頁□直　　□〔婢?〕」

• 「□□□占□□□□□□〔縫?〕□□

□売　売　売□□□□□　　　　　　　」

상부는 2차적으로 글자를 지웠다. 앞, 뒷면 모두 同筆의 습서이다.

9. 참고문헌

梅本康廣·中島信親·松崎俊郎·國下多美樹·清水みき「京都·長岡京跡(1)」(『木簡研究』17, 1995年)

向日市埋文センター『長岡京跡ほか』(向日市埋藏文化財調査報告書62 第1分冊) 2004年

43) 長岡京跡左京北一條三坊二町(左京435次)

1. 이름 : 나가오카쿄 터 사쿄 북1조3방2정(사쿄 435차)
2. 출토지 : 京都府(교토부) 向日市(무코시)
3. 발굴 기간 : 1999.9~2000.3
4. 발굴 기관 : (財)向日市埋藏文化財センター
5. 유적 종류 : 도성
6. 점수 : 2512

7. 유적과 출토 상황

京都市와 向日市의 경계부분에 빌딩을 건설하게 되었는데 京都市 측을 고대학협회가, 向日市를 向日市매장문화재센터가 담당하여 조사를 실시하였다. 그 결과 대형건물 및 그 건물군과 부속시설이 확인되었다.

목간과 묵서토기가 출토된 곳은 서쪽 외곽의 남서측에 있는 유로 및 그 주변이다. 유로개수 과정에서 대량의 숯이 폐기되었고 그중에 송풍관, 노벽 등 단야 관련 유물과 스에키도 포함되어 있다. 유로 폐기단계에서는 토기, 목제품, 기와 등이 대량으로 버려졌으며 목간도 국소적으로 일괄 폐기된 것으로 보인다.

8. 목간

(1)

·「始天応元年八月　」

·「[　　　　　　]」

제첨축이다. 天応원년(781)은 桓武천황이 平城宮에서 즉위한 해에 해당한다.

(2)

·「內藏北二」

　藏外出

·「[　　　　　]

　延曆二年正月

　[　　　　　]」

平城宮內藏寮, 북렬 2번째 藏의 出張 제첨축.

(3)

·「　　　　　未申酉戌亥子丑寅卯辰巳

　　尙侍家染所侒秦淨麻呂八月從一日始十一日」

·「　　　　『別當石川朝臣仲善』　　　　　　」

東院과 尙侍家와의 사이에서 기술자의 파견이 있었음 을 나타낸다. 尙侍는 內侍司의 장관으로 정원은 2명이었다. 長岡京期 후반의 尙侍는 右大臣 藤原繼繩의 처, 從3位 百濟王明信이다.

(4)

·「○　　　　　　　一人政所　一人縫殿　一人油衣所　一人臈纈×
　　寮仕丁十人
　　○　　　　一人市買併大炊米請　一人薪　　三人□×

·「○
　　　　　　　　　　　　五月十一日大主鑰大×
　　○

內藏寮의 大主鎰가 쓴 寮內의 仕丁 배치문이다.

9. 참고문헌

梅本康廣·國下多美樹·中島信親·清水みき「京都·長岡京跡(1)」(『木簡研究』23, 2001年)

向日市埋文センター『長岡京跡左京北一條三坊二町』(向日市埋藏文化財調査報告書 55) 2002年

44) 長岡京跡左京一條二坊十三町(舊左京南一條二坊十三町)(左京 7201次)

1. 이름 : 나가오카쿄 유적 사쿄 1조2방13정(옛 사쿄미나미1조2방13정) (사쿄 7201차)
2. 출토지 : 京都府(교토부) 向日市(무코시)
3. 발굴 기간 : 1972.12
4. 발굴 기관 : 向日市教育委員會
5. 유적 종류 : 도성
6. 점수 : 1

7. 유적과 출토 상황

조사지는 해발 13m의 범람원에 위치한다. 목간은 長岡京期 남북 방향의 溝狀 상태의 유구에서 長岡京期의 토기와 함께 1점 출토되었다. 長岡京 구역에서 처음 출토된 목간이다.

8. 목간

· 「上□□

· 「　□

노송나무 柾目材. 하단이 결실되었다.

9. 참고문헌

向日市教委 『長岡京木簡一』 (向日市埋藏文化財調査報告書15) 1984年

松崎俊郎 「京都·長岡京跡」 (『木簡研究』 34, 2012年)

45) 長岡京跡左京一條三坊二·三·六·七町(左京421次)

1. 이름 : 나가오카쿄 터 사쿄 1조3방2·3·6·7정(사쿄 421차)

2. 줄토지 : 京都府(교토부) 向日市(무코시)

3. 발굴 기간 : 1998.11~1999.5

4. 발굴 기관 : (財)向日市埋藏文化財センター

5. 유적 종류 : 도성

6. 점수 : 2

7. 유적과 출토 상황

조사지는 주로 桂川로부터 형성된 범람원에 위치한다. 해발은 약 15.3m이다. 목간은 東二坊

大路 서측 溝 SD421184에서 2점 출토되었다. 공반된 유물은 하지키, 스에키, 기와, 목제제사

구, 토제제사구 등이다. 제사의 모습을 엿볼 수 있다.

8. 목간

(1)

· [   ]

· 北

(2)

[　　]

두 점 모두 부러졌다. 목간이 출토된 곳에서 묵서가 있는 목세품노 출토되었다.

9. 참고문헌

山口均·中島信親·松崎俊郎·清水みき「京都·長岡京跡」(『木簡研究』22, 2000年)

向日市埋文センター『長岡京跡』(向日市埋藏文化財調査報告書58 第1分冊) 2003年

46) 長岡京跡左京一條三坊四町(左京285次)

1. 이름 : 나가오카쿄 터 사쿄 1조3방4정(사쿄 285차)

2. 출토지 : 京都府(교토부) 向日市(무코시)

3. 발굴 기간 : 1992.3

4. 발굴 기관 : (財)向日市埋藏文化財センター

5. 유적 종류 : 도성

6. 점수 : 15

7. 유적과 출토 상황

조사지는 左京一條三坊四町의 남서쪽, 一條大路와 東二坊大路이 교차점에 해당한다. 목간은 二坊大路 동측 溝 SD28502에서 1점, 一條大路 북측 溝 SD28501에서 9점이 출토되었다. 공반 유물로 묵서토기, 하지키, 스에키, 인면묵서토기, 목제품, 화폐 등이 있다.

8. 목간

SD28502

(1)

「為為為為為為為為為為為□ 」

습서목간. 2차적으로 좌우 양변을 가공하여 젓가락 모양으로 만들었다.

SD28501

(2)

「□□ □ □□□〔右以件?〕□ 」

문서목간의 피편

9. 참고문헌

松崎俊郎・清水みき「京都・長岡京跡(1)」(『木簡研究』14, 1992年)

向日市埋文センター・向日市教委『向日市埋藏文化財調査報告書』36, 1993年

47) 長岡京跡左京一條三坊四町(左京501次)

1. 이름 : 나가오카쿄 터 사쿄 1조3방4정(사쿄 501차)
2. 출토지 : 京都府(교토부) 向日市(무코시)
3. 발굴 기간 : 2004.10~2004.11
4. 발굴 기관 : (財)向日市埋藏文化財センター
5. 유적 종류 : 도성
6. 점수 : 18

7. 유적과 출토 상황

조사지는 長岡京左京一條三坊四町 一條大路에 해당한다. 해발 14.6~14.8m의 범람원에 위치한다. 조사 결과 조몬시대부터 중세에 이르는 유구기 확인되었다. 목간은 一條大路 북측 溝 SD50103에서 18점(중 17점은 삭설)이 출토되었다. 모두 판독할 수 없다.

8. 목간

(1)
「□」
(2)
「□□□」

9. 참고문헌

向日市埋文センター・向日市教委『長岡京跡ほか』(向日市埋藏文化財調査報告書68) 2005年
山口均・佐藤直子「京都・長岡京跡」(『木簡研究』28, 2006年)

48) 長岡京跡左京一條三坊八・九町(左京一條三坊六・十一町) (左京203次)

1. 이름 : 나가오카쿄 터 사쿄 1조3방8・9정(사쿄1조3방6・11정) (사쿄 203차)
2. 출토지 : 京都府(교토부) 京都市(교토시)
3. 발굴 기간 : 1988.8~1989.2
4. 발굴 기관 : (財)京都市埋藏文化財研究所
5. 유적 종류 : 도성
6. 점수 : 3755

7. 유적과 출토 상황

발굴조사지점은 長岡京의 左京一條三坊六·十一町이다. 조사 결과 야요이시대부터 중세까지의 유구가 확인되었다. 8세기 말의 유구는 유로, 건물, 책렬로 유구의 밀집도는 낮다.

목간이 출토된 유로 SD50은 고훈시대부터 헤이안시대까지 계속 되었다. SD50에서 목간이 약 300점, 삭설이 3500점 이상 출토되었다.

8. 목간

(1)

・「○進上樽十六村 附使川原万呂進上如件以解」

　　　　『請』

・「○　　　　　　　　四月廿二日板茂千依」

　　　　　　　『少　　志』(朱書)

(2)

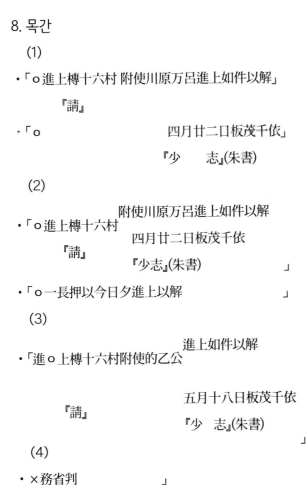

・「○進上樽十六村

　　　　　　附使川原万呂進上如件以解

　　　　　　四月廿二日板茂千依

　『請』

　　　　　　『少志』(朱書)　　　　　　　　　」

・「○一長押以今日夕進上以解　　　　　　　　」

(3)

・「進○上樽十六村附使的乙公

　　　　　　　　進上如件以解

　　　　　　　　五月十八日板茂千依

　『請』

　　　　　　　『少　志』(朱書)

　　　　　　　　　　　　　　　　」

(4)

・×務省判　　　　　　　」

・　加賀采女道公□刀自女

久米采女久米直飯成女

女嬬從八位下□□□□」

9. 참고문헌

六勝寺研究會『大藪遺跡發掘調査報告』1973年

百瀬正恒「京都·長岡京跡(3)」(『木簡研究』12, 1990年)

京都市埋文研『昭和63年度京都市埋藏文化財調査概要』1993年

京都市埋文研『長岡京左京出土木簡』1(京都市埋藏文化財研究所調査報告16) 1997年

木簡學會編『日本古代木簡集成』東京大學出版會, 2003年

49) 長岡京跡左京一條四坊二町(左京一條四坊四町)(左京250次)

1. 이름 : 나가오카쿄 터 사쿄 1조4방2정(사쿄1조4방4정) (사쿄 250차)
2. 출토지 : 京都府(교토부) 京都市(교토시)
3. 발굴 기간 : 1990.6~1990.8
4. 발굴 기관 : (財)京都市埋藏文化財研究所
5. 유적 종류 : 도성
6. 점수 : 1

7. 유적과 출토 상황

　조사지는 左京一條四坊四町의 추정지에 해당한다. 一條大路가 확인될 것으로 기대하였으나 조사 결과 조사지는 서측 유구 면의 일부였으며 대부분이 하천의 유로임이 밝혀졌다. 목간 1점 및 인면묵서토기 파편 2점은 유로 근처에 충적된 부식토층에서 長岡京期의 토기류와 함께 출토되었다.

8. 목간

「∨大宰府宰□〔廬?〕塩三斗·∨」

大宰府가 적힌 목간은 長岡京 구역에서는 처음 확인되었다. 상하에 홈이 있는 완형품이다. 홈의 각도가 완만하며 홈에서 단부까지의 길이가 짧다. 유사한 형태의 목간은 平城宮 유적 출토 西海道 하찰과 大宰府 유적 출토의 하찰에서는 확인되지 않으므로 이 목간은 大宰府에서 제작된 것으로 생각된다.

보통 공진물 하찰은 공진주체(지명, 인명)로 쓰기 시작하나 이 목간의 경우 그렇게 보아서는 의미가 통하지 않는다. 모두에 적힌 '大宰府宰□'는 소속을 적은 것으로 추정할 수 있으므로 大宰府에서 在京의 大宰帥宛으로 보낸 물품에 붙여진 것으로 보인다.

9. 참고문헌

鈴木廣司·吉崎伸「京都·長岡京跡(1)」(『木簡研究』13, 1991年)

京都市埋文研『平成2年度京都市埋藏文化財調査概要』1994年

京都市埋文研『長岡京左京出土木簡』1(京都市埋藏文化財研究所調査報告16) 1997年

50) 長岡京跡左京二條二坊五·六町(左京381次)

1. 이름 : 나가오카쿄 터 사쿄 2조2방5·6정(사쿄 381차)

2. 출토지 : 京都府(교토부) 向日市(무코시)

3. 발굴 기간 : 1996.7~1996.11

4. 발굴 기관 : (財)向日市埋藏文化財センター

5. 유적 종류 : 도성

6. 점수 : 1

7. 유적과 출토 상황

조사지는 桂川의 범람원에 위치한다. 해발은 약 14.5m이다. 長岡京左京二條二坊五·六町에 해당한다. 주된 출토 유물로는 平城宮式 암마새, 전돌, 하지키, 스에키 등이 있다. 목간은 1점이 출토되었으며 굴립주건물 SB38105 서쪽 기둥 구멍에서 출토되었다.

8. 목간

「∨但馬國出石郡資母郷□□〔人?〕部勝魚五□〔斗?〕∨」

　상·하단부 모두 측면을 깎아 조정하였으며 약간 圭頭모양이다. 앞, 뒷면을 깎아 조정하였다. 상부의 홈은 상단부에서 11㎜, 하부의 홈은 하단부에서 26㎜의 위치에 뚫었다. 완형의 貢進物 부찰이나 먹이 엷어 적외선 장치를 사용하여 글자를 확인하였다. '五斗'는 '五十'의 가능성도 있다.

9. 참고문헌

中島信親·國下多美樹·清水みき「京都·長岡京跡」(『木簡研究』19, 1997年)

向日市埋文センター『長岡京跡·森本遺跡·野田遺跡』(向日市埋藏文化財調査報告書65 第1分冊) 2005年

51) 長岡京跡左京二條二坊五·六·十一·十二町, 二條條間南小路·東一坊

1. 이름 : 나가오카쿄 터 사쿄 2조2방5·6·11·12정, 二條條間南小路·東一坊
2. 출토지 : 京都府(교토부) 向日市(무코시)
3. 발굴 기간 : 1993.2~1993.3
4. 발굴 기관 : (財)向日市埋藏文化財センター

5. 유적 종류 : 도성, 중세취락

6. 점수 : 2

7. 유적과 출토 상황

조사지는 해발 12.5m 전후의 범람원에 위치하며 長岡京에서 二條條間南小路와 東二坊坊間小路의 교차점에 해당한다.

조사 결과 條坊교차점에 기둥 구멍이 있는 초석건물군이 확인되었다. 長岡京에서 초석건물군이 확인된 것은 처음이다. 그러나 조사가 도로의 폭을 확장하는 공사에 따른 것이었으므로 유구의 전모, 전방과의 선후 관계 등에 대해서는 불분명한 점이 많다. 목간은 초석건물 SB30001에서 1점 출토되었다.

8. 목간

· 「∨鯖□〔九?〕斗四升」

· 「　∨　　　十六　」

양단이 둥글며 매끈하게 정형되어 있다. 홈에 끈의 흔적이 하얗게 남아 있다.

9. 참고문헌

山中章·松崎俊郎·秋山浩三·國下多美樹·清水みき「京都·長岡京跡(1)」(『木簡研究』15, 1993年)

向日市埋文センター『長岡京二條大路ほか』(向日市埋藏文化財調査報告書53) 2001年

52) 長岡京跡左京二條二坊八町(舊左京南一條二坊六町)(左京14次)

1. 이름 : 나가오카쿄 터 사쿄2조2방8정(구 사쿄미나미1조2방6정) (사쿄 14차)

2. 출토지 : 京都府(교토부) 向日市(무코시)

3. 발굴 기간 : 1977.11~1978.2

4. 발굴 기관 : 向日市教育委員會長岡京跡發掘調査研究所

5. 유적 종류 : 도성

6. 점수 : 15

7. 유적과 출토 상황

조사지는 해발 14m의 범람원에 위치한다. 長岡京 條坊에서는 左京二條二坊八町에 해당한
다. 유물로는 다량의 長岡京期의 토기와 목기, 금속기, 목탄, 거푸집 등이 출토되었다. 목간은
一條大路 남측 溝 SD1401에서 13점 등 총 15점이 출토되었다.

8. 목간

　(1)

　　　　　　□□一翼∨
「鳥腊一古
　　　　　雁一翼　　」

　노송나무. 홈은 하부에만 있으며 좌변은 홈이 있는 부분에서 결실되었다. '鳥腊'는 유례가
없다.

　(2)

・「∨備前國　」

・「∨　□□　」

　소나무의 곧은 결(柾目板)을 이용하였다.

9. 참고문헌

向日市教委『長岡京木簡一』(向日市埋藏文化財調査報告書15) 1984年

長岡京跡發掘調査研究所·向日市埋文センター『長岡京跡發掘調査研究所調査報告書 長岡京跡·東土川西遺跡·修理式遺跡』2003年

松崎俊郎「京都·長岡京跡」(『木簡研究』34, 2012年)

53) 長岡京跡左京二條二坊九町(舊左京南一條二坊十一町)(左京130次)

1. 이름 : 나가오카쿄 터 사쿄2조2방9정(구사쿄미나미1조2방11정) (사쿄 130차)

2. 출토지 : 京都府(교토부) 向日市(무코시)

3. 발굴 기간 : 1985.6~1985.8

4. 빌굴 기관 · 向日市教育委員曾

5. 유적 종류 : 도성

6. 점수 : 8

7. 유적과 출토 상황

조사지는 左京南一條二坊十一町의 북단부에 해당한다. 南一條條間大路 南側溝 SD11806, 여기서 남쪽에 있는 SD13010, 굴립주건물 SB13011 등이 확인되었다. 남측 溝 SD11806은 3층으로 나눌 수 있는데 목간은 각 층에서 총 8점이 출토되었다. 공반유물은 묵서토기 1점, 벼루 등이 있다.

8. 목간

· 「進上政所步板捌枚簀桁參村束柱拾根薦陸束

　　　肱木貳村斗貳村箕形板貳枚　　右載□角万呂車一両　」

· 「　　　　　　　　[　　　　　]　　　　」

조영 관련의 목간, 政所에 진상하는 건물部材의 목간으로 사용된다. '肱木貳村斗貳村'는 斗

貳 2조를 말한다. '板貳枚'은 건물부재로서는 처음 확인되었다. 이 목간에 기록된 7종류의 부재는 角万呂車 1대에 실려 운송된 것으로 延喜木工寮式의 차재조에 기록된 한 량분의 부재 양과 비교하면 흥미롭다.

9. 참고문헌

清水みき「京都·長岡京跡(1)」(『木簡研究』8, 1986年)

向日市埋文センター·向日市教委『向日市埋藏文化財調査報告書』27, 1989年

木簡學會編『日本古代木簡選』岩波書店, 1990年

向日市埋文センター·向日市教委『長岡京木簡二』(向日市埋藏文化財調査報告書35) 1993年

木簡學會編『日本古代木簡集成』東京大學出版會, 2003年

54) 長岡京跡左京二條二坊九·十町(舊左京二條二坊十町)(左京287次)

1. 이름 : 나가오카쿄 터 사쿄2조2방9·10정(구사쿄2조2방10정) (사쿄 287차)

2. 출토지 : 京都府(교토부) 向日市(무코시)

3. 발굴 기간 : 1992.5~1992.6

4. 발굴 기관 : (財)向日市埋藏文化財センター

5. 유적 종류 : 도성

6. 점수 : 11

7. 유적과 출토 상황

조사지는 左京二條二坊九·十町에 위치한다. 조사 결과 대규모의 시설이 발견되어 천황이 이용한 離宮으로 추정되었다. 목간이 출토된 유구는 二條條間北小路의 남측 溝 SD26550이다.

8. 목간

「 □風□ 」

笏에 글자를 쓴 것으로 뒷면 상부 중앙에 3글자가 있다. 목간의 표면을 정성들여 다듬었다. 木笏는 처음 출토되었다. 正倉院의 전래품과 비교하여 선단과 하단부 폭이 역전되어 있어 후세의 笏에 가까운 형상을 띠는 점이 흥미롭다.

9. 참고문헌

山中章·松崎俊郎·秋山浩三·國下多美樹·清水みき「京都·長岡京跡(1)」(『木簡研究』15, 1993年)

向日市埋文センター『長岡京跡左京二條二坊十町』(向日市埋藏文化財調査報告書56) 2003年

55) 長岡京跡左京二條二坊九·十六町(舊左京南一條二坊十四町)(左京166次)

1. 이름 : 나가오카쿄 터 사쿄2조2방9·10정(구사쿄미나미1조2방14정) (사쿄 166차)
2. 출토지 : 京都府(교토부) 向日市(무코시)
3. 발굴 기간 : 1986.12~1987.1
4. 발굴 기관 : 向日市教育委員會
5. 유적 종류 : 도성
6. 점수 : 1

7. 유적과 출토 상황

조사지는 해발 13m 전후의 충적지에 위치한다. 조사는 도로개량공사에 따른 사전조사로 남북 1m, 동서 24m의 범위를 조사하였다. 조사 결과 長岡京期의 溝 1조, 시기를 알 수 없는 주혈

6기 등이 확인되었다. 목간은 東二坊第二小路 동측 溝 SD16604의 저면에서 1점이 출토되었다.

8. 목간

- 「   □〔納?〕雜物漆櫃壹合
　六度
　　　　□×帳壹基 櫃□×

- 「美濃國濃濃濃□〔席?〕×

六度는 六波羅蜜의 의미이므로 佛事에 사용하는 調度類와 그 개수를 기록한 것으로 추정된다. 뒷면은 습서인데 美濃國席田郡을 의식한 것일지 모른다.

9. 참고문헌

清水みき・國下多美樹・渡邊博・山中章・松崎俊郎「京都・長岡京跡(1)」(『木簡研究』9, 1987年)

向日市埋文センター・向日市教委『向日市埋藏文化財調査報告書』30, 1990年

向日市埋文センター・向日市教委『長岡京木簡二』(向日市埋藏文化財調査報告書35) 1993年

56) 長岡京跡左京二條二坊十二町・左京三條二坊九町・二條大路(左京298次)

1. 이름 : 나가오카쿄 터 사쿄2조2방12정 사쿄3조2방9정·2조 대로(사쿄 298차)

2. 출토지 : 京都府(교토부) 向日市(무코시)

3. 발굴 기간 : 1992.10~1992.12

4. 발굴 기관 : (財)向日市埋藏文化財センター

5. 유적 종류 : 도성

6. 점수 : 16

7. 유적과 출토 상황

조사지는 해발 13m 전후의 범람원에 위치한다. 조사는 시도광폭공사에 앞서 수로마다 남북으로 긴 트렌치를 설정하여 실시하였다. 그 결과 長岡京期의 二條大路의 남·북 양측 溝를 동일 조사지 내에서 처음 확인할 수 있었다. 목간은 八町을 횡단하여 九町으로 뻗은 溝 SD1301에서 여러 점이 출토되었다. 공반유물로 묵서토기, 하지키, 스에키, 암막새, 토제품, 목제품 등이 출토되었다.

8. 목간

(1)

· 「□　十日民部省役奉　眞□

　　　　　　　　　　　□　　　　　　　」

· 「　　　　　　　□〔造?〕兵庫□□　」

상단부를 2차적으로 깎았다. 뒷면은 첫 번째와 두 번째 문자는 겹쳐져 '造'라고 쓴 후 '兵'으로 정정한 것으로 추측된다. 예전 출토된 목간으로 보아 九町은 대규모의 조영 관아가 존재한 것으로 여겨졌다. 民部省이 役夫을 進上한 것으로 보이는 이 목간이 출토되어 그 근거를 뒷받침하게 되었다.

(2)

「∨鹿生宍拾玖寸　」

물품부찰로 生肉에 매단 드문 목간이다.

9. 참고문헌

山中章·松崎俊郎·秋山浩三·國下多美樹·清水みき「京都·長岡京跡(1)」(『木簡研究』15, 1993年)

向日市埋文センター『長岡京跡二條大路ほか』(向日市埋藏文化財調査報告書53) 2001年

57) 長岡京跡左京二條二坊十三町・二條三.坊四町(二條大路・東二坊 大路交差点)(左京290次)

1. 이름 : 나가오카쿄 터 사쿄2조2방13정·2조3방9정4조(2조 대로·동2방 대로교차점) (사 쿄 290차)
2. 출토지 : 京都府(교토부) 向日市(무코시)
3. 발굴 기간 : 1992.6
4. 발굴 기관 : (財)向日市埋藏文化財センター
5. 유적 종류 : 도성
6. 점수 : 2

7. 유적과 출토 상황

조사지는 二條大路와 東二坊大路의 교차점 북부 부근에 해당한다. 조사를 통해 二條大路 북 측 溝, 여기에 설치된 다리, 東二坊大路의 동서측 溝, 동서 溝에 이어진 築地 등이 확인되었다. 목간은 二條大路 북측 溝 SD29000에서 2점이 출토되었다. 이 溝에서는 토기류, 대형 人形, 묵 서토기, 토마, 칠기, 목제품, 기와 등이 출토되었다.

8. 목간

```
             o  o
「生生生生生  生生生生生生生□〔生?〕」
```
습서목간이다. '生'이라고 썼으나 일반적인 '生'과 달라 다른 글자일 가능성도 있다.

9. 참고문헌

山中章·松崎俊郎·秋山浩三·國下多美樹·清水みき「京都·長岡京跡(1)」(『木簡研究』15, 1993年)

向日市埋文センター・向日市教委『向日市埋藏文化財調査報告書』38, 1994年

58) 長岡京跡左京二條二坊十三町・三條二坊十六町(舊左京二條二坊十五町)(左京162次)

1. 이름 : 나가오카쿄 터 사쿄2조2방13정·3조2방16정(구 사쿄2조2방15정) (사쿄구 162차)

2. 출토지 : 京都府(교토부) 向日市(무코시)

3. 발굴 기간 : 1986.10~1986.12

4. 발굴 기관 : 向日市教育委員會

5. 유적 종류 : 도성

6. 점수 : 6

7. 유적과 출토 상황

조사지는 해발 12m 전후의 충적지에 위치한다. 長岡京에서는 左京二條二坊十五町, 二條條間大路 北側溝과 東二坊大路 西側溝의 교차점에 해당한다. 조사 결과 長岡京의 유구로 동서 溝 2조, 남북 溝 1조 등이 있다.

목간은 東二坊大路 서측 溝 SD16201에서 1점, 후기의 二條條間大路 북측 溝 SD16202에서 4점, 전기 북측 溝 내의 울타리 모양의 책 杭列 SX16208에서 1점이 출토되었다.

8. 목간

東二坊大路 서측 溝 SD16201

　(1)

・「[　　　]　米五斗三升

・「　　　　　　　　□

二條條間大路 북측 溝 SD16202

  (2)

・
「請□〔飯?〕　□□□
　　　　　□□〔凡丸?〕□
・「　　　　□　　□ 息□□

　□〔合?〕[　]□

請飯문서이다.

杭列 SX16208

  (3)

　　廿 廿 廿□

　　　　□

9. 참고문헌

清水みき・國下多美樹・渡邊博・山中章・松崎俊郎「京都・長岡京跡(1)」(『木簡研究』9, 1987年)

向日市埋文センター・向日市教委『向日市埋藏文化財調査報告書』27, 1989年

向日市埋文センター・向日市教委『長岡京木簡二』(向日市埋藏文化財調査報告書35) 1993年

59) 長岡京跡左京二條二坊十三町・三條二坊十六町(二條大路・東二坊大路交差点)(左京296次)

1. 이름 : 나가오카쿄 터 사쿄2조2방13정·3조2방16정(2조 대로·히가시2방 대로교차점)

(사쿄구 162차)

2. 출토지 : 京都府(교토부) 向日市(무코시)

3. 발굴 기간 : 1992.10~1992.12

4. 발굴 기관 : (財)向日市埋藏文化財センター

5. 유적 종류 : 도성

6. 점수 : 1

7. 유적과 출토 상황

조사지는 二條大路, 東二坊大路 교차점 남서부의 左京 제162차 조사의 서쪽 인접지에 해당한다. 조사 결과 長岡京期의 토기류, 기와류, 목제품, 금속제품 등 출토 유물의 대부분은 중, 하층에서 줄토되었다. 복간은 凹 모양 낭에 마시막에 묻힌 것으로 추징되는 埋土의 싱층에시 출도되었다.

8. 목간

□□〔酒酒?〕□□

板目材. 상·하단이 부러졌다. 하단 우측을 손칼로 조정한 흔적이 있으며 선단은 뾰족하였을 가능성이 있다. '酒酒'라는 글자가 남아 있어 습서목간으로 생각된다.

9. 참고문헌

向日市埋文センター 『長岡京跡二條大路ほか』 (向日市埋藏文化財調査報告書53) 2001年

梅本康廣·國下多美樹·中島信親·清水みき 「京都·長岡京跡(1)」 (『木簡研究』 23, 2001年)

(60) 長岡京跡左京二條二坊十四町(二條條間大路 · 東二坊大路交差点) (舊左京二條二坊十六町)(左京218次)

1. **이름** : 나가오카쿄 터 사쿄2조2방14정(二條條間대로 · 히가시2방 대로교차점) (옛 사쿄 2
   조2방16점) (사쿄218차)
2. **출토지** : 京都府(교토부) 向日市(무코시)
3. **발굴 기간** : 1989.4~1989.6
4. **발굴 기관** : (財)向日市埋藏文化財センター
5. **유적 종류** : 도성
6. **점수** : 4

7. 유적과 출토 상황

조사지는 南一條大路와 東二坊大路의 교차점 서남쪽에 위치한다. 南一條大路 남측 溝
SD21082, 東二坊大路 서측 溝 SD21801의 각 도로 관련 유구와 左京二條二坊十四町의 책렬,
溝, 피트군을 확인하였다.

목간은 南一條大路 남측 溝에서 1점, 東二坊大路 서측 溝에서 2점 출토되었다.

8. 목간

· □二　二□　戸□〔主?〕上麻呂

　□□西北□□〔大?〕□[　　]

· □東十廿卅卌五十□

　□□□

상·하단이 결실되었다. 약간 두꺼운 판의 앞, 뒷면에 같은 필체로 문자를 썼다. 문자는 치졸
하며 판독할 수 없는 부분이 많다.

9. 참고문헌

國下多美樹·秋山浩三·山中章·清水みき「京都·長岡京跡(1)」(『木簡研究』12, 1990年)

向日市埋文センター·向日市敎委『長岡京木簡二』(向日市埋藏文化財調査報告書35) 1993年

向日市埋文センター·向日市敎委『向日市埋藏文化財調査報告書』45, 1997年

(61) 長岡京跡左京二條二坊十四·十五町·二條條間大路(舊左京二條二坊十六町·南一條大路)(左京259次)

1. 이름 : 나가오카쿄 터(사쿄 259차)

2. 줄토지 : 京都府(교토부) 向日市(무고시)

3. 발굴 기간 : 1991.1

4. 발굴 기관 : (財)向日市埋藏文化財センター

5. 유적 종류 : 도성

6. 점수 : 2

7. 유적과 출토 상황

조사지는 十六町의 북동쪽에 위치한다. 218차 조사에 이어 이 조사에서 南一條大路 南側溝 및 노면, 十六町 내의 피트군을 확인하였다.

목간은 南一條大路 남측 溝 SD21802에서 1점이 출토되었다. 같은 溝에서 長岡京期의 토기류, 기와 소량, 목제품 등이 출토되었다.

8. 목간

하단이 결실되었다. 작은 조각으로 나누어져 있다. 다듬은 앞면과 뒷면에 글자가 보이나 묵흔이 옅기 때문에 목간의 성격이 분명하지 않다.

9. 참고문헌

國下多美樹·秋山浩三·淸水みき「京都·長岡京跡(2)」(『木簡硏究』13, 1991年)

向日市埋文センター·向日市敎委『向日市埋藏文化財調査報告書』33, 1992年

向日市埋文センター·向日市敎委『長岡京木簡二』(向日市埋藏文化財調査報告書35) 1993年

62) 長岡京跡左京二條二坊十五町·三坊二町(左京473次)

1. 이름 : 나가오카쿄 터(사쿄 473차)

2. 출토지 : 京都府(교토부) 向日市(무코시)

3. 발굴 기간 : 2002.6~2002.12

4. 발굴 기관 : (財)向日市埋藏文化財センター

5. 유적 종류 : 도성

6. 점수 : 10

7. 유적과 출토 상황

조사지는 左京二條條大路, 東二坊大路 교차점의 북부를 포함한 二條二坊十五町 동남쪽, 二條三坊二町 남서쪽으로 추정된다.

목간은 총 10점이 출토되었다. 東二坊大路 서측 溝 SD47310에서 6점, 동측 溝 SD47330에서 1점, 二條條間大路 북측 溝 SD47336에서 1점, 東二坊大路 노반에서 1점, 十五町 내 溝 SD47331에서 1점이 출토되었다.

8. 목간

· 「縄紀□綢鯛鰤錢釘飯餠道有大舍人右十人正正□□ (제1면)

· 「右大臣錢延暦□年七月十三日右釘廿五□ 近江國蒲生郡々 (제2면)

· 「□□行道今□〔琴?〕蘭□〔年?〕有□□〔前?〕牧□□〔魚神?〕成□ 倉□□〔塩?〕□ (제3면)

· 「□〔繼?〕縄 (제4면)

네 면에 습서한 목간이다. 적어도 두 사람 이상이 쓴 것으로 추정된다. 絲偏, 魚偏, 금속의 글자를 쓴 것과 典籍의 일부로 생각되는 것, 기록풍의 습서가 쓰여 있다. 기년은 남은 면으로 보아 延曆8년(789) 또는 延曆10년(791)으로 東二坊大路 노반 개량이 이루어진 시기로 추정된다.

9. 참고문헌

國下多美樹·佐藤直子 「京都·長岡京跡」 (『木簡研究』 25, 2003年)

向日市埋文センター 『長岡京跡左京二條條間大路·東二坊大路』 (向日市埋藏文化財調查報告書65 第2分冊) 2005年

63) 長岡京跡左京二條二坊十五町·三坊二·三町(二條條間大路·東二坊大路交差点)(舊南一條大路·東二坊大路交差点)(左京254次)

1. 이름 : 나가오카쿄 유적(사쿄 254차)

2. 출토지 : 京都府(교토부) 向日市(무코시)

3. 발굴 기간 : 1990.10~1991.1

4. 발굴 기관 : (財)向日市埋藏文化財センター

5. 유적 종류 : 도성

6. 점수 : 1

7. 유적과 출토 상황

조사지는 南一條大路와 東二坊大路의 교차점 중앙에 위치한다. 이번 조사에서는 東二坊大路 양측 溝, 南一條大路 남측 溝과 二條三坊一町 및 二條二坊十五町의 건물, 책렬, 溝 등이 확인되었다. 목간은 東二坊大路 서측 溝 SD21801에서 1점이 출토되었다.

8. 목간

- 「　領為欲欲所□□□□□」
- 「 [　　　　　　　　　　　　] 」

상단은 '領'이 잘려 있어 나중에 부러진 것임을 알 수 있다. 좌우변 역시 부러졌다. 앞면은 고풍의 서체이며 정성들여 글씨를 썼다. 습서일지도 모른다. 뒷면은 앞면과 달리 거칠게 다듬었다.

9. 참고문헌

國下多美樹·秋山浩三·清水みき「京都·長岡京跡(2)」(『木簡研究』13, 1991年)

向日市理文センター·向日市教委『長岡京木簡二』(向日市埋藏文化財調査報告書35) 1993年

向日市理文センター·向日市教委『向日市埋藏文化財調査報告書』45, 1997年

(64) 長岡京跡左京二條二坊十六町·三坊一町(舊左京南一條三坊三町)(左京89次)

1. 이름 : 나가오카쿄 터(사쿄 89차)
2. 출토지 : 京都府(교토부) 向日市(무코시)
3. 발굴 기간 : 1982.5~1982.6
4. 발굴 기관 : 向日市教育委員會
5. 유적 종류 : 도성
6. 점수 : 35

7. 유적과 출토 상황

조사지는 南一條大路와 東二坊大路의 교차점에 해당한다. 확인된 유구로 東二坊大路 동측 溝 SD8901과 南一條條間大路 남측 溝 SD8903과 거기에 만들어진 橋SX89096 등이 있다.

목간은 東二坊大路 동측 溝 SD8901에서 30점, 南一條條間大路 남측 溝 SD8903에서 5점이 출토되었다.

8. 목간

SD8901

(1)

· 「□□□□〔司食?〕⌐⌐⌐
　　　　　　　　駆使四人　　」

· 「行右史生□〔宮?〕『雅万呂』

　　　　　　　□□□　　」

문서의 파편으로 식료에 관한 것으로 추정된다. 右史生은 太政官弁官소속의 史生을 말하므로 이 목간에 서명한 '宮雅万呂'는 左京 제13차 조사의 출토 목간 중 太政官史生 '雅万呂'와 동인 인물일 것이다.

(2)

· 「∨　　　　　　　　　　　　　　　　上人別秋□」
　　戸主別公淨道戸大伴嶋公正□〔米?〕『□□〔伍斗?〕
　　　　　　　　　　　　　　　　□□　　　　　」

· 「∨　『□　隅　□　延　曆　十年□月□日』　　　　　　　」

호주 이름으로 시작하는 正米 하찰이다. 공진의 각 과정에 쓰인 것으로 보이는 세 사람의 필체로 이루어져 있다. '上人'은 종래에 출토된 목간 가운데 越前國에서 보내진 공진물 하찰에만 한정되므로 越前國의 목간으로 볼 수 있을 것이다.

9. 참고문헌

清水みき「京都・長岡京跡(1)」(『木簡研究』5, 1983年)

向日市教委『向日市埋藏文化財調査報告書』13, 1984年

向日市埋文センター・向日市教委『長岡京木簡二』(向日市埋藏文化財調査報告書35) 1993年

木簡學會編『日本古代木簡集成』東京大學出版會, 2003年

(65) 長岡京跡左京二條二坊十六町(舊左京南一條二坊十四町)(左京 8449次)

1. 이름 : 나가오카쿄 터(사쿄 8449차)

2. 출토지 : 京都府(교토부) 向日市(무코시)

3. 발굴 기간 : 1984.9

4. 발굴 기관 : 向日市教育委員會

5. 유적 종류 : 도성

6. 점수 : 1

7. 유적과 출토 상황

조사는 시의 도로로 이설된 수도관리공사에 따른 입회조사로 실시되었다. 조사 결과 75m에 달하는 측구를 확인할 수 있었다. 溝의 규모는 알 수 없으나 한번 되메운 것을 알 수 있었으며 여기서 목간 1점이 출토되었다.

8. 목간

・「　　　田□
　　　　□　　　　」

• 「　□通通　」

상·하단이 부러져 있으며 좌우변이 잘렸다. 앞면과 뒷면의 글자가 통과되어 보일 정도로 얇게 깎인 목재이다. 앞면은 두 줄로 썼으며 田□은 인명일 수도 있다. 뒷면은 습서이다.

9. 참고문헌

清水みき「京都·長岡京跡(1)」(『木簡研究』7, 1985年)

向日市理文センター·向日市教委『長岡京木簡二』(向日市埋藏文化財調査報告書35) 1993年

66) 長岡京跡左京二條三坊二町(舊左京南一條三坊四町)(左京112次)

1. 이름 : 나가오카쿄 터(사쿄 112차)
2. 출토지 : 京都府(교토부) 向日市(무코시)
3. 발굴 기간 : 1984.5~1984.7
4. 발굴 기관 : 向日市教育委員會
5. 유적 종류 : 도성
6. 점수 : 204

7. 유적과 출토 상황

조사지는 四町의 거의 중앙부에 위치한다. 확인된 유구로 자연유로 SD11220과 이 유로에 직교하여 설치된 목책 상의 유구 SA11219가 있다. 목간은 이 유로의 남동쪽 가까이에 있는 목책 부근에서 일괄로 출토되었다.

8. 목간

(1)

「采采 」

거의 완전하게 남은 曲物의 측판에 기록하였다.

(2)

「□〔東?〕□ 」

(3)

「□水 々」

이 외에 200여 점의 삭설이 출토되었으며 대부분 판독이 불가능하다.

9. 참고문헌

清水みき「京都·長岡京跡(1)」(『木簡研究』7, 1985年)

向日市埋文センター·向日市教委『向日市埋藏文化財調査報告書』27, 1989年

向日市埋文センター·向日市教委『長岡京木簡二』(向日市埋藏文化財調査報告書35) 1993年

67) 長岡京跡左京二條三坊二·三町(舊左京南一條三坊四町·二條三坊一町)(左京159次)

1. 이름 : 나가오카쿄 터(사쿄 159차)
2. 출토지 : 京都府(교토부) 向日市(무코시)
3. 발굴 기간 : 1986.9~1986.11
4. 발굴 기관 : 向日市教育委員會
5. 유적 종류 : 도성

6. 점수 : 2

7. 유적과 출토 상황

조사지는 南一條大路와 東三坊第一小路의 교차점을 포함한 左京二條三坊一町 및 南一條三坊四町에 해당한다.

목간은 南一條大路와 북측 溝 SD15922 및 남측 溝 SD15905에서 각 1점씩 출토되었다. 모두 부러졌다. 공반유물은 기와, 목제품, 토기류, 묵서토기 등이 있다.

8. 목간

· 「□〔七?〕月十一日□□□ 」

· 「「凵□□□□」

9. 참고문헌

清水みき·國下多美樹·渡邊博·山中章·松崎俊郎「京都·長岡京跡(1)」(『木簡研究』9, 1987年)

向日市理文センター·向日市教委『向日市埋藏文化財調査報告書』27, 1989年

向日市理文センター·向日市教委『長岡京木簡二』(向日市埋藏文化財調査報告書35) 1993年

(68) 長岡京跡左京二條三坊六·七町(左京341次)

1. 이름 : 나가오카쿄 유적 사쿄 2조3방6·7정(사쿄 341차)

2. 출토지 : 京都府(교토부) 向日市(무코시)

3. 발굴 기간 : 1994.5~1994.12

4. 발굴 기관 : (財)向日市埋藏文化財センター

5. 유적 종류 : 도성

6. 점수 : 4

7. 유적과 출토 상황

조사지는 해발 14.5m 전후의 충적대지(범람원)에 위치한다. 長岡京에서는 二條條間大路와 이를 사이에 둔 左京二條三坊六·七町에 해당한다. 목간은 4점으로 모두 二條條間大路 남측 溝 SD34102에서 출토되었다. 공반유물로는 인면묵서토기, 스에키, 하지키, 원면벼루, 입체人形 등이 있다.

8. 목간

(1)

· 「∨飢麻呂雜鮨一缶」

· 「∨延暦十三年　　」

상단에 홈이 있는 완형의 부찰. 雜魚鮨를 넣어 발효시킨 용기에 붙인 것으로 생각된다. 용기의 용량은 3~5斗의 예가 많은 스에키의 중형저장구. '延暦十三年'은 長岡京 廢都의 연도를 의미한다.

(2)

「□〔兎?〕腊」

하단을 뾰족하게 만든 부찰로 '兎'의 상반부는 결실되었다. 고대에는 토끼도 식용이었던 것으로 추정된다. 다만 '兎腊'은 처음 확인되었다.

9. 참고문헌

梅本康廣·中島信親·松崎俊郎·國下多美樹·清水みき「京都·長岡京跡(1)」(『木簡研究』 17, 1995年)

向日市埋文センター·向日市教委 『向日市埋藏文化財調査報告書』 45, 1997年

(69) 長岡京跡左京二條三坊十二・十四町・三條三坊九町(舊左京二條三坊十一町)(左京267次)

1. 이름 : 나가오카쿄 터(사쿄 267차)

2. 출토지 : 京都府(교토부) 京都市(교토시)

3. 발굴 기간 : 1991.6~1991.12

4. 발굴 기관 : ㈶京都府理藏文化財調査研究センター

5. 유적 종류 : 도성

6. 점수 : 2

7. 유석과 술토 상황

중앙자동차도 동서선의 확장공사에 따른 발굴조사이다. 목간이 출토된 장소는 長岡京條坊 복원도에 의하면 左京二條三坊十一町에 해당하며 二條條間大路가 통과하는 지점이다. 자연지형은 서쪽에서 동쪽으로 완만하게 경사진 桂川우안의 범람원에 위치한다.

8. 목간

(1)

「鯛借 」

상단 일부가 결실되었으나 규두상인 것을 알 수 있으며 하단부가 절단되었다. 글자는 두 자가 있으며 그 아래가 비어 있어 원래 두 글자였던 것으로 생각된다. '借'의 의미는 정확하게 알기 어렵다.

(2)

「□□□□〔石津酒足?〕」

상단이 결실되었다. 네 자가 있으며 石津酒足와 인명을 기입한 것으로 생각된다.

9. 참고문헌

京都府埋文調査研究センター『京都府遺跡調査概報』51, 1992年

石尾政信「京都·長岡京跡(2)」(『木簡研究』14, 1992年)

70) 長岡京跡左京二條三坊十四·十五·十六町(左京南一條三坊十三町)(左京139次)

1. 이름 : 나가오카쿄 터(사쿄 139차)

2. 출토지 : 京都府(교토부) 京都市(교토시)

3. 발굴 기간 : 1985.9~1986.3

4. 발굴 기관 : (財)京都市埋藏文化財研究所

5. 유적 종류 : 도성

6. 점수 : 1

7. 유적과 출토 상황

西羽束師川改修공사에 따른 제6차 조사이다. 조사대상지는 長岡京左京南一條三坊十三町, 二條三坊十六町에 위치한다. 목간은 一條大路북측 溝에서 1점이 출토되었다. 溝의 埋土는 크게 3층으로 나누어지며 층서로 보아 단기간에 퇴적된 것으로 생각된다. 공반 유물로 하지키, 스에키, 인면묵서토기, 人形, 주걱 모양의 목제품 등이 있다. 溝가 만들어진 시기는 하지키의 형태, 조정수법으로 보아 8세기 말로 추정할 수 있다.

8. 목간

· □□□我林延志^{虫□}

· [   ]

묵흔은 명료하게 남아 있다. 상·하단이 결실되었으며 좌측면이 묵서한 후 깎여 글자는 중앙부를 제외하면 판독할 수가 없다.

9. 참고문헌

上村和直「京都·長岡京跡(2)」(『木簡研究』8, 1986年)

京都市埋文研『昭和60年度京都市埋藏文化財調査槪要』1988年

京都市埋文研『長岡京左京出土木簡』1(京都市埋藏文化財研究所調査報告16) 1997年

71) 長岡京跡左京二條四坊二·三町(左京399次)

1. 이름 : 나가오카쿄 터(사쿄 399차)
2. 출토지 : 京都府(교토부) 京都市(교토시)
3. 발굴 기간 : 1997.4~1997.10
4. 발굴 기관 : (財)京都府埋藏文化財調査研究センター
5. 유적 종류 : 도성
6. 점수 : 2

7. 유적과 출토 상황

조사지는 주차구역건설예정지 내의 남서부에 해당한다. 목간 2점은 모두 二條條間大路 남측 溝에서 출토되었다. 二條條間大路 남측 溝는 長岡京期에 여러 차례 굴삭되었으며 목간은 새롭게 굴삭된 側溝의 하층에서 출토되었다.

8. 목간

(1)

• 「是是是是是□□是   」

• 「京京京□京京   」

앞, 뒷면에 '是', '京'을 일렬로 쓴 습서목간이다. 원형은 알 수 없으나 남은 부분으로 보아 단책형일 것으로 생각된다. '是'와 '京'는 붓의 굵기가 달라 다른 필체일 가능성도 있다.

(2)

「五十□」

상부가 규두상을 띠는 목간의 상단 좌반으로 생각된다. 하단부는 검게 태워져 있어 목간은 태워지고 남은 부분일 것이다.

9. 참고문헌

野島永・堀大輔「京都・長岡京跡左京二條四坊三町」(『木簡研究』20, 1998年)

京都府埋文調査研究センター『長岡京跡左京二條三・四坊・東土川遺跡(本文編)(圖版編)』(京都府遺跡調査報告書28) 2000年

72) 長岡京跡左京二條四坊六・七町(左京334次)

1. 이름 : 나가오카쿄 터(사쿄 334차)
2. 출토지 : 京都府(교토부) 京都市(교토시)
3. 발굴 기간 : 1994.8~1995.2
4. 발굴 기관 : ㈶京都府埋藏文化財調査研究センター
5. 유적 종류 : 도성
6. 점수 : 1

7. 유적과 출토 상황

1994년도 중앙자동차도 西宮線관 관련 공사에 따른 발굴조사로 조사 면적은 1500㎡에 달한다. 발굴조사 결과 二條條間大路 남북양측의 溝 외에 굴립주건물, 溝 2조, 우물 1기, 유로 1조 등이 확인되었다.

溝 2조 가운데 하나인 SD33409는 크게 3층으로 나누어진다. 완형의 목간 1점이 중층의 최상부에서 출토되었다. 중층에서는 목간 외에 曲物 등 목제품과 土馬, 人形 등 제사 관련 유물, 하층에서는 하지키, 스에키 등 토기류가 출토되었다.

8. 목간

· 「九月九日□米□二升里米三升『四日出米事』」

· 「⠀⠀⠀⠀⠀□⠀⠀⠀⠀⠀⠀⠀⠀⠀⠀⠀⠀⠀⠀⠀⠀⠀」

단책형으로 문서목간이다. 내용은 쌀의 출납에 관한 것으로 9일에 필요한 쌀을 4일에 보냈다는 내용이 기록되어 있다. 여기에 쓰인 '里米'는 현미일 가능성도 있다. '四日出米事'는 다른 필체로 쓰여 있어 출납 장부의 원자료였을 가능성이 있다. 이 목간은 기년이 없지만, 출토 층위로 보아 長岡京 시기와 크게 떨어지지 않은 것으로 생각된다.

9. 참고문헌

岸岡貴英·小池寬·土橋誠「京都·長岡京跡(2)」(『木簡研究』17, 1995年)

京都府埋文調査研究センター『長岡京跡左京二條三·四坊·東土川遺跡(本文編)(圖版編)』(京都府遺跡調査報告書28) 2000年

73) 長岡京跡左京二條四坊六・七町(左京528次)

1. 이름 : 나가오카쿄 터 (사쿄 528차)
2. 출토지 : 京都府(교토부) 京都市(교토시)
3. 발굴 기간 : 2008.8~2008.10
4. 발굴 기관 : (財)京都市埋藏文化財研究所
5. 유적 종류 : 도성
6. 점수 : 1

7. 유적과 출토 상황

조사지는 長岡京左京二條四坊六·七町에 해당한다. 조몬시대부터 고훈시대의 유적인 東土川 유적의 일부이기도 하다. 조사는 건물신축공사에 따른 것이다. 조사 결과 농작과 관련된 다수의 농작유구, 長岡京 二條條間大路와 東三坊大路, 東四坊坊間西小路의 노면, 택지와 관련된 건물과 우물 등이 확인되었다. 二條條間大路 북측 溝에서는 長岡京期의 토기, 기와와 함께 목제품과 함께 글씨가 쓰인 목제 상자가 출토되었다.

8. 목간

「謹上　大□□□

□□〔登?〕□□□〔三原?〕　□□□」

문서를 넣기 위한 상자의 뚜껑으로 보인다. '謹上'은 正倉院 문서 중 書狀의 上所에 자주 보이는 문구이다. 상자의 뚜껑에 書狀말미의 上所, 充所 등을 그대로 써넣은 것으로 추정된다. '□□〔登?〕□□□'은 발송처, 그 아래의 세 글자는 차출소의 하부일 가능성이 있다.

9. 참고문헌

京都市埋文研『長岡京跡左京二條四坊六·七町跡』(京都市埋藏文化財研究所發掘調査報告

2008-13) 2009年

加納敬二「京都·長岡京跡」(『木簡研究』31, 2009年)

74) 長岡京跡左京三條二坊一·二町(左京425次)

1. 이름 : 나가오카쿄 터(사쿄 425차)
2. 출토지 : 京都府(교토부) 向日市(무코시)
3. 발굴 기간 : 1999.4
4. 발굴 기관 : (財)向日市埋藏文化財センター
5. 유적 종류 : 도성
6. 점수 : 255

7. 유적과 출토 상황

조사지는 桂川의 범람원에 위치하고 해발은 약 14m이다. 長岡京의 條坊복원에서는 三條條間北小路, 東二坊坊間西小路 교차점 및 左京三條二坊一町 남쪽에 해당한다. 삭설을 포함한 목간은 三條條間北小路 북측 溝 SD42501에서 249점(중 삭설이 112점), 東二坊坊間西小路 서측 溝 SD42502에서 3점, 양쪽 溝의 교차점 부분에서 3점 출토되었다.

8. 목간

(1)
· 「厨請粰　　　　　　　　[　　]　洗濯雇女七人料　　九月□日□□國益 」
　　　　　　　二升八合
· 「[　　　]國　益　國　益 [　　　　　　　　] 」

(2)
· 「『小丹里人』請飯陸升各弐升　」

・「 延暦八年七月廿四日勾廣床　　　」

　　(3)

・「陸拾枚　　　　　　　　ｏ　　　」

　　　　　　　　　付丈部繼万呂

・「十一月十日柿本得成　ｏ　　　」

　　(4)

・「額田部垣守　　　大伴眞國　　」

　　　　□　　□

・「[　　　　　　　　　　　] (뒷면은 위아래가 바뀜)」

9. 참고문헌

梅本康廣·國下多美樹·中島信親·清水みき「京都·長岡京跡(1)」(『木簡研究』23, 2001年)

　向日市埋文センター『長岡宮跡第二次內裏東宮西外郭 長岡京跡左京三條條間北小路』(向日市埋藏文化財調査報告書74) 2006年

75) 長岡京跡左京三條二坊一·八町(舊左京二條二坊三·六町)(左京 8018次)

1. 이름 : 나가오카쿄 터(사쿄 8018차)

2. 출토지 : 京都府(교토부) 向日市(무코시)

3. 발굴 기간 : 1980.10~1980.12

4. 발굴 기관 : 向日市教育委員會

5. 유적 종류 : 도성

6. 점수 : 373

7. 유적과 출토 상황

조사지는 左京二條二坊三町의 동남부에 해당한다. 市道의 하수도관수시설공사에 따른 입회
조사에 의한 것으로 東二坊第一小路 東, 西측 溝 SD5202, 5201과 二條第二小路 북측 溝
SD801801의 교차점에 해당한다.

목간은 二條第二小路 북측 溝에서 출토되었으며 대부분이 미세한 조각, 파편류이다. 공반된
젓가락 가운데 목간을 재가공한 것이 포함되어 있었다. 공반유물로 하지키, 스에키, 기와, 人形,
빗 등이 있다.

8. 목간

· 「嶋院三(刻線)　　物守斐太一人　飯參升

· 「□□　　　　　　　　　｜月山三日領
　　□□□

'嶋院'은『속일본기』延曆4년 3월3일조에 기록된 '御嶋院宴五位己上, 召文人令賦曲水'의 '御
嶋'일 것이다. '物守'은 正倉院문서와 宮衛令応入禁中條를 참고하면 운송물과 창고에 들어가는
물품의 차례를 담당하는 丁匠번의 호칭일 가능성이 있다.

9. 참고문헌

山中章「京都·長岡京跡」(『木簡研究』3, 1981年)

清水みき「京都·長岡京跡」(『木簡研究』4, 1982年)

木簡學會編『日本古代木簡選』岩波書店, 1990年

向日市埋文センター·向日市教委『長岡京木簡二』(向日市埋藏文化財調査報告書35) 1993年

木簡學會編『日本古代木簡集成』東京大學出版會, 2003年

76) 長岡京跡左京三條二坊二・三・六・七町(舊二條大路・東二坊第一 小路交差点)(左京120次)

1. 이름 : 나가오카쿄 터(사쿄 120차)
2. 출토지 : 京都府(교토부) 向日市(무코시)
3. 발굴 기간 : 1984.11~1985.3
4. 발굴 기관 : 向日市教育委員會
5. 유적 종류 : 도성
6. 점수 : 23

7. 유적과 출토 상황

제120차 조사지는 동서쪽 두 곳으로 나뉜다. 서쪽은 二條대로를 사이에 두고 左京2坊5町, 同3條2坊1町, 同3條2坊8町 상당지, 동쪽이 東2坊 坊間小路노면 서반으로 二條대로와의 교차점이 포함되는 곳에 해당한다. 長岡京期의 주된 유적으로는, 우선 南北兩側溝의 출토에 의해 확인된 이조대로(二條大路)가 있다. 그 외에 條坊도로측구 7조, 굴립주건물 4동, 담 2조, 택지 내의 구 5조, 토갱 9기, 수혈 등이 확인되었다.

목간은 東2坊 제1소로 남측 溝 SD12031에서 11점, 同 서측 溝 SD12032에서 6점, 二條대로 以北의 東小路 동측 溝 SD5201에서 1점, 二條대로 남측 溝 SD12028에서 3점, 二條대로 북측 溝 SD12026에서 1점, 長岡京期 유구면의 베이스층의 회색점토하층에서 1점 총 23점이 출토되었다.

8. 목간

「∨讚岐國阿野郡山本鄕官厨米五斗眞歲万×

하단이 결손되었으나 '官厨米'공진의 하찰이라 생각된다. 鄕 단위로 공진되었으며 官厨는 太政官厨家를 의미하는 것으로 官厨米는 처음 나왔는데 地子米를 의미하는 것으로 추정된다.

9. 참고문헌

向日市教委 『向日市埋藏文化財調査報告書』 18, 1986年

清水みき 「京都·長岡京跡(1)」 (『木簡研究』 8, 1986年)

木簡學會編 『日本古代木簡選』 岩波書店, 1990年

向日市埋文センター·向日市教委 『長岡京木簡二』 (向日市埋藏文化財調査報告書35) 1993年

77) 長岡京跡左京三條二坊六町(左京356次)

1. **이름** : 나가오카쿄 터(사쿄 356차)

2. **출도지** : 京都府(교도부) 向日市(무고시)

3. **발굴 기간** : 1995.1~1995.7

4. **발굴 기관** : (財)向日市埋藏文化財センター

5. **유적 종류** : 도성

6. **점수** : 20

7. 유적과 출토 상황

조사지는 해발 13.5~13.7m의 舊小畑川의 선사지면에 위치한다. 長岡京期의 유구로는 3條條間南小路 北側溝, 東2坊坊間小路 서측 溝 외에 六町內에서 굴립주건물 1동, 塀 4조, 柵 3조, 문 1곳, 연못 형태의 유구 2기, 화장실 형태의 유구 1기, 町內 溝 2조, 土坑 1기 등이 출토되었다. 연못 형태의 유구는 수생식물의 재배지였던 것으로 추측된다.

목간은 3條條間南小路 북측 溝 SD35615에서 7점, 東2坊坊間小路 서측 溝 SD35620에서 11점, 연못 형태의 유구 SG-356107에서 2점, 총 20점이 출토되었다. 條坊側 하수구에서 출토된 목간은 兩側溝의 교차점 부근에 집중되어 있으며 대량의 토기류(묵서토기를 포함), 암·수막새, 기와, 금속제품, 토제품, 목제품이 함께 발굴되었다.

8. 목간

3條條間南小路 北側溝 SD35615

(1)

奉度經等合四金剛般×

金剛般若經 등을 4점 진상한 것에 관한 문서간으로 생각된다.

(2)

□錢二百文

(3)

・「備前□□　　　」

・「　　　　□〔水?〕」

(4)

　戶主 阿波□

『□　　□』

(5)

「腸勝□ 」

세 번째 글자는 '月'자가 붙은 글자로 보인다. 습서목간.

(6)

・「□大□　是

　　　　　　□　□

　　　　□[　]讚

　　　　　□　□

・「　　　□　□　　」

습서목간.

東2坊坊間小路 西側溝 SD35620

　　(7)

・「□　□　□　　□　　　々」

・「□□□□〔如件?〕　□□　」

　문서 단간(斷簡).

　　(8)

・「秦廣山　　」

・「□[　]□」

　상부는 불에 타 손상되었다.

　　(9)

「□□〔山厚?〕」

　　東2坊坊間小路 西側溝에서 출토된 목간은 이외에도 단간 5점, 삭설 2점이 있지만, 모두 판독 불가. 연못 형태의 유구에서 출토된 단간 2점도 유존상태가 나빠 판독이 불가.

9. 참고문헌

國下多美樹・清水みき「京都・長岡京跡(2)」(『木簡研究』18, 1996年)

清水みき「京都・長岡京跡(第一八號)・釋文の訂正と追加」(『木簡研究』21, 1999年)

向日市埋文センター『長岡京跡ほか』(向日市埋藏文化財調査報告書64) 2005年

78) 長岡京跡左京三條二坊七・八町(左京429次)

1. 이름 : 나가오카쿄 터(사쿄 429차)

2. 출토지 : 京都府(교토부) 向日市(무코시)

3. 발굴 기간 : 1999.5~1999.6

4. 발굴 기관 : (財)向日市埋藏文化財センター

5. 유적 종류 : 도성

6. 점수 : 176

7. 유적과 출토 상황

조사지는 桂川의 범람원에 위치하고 해발은 약 14m이다. 長岡京의 복원에서는 三條條間北小路 교차점 및 左京三條二坊七·八町에 해당한다. 부근 일대에는 太政官厨家, 造長岡宮使, 木工寮 등 太政官과 조영관계의 관아가 존재한 것으로 생각된다.

목간은 三條條間北小路 북측 溝 SD42501에서 141점(중 삭설이 75점), 남측 溝 SD42906에서 2점, 東二坊坊間西小路 동측 溝 SD42903에서 33점(중 삭설 2점)이 출토되었다. 대부분은 三條條間北小路 북측 溝 하층에서 출토되었다.

8. 목간

SD42501

(1)

・「下政所　　木工二人　　　　漆工一人　料魚菜」
　　　　　　　直丁二人

・『鍛冶所食口十三人九月卅日佐伯■万呂』」

완형의 단책형 문서목간. '政所'에 배치된 목공, 칠공, 直工의 魚菜를 政所料로서 지급하는 것. 앞면에는 다른 필체로 '鍛冶所'의 식구수가 9월 말일로 기록되어 있다.

(2)

「政所　糟參升 」

政所에 관한 목간이다. 우측면은 부러져 있고 하단이 파손되어 있다. 앞, 뒷면은 매끈하게 다듬어져 있고 원형은 비교적 대형인 문서 목간이다.

(3)

「□〔政?〕所」

政所에 관한 삭설이다.

(4)

```
               猪名首勝三斗
「川埼鄕米五斗
               猪名部□□二斗」
```

하단부가 날카로운 완형의 하찰이다. '川埼鄕'은 『和名抄』에 의하면 尾張國中嶋郡에 소재한다.

9. 참고문헌

向日市埋文センター·向日市敎委 『向日市埋藏文化財調査報告書』 50, 2000年

山口均·中島信親·松崎俊郎·清水みき 「京都·長岡京跡」(『木簡研究』 22, 2000年)

木簡學會編 『日本古代木簡集成』 東京大學出版會, 2003年

79) 長岡京跡左京三條二坊七·九·十町(舊左京二條二坊十一·十二町)(左京163次)

1. 이름 : 나가오카쿄 터(사쿄 163차)

2. 출토지 : 京都府(교토부) 向日市(무코시)

3. 발굴 기간 : 1986.12~1987.1

4. 발굴 기관 : 向日市敎育委員會

5. 유적 종류 : 도성

6. 점수 : 7

7. 유적과 출토 상황

조사지는 東二坊坊間西小路와 二條第二小路의 교차점 및 東二坊坊間西小路의 노면, 左京三條二坊七·九·十町의 일부에 해당한다. 발굴 결과 長岡京 관련 양쪽 소로의 西側溝 및 남북양 側溝가 확인되었다.

목간은 二條第二小路의 北側溝 SD16333에서 7점이 출토되었다. 같은 유구에서 스에키, 하지키 등 식기와 자비구, 묵서인면토기, 토마 등 제사구가 공반되었다.

8. 목간

「木工助高篠連□□

『續日本紀』延曆9년 3월 丙午條에 '木工助外從五位下高 篠連廣浪'가 보인다.

9. 참고문헌

清水みき·國下多美樹·渡邊博·山中章·松崎俊郎「京都·長岡京跡(1)」(『木簡研究』9, 1987年)

向日市埋文センター·向日市教委『向日市埋藏文化財調査報告書』27, 1989年

向日市埋文センター·向日市教委『長岡京木簡二』(向日市埋藏文化財調査報告書35) 1993年

80) 長岡京跡左京三條二坊八町(舊左京二條二坊六町)(左京22次)

1. 이름 : 나가오카쿄 터(사쿄 22차)
2. 출토지 : 京都府(교토부) 向日市(무코시)
3. 발굴 기간 : 1978.11~1979.1, 1979.2~1979.3
4. 발굴 기관 : 向日市教育委員會
5. 유적 종류 : 도성
6. 점수 : 110

7. 유적과 출토 상황

조사지는 長岡京左京二條二坊六町에 해당한다. 목간이 출토된 溝는 左京제13차 조사에서 확인된 SD1301의 동쪽 30m의 연장부에 있다. 목간은 구 전역에서 총 113점이 출토되었는데 특히 兩橋狀遺構의 사이에서 77점이 확인되었다.

8. 목간

　　(1)

「韓國　　　　　」

　　(2)

「藏藏藏藏□□□　」

　　(3)

□〔上?〕一□〔品?〕

　　(4)

鳥郡□

9. 참고문헌

山中章「京都·長岡宮·京跡」(『木簡研究』1, 1979年

向日市教委『長岡京木簡一』(向日市埋藏文化財調査報告書15) 1984年

木簡學會編『日本古代木簡選』岩波書店, 1990年

沖森卓也·佐藤信編『上代木簡資料集成』おうふう, 1994年

木簡學會編『日本古代木簡集成』東京大學出版會, 2003年

長岡京跡發掘調査研究所·向日市埋文センター『長岡京跡發掘調査研究所調査報告書 長岡京跡·東土川西遺跡·修理式遺跡』2003年

81) 長岡京跡左京三條二坊八町(舊左京二條二坊六町)(左京8566次)

1. 이름 : 나가오카쿄 티(사교 8566차)

2. 출토지 : 京都府(교토부) 向日市(무코시)

3. 발굴 기간 : 1985.11

4. 발굴 기관 : 向日市教育委員會

5. 유적 종류 : 도성

6. 점수 : 383

7. 유적과 출토 상황

본 조사는 수로개수에 따른 입회조사가 실시되었다. 조사지는 二條二坊六町의 남서부에 해당하며 六町서변의 남북 溝 SD5202, 東二坊第一小路 동측 溝 SD5201을 확인하였다. 목간은 약 440점 정도가 모두 溝 SD5202에서 출토되었다.

8. 목간

伊與國□□□〔越智郡?〕□□□□□〔鄕戶主?〕□□ □米□□〔五斗?〕□□

9. 참고문헌

清水みき·國下多美樹·渡邊博·山中章·松崎俊郎 「京都·長岡京跡(1)」(『木簡研究』9, 1987年)

木簡學會編 『日本古代木簡選』岩波書店, 1990年

向日市埋文センター·向日市教委 『長岡京木簡二』(向日市埋藏文化財調査報告書35) 1993年

木簡學會編 『日本古代木簡集成』東京大學出版會, 2003年

82) 長岡京跡左京三條二坊八町(舊左京二條二坊六町)(左京第208次)

1. 이름 : 나가오카쿄 유적(사쿄 208차)

2. 출토지 : 京都府(교토부) 向日市(무코시)

3. 발굴 기간 : 1989.1~1989.2

4. 발굴 기관 : (財)向日市埋藏文化財センター

5. 유적 종류 : 도성

6. 점수 : 7

7. 유적과 출토 상황

조사지는 左京二條二坊六町, 太政官厨家 유석의 서변 중앙부에 위치한다. 과서에 6사례 빌굴이 이루어졌으며 중앙을 동서로 흐르는 溝 SD1301과 남서부의 東二坊第一小路 東側溝에 병행하는 溝 SD5202에서 총 약 1,100점의 목간이 출토되었다. 여기서는 溝SD1301-A에서 6점, B에서 1점 그 외에 출토된 목간 1점을 보고하였다.

8. 목간

· 寺石工佐伯息人　　　　　　　　o

· 　　　　　　五年七月十四日岳田王 o

상단부가 결실되었으나 거의 원형을 유지한 단책형 목간. 하단에 구멍이 뚫려 있다. 太政官의 조영관계 목간의 하나. 寺石工佐伯息人은 이미 長岡京 목간 No.1에 '造大臣曹司所... 息人'과 동일인일 것이다. 이 목간은 延暦8년(789년)에 제작된 것으로 추정된다. 목간에 의해 佐伯息人은 동대사 소속의 石工으로 초기 長岡京 조영에 파견되어 이후 변함없이 太政官 관계의 조영에 계속 종사한 것이 명확해졌다.

9. 참고문헌

中塚良·山中章·國下多美樹·清水みき「京都·長岡宮·京跡」(『木簡研究』11, 1989年)

向日市埋文センター·向日市教委『向日市埋藏义化財調査報告書』28, 1990年

向日市埋文センター·向日市教委『長岡京木簡二』(向日市埋藏文化財調査報告書35) 1993年

83) 長岡京跡左京三條二坊八町(舊左京二條二坊六町)(左京89137次)

1. 이름 : 나가오카쿄 유적(사쿄 89137차)

2. 출토지 : 京都府(교토부) 向日市(무코시)

3. 발굴 기간 : 1990.1

4. 발굴 기관 : (財)向日市埋藏文化財センター

5. 유적 종류 : 도성

6. 점수 : 1

7. 유적과 출토 상황

조사지는 六町의 太政官厨家 유적의 서변 중앙부에 위치한다. 이번 조사는 하수도 공사에 따른 것이다. 조사 결과 溝 SD1301-A(전기), B(후기)의 연장부 및 굴립주건물 SB20800의 동쪽에서 주혈 2기를 발견하였다.

유물은 SD1301-B에서 하지키, 스에키, 목간 모양의 목제품 및 목간 1점이 출토되었다.

8. 목간

· ×□□　　□　□

· ×日□□□□

왼쪽 변이 부러졌으며 상단을 2차적으로 깎은 문서목간의 파편이다.

9. 참고문헌

國下多美樹·秋山浩三·山中章·清水みき「京都·長岡京跡(1)」(『木簡研究』12, 1990年)

向日市埋文センター·向日市教委『長岡京木簡二』(向日市埋藏文化財調査報告書35) 1993年

84) 長岡京跡左京三條二坊八·九町(舊左京二條二坊六町)(左京51次)

1. 이름 : 나가오카쿄 터(사쿄 51차)
2. 출토지 : 京都府(교토부) 向日市(무코시)
3. 발굴 기간 : 1980.5~1980.7
4. 발굴 기관 : 向日市敎育委員會
5. 유적 종류 : 도성
6. 점수 : 174

7. 유적과 출토 상황

조사지는 左京二條二坊六町의 동단 부분에 해당하며 東二坊坊間西小路의 동쪽에 접해 있다. 확인된 주요 유구는 六町의 중앙 溝인 溝 SD1301, 東二坊坊間西小路의 西側溝 및 溝 SD1301 에 걸친 다리 3기이다. 목간은 SD1301에서 169점이 출토되었다. 埋土는 상·하로 나누어지는 데 상층에서는 延曆8년 5월 17일 기년이 있는 목간, 하층에는 延曆6년 7월 3일 기년이 있는 목 간이 출토되었다.

8. 목간

　(1)

· 「造東大宮所　　　□□[解申?]　　[　　　]

· 「　　　　　　　八年正月十七日□□□[附近衛?]×

'造東大宮所'란 東大宮조영을 위한 임시 관청이다. 『續日本紀』廷曆八年二月二十七日條에는 '移自西宮。始御東宮'라는 기록이 있다. 이는 長岡京內裏變移를 보여주는 유일한 문헌 사료였는데 이 목산은 이 사료와 관련된 것이다.

(2)

· 「Ｖ   　　　　×□〔合?〕釘廿九隻　棉□〔椊?〕×　…　　　×□〔隻?〕　長押雨壺五十六隻」
　　　山桃院　　　　　　　　　　　　　　　　　　　　　　在釘十
　　　　　　　　□〔東?〕屋□　博風釘四隻　□×　…　×二□
　　　　　　　　　　　　　　　　　　　　　　　　　　　　　　　」
· 「Ｖ　　　　　　　　　　　　　　　…　　×三月五日石作五百千　　　　」

『續日本紀』寶龜三年十二月二十三日條에 처음 보이는 楊梅宮과 관련된 것으로 山桃院의 일부가 해체되었을 때의 고재목과 부속금구에 붙인 송장으로 생각된다.

9. 참고문헌

向日市教委『向日市埋藏文化財調査報告書』7, 1981年

山中章「京都·長岡京跡」(『木簡研究』3, 1981年)

向日市教委『長岡京木簡一』(向日市埋藏文化財調査報告書15) 1984年

木簡學會編『日本古代木簡選』岩波書店, 1990年

沖森卓也·佐藤信編『上代木簡資料集成』おうふう, 1994年

長岡京跡發掘調査研究所·向日市埋文センター『長岡京跡發掘調査研究所調査報告書 長岡京跡·東土川西遺跡·修理式遺跡』2003年

85) 長岡京跡左京三條二坊十·十一町(左京358次)

1. 이름 : 나가오카쿄 터(사쿄 358차)

2. 출토지 : 京都府(교토부) 向日市(무코시)

3. 발굴 기간 : 1995.1~1995.2

4. 발굴 기관 : ㈜向日市埋藏文化財センター

5. 유적 종류 : 도성

6. 점수 : 93

7. 유적과 출토 상황

조사지는 해발 12.8m 전후의 범람원에 위치한다. 長岡京에서는 三條條間小路를 포함한 左京三條二坊十·十一町 동단부에 상응한다. 조사를 통해 三條條間小路 남, 북 양측 溝 외에 우물 1기, 十一町 내에서 구덩이 1기, 주혈 등이 확인되었다.

목간은 모두 우물 SE35808에서 출토되었다. 목간의 점수는 정확하지 않으나 80% 이상이 삭설이다.

8. 목간

하단이 결손 되었으나 길이는 원래 수치이다. 좌, 우변이 부러졌다. 쌀의 지급량을 일자별로 쓴 기록목간이다. 앞면은 쌀의 지급합계를 나타내고 피지급자마다 내역을 기록하였다.

뒷면은 약간 내용이 다른데 지출 쌀에 대해 '利田', '無利田'이라는 납입전마다의 내역과 백미, 흑미의 내역을 기록한 것으로 생각된다.

9. 참고문헌

梅本康廣·中島信親·松崎俊郎·國下多美樹·清水みき「京都·長岡京跡(1)」(『木簡研究』17, 1995年)

木簡學會編『日本古代木簡集成』東京大學出版會, 2003年

向日市埋文センター『長岡京跡ほか』(向日市埋藏文化財調査報告書64 第1分冊) 2005年

86) 長岡京跡左京三條二坊十四·十五町·三坊二·三町(舊左京二條三坊四町·三條三坊一町)(左京196次)

1. 이름 : 나가오카쿄 터(사쿄 196차)

2. 출토지 : 京都府(교토부) 向日市(무코시)

3. 발굴 기간 : 1988.5~1988.8

4. 발굴 기관 : (財)向日市埋藏文化財センター

5. 유적 종류 : 도성

6. 점수 : 1

7. 유적과 출토 상황

조사지는 左京三條二坊十六町과 左京三條三坊一町 북서부 및 그 사이의 교차점에 상응한다. 二條大路路面SF19600, 二條大路 남북 양측 溝 SD19604, 19603, 東二坊大路路面SF19605, 책렬, 溝, 토갱, 주혈 등 유구가 확인되었다.

東二坊大路 서측 溝에서는 묵서토기를 비롯하여 많은 유물이 출토되었다. 목간은 二條大路 남측 溝와 東二坊大路 서측 溝의 합류점에서 斷簡 1점이 출토되었다.

8. 목간

· □□□

·「□堺堺」

상·하단이 부러졌다. 앞면과 뒷면은 다른 필체이며 뒷면은 습서목간이다.

9. 참고문헌

中塚良·山中章·國下多美樹·清水みき「京都·長岡宮·京跡」(『木簡研究』11, 1989年)

向日市教委·向日市埋文センター『向日市埋藏文化財調査報告書』34, 1992年

向日市埋文センター·向日市教委『長岡京木簡二』(向日市埋藏文化財調査報告書35) 1993年

87) 長岡京跡左京三條二坊十六町(舊左京二條二坊十四町)(左京7708次)

1. 이름 : 나가오카쿄 터(사쿄 7708차)

2. 출토지 : 京都府(교토부) 向日市(무코시)

3. 발굴 기간 : 1977.7 ·1977.8

4. 발굴 기관 : 向日市敎育委員會

5. 유적 종류 : 도성

6. 점수 : 3

7. 유적과 출토 상황

조사지는 해발 13.5m의 범람원에 위치한다. 長岡京의 條坊에서는 左京三條二坊十六町에 해당한다. 조사는 수로개수에 따른 입회조사로 남북 溝 八條, 동서 溝 一條, 토갱 1기 등이 확인되었다.

목간은 溝 SD770801에서 1점, 溝 SD770803에서 2점 출토되었다.

8. 목간

· 「　　　□半　　□長

　　□□〔守?〕　□□　　　　　　」

・「[　]　　　　　[　　]

□女　[　　]」

삼나무의 판복재. 상단이 부러져 있고 하단은 태워져 상하었다. 좌우 양변이 부러졌다. 판독은 어렵다.

9. 참고문헌

向日市教委『向日市埋藏文化財調査報告書』4, 1978年

向日市教委『長岡京木簡一』(向日市埋藏文化財調査報告書15) 1984年

松崎俊郎「京都・長岡京跡」(『木簡研究』34, 2012年)

88) 長岡京跡左京三條二坊十六町・三坊一町(左京301次)

1. 이름 : 나가오카쿄 터(사쿄 301차)

2. 출토지 : 京都府(교토부) 向日市(무코시)

3. 발굴 기간 : 1993.4~1993.7

4. 발굴 기관 : (財)向日市埋藏文化財センター

5. 유적 종류 : 도성

6. 점수 : 2

7. 유적과 출토 상황

조사지는 해발 13m 전후의 범람원 위에 위치한다. 長岡京에서는 二條大路와 東二坊大路의 교차점에 해당한다. 목간은 東二坊大路은 東側溝 SD10002에서 2점, 十六町 내의 우물 SE31204에서 삭설 35점이 출토되었다.

8. 목간

　東二坊大路 SD10002

厨糟壹升肆合□直□　　…　　□

　　側溝 최하층에서 출토되었다. 세 조각으로 나누어져 있으며 두 조각은 거의 접합된다. 어떤 요리 담당 부서(某厨)에서 청구한 지게미의 가격을 적은 것으로 추정된다.

9. 참고문헌

松崎俊郎·國下多美樹·清水みき「京都·長岡京跡(1)」(『木簡研究』16, 1994年)

向日市理文センター『長岡京跡·中海道遺跡·長野丙古墳群』(向日市理藏文化財調査報告書 69) 2009年

89) 長岡京跡左京三條二坊十六町·三坊一町(二條大路·東二坊大路 交差点)(左京291次)

1. 이름 : 나가오카쿄 터(사쿄 291차)
2. 출토지 : 京都府(교토부) 向日市(무코시)
3. 발굴 기간 : 1992.7~1992.9
4. 발굴 기관 : (財)向日市理藏文化財センター
5. 유적 종류 : 도성, 중세취락
6. 점수 : 2

7. 유적과 출토 상황

조사지는 二條大路와 東二坊大路의 교차점 남부에 위치한다. 조사는 東二坊大路의 확인을 목적으로 한 조사 트렌치와 二條大路와 東二坊大路의 교차점 확인을 목적으로 한 입회 트렌치의 2곳으로 나누어진다.

목간은 입회트렌지의 갱열 SX291100의 서측에서 2짐 출도되었다.

8. 목간

- 「∨° 。
- 「∨ [ ] □

長岡京期의 부찰 모양의 목간으로 하단과 좌측면이 결손되었다. 앞면은 상단에 작게 그린 'o'가 2곳 존재한다. 앞·뒷면은 모두 한 글자가 남아 있으며 2차적으로 가공하였다.

9. 참고문헌

山中章·松崎俊郎·秋山浩三·國下多美樹·清水みき「京都·長岡京跡(1)」(『木簡研究』15, 1993年)

向日市埋文センター『向日市埋藏文化財調査報告書』53, 2001年

90) 長岡京跡左京三條三坊一·二町, 三條條間北小路(左京428次)

1. 이름 : 나가오카쿄 터(사쿄 428차)
2. 출토지 : 京都府(교토부) 向日市(무코시)
3. 발굴 기간 : 1999.5~1999.6
4. 발굴 기관 : (財)向日市埋藏文化財センター
5. 유적 종류 : 도성
6. 점수 : 1

7. 유적과 출토 상황

조사지는 해발 13m 전후의 범람원에 위치한다. 長岡京에서는 左京三條三坊一・二町와 三條條間北小路의 추정 위치에 해당한다.

유물은 목간 1점, 스에키와 하지키 파편, 목제품 파편과 가공목재가 출토되었다. 목간은 溝 상위에서 출토되었으며 상단부가 서쪽을 향해 거의 수평의 상태로 글자면이 바닥을 향해 있었다.

8. 목간

「今日物忌 此處不有預人而他人輒出得出入」

완형의 物忌札로 상단은 규두 형태로, 하단은 검 날 모양으로 만들었다. 앞, 뒷면 및 양 측면도 깎아서 표면을 조정하였다. 싱・하단부 모두 쳐서 박은 흔적을 확인할 수 없으므로 성토를 하여 세웠던지 구덩이에 꽂아서 사용한 것으로 생각된다.

物忌의 습관은 천황, 귀족이 陰陽師에게 일의 길흉을 점치게 하고 이에 따라 외부와 교섭을 할 때 세우거나 붙여서 사용한 것이 일반적이다. 목간의 경우 8세기의 사례로 2점이 알려져 있다.

9. 참고문헌

山口均・中島信親・松崎俊郎・清水みき「京都・長岡京跡」(『木簡研究』22, 2000年)

木簡學會編『日本古代木簡集成』東京大學出版會, 2003年

向日市埋文センター『長岡京跡・中海道遺跡』(向日市埋藏文化財調査報告書67) 2005年

91) 長岡京跡左京三條三坊二・三・四・六・七町(舊左京三條三坊一・二・八町・二條三坊四・五町)(左京151次)

1. 이름 : 나가오카쿄 터(사쿄 151차)

2. 출토지 : 京都府(교토부) 向日市(무코시)

3. 발굴 기간 : 1986.4~1986.8

4. 발굴 기관 : (財)京都府埋藏文化財調査研究センター

5. 유적 종류 : 도성

6. 점수 : 1

7. 유적과 출토 상황

조사지는 向日구릉의 동측에 펼쳐진 해발 13m 전후의 충적지로 長岡京의 左京三條三坊二・三・四・六・七町 및 二條祖三坊五町에 걸쳐 있다. 조사 결과 야요이시대 중기부터 중세까지 각종의 유구, 유물이 확인되었다. 목간은 추정 二條大路 남측 溝에서 남쪽 20m 굴립주건물 유적의 북서쪽 기둥의 구멍에서 출토되었다.

8. 목간

「越前國大野郡[　]□〔鄕?〕□□□〔部?〕×

상단 두부(頭部)의 좌우 각은 비스듬하게 떨어진다. 하단은 부식되어 있다.

9. 참고문헌

京都府埋文調査研究センター『京都府遺跡調査概報』22, 1987年

辻本和美「京都・長岡京跡(2)」(『木簡研究』9, 1987年)

向日市埋文センター・向日市教委『長岡京木簡二』(向日市埋藏文化財調査報告書35) 1993年

92) 長岡京跡左京三條三坊四町(舊左京三條三坊二町)(左京221次)

1. 이름 : 나가오카쿄 유적(사쿄 221차)

2. 출토지 : 京都府(교토부) 向日市(무코시)

3. 발굴 기간 : 1989.6~1989.8

4. 발굴 기관 : (財)向日市埋藏文化財センター

5. 유적 종류 : 도성

6. 점수 : 1

7. 유적과 출토 상황

조사지는 東二坊大路 동단, 左京三條三坊二町의 북서부에 위치한다. 유물은 東二坊大路 동측 溝에서 출토되었다. 목간 1점은 같은 溝의 남쪽에서 출토되었으며 토기류, 기와, 철제차축, 토마, 묵서인면토기 등이 공반되었다.

8. 목간

・□ □

・　　　□□□

9. 참고문헌

國下多美樹·秋山浩三·山中章·清水みき「京都·長岡京跡(1)」(『木簡研究』12, 1990年)

向日市埋文センター·向日市教委『長岡京木簡二』(向日市埋藏文化財調査報告書35) 1993年

向日市埋文センター·向日市教委『向日市埋藏文化財調査報告書』41, 1997年

93) 長岡京跡左京三條三坊四町・四條二坊十三・十四町・三坊一町・五條二坊九・十六町(舊三條條間小路・四條第一小路・四條條間小路・四條第二小路・東二坊第二小路)(左京242次)

1. 이름 : 나가오카쿄 터(사쿄 242차)

2. 출토지 : 京都府(교토부) 向日市(무코시)

3. 발굴 기간 : 1990.6~1991.3

4. 발굴 기관 : ㈶京都府埋藏文化財調査研究センター

5. 유적 종류 : 도성

6. 점수 : 1

7. 유적과 출토 상황

목간이 출토된 곳은 長岡京條坊복원도에서 三條二坊十五町에 해당한다. 헤이안시대 옛 하천에서 삭평된 長岡京期의 충적지 SX242012에서 목간, 목제품, 다량의 토기 등이 출토되었다.

8. 목간

· 「□□□　　　」

· 「□□□□　」

목간은 앞뒷면에 묵흔이 남아 있으나 부식이 심하여 읽을 수 없다. 묵흔의 범위로 보아 앞면에 3글자, 뒷면에 4글자가 있었던 것으로 추정된다.

9. 참고문헌

京都府埋文調査研究センター『京都府遺跡調査概報』47, 1992年

石尾政信「京都・長岡京跡(2)」(『木簡研究』14, 1992年)

94) 長岡京跡左京三條三坊八町(左京387次)

1. 이름 : 나가오카쿄 터(사쿄 387차)
2. 출토지 : 京都府(교토부) 向日市(무코시)
3. 발굴 기간 : 1996.4~1996.7
4. 발굴 기관 : (財)向日市埋藏文化財センター
5. 유적 종류 : 도성
6. 점수 : 9

7. 유적과 출토 상황

조사지는 해발 13.7m이며 범람원에 위치한다. 二條大路 남측 溝를 포함한 左京三條三坊八町 북동단에 해당한 것으로 추정했다. 조사 결과 추정 위치에서 二條大路 남측 溝을 확인하였으며 이외에 측구 내 말뚝을 박은 흔적과 이와 연결된 溝를 확인하였다.

목간은 二條大路 남측 溝 SD38701에서 9점 출토되었다. 5점은 南肩부근의 상층에서, 나머지 4점은 杭列SX38705 부근의 중층에서 출토되었다. 함께 출토된 유물로 토기류 외에 기와, 도자, 人形, 묵서인면토기 등이 있다.

8. 목간

· 「內膳正解申請□×
· 「   [ ]」

청구문서목간의 상단 단편이다. 앞, 뒷면의 상단부는 깎여있다. 좌측면은 일부 원형이 남아 있으나 우측면은 부러졌다. 內膳司는 장관이 두 명인 官司나 神護景雲二年離越癸巳의 勅에 의해 高橋·安曇 二氏는 奉膳, 他氏의 장관은 正으로 칭했다. 二條大路 南側溝에서는 長岡京期보다 새로운 형식의 토기가 출토되지 않았으므로 延曆13년 수도를 폐기할 때 매장한 것으로 추정할 수 있다. 따라서 이 목간은 長岡京에서 他氏의 內膳司長官의 존재를 나타낸다.

9. 참고문헌

中島信親·國下多美樹·清水みき「京都·長岡京跡」(『木簡研究』19, 1997年)

向日市埋文センター『長岡京跡·森本遺跡·野田遺跡』(向日市埋藏文化財調査報告書65 第1分冊) 2005年

95) 長岡京跡左京四條一坊十·十一·十五町(舊左京四條一坊十·十一·十四·十五町)(左京353次)

1. 이름 : 나가오카쿄 터(사쿄 353차)

2. 출토지 : 京都府(교토부) 向日市(무코시)

3. 발굴 기간 : 1994.11~1995.2, 1995.4~1995.5

4. 발굴 기관 : ㈶京都府埋藏文化財調査研究センター

5. 유적 종류 : 도성

6. 점수 : 2

7. 유적과 출토 상황

이 조사는 京都府의 토목건축부가 계획한 府營上植野團地의 건설에 앞서 실시하였다. 조사 면적은 약 1,720㎡에 해당한다. 조사 결과 東一坊坊間東小路의 동서 양측 溝, 西條條間小路의 남북 양측 溝, 유로 상의 구덩이가 발견되었다. 특히 연못 모양의 구덩이(SX35306)의 점토층에서 많은 유물, 식물 유체 등이 출토되었다. 목간은 여기서 토기와 함께 가공목제품과 섞인 상태로 출토되었다.

8. 목간

　(1)

山□〔繭?〕

결손이 심하여 판독할 수 없다. 첫 번째 글자는 '山', 두 번째 글자는 '繭'일 가능성이 있다.

　(2)

□〔大?〕

　결손이 심하여 판독할 수 없다. 1/3 정도가 부러졌다.

9. 참고문헌

岸岡貴英·小池寬·土橋誠 「京都·長岡京跡(2)」(『木簡研究』17, 1995年)

京都府埋文調査研究センタ　『京都府遺跡調査概報』69, 1996年

96) 長岡京跡左京四條一坊十五·十六町·二坊一·二町(舊左京三條一坊十三町·三條二坊四町)(左京257次)

1. 이름 : 나가오카쿄 터(사쿄 257차)
2. 출토지 : 京都府(교토부) 向日市(무코시)
3. 발굴 기간 : 1990.10~1991.3
4. 발굴 기관 : (財)向日市埋藏文化財センター
5. 유적 종류 : 도성
6. 점수 : 1

7. 유적과 출토 상황

조사지는 東一坊大路와 三條大路의 교차점 북쪽에 위치한다. 확인된 유구로는 條坊과 관련 있는 東一坊大路동서 양측 溝, 三條第二小路 남측 溝가, 대로 서측의 十三町에서는 대로를 따라 築地西雨落一條, 소로에 연접한 築地南雨落一條 등이 확인되었다. 목간은 十三町의 동변 築地 북단의 SD25751에서 단편 1점이 출토되었다.

8. 목간

築地暗渠에서 출토된 목간 파편에 글자가 일부 남아 있으나 석독할 수 없다.

9. 참고문헌

國下多美樹·秋山浩三·淸水みき「京都·長岡京跡(2)」(『木簡硏究』13, 1991年)

向日市埋文センター·向日市教委『長岡京木簡二』(向日市埋藏文化財調查報告書35) 1993年

向日市埋文センター『長岡京跡·久々相遺跡』(向日市埋藏文化財調查報告書57) 2002年

97) 長岡京跡左京四條二坊六·七町(舊左京四條二坊八町)(左京171次)

1. 이름 : 나가오카쿄 터(사쿄 171차)
2. 출토지 : 京都府(교토부) 向日市(무코시)
3. 발굴 기간 : 1987.4~1987.5
4. 발굴 기관 : 向日市教育委員會
5. 유적 종류 : 도성
6. 점수 : 2

7. 유적과 출토 상황

조사지역은 해발 14m 전후의 桂川 범람원 위에 위치한다. 90㎡를 조사하여 三條大路 남측 溝 SD17103, SD17106, SD17107 등이 확인되었다.

목간은 SD17107에서 1점, 토갱 SK17102에서 1점이 출토되었다.

8. 목간

SD17107

(1)

「子部　國足」

　인명을 기록한 부찰용목간이다. 두 번째 글자는 손상이 심하여 적외선카메라로 확인하였다.

SK17102

(2)

· 　□□[　]

　　□□〔八月?〕□□

· □

　□〔女?〕

　□〔文?〕

　목간을 折敷底板에 전용한 것으로 생각된다. 뒷면은 ‘女’ 글자가 이어진 가로로 쓴 습서목간 같으며 묵흔이 확인된다. 앞면도 인명 등 글자 외에 묵선이 있으나 결손으로 인해 상세한 것은 알 수 없다.

9. 참고문헌

秋山浩三·渡邊博·清水みき「京都·長岡宮·京跡」(『木簡研究』10, 1988年)

向日市埋文センター·向日市教委『向日市埋藏文化財調査報告書』27, 1989年

向日市埋文センター·向日市教委『長岡京木簡二』(向日市埋藏文化財調査報告書35) 1993年

98) 長岡京跡左京四條二坊七町(舊左京三條二坊五町)(左京119次)

1. 이름 : 나가오카쿄 터(사쿄 119차)
2. 출토지 : 京都府(교토부) 向日市(무코시)
3. 발굴 기간 : 1984.10~1984.11
4. 발굴 기관 : (財)京都府埋藏文化財調査研究センター
5. 유적 종류 : 도성
6. 점수 : 1

7. 유적과 출토 상황

조사지는 長岡京의 左京三條二坊五町 및 三條大路의 추정지에 해당한다. 京都府立向陽高校의 트레이닝룸 건설에 따른 조사를 실시하였다. 유물은 長岡京期의 스에키, 하지키, 기와류, 벼루, 묵서토기 등이 출토되었다. 목간은 다량의 하지키, 스에키, 기와와 함께 三條大路 북측 溝에서 출토되었다. 長岡京廢都 때에 다른 유물과 함께 폐기된 것으로 생각된다.

8. 목간

　□□□〔延?〕板壹村□〔遣?〕□□

　火鑽板으로 사용되었으며 아래쪽에 3곳의 구멍이 뚫여 있다. 작은 구멍 하나는 묵흔을 일부 지우고 있다. 운송장으로 생각되나 두께 등으로 보아 원래 목간용의 판이 아니라 무엇인가의 판재를 목간으로 사용하였고 그 후에 火鑽板으로 사용하였을 것이다.

9. 참고문헌

京都府埋文調査研究センター『京都府遺跡調査概報』15, 1985年 山口博「京都·長岡京跡(2)」(『木簡研究』7, 1985年)

向日市埋文センター·向日市教委『長岡京木簡二』(向日市埋藏文化財調査報告書35) 1993年

99) 長岡京跡左京四條二坊七町, 四條條間小路(左京310次)

1. 이름 : 나가오카쿄 터(사쿄 310차)

2. 출토지 : 京都府(교토부) 向日市(무코시)

3. 발굴 기간 : 1993.9~1993.10

4. 발굴 기관 : ㈶向日市埋藏文化財センター

5. 유적 종류 : 도성

6. 점수 : 1

7. 유적과 출토 상황

조사지는 四條條間小路를 포함한 左京四條二坊七町의 북농부에 해낭한다. 이번 조사에서는 長岡京期의 新舊 두 시기의 유적군을 확인하였다. 목간은 구도로 SD31010-A에서 1점 출토되었다. 공반유물로 토기류 외에 묵서토기, 원면벼루, 토마, 목제품 등이 있다.

8. 목간

「鮒等魚借

　거의 완형의 물품부찰. '借'에 대해서는 '鯛借'라고 적힌 목간의 사례가 있다. 肉月을 人偏의 이체자인 사례도 있으므로 '借'는 '腊'의 의미일 수도 있다.

9. 참고문헌

松崎俊郎·國下多美樹·清水みき「京都·長岡京跡(1)」(『木簡研究』16, 1994年)

向日市埋文センター『長岡京跡·久々相遺跡』(向日市埋藏文化財調査報告書57) 2002年

100) 長岡京跡左京四條二坊十・十一町(舊左京四條二坊九町)(左京71次)

1. 이름 : 나가오카쿄 터(사쿄 71차)
2. 출토지 : 京都府(교토부) 向日市(무코시)
3. 발굴 기간 : 1981.2~1981.4
4. 발굴 기관 : 向日市敎育委員會
5. 유적 종류 : 도성
6. 점수 : 2

7. 유적과 출토 상황

조사지는 左京四條二坊九町의 북쪽 2/3 지점에 해당한다. 3차에 걸친 조사에 의해 三條大路 남측 溝, 굴립주건물 14동, 우물 5기, 목책 4기, 토갱 3기 등이 확인되었다. 이 유구들은 조사지 전역에 '積'이라고 표시한 묵서토기가 분포하고 있으므로 동일한 성격을 지닌 것으로 추정된다.

목간은 三條大路 南側溝 최하층의 제4층에서 2점 출토되었다.

8. 목간

　　(1)
* 「□〔嶋?〕□　正月□□〔万呂?〕□
* 「□□　　　　　　□

상단과 우측변이 원형이다. 뒷면에 3개의 문자가 잔존한다. 상태가 좋지 않아 그 내용을 알기는 어렵다.

　　(2)
　　□□□　　　　　□□
　　　　□〔大?〕息□□

단편으로 앞면은 세 글자 분량의 좌단이 잔존하며 비스듬하게 왼쪽 아래에 '大息□□'로 생각되는 행이 하나 있다. 아마 오른쪽 아래에도 글자가 있었던 것으로 생각된다. 상태가 좋지 않아 그 내용을 알기는 어렵다.

9. 참고문헌

向日市教委『向日市埋藏文化財調査報告書』8, 1982年

清水みき「京都·長岡京跡」(『木簡研究』4, 1982年)

向日市埋文センター·向日市教委『長岡京木簡二』(向日市埋藏文化財調査報告書35) 1993年

101) 長岡京跡左京四條二坊十一町(舊左京四條二坊九町)(左京27次)

1. 이름 : 나가오카쿄 터(사쿄 27차)
2. 출토지 : 京都府(교토부) 向日市(무코시)
3. 발굴 기간 : 1979.5~1979.7
4. 발굴 기관 : 向日市教育委員會
5. 유적 종류 : 도성
6. 점수 : 1

7. 유적과 출토 상황

조사지는 左京四條二坊九로 추정된다. 굴립주건물 11동, 목책 2열, 우물 5기 등이 확인되었다. 목간은 우물 최하층에서 1점 발견되었다. 우물 속에서 長岡京에 특유한 스에키 호와 제염토기가 출토되었다.

8. 목간

· ×　　　　[　　] ×
　□請火之飯酒
　　　　　　朝□

·　　　□

9. 참고문헌

向日市教委 『向日市埋藏文化財調査報告書』 6, 1980年

山中章 「京都·長岡京跡」 (『木簡研究』 2, 1980年)

向日市教委 『長岡京木簡一』 (向日市埋藏文化財調査報告書15) 1984年

102) 長岡京跡左京五條二坊八町(舊左京四條二坊六町)(左京106次)

1. 이름 : 나가오카쿄 터(사쿄 106차)

2. 출토지 : 京都府(교토부) 向日市(무코시)

3. 발굴 기간 : 1983.12~1984.3

4. 발굴 기관 : 向日市教育委員會

5. 유적 종류 : 도성

6. 점수 : 1

7. 유적과 출토 상황

조사지는 左京四條二坊六町에 해당한다. 민간 택지조성에 따른 사전조사로 약 1,850㎡에 걸쳐 조사를 실시하였다. 長岡京期의 유구로 四條第二小路의 남북 양측 溝, 굴립주건물 5동, 우물 1기, 토갱 1기 등이 있다.

목간은 제Ⅱ기에 해당하는 우물SE0339의 최하층에서 1점이 출토되었다.

8. 목간

- 「鎰取[ ]□□〔輕?〕□□□〔連人?〕□□〔御?〕田連□□連美□草連□」
- 「女　　　　寸　　　　秦　　　　忌　　　　女」

　먼저 뒷면에 횡서한 후 상·하단을 이차적으로 절단, 좌우변을 깎아 조정하여 앞면에 묵서한 것이다. 뒷면의 제2~5자 사이는 모두 8cm정도 떨어져 있다.

9. 참고문헌

清水みき「京都·長岡宮·京跡」(『木簡研究』6, 1984年)

向日市教委『向日市埋藏文化財調査報告書』17, 1985年

向日市埋文センター·向日市教委『長岡京木簡二』(向日市埋藏文化財調査報告書35) 1993年

103) 長岡京跡左京五條二坊八·九町(左京289次)

1. 이름 : 나가오카쿄 터(사쿄 289차)

2. 출토지 : 京都府(교토부) 向日市(무코시)

3. 발굴 기간 : 1992.5~1992.7

4. 발굴 기관 : (財)向日市埋藏文化財センター

5. 유적 종류 : 도성, 중세취락

6. 점수 : 1

7. 유적과 출토 상황

　조사지는 해발 14m 전후의 舊小畑川이 형성된 선상지에 위치한다. 長岡京의 條坊復元에서는 左京五條二坊八町의 동남부 및 東二坊坊間小路와 五條條間北小路의 교차점에 해당한다.

　목간은 東二坊坊間小路의 서측 溝에서 1점이 출토되었다. 공반유물로 묵서토기, 하지키, 스에키, 기와, 목제품, 화폐 등이 있다.

8. 목간

「∨美馬郡棄原　□

　앞, 뒷면 모두 유존상태가 매우 좋지 않고 하부의 묵흔이 없어졌다. 『和名抄』에 의하면 阿波國에 美馬郡棄原鄕이 소재한다.

9. 참고문헌

山中章·松崎俊郎·秋山浩三·國下多美樹·清水みき「京都·長岡京跡(1)」(『木簡研究』15, 1993年) 向日市埋文センター·向日市教委『向日市埋藏文化財調査報告書』38, 1994年

104) 長岡京跡左京五條二坊九町(舊左京四條二坊十一町)(左京170次)

1. 이름 : 나가오카쿄 터(사쿄 170차)
2. 출토지 : 京都府(교토부) 向日市(무코시)
3. 발굴 기간 : 1987.2~1987.3
4. 발굴 기관 : 向日市教育委員會
5. 유적 종류 : 도성
6. 점수 : 3

7. 유적과 출토 상황

　조사지는 長岡京左京四條二坊十一町의 북서부와 東二坊坊間小路에 해당한다. 목간은 町內의 자연유로 SD17019에서 曲物, 철촉 등과 함께 삭설 2점이 출토되었다.

8. 목간

　(1)

□月今□

　(2)

□□□

9. 참고문헌

清水みき·國下多美樹·渡邊博·山中章·松崎俊郎「京都·長岡京跡(1)」(『木簡研究』9, 1987年)

向日市教委·向日市埋文センター『向日市埋藏文化財調査報告書』24, 1988年

向日市埋文センター·向日市教委『長岡京木簡二』(向日市埋藏文化財調査報告書35) 1993年

105) 長岡京跡左京五條二坊十六町·三坊一町(左京四條二坊十四町·三坊三町)(左京140次)

1. 이름 : 나가오카쿄 터(사쿄 140차)

2. 출토지 : 京都府(교토부) 京都市(교토시)

3. 발굴 기간 : 1985.11~1986.3

4. 발굴 기관 : (財)京都市埋藏文化財研究所

5. 유적 종류 : 도성

6. 점수 : 2

7. 유적과 출토 상황

　조사는 京都市의 가로건설사업에 따른 것이다. 조사 결과 야요이시대부터 고훈시대의 수혈 주거지와 溝, 나라시대의 수전 유구와 條里에 관한 溝, 長岡京 조영 전의 유구가 확인되었다.

목간은 四條二坊五町의 습지상 충적지에서 출토되었으며 이 외에 다량의 토기, 기와, 목제품이 공반되었다.

8. 목간

(1)

· □富富　　　　□

· 　　□□□□□□

　　　　　　　□□

얇은 판재의 앞뒤에 묵서한 것으로 내용을 보아 呪符목간으로 생각된다.

(2)

· ×卅五　　四九卅六　三九廿七二九十八　　　　　」(表面)

· 　　　〔　〕〔八七五十六?〕七、卅九　　　　　」(左側面)

· 　〔　〕〔四六?〕　×廿四　三六十八　　　　」(裏面)

· 　　　　　　〔　〕　　　　　　　　　」(右側面)

두꺼운 판재로 앞뒤 및 양 측면에 九九法을 묵서한 것이다. 앞, 뒷면이 양분된 상태로 출토되었다. 상단부는 파손되어 알 수 없으나 하단부는 규두(圭頭) 형태로 가공되었다. 묵서는 표면에 구의 단, 좌측면 하부에 8단과 7단, 뒷면에 6단 일부가 확인된다. 이로 보아 목간의 네 면에 구단부터 2단까지 36조의 구구단이 적혀 있었을 것으로 생각된다.

9. 참고문헌

吉崎伸「京都·長岡京跡(3)」(『木簡研究』8, 1986年)

京都市埋文研『昭和60年度 京都市埋藏文化財調査概要』1988年

沖森卓也·佐藤信編『上代木簡資料集成』おうふう, 1994年

京都市埋文研『長岡京左京出土木簡』1(京都市埋藏文化財研究所調査報告16) 1997年

106) 長岡京跡左京五條二坊十六町・三坊一町(左京四條二坊十四町・三坊三町)(左京164次)

1. 이름 : 나가오카쿄 터(사쿄 164차)
2. 출토지 : 京都府(교토부) 京都市(교토시)
3. 발굴 기간 : 1986.12~1987.4
4. 발굴 기관 : (財)京都市埋藏文化財研究所
5. 유적 종류 : 도성
6. 점수 : 5

7. 유적과 출토 상황

조사는 京都市外環狀線 도로정비사업에 따른 것이다. 조사지는 向日市와의 경계에 가까운 해발 약 14m의 수전지대에 위치한다. V구역에서는 헤이안시대 후기의 무덤 유적, 長岡京으로 추정되는 東二坊大路 노면과 그 동서 양측 溝가 발견되었다. 목간은 5점으로 모두 長岡京期의 유구에서 출토되었다.

8. 목간

(1)

「地子米川□」

하찰로 생각된다. '地子'가 쓰여진 목간은 長岡京와 平城京 등에서 확인되었다. 天平年間의 것으로 추정된다. 이 목간에는 품목, 양만 간단하게 적혀 있으며 國, 郡, 鄕名, 공진자명, 검수자명, 날짜 등이 생략되어 있다.

(2)

「□〔艮?〕□□黑米o五斗」

위와 동일한 성격의 목간으로 생각된다. 처음의 세 글자는 의미를 알 수 없다. 黑米는 배당된 常食에 해당하는 것으로 현미이다. 地子米는 백미로 관인들에게 정식으로 배당받은 것이다. 이 조사에서 상·하 신분을 거느리고 太政官과 관련 있는 것, 地子米를 운송할 수 있는 힘을 가진 인물, 또는 시설의 존재도 상정할 수 있을 것이다.

9. 참고문헌

鈴木廣司「京都·長岡京跡(3)」(『木簡研究』9, 1987年)

京都市埋文研『昭和61年度 京都市埋藏文化財調査槪要』1989年

木簡學會編『日本古代木簡選』岩波書店, 1990年

京都市埋文研『長岡京左京出土木簡』1(京都市埋藏文化財研究所調査報告16) 1997年

107) 長岡京跡左京五條三坊一·八町(左京四條三坊三·六町)(左京93次)

1. 이름 : 나가오카쿄 터(사쿄 93차)
2. 출토지 : 京都府(교토부) 京都市(교토시)
3. 발굴 기간 : 1982.10~1983.4
4. 발굴 기관 : (財)京都市埋藏文化財研究所
5. 유적 종류 : 도성
6. 점수 : 4

7. 유적과 출토 상황

1980년부터 계속해서 실시된 외환상선가로(外環狀線街路) 신설공사에 따른 발굴조사이다. 字西川寺의 서단에 설정된 조사구역에서 목간 4점이 출토되었다.

8. 목간

(1)

· 「謹啓　欲□□×

· 「□□　□□進□錢期×

조사구역 북단에서 확인된 얕은 구덩이 모양 유구에 충적된 부식토층에서 출토되었다.

(2)

· ×刑部酒力〔刀〕自女」

· × □□□□□　　　　」

중앙부를 북서에서 남서방향으로 흐르는 溝에서 출토되었다. 목제용기, 人形과 함께 출토되었다. 연대는 공반된 토기로 보아 長岡京期로 비정된다.

9. 참고문헌

長宗繁一「京都·長岡京跡(4)」(『木簡研究』5, 1983年)

京都市埋文研『昭和57年度 京都市埋藏文化財調査槪要』1985年

京都市埋文研『長岡京左京出土木簡』1(京都市埋藏文化財研究所調査報告16) 1997年

108) 長岡京跡左京五條三坊九·十六町·四坊一町(左京四條三坊十一·十四町·四坊三町)(左京76次)

1. 이름 : 나가오카쿄 터(사쿄 76차)

2. 출토지 : 京都府(교토부) 京都市(교토시)

3. 발굴 기간 : 1981.7~1981.12

4. 발굴 기관 : (財)京都市埋藏文化財研究所

5. 유적 종류 : 도성

6. 점수 : 2

7. 유적과 출토 상황

京都市埋葬文化財硏究所는 外環狀線가로신설공사에 앞서 이루어진 발굴조사이다. 조사대상지는 長岡京左京四條二坊·三坊·四坊에 위치한다. 조사는 1980년부터 개시되었다. 목간은 左京四條三坊에서 두 점이 출토되었다.

8. 목간

  (1)

·「∨知額田部庭虫」

·「∨山村里四月十八日」

  (2)

·「白□□法□〔印?〕□□」

·「八月六日   」

9. 참고문헌

鈴木久男「京都·長岡京跡」(『木簡研究』4, 1982年)

京都市埋文研『昭和56年度 京都市埋藏文化財調査槪要(發掘調査篇)』1983年

109) 長岡京跡左京五條四坊二町(左京四條三坊四町)(88年度No.12試掘)

1. 이름 : 나가오카쿄 유적(88년도 No.12 시굴)

2. 출토지 : 京都府(교토부) 京都市(교토시)

3. 발굴 기간 : 1988.1

4. 발굴 기관 : ㈜京都市埋藏文化財硏究所

5. 유적 종류 : 도성

6. 점수 : 1

7. 유적과 출토 상황

조사지는 左京四條三坊四町의 추정지에 해당한다. 이 주변에서는 이미 여러 차례 조사가 이루어져 長岡京期의 건물과 우물, 조방과 관련된 溝 도로 등이 확인되었다. 이 조사에서는 주혈과 溝가 확인되었으며 溝에서 목간 두 점과 묵서토기, 인면묵서토기, 스에키, 하지키, 목제품 등이 출토되었다.

8. 목간

· □□〔甥甥?〕□」

· 子□   」

얇은 판재를 사용하였으며 하단부 이외는 결실되었다. 묵서는 명료하게 남아 있으며 습서로 생각된다.

9. 참고문헌

京都市文化觀光局『長岡京跡·大藪遺跡發掘調査槪報 昭和63年度』1989年

吉崎伸「京都·長岡京跡」(『木簡硏究』11, 1989年)京都市埋文硏『長岡京左京出土木簡』1(京都市埋藏文化財硏究所調査報告16) 1997年

110) 長岡京跡左京六條一坊十二町·七條一坊九町(舊左京六條一坊 十町)(左京269次)

1. 이름 : 나가오카쿄 터(사쿄 269차)
2. 출토지 : 京都府(교토부) 長岡京市(나가오카쿄시)
3. 발굴 기간 : 1991.4~1991.7
4. 발굴 기관 : (財)長岡京市埋藏文化財センター
5. 유적 종류 : 도성
6. 점수 : 3

7. 유적과 출토 상황

조사지는 長岡京六條條間小路에 북에 인접한 東一坊坊間大路 쪽의 택지 추정지이다. 목간은 이 택지의 남쪽 근처에서 확인된 우물 SE26917, 택지 내 溝 SD26909에서 출토되었다.

8. 목간

(1)

· 「□□□〔百廿文?〕」

· 「□□　□□　□」

앞, 뒷면에 묵서가 보이나 세로로 반 잘려 있어 글자를 해독하기 어렵다. 상단은 단도로 양면을 깎았으며 하단부는 단도로 비스듬하게 깎아 냈다. 문장의 의미와 용도는 알 수 없다.

(2)

「□〔史?〕□□」

곧은 결의 曲物 底板을 폭 2㎝로 가공하여 전용한 것으로 앞, 뒷면에 좁고 직선적인 흔적이 있어 목간으로 사용하기 이전에 도마로 사용된 흔적도 있다. 문장의 의미와 용도는 알 수 없다.

(3)

□　石寸史□万呂取×

　중앙에 무엇인가 문장이 있으며 제일 마지막의 한 글자와 그 아래의 割書의 오른쪽 문자열의 반을 읽을 수 있다. 목간의 상하와 왼쪽 약 반 정도는 결실되었다.

9. 참고문헌

岩崎誠·山本輝雄 「京都·長岡京跡(3)」(『木簡硏究』14, 1992年)

長岡京市埋文センター 『長岡京市埋藏文化財センター年報 平成3年度』 1993年

111) 長岡京跡左京六條二坊二町(舊左京五條二坊四町)(左京212次)

1. 이름 : 나가오카쿄 터(사쿄 212차)
2. 출토지 : 京都府(교토부) 長岡京市(나가오카쿄시)
3. 발굴 기간 : 1989.3~1989.5
4. 발굴 기관 :
5. 유적 종류 : 도성
6. 점수 : 1

7. 유적과 출토 상황

　조사는 社屋增築工事에 동반하여 실시되었다. 조사지는 舊小畑川에 의해 형성된 완만한 선상지 위에 입지하며 左京五條二坊四町의 추정지에 해당한다. 조사 결과 溝, 책열 등이 확인되었다. 유물은 스에키, 하지키, 기와, 曲物, 화폐 등이며 목간은 西側溝 하층에서 출토되었다.

8. 목간

「∨阿波郡猪宍作料米五斗」

복간은 하찰로 생각되며 깎은 흔적이 명확하게 남아 있다. '猪宍作料'는 中男作物의 猪脯에 해당하는 것이다.『延喜式』에는 阿波國의 中男作物 품목 중에 猪脯가 있다.

9. 참고문헌

長岡京市埋文センター『長岡京市埋藏文化財センター年報 昭和63年度』1990年

山本輝雄·白川成明·中島皆夫·木村泰彦「京都·長岡京跡(3)」(『木簡研究』13, 1991年)

長岡京市史編纂委員會『長岡京市史 資料編2』1992年

112) 長岡京跡左京六條二坊三町(左京326次)

1. 이름 : 나가오카쿄 터(사쿄 326차)
2. 출토지 : 京都府(교토부) 長岡京市(나가오카쿄시)
3. 발굴 기간 : 1994.3~1994.4
4. 발굴 기관 :
5. 유적 종류 : 도성
6. 점수 : 1

7. 유적과 출토 상황

조사지는 左京六條二坊三町의 북서쪽에 위치한다. 조사 결과 東一坊大路 東側溝를 중심으로 토갱, 溝, 주혈 등이 확인되었다. 유물은 하지키, 스에키, 흑색토기, 이채도기, 기와, 철못, 인면 묵서토기, 토마, 복숭아 씨, 화폐 등이 출토되었다.

8. 목간

- 『□』□〔年?〕麻×
- □　延曆四×

인명과 연호가 앞, 뒷면에 기록되어 있다. 글자는 육안으로 확인할 수 없으며 일부 글자는 파손에 의해 부러지거나 흠집으로 인해 판독이 불가능하다. 목간에는 전용 시에 남은 묵흔과 비스듬하게 절단된 흔적이 있으며 재사용되었을 때 가공과 세공이 이루어진 것을 알 수 있다.

9. 참고문헌

長岡京市埋文センター『長岡京市埋藏文化財センター年報 平成5年度』1995年

原秀樹「京都·長岡京跡(3)」(『木簡研究』17, 1995年)

113) 長岡京跡左京七條一坊六町(舊左京七條一坊八町)(左京245次)

1. 이름 : 나가오카쿄 터(사쿄 245차)
2. 출토지 : 京都府(교토부) 長岡京市(나가오카쿄시)
3. 발굴 기간 : 1990.6
4. 발굴 기관 : (財)長岡京市埋藏文化財センター
5. 유적 종류 : 도성
6. 점수 : 1

7. 유적과 출토 상황

조사대상지는 左京七條一坊六町에 해당한다. 조사 면적이 소규모이므로 확인된 長岡京期의 유구는 七條大路 북측 溝로 추정되는 동서 溝 1조 뿐이다. 목간은 七條大路 북측 溝에서 1점 출토되었다. 공반된 유물은 하지키, 스에키, 흑색토기, 송풍관, 도가니, 토마, 曲物, 人形 등이 있다.

8. 목간

「謹告知往還上中下尊等御中迷□少子事　右件少子以今月十日自勢多□

　　　　　　　　年十一
錦□〔織?〕□麻呂
　　　　　　　　字名者錦本云音也　　　皇后宮舍人字名村太之□〔家?〕□□

'謹告知往還上中下尊等御中'으로 시작하는 미아인 어린 아이를 수색하는 '告知札'이다. '告知札'은 지금까지 우마를 찾는다는 내용의 헤이안시대 초기의 사례가 있다. 본문 중에 '皇后宮舍人' 등이 쓰여 있으므로 長岡遷都의 延曆3년(784) 11월부터 皇后藤原乙牟漏의 皇后宮職이 설치된 延曆9년(780) 3월 사이의 시기로 추정된다.

접합 부분의 묵흔이 옅고 하단부가 결손되어 있지만 고지의 문언과 대상, 고지 내용(미아와 그 특징), 미아가 된 일시, 장소, 고지하는 주체 등이 열거하여 기록되어 있다. 하반부가 결실되어 미아가 된 장소와 상황, 고지 주체에 대해서는 명확하지 않은 부분도 있다. 이 목간을 구체적으로 어떻게 사용하였는지는 검토가 필요하다.

9. 참고문헌

山本輝雄·白川成明·中島皆夫·木村泰彦「京都·長岡京跡(3)」(『木簡研究』13, 1991年)
長岡京市埋文センター『長岡京市埋藏文化財センター年報 平成2年度』1992年
長岡京市史編纂委員會『長岡京市史 資料編2』1992年
沖森卓也·佐藤信編『上代木簡資料集成』おうふう, 1994年
木簡學會編『日本古代木簡集成』東京大學出版會, 2003年

114) 長岡京跡左京七條一坊九·十·十五·十六町(舊左京六條一坊 十一·十四町)(左京204次)

1. 이름 : 나가오카쿄 터(사쿄 204차)

2. 출토지 : 京都府(교토부) 長岡京市(나가오카쿄시)

3. 발굴 기간 : 1988.9~1989.4

4. 발굴 기관 : (財)長岡京市埋藏文化財センター

5. 유적 종류 : 도성

6. 점수 : 1

7. 유적과 출토 상황

조사지는 JR神足驛의 동쪽 약 700m, 長岡京의 左京六條一坊十一·十四町에 해당한다. 조사
결과 고훈시대, 長岡京期, 근세의 세 시기로 구분할 수 있는 유적을 확인하였다. 이 가운데 長岡
京期와 관련된 것으로 東一坊第二小路의 동서 양측 溝를 비롯하여 굴립주건물 18동 이상, 문 1
동, 우물 3기, 토갱 6기 등이 확인되었다.

목간은 十一町 북측 택지 내에 설치된 우물 SE20437에서 일괄적으로 출토되었다. 공반 유
물로 하지키, 스에키를 비롯하여 토마, 손도끼, 빗, 曲物 등이 있다.

목간은 모두 檜扇(노송나무로 만든 부채)의 살에 묵서된 것이다. 형태는 폭이 넓은 단책형
21점과 끝의 한쪽을 비스듬하게 자른 10점이 있다. 모두 매우 얇은 나무 판으로 제작되었으며
그 가운데 묵서는 단책형 8점에서 확인된다.

8. 목간

  (1)

解申 請□   ○

  (2)

解申請錢合二百□□□   ○

  모두 묵흔이 선명하지 않으며 하급관사로부터 상급관사에게 상신할 때에 사용한 解文의 서
식이다. 同筆로 생각된다.

(3)

廣恋『[ ]兵兵兵□足』

廣恋이 진한 반면 「[ ]兵兵兵□足」은 얕히기 때문에 다른 필체로 추정된다.

9. 참고문헌

長岡京市埋文センター『長岡京市埋藏文化財センター年報 昭和63年度』1990年

長岡京市史編纂委員會『長岡京市史 資料編1』1991年

山本輝雄·白川成明·中島皆夫·木村泰彦「京都·長岡京跡(3)」(『木簡研究』13, 1991年)

長岡京市史編纂委員會『長岡京市史 資料編2』1992年

115) 長岡京跡左京七條三坊三町(左京七條三坊一·二町)(左京251次)

1. 이름 : 나가오카쿄 터(사쿄 251차)

2. 출토지 : 京都府(교토부) 京都市(교토시)

3. 발굴 기간 : 1990.7~1991.3

4. 발굴 기관 : ㈜京都市埋藏文化財研究所

5. 유적 종류 : 도성

6. 점수 : 4

7. 유적과 출토 상황

조사지는 長岡京左京七條三坊一·二町으로 추정되며 長岡京의 남동부에 해당한다. 조사는 京都市掃除局의 재매립처분지건설에 따른 것으로 총 조사 면적은 약 13헥타르에 달한다.

유물은 하천의 충적지에서 다량으로 출토되었다. 목간을 비롯하여 하지키, 스에키 등이 확인되었으며 대부분은 인면묵서토기, 토마, 모형부뚜막, 人形 등 제사유구이다.

8. 목간

(1)

- 「∨□□□□□黒米五斗」
- 「□〔留?〕延暦十年三月十六日」

형태로 보아 하찰목간으로 생각된다. 앞면에는 짐의 내용과 양, 뒷면에는 날짜가 기록되어 있어 791년에 해당한다.

(2)

「∨嘉麻郡米五斗　□〔延?〕

　　　　　知宮守倉主」

형태로 보아 하찰목간으로 생각된다. 嘉麻郡은 築前國에 속하는데 현재 福岡縣嘉穂郡·飯塚市·山田市에 길친 지역에 해덩한다.

(3)

- □□　蟹擁釟擁釟螺鯵鰯蛤甲螺沙魚□
- □□□□□〔半臂?〕□□□□□襖子袍帽子

습서목간으로 생각된다.

9. 참고문헌

鈴木廣司·吉崎伸「長岡京跡(1)」(『木簡研究』13, 1991年)

沖森卓也·佐藤信編『上代木簡資料集成』おうふう, 1994年

京都市埋文研『長岡京左京出土木簡』1(京都市埋藏文化財研究所調査報告16) 1997年

京都市埋文研『水垂遺跡·長岡京左京六·七條三坊』(京都市埋藏文化財研究所調査報告17) 1998年

116) 長岡京跡右京二條二坊十三町・三坊四町・三條二坊十六町・三坊一町(右京二條二坊十四・十五町)(右京285・310・335次)

1. 이름 : 나가오카쿄 터(우쿄 285·310·335차)

2. 출토지 : 京都府(교토부) 長岡京市(나가오카쿄시)

3. 발굴 기간 : 1987.11~1988.3, 1988.7~1989.3, 1989.3~1989.8

4. 발굴 기관 : (財)京都府埋藏文化財調査研究センター

5. 유적 종류 : 도성, 근세 근대 포함층

6. 점수 : 7

7. 유적과 출토 상황

조사지는 右京二條二坊十四·十五町에 해당한다. 조사는 京都府教育委員會·京都府埋藏文化財調査センター가 계속해서 실시하고 있는 도시계획가도개량공사에 따른 것이다. 조사 결과 조사지의 거의 중앙부에서 굴립주건물과 책열, 우물 등이 확인되었다. 목간은 자연유로에서 18점 출토되었다. 목간 외에 묵서토기, 목제품, 토기, 기와 등이 대량으로 출토되었다.

8. 목간

(1)

「御曹司　請大殿油一瓶　　　右□〔伍?〕□□□□〔直錢?〕□
六月十五日『山道』

두 번째 글자는 '曹'로 볼 수 있다. 이 목간은 영수증으로 보기도 한다.

(2)

×觀世[　　　　]

상·하단이 결실되었다. '觀世'라는 단어는 불교용어 '觀世音'의 생략으로 보인다. 습서목간일 가능성이 있다.

(3)

「□〔台?〕床万呂二斗二升」

人名과 숫자를 일부 판독할 수 있는데 하찰로 볼 수 있다.

(4)

山代四合

상·하단이 결실되었으므로 전체 형상은 알 수 없다. '四合'이라는 단위가 보이므로 하찰 또는 부찰일 가능성이 크다.

9. 참고문헌

土橋誠 「京都·長岡京跡(2)」(『木簡研究』12, 1990年)

京都府埋文調查研究センター 『京都府遺跡調査槪報』45, 1991年

長岡京市史編纂委員會 『長岡京市史 資料編2』1992年

117) 長岡京跡右京三條二坊九町(舊右京二條二坊十一町)(右京386次) (今里遺跡)

1. 이름 : 나가오카쿄 터(우쿄 386차) (이마자토 유적)

2. 출토지 : 京都府(교토부) 長岡京市(나가오카쿄시)

3. 발굴 기간 : 1992.1~1992.4

4. 발굴 기관 : (財)長岡京市埋藏文化財センター

5. 유적 종류 : 도성

6. 점수 : 6

7. 유적과 출토 상황

조사지는 阪急西向日驛의 서쪽 약 900m 떨어진 곳에 위치하는 수전으로 右京二條二坊十一町의 남서부에 해당한다. 조사 결과 야요이시대, 고훈시대, 나라시대, 長岡京期로 크게 4시기로 구분되는 유구, 유물이 확인되었다. 목간은 長岡京期의 토갱SK38603에서 4점, 溝SD38602에서 1점, 溝 SD38612에서 1점 등 총 6점이 확인되었다.

8. 목간

  (1)

　　　　　　　　　戶主尾津公大足戶三斗

・「麻津鄕庸米五斗戶主尾津公大成戶一斗

　　　　　　　　　戶主三川直弓足戶一斗」

・「　延曆十年九月廿六日　　　　　　　　　」

庸米의 공진물 하찰 완형품으로 형태는 장방형 내지 무늬결재의 하단을 뾰족하게 만든 것이다. 묵흔은 비교적 명료하며 앞면에 庸米의 양과 3인의 공진자 이름이, 뒷면에 연월일이 기록되어 있다.

  (2)

・「　　○

考所請飯壹升^黑　八月廿六□〔日?〕案主楊『守嶋』×　」

단책형의 청구문서. 하단부가 결실되어 있다. 폭, 두께 모두 거의 동일한 수치의 곧은 나무결 목재(柾目材)를 사용하였다. 단부도 단도로 깎아 조정하였다. 글자의 방향을 거꾸로 중복하면 같은 곳에 지름 약 5㎜ 크기의 구멍이 있다. 이 구멍은 목간을 묶어 철하는데 사용된 것으로 추정된다.

9. 참고문헌

岩崎誠·山本輝雄「京都·長岡京跡(3)」(『木簡研究』14, 1992年)

118) 長岡京跡右京三條三坊三・四町(舊右京三條三坊四町)(右京488次)

1. 이름 : 나가오카쿄 터(우쿄 488차)
2. 출토지 : 京都府(교토부) 長岡京市(나가오카쿄시)
3. 발굴 기간 : 1995.1~1995.3
4. 발굴 기관 : (財)長岡京市埋藏文化財センター
5. 유적 종류 : 도성
6. 점수 : 2

7. 유적과 출토 상황

조사지는 長岡京의 西二坊大路와 三條條間小路에 면하는 右京三條三坊四町의 북동부에 위치한다. 고훈시대 중기 전반에 축조된 전방후원분 今里車塚古墳의 후원부 및 주변 일부와 중복되어 있다.

周濠에서 출토된 인면묵서토기, 人形, 토마 등의 제사유물과 이채도기는 고분의 삭평과 매립에 따라 제사가 이루어졌다는 것을 말한다. 周濠에서는 하니와와 목제품, 長岡京期와 헤이안시대 전반기의 유물이 출토되었다. 목간은 周濠 내에서 1점이 출토되었다.

8. 목간

· ∨(符籙)(顔?)□
· ∨(符籙)(文樣?)

周濠북서부의 하층에서 출토되었다. 묵서가 명료하게 남은 주술목간이지만, 내용은 명확하지 않다. 한쪽 측면과 상·하단이 결실되었으며 홈은 2차적으로 가공된 것으로 보인다. 앞면에

얼굴 같은 문양이 그려져 있다. 뒷면에도 유사한 문양이 있다.

목간의 연대에 대해서는 목간이 출토된 하층에서 출토된 토기인 것으로 보아, 長岡京期부터 헤이안시대 전반기로 추정된다.

9. 참고문헌

原秀樹「京都·長岡京跡(3)」(『木簡研究』17, 1995年)

長岡京市埋文センター『長岡京市埋藏文化財センター年報 平成6年度』1996年

119) 長岡京跡右京四條二坊十町(舊右京三條二坊十二町)(右京168次)

1. 이름 : 나가오카쿄 터(우쿄 166차)
2. 출토지 : 京都府(교토부) 長岡京市(나가오카쿄시)
3. 발굴 기간 : 1984.7~1984.8
4. 발굴 기관 : (財)長岡京市埋藏文化財センター
5. 유적 종류 : 도성
6. 점수 : 3

7. 유적과 출토 상황

조사지는 長岡京條坊복원에 의하면 右京三條二坊十二町에 해당한다. 小畑川에 의해 형성된 氾濫平野 위에 위치한다. 이번 조사는 長岡京市營주택건설공사에 따른 것이다. 조사 결과 유구는 확인되지 않았으나 다량의 長岡京期의 유물이 출토되었다. 목간은 삭설을 포함하여 3점 출토되었다. 공반유물은 스에키, 하지키, 저장, 자비기를 비롯하여 묵서토기, 제염토기, 토마, 기와, 철못, 지석, 젓가락, 빗, 曲物, 불명목제품 등이다.

8. 목간

- 「上野國□[ ]□□□□□□
- 「日奉□〔部?〕□□麻□〔呂?〕 日奉×

비교적 두꺼운 판재의 앞, 뒷면에 묵서한 것으로 양변과 하단이 결실되었으며 글자는 중앙에 약간 남아 있다. 앞면에는 국명이, 뒷면에 인명이 쓰여 있어 문서목간으로 추정된다.

9. 참고문헌

木村泰彦「京都·長岡京跡(3)」(『木簡研究』7, 1985年)

長岡京市埋文センター『長岡京市埋藏文化財センター年報 昭和59年度』1985年

長岡京市史編纂委員會『長岡京市史 資料編2』1992年

120) 長岡京跡右京四條二坊十六町(舊右京三條二坊十四町)(右京239次)

1. 이름 : 나가오카쿄 터(우쿄 239차)
2. 출토지 : 京都府(교토부) 長岡京市(나가오카쿄시)
3. 발굴 기간 : 1986.8~1986.9
4. 발굴 기관 : ㈶長岡京市埋藏文化財センター
5. 유적 종류 : 도성
6. 점수 : 2

7. 유적과 출토 상황

조사는 창고건설에 따른 사전조사로 실시하였다. 조사지는 長岡京三條二坊十四町에 해당한다. 조사 결과 長岡京期의 굴립주건물, 三條條間小路南側溝가 확인되었다. 이 小路側溝의 상층에서 목간 두 점이 출토되었다.

8. 목간

「∨日部鄕□連赤人五斗」

9. 참고문헌

岩崎誠「京都·長岡京跡(4)」(『木簡硏究』9, 1987年)

長岡京市埋文センター『長岡京市埋藏文化財センター年報 昭和61年度』1988年

長岡京市史編纂委員會『長岡京市史 資料編2』1992年

121) 長岡京跡右京六條二坊五町(右京410次)

1. 이름 : 나가오카쿄 터(우쿄 410차)
2. 출토지 : 京都府(교토부) 長岡京市(나가오카쿄시)
3. 발굴 기간 : 1992.8~1992.10
4. 발굴 기관 : (財)長岡京市埋藏文化財センター
5. 유적 종류 : 도성
6. 점수 : 4

7. 유적과 출토 상황

조사지는 阪急長岡天神驛의 거의 중앙에 위치한다. 長岡京 시내를 남쪽으로 흐르고 있는 太川의 서쪽에 해당한다. 이곳은 右京六條二坊五町의 택지 추정지에 해당한다. 조사에 의해 남북 溝 二條와 동서 작은 溝 三條이다. 목간은 남북 溝 SD41005에서 출토되었다.

8. 목간

(1)

· 「謹啓　申×

　　右米五□〔斗?〕×

· 「誠石成□〔米?〕×

문서목간의 조각으로 위, 아래 모두 단도에 의해 비스듬하게 깎여 있으며 좌단은 부러졌다. 앞면은 단도로 다듬었으며 묵이 부분적으로 옅어져 있다. 앞면 내용은 쌀을 청구하는 것으로 판단되고, 뒷면은 검토가 필요하며 인명의 가능성도 있다.

(2)

「金銀□〔帳?〕

좌단이 부러져 있으며 앞면은 부러진 상태로 조정하지 않았다. 오른쪽 하단은 싶세 틀어가 있으며 중앙부가 돌출된 것으로 보아 제첨축으로 생각된다.

9. 참고문헌

長岡京市教委『長岡京市文化財調査報告書』31, 1993年

小田桐淳「京都·長岡京跡(2)」(『木簡研究』15, 1993年)

122) 長岡京跡右京六條二坊五町(右京985次)

1. 이름 : 나가오카쿄 터(우쿄 985차)
2. 출토지 : 京都府(교토부) 長岡京市(나가오카쿄시)
3. 발굴 기간 : 2009.10~2009.12
4. 발굴 기관 : ㈶長岡京市埋藏文化財センター
5. 유적 종류 : 도성
6. 점수 : 1

7. 유적과 출토 상황

조사는 공통주택건설로 인해 실시되었다. 조사지는 長岡京의 조방복원에서 右京六條二坊五町 북부에 해당한나. 소사 결과 側板護岸溝, 우물, 굴립주건물 등이 발견되었다. 목간은 側板護岸溝의 곡부에서 1점이 출토되었다. 목간과 함께 묵서토기, 각서토기 등도 출토되었다.

8. 목간

「三月十八日　見住陸拾捌人加[　]除　宮道成　丸子茂成　巳上五人□十六日追除」

주민의 이동을 보고한 기록목간으로 생각된다. 기년은 적혀 있지 않으나 출토토기의 연대관과 유구의 배치 관계로 보아 長岡京期의 목간으로 보인다. 3월 16일에 宮道成·丸子茂의 5명이 줄었고 몇 명을 더하여 3월 18일 현재 68명이 살고 있다는 것을 기록한 것으로 생각된다. 除 뒤로 이어지는 右行에 원래 3명의 인명이 쓰였을 것으로 생각된다. 右京織의 사무와 관련되었을 가능성이 크다.

9. 참고문헌

長岡京市埋文センター『長岡京市埋藏文化財センター年報 平成21年度』2011年
岩﨑誠「京都·長岡京跡」(『木簡研究』33, 2011年)

123) 長岡京跡右京六條二坊五·六町(右京688次)

1. 이름 : 나가오카쿄 터(우쿄 688차)
2. 출토지 : 京都府(교토부) 長岡京市(나가오카쿄시)
3. 발굴 기간 : 2000.12~2001.3
4. 발굴 기관 : ㈶長岡京市埋藏文化財センター

5. 유적 종류 : 도성

6. 점수 : 72

7. 유적과 출토 상황

조사지는 右京六條二坊六町에 해당한다. 문, 울타리, 우물, 대형토갱 등이 확인되었다. 목간은 六條條間大南小路 북측 溝 SD15, 그중에서도 조사구역의 서단부에 있는 枡 모양으로 굴착된 곳에서 출토되었다. 목간은 枡 모양 유구의 하층에 있는 점토층에서 72점 출토되었다. 목간과 함께 호적, 묵서토기 등이 공반되었다.

8. 목간

(1)

・「菅田鄕度津廣司戸五斗」

・「延曆十年四月一日　　」

(2)

・「郡宮　　　　□　□　□」

・「延曆八年十一月廿[　　]」

(3)

・「∨　　　□□□〔部?〕
　　　　　□鄕
　　　　　　　中臣電

・「∨　　　延曆十年

(4)

・「依縫廣人五斗　　　」

・「延曆十一年正月十九日」

(5)

・「□〔上?〕□部□万呂五斗白」

· 「延暦十一年正月十六日」

　기년이 있는 목간이 있다. 六條條間大南小路 北側溝 SD15에서 함께 출토되었으므로 이 자료에는 어느 정도 일괄성을 기대할 수 있다. 목간의 대부분이 하찰로 형태는 051형식이 많다. 하찰 표면의 표기형식은 '공납자명+품목명+물품의 수량'의 간략화된 것이다. 물품 및 수량은 대부분이 백미와 五斗이다. 공납자 이름 앞에 郡鄕名을 기록한 자료로 '武義郡', '管田鄕', '忌浪鄕' 등이 보인다. 하찰의 크기는 대부분 100~160㎜, 폭 15~20㎜이다.

　　(6)
· 「　蘇民将來
　　ㅇ
　　　之子孫者」
· 「　蘇民将來
　　ㅇ
　　　之子孫者」

　'蘇民将來' 주부목간이다. 목간 중앙 상부에 직경 1㎜ 정도의 작은 구멍이 있으며 중심부근에는 문자의 위에 나무못이 박혀 있다. 구멍은 목간의 크기와 護符로서의 용도를 고려하면 소매부리 등에 매달기 위한 실 구멍으로 생각된다. '蘇民将來' 목간은 전국에서 50여 점 정도 출토되었는데 본 유적에서 출토된 목간이 글귀를 적은 부적으로서는 가장 이른 단계로 비정할 수 있다. 이 목간의 특징은 매우 작고 매달기 위한 구멍이 있는 점이다. '蘇民将來' 주부목간이 원초적인 시기에는 소유자가 역병을 피하기 위해 몸에 지니고 다닌 것을 나타낸다.

9. 참고문헌
中島皆夫·古尾谷知浩「京都·長岡京跡(2)」(『木簡硏究』 23, 2001年)
長岡京市埋文センター 『長岡京市埋藏文化財センター年報 平成12年度』 2002年

124) 長岡京跡右京七條二坊二町(舊右京六條二坊四町)(右京102次)

1. 이름 : 나가오카쿄 터(우쿄 102차)
2. 출토지 : 京都府(교토부) 長岡京市(나가오카쿄시)
3. 발굴 기간 : 1982.6~1982.7
4. 발굴 기관 : (財)長岡京市埋藏文化財センター
5. 유적 종류 : 도성
6. 점수 : 2

7. 유적과 출토 상황

조사지는 平城宮 조방복원에서는 右京六條二坊四町에 해당한다. 이 조사시에서 동서 방향으로 溝 2기가 확인되었다. 溝 SD10201 폭 약 2m, 깊이 약 0.8m로 충적 상태로 보아 단기간에 매납된 것으로 보인다. 여기서 목간 2점 외에 人形, 젓가락, 빗 등 목제품과 스에키, 하지키 등이 출토되었다.

8. 목간

·「∨自司進□×
·「∨三年十二×

하단이 결실되었다. 뜻은 명확하지 않으나 西市의 司을 상정해 볼 수 있을 것이다. 다른 면에는 三年十二月로 읽을 수 있다. 延曆3년(784)이라고 한다면 長岡로 천도한지 한 달 후에 해당한다. 천도 직후에 六條二坊四町 부근에 소재한 官司가 그 역할을 충분히 해낸 것으로 생각된다. 홈에는 섬유로 보이는 것이 붙어 있다.

9. 참고문헌

長岡京市埋文センター『長岡京市埋藏文化財センター年報 昭和57年度』1983年

岩崎誠「京都·長岡京跡(2)」(『木簡研究』5, 1983年)

長岡京市埋文センター『長岡京市埋藏文化財調査報告書』1, 1984年

長岡京市史編纂委員會『長岡京市史 資料編2』1992年

125) 長岡京跡右京七條二坊七町(右京713次)

1. 이름 : 나가오카쿄 터(우쿄 713차)

2. 출토지 : 京都府(교토부) 長岡京市(나가오카쿄시)

3. 발굴 기간 : 2001.8~2001.9

4. 발굴 기관 : ㈶長岡京市埋藏文化財センター

5. 유적 종류 : 도성

6. 점수 : 5

7. 유적과 출토 상황

조사지는 右京七條二坊七町에 위치하며 남쪽은 七條條間大路에 면해 있다. 굴립주건물, 溝, 石組護岸溝 등이 확인되었다. 목간은 모두 石組護岸溝SD12의 목책 부근에서 출토되었다. 공반 유물로 흑색토기, 人形, 糸卷 등의 목제품, 수막새 등이 있다.

8. 목간

(1)

「用錢四百七十三文　樽十六村　直錢

板目材(무늬결)로 樽十六村을 구입하는 直錢을 기록하였다.

(2)

「□□令令令令□□

두꺼운 板目材(무늬결)를 柾目板(곧은결)으로 나눈 것으로 보인다. 습서목간으로 추정되나 주부목간일 가능성도 있다.

(3)

「∨久米□〔鄕?〕白□〔米?〕

板目材(무늬결)의 하찰목간으로 품목은 백미로 판단된다.

9. 참고문헌

岩崎誠「京都·長岡京跡」(『木簡研究』24, 2002年)

長岡京市埋文センター『長岡京市埋藏文化財センター年報 平成13年度』2003年

126) 長岡京跡右京八條一坊十一·十四町(舊右京八條一坊九·十六町)(右京94次)

1. 이름 : 나가오카쿄 터(우쿄 94차)
2. 출토지 : 京都府(교토부) 長岡京市(나가오카쿄시)
3. 발굴 기간 : 1982.4~1982.5
4. 발굴 기관 : 長岡京市教育委員會
5. 유적 종류 : 도성
6. 점수 : 1

7. 유적과 출토 상황

조사는 택지개발에 따른 것으로 조방복원에서는 長岡京右京八條一坊九·十六町에 해당한다. 조사지는 동부와 서부로 나누어져 있다. 長岡京期의 유물포함층에서 목간과 주걱모양의 목제품, 스에키, 하지키 등이 소량 출토되었다.

8. 목간

×□□□　□」

　묵서면은 단도로 깎은 흔적이 명확히 남아 있다. 상부가 가장 얇고 하단부가 두껍다. 여러 차례에 걸쳐 사용된 것으로 생각된다. 글자는 판독할 수 없으나 長岡京의 최남단에서 발견되어 八條一坊九·十六町 부근의 토지 이용을 추측하는 데 중요한 자료이다.

9. 참고문헌

長岡京市教委『長岡京市埋藏文化財調査報告書』11, 1983年

長岡京市埋文センター『長岡京市埋藏文化財センター年報 昭和57年度』1983年

岩崎誠「京都·長岡京跡(3)」(『木簡研究』5, 1983年)

長岡京市史編纂委員會『長岡京市史 資料編2』1992年

127) 今里車塚古墳(右京352次)

1. 이름 : 이마자토쿠루마쓰카고분(우쿄 352차)

2. 출토지 : 京都府(교토부) 長岡京市(나가오카쿄시)

3. 발굴 기간 : 1990.5~1990.8

4. 발굴 기관 : (財)長岡京市埋藏文化財センター

5. 유적 종류 : 도성

6. 점수 :

7. 유적과 출토 상황

　今里車塚古墳은 5세기 전반의 전방후원분이다. 고분의 위치는 長岡京의 右京三條二坊十五町 과 三條三坊二町에 해당한다. 목간은 今里車塚古墳 후원부 남서의 주호 내에서 출토되었다. 周

濠 내의 퇴적은 기본적으로 6층이며 5~7세기까지 유물을 포함한 자연충적층 위에 長岡京期의 埋土가 약 20㎝ 존재한다. 이 층에서 출토된 유물로 하지키, 스에키, 묵서토기 등이 있다.

8. 목간

목간의 크기는 303×16×6이다. 묵서는 위쪽의 약간 왼쪽에 한 곳에서 확인된다. 글자 또는 기호로 보이나 판독할 수 없다.

9. 참고문헌

長岡京市教委『長岡京市文化財調査報告書』27, 1991年

山本輝雄·白川成明·中島皆夫·木村泰彦「京都·長岡京跡(3)」(『木簡研究』13, 1991年)

128) 遠所遺跡(91年度調査)

1. 이름 : 엔조 유적(1991년도 조사)
2. 출토지 : 京都府(교토부) 京丹後市(舊, 竹野郡弥榮町) (교탄고시)
3. 발굴 기간 : 1991.4~1992.3
4. 발굴 기관 : (財)京都府埋藏文化財調査硏究センター
5. 유적 종류 : 제철유적
6. 점수 : 2

7. 유적과 출토 상황

遠所遺跡群은 京都竹野郡弥榮町의 서단에 있으며 니고레고분이 소재하는 구릉의 골짜기에 위치한다. 여기서 확인된 생활유구는 나라시대 후반부터 헤이안시대에 걸친 제철로를 중심으로 스에키 등요 등이 확인되었다. 목간이 출토된 조사구역은 주거지와 제철로가 확인된 곳보다 약간 골짜기에 해당된다. 출토된 유물은 스에키, 하지키, 방추차, 지석, 석추, 목제농구, 건축부재, 곡옥 등이다. 이 유물의 연대관으로 보아 목간은 나라시대 후반경으로 생각된다.

8. 목간

(符籙)

목간은 형태적으로 양변의 길이가 그다지 차이가 없는 장방형을 띠고 있다. 중앙에 구멍이 뚫려있어 무엇인가 좁은 봉과 같은 것을 꽂아 사용하였을 가능성이 있다. 중앙의 구멍에서 네 꼭지점으로 선을 그어 4분할하고 있으므로 봉에 꽂아 회전시켰을 지도 모른다. 板目材이다.

글자는 선 위를 따라 몇 글자 있는 것이 확인되지만 판독할 수는 없다. 짧은 변 쪽에 별자리와 같은 문양이 보이나 무엇을 표현하였는지 정확히 알 수는 없다. 공반된 토기 가운데 土馬가 있으므로 주술이나 제사에 사용되었을 가능성이 크다.

9. 참고문헌

土橋誠 「京都·遠所遺跡」(『木簡研究』14, 1992年)

土橋誠 「遠所遺跡(京都府)出土木簡(補遺)」(『木簡研究』15, 1993年)

京都府埋文調査研究センター 『遠所遺跡』(京都府遺跡調査報告書21) 1997年

129) 恭仁宮跡(西面大路東側溝)

1. 이름 : 구니큐우터(서면대로 東側溝)

2. 출토지 : 京都府(교토부) 木津川市(舊, 相樂郡加茂町)(기즈가와시)

3. 발굴 기간 : 1996.6~1997.3

4. 발굴 기관 : 京都府教育委員會

5. 유적 종류 : 궁전·관아

6. 점수 : 7

7. 유적과 출토 상황

京都府教育委員會에서는 恭仁京의 범위를 확인하기 위한 목적으로 조사를 하고 있는데 1996년도 조사에서 西面大垣SA9600 및 西面大垣SA9000, 西面大路 동측 溝가 양호한 상태로 발견되었다. 목간은 西面大垣 동측 溝 SD9508에서 총 8점 출토되었다. 이 가운데 완형에 가까운 것은 3점이며 나머지는 잔편이다. 목간, 묵서토기 외에 기와, 벽돌, 하지키, 스에키 등이 출토되었다.

8. 목간

(1)

「固□

상단부가 규두의 형태이며 하단부는 파손되었다. 좌우는 割截되어 있나. 석외선가메라로 관찰한 결과 뒷면에도 옅은 묵흔이 있다.

(2)

「∨[　　]里尾[　　]」

'里'는 명료하며 글자의 배치로 보아 부찰로 볼 수 있다.

9. 참고문헌

京都府教委『埋藏文化財發掘調査概報1997』1997年

鍋田勇·和田萃「京都·恭仁宮跡」(『木簡研究』19, 1997年)

京都府教委『恭仁宮跡發掘調査報告Ⅱ』2000年

130) 馬場南遺跡

1. 이름 : 바바미나미 유적

2. 출토지 : 京都府(교토부) 木津川市(기즈가와시)

3. 발굴 기간 : 2008.4~2009.2

4. 발굴 기관 : (財)京都府埋藏文化財調査研究センター

5. 유적 종류 : 사원

6. 점수 : 7

7. 유적과 출토 상황

馬場南遺跡은 京都府의 남단에 위치하며 야요이시대 후반과 나라시대 중기부터 중세에 이르는 유적이다. 특히 나라시대 중기부터 후기에 걸친 유구와 유물이 집중적으로 확인되었다.

關西文化學術研究都市事業에 앞서 발굴조사를 한 결과, 굴립주건물과 우물, 역L자상으로 흐르는 강SR1 등이 확인되었다. 목간 모두 강SR1에서 출토되었다.

8. 목간

(1)

• 「　　　　　　□□謹解申白事事」
　　　大大大大
　　　　　　　□　　　　　□」

• 「□□□□□□□前□　　　」

습서목간이다. '大'를 비롯하여 같은 글자를 반복하여 적은 부분과 解의 서식에 따른 곳이 있다. 전체적으로 상당히 유려한 필치이다. 관청이나 귀족의 家政機關을 상기시키는 내용이라고 할 수 있다.

(2)

• 「大將軍卯ム名 天□〔罡?〕」

• 「ム名以天岡卯天岡

강SR1의 둑 하류역에서 출토되었다. '大將軍', '天岡'은 모두 별자리 이름이다. '卯'은 '印'의 가능성도 있다. '天岡星'은 呪符의 한 형식이나 이 목간은 유례가 없어 어떠한 기능의 목간이었는지 알 수 없다.

9. 참고문헌

伊野近富「京都・馬場南遺跡」(『木簡研究』31, 2009年)

京都府埋文調査研究センター『京都府遺跡調査報告集』138, 2010年

131) 北綺田遺跡群(蟹満寺舊境內)

1. 이름 : 기타카바타 유적군(가니만지 옛 경내)
2. 출토지 : 京都府(교토부) 木津川市(기즈가와시)
3. 발굴 기간 : 2007.8~2008.3
4. 발굴 기관 : 木津川市教育委員會
5. 유적 종류 : 사원
6. 점수 : 1

7. 유적과 출토 상황

조사지는 蟹満寺舊境內 북동부의 구릉에 해당한다. 市営ほ場整備事業의 시공에 따른 조사를 실시했다. 조사지는 7세기부터 8세기의 굴립주건물이 밀집한 지역으로 蟹満寺의 가람 조영기 와 중복된다.

목간은 묵서토기와, 벼루 장경호편과 함께 건물군에 부속된 溝 부근에서 1점이 출토되었다.

8. 목간

「∨□□□〔殿料?〕」

부찰목간이다. 묵서토기에도 있는 '殿'이 있는 것으로 보아 蟹満寺의 조영 씨족과 관련된 문자자료로 생각된다.

9. 참고문헌

木津川市教委『北綺田地區圃場整備事業に伴う遺跡發掘調査報告書―綺田車谷古墳群, 藥師堂古墳, 蟹満寺舊境內他』(木津川市埋藏文化財調査報告書6) 2009年

中島正「京都·蟹満寺舊境內」(『木簡研究』32, 2010年)

132) 上狛北遺跡(2次)

1. 이름 : 가미코마키타 유적(2차)

2. 출토지 : 京都府(교토부) 木津川市(기즈가와시)

3. 발굴 기간 : 2010.8~2011.3

4. 발굴 기관 : ㈶京都府埋藏文化財調査研究センター

5. 유적 종류 : 도성

6. 점수 : 44

7. 유적과 출토 상황

가미코마키타 유적에서 나라시대 유적으로 우물, 굴립주건물터, 溝, 土坑이 확인되었다. 목간은 굴립주건물 SB03과 중복된 토갱 SX96에서 44점(그 가운데 削屑 41점)이 출토되었다. 토갱 SX96은 거의 방형이며 남북길이 3.5m, 동서 길이 3.9m, 깊이 1.9m이다. 중복관계로 보아 굴립주건물 SB03보다 선행하여 굴착된 후 다시 묻은 것으로 보인다. 埋土는 아래서 목간을 포함한 木屑층, 많은 유물이 불탄 목재나 숯과 함께 출토된 숯층, 토갱을 최종적으로 매립한 층 3층으로 나누어진다. 쓰레기를 버리기 위해 팠던 토갱으로 추측된다.

8. 목간

(1)

「讃岐國鵜足郡少領□

　목설층에서 출토되었다. 장방형 판자에 적은 것이며 오른쪽은 2차적으로 다듬은 것으로 보인다. 하단은 결손되었다. 목간의 상반부는 반복해서 깎아낸 것처럼 얇다. 수종은 참나무과 참나무속이다.

　讃岐國鵜足郡은 현재 가가와현 마루가메시를 중심으로 한 지역이다. 少領(군의 차관)이던 인물의 이름이나 물품명이 있던 것으로 추정된다. 長屋王家 목간에도 '宗形郡大領鯛醬'이라는 郡司명 다음에 물품명이 나오는 사례가 있다.

(2)

「海戶主海八目戶服部姉虫女米五斗

　목설층에서 출토되었는데 출토된 흙에는 많은 탄화물이 섞여 있었기 때문에 바로 위의 숯층하고 밀접해 있던 것으로 보인다.

　상단은 규두 형태이다. 하단은 꺾여서 결손되었지만 뾰족했을 가능성이 크다. 점체가 4개 조각으로 부서져 있다. 형상과 내용으로 하찰목간으로 추정된다. 수종은 삼나무이다.

　海는 海部鄉을 표현하였을 가능성이 크다. 海八目은 호주, 服部姉虫女는 그 호구에 속하는 이름으로 보인다. 국군명이나 인명을 간략하게 쓰는 사례는 長屋土 목간에노 보인다. 공납물 공진자는 남성일 경우가 압도적으로 많아 여성인 예는 매우 드물다. 공식적인 하찰로 생각하기 어렵고 이 유적의 성격이 사원이나 귀족의 집 등 사적인 시설이었을 가능성이 있다.

(3)

「草万荒蘇

　목설층에서 출토되었다. 상단은 규두 형태이고 하단 및 우측은 결손되었다. 수종은 참나무과 참나무속이다. 습서목간으로 보인다.

(4)

□〔言?〕□□□□〔千千千?〕

(5)

□□〔言言?〕

(6)

□□□〔言言?〕□

(7)

□段段段□

(8)

□□□□〔多多多?〕

(9)

□長長

(10)

連連

(11)

□〔稻?〕

　목간 (4)~(11)은 삭설이며 모두 목설층에서 출토되었다. 같은 글자를 반복해서 쓰고 있으므로 습서목간으로 추정된다.

9. 참고문헌

京都府埋文調査研究センター 『京都府遺跡調査報告集』 150, 2012年

筒井崇史 「京都·上狛北遺跡」 (『木簡研究』 34, 2012年)

133) 百々遺跡(推定第三次山城國府跡)

1. 이름 : 도도 유적(추정 제3차 야마시로노쿠니 관청터)

2. 출토지 : 京都府(교토부) 乙訓郡大山崎町(오토쿠니군)

3. 발굴 기간 : 1984.6

4. 발굴 기관 : 大山崎町教育委員會

5. 유적 종류 : 지방청·고도

6. 점수 : 1

7. 유적과 출토 상황

百々遺蹟은 3차 조사가 실시되어 長岡京期(8세기 말)부터 헤이안시대(10세기)에 걸친 유구가 확인되었다. 주된 유구로 굴립주건물 4동 이상, 우물, 山陽道路 및 側溝 등이다. 목간은 山陽道의 側溝로 생각되는 유구의 埋土를 제거하여 확인된 하층유구의 토갱에서 출토되었다. 토갱의 埋土는 2층으로 이루어져 있는데 상층에서 목간이 하층에서 대금구, 화폐 등이 출토되었나.

8. 목간

「∨奧胡万七斗外二升

9. 참고문헌

大山崎町教委 『大山崎町の歴史と文化』 1984年

林亭 「京都·百々遺跡」 (『木簡研究』 7, 1985年)

25. 大阪府

1) 633 難波宮跡(NW97-3次)

1. 이름 : 나니와노미야 터(NW97-3차)
2. 출토지 : 大阪府(오사카부) 大阪市(오사카시)
3. 발굴 기간 : 1997.5~1998.3
4. 발굴 기관 : (財)大阪市文化財協會
5. 유적 종류 : 도성
6. 점수 : 3

7. 유적과 출토 상황

2시기 유구가 겹쳐져 있고 하층에 있는 것이 前期難波宮으로 7세기 중엽에 孝德大皇의 難波
천도에 따라 조영되어 朱鳥원년(686) 정월에 소실될 때까지 존속된 難波長柄豊碕宮으로 추정
된다. 1997년도 궁역 북서부 조사로 북서쪽으로 펼쳐진 골짜기와 그 안에서 석조 溝, 집수정이
확인되었다. 석조 溝는 폭 약 0.5m, 깊이 약 1m이다. 중간 부분부터는 덮개가 있는 맹암거가
되어 蓋石으로 크기 1.5m 이상 무게 약 1.8t의 거석이 사용되고 있다. 집수정은 약 8m×5m 장
방형이며 깊이 약 1m이다. 이들 유구 연대는 출토토기가 7세기 중반 이후까지는 내려가지 않
고 전기 難波宮에 해당하는 것으로 보인다. 목간은 집수정에서 출토되었다.

8. 목간

(1)
- ×奴我罷間盜以此□在
  ×□言在也自午年□□
- ×於是本奴主有□□□
  ×□〔知?〕部君之狂此事□口言□

원래 양면에 2행 이상으로 글자를 쓴 목간인데 재가공해서 人形으로 전용된 것이다.

(2)

・「謹啓

・「□〔初ヵ〕然而

'謹啓'로 시작되는 문서목간이다.

(3)

山部王」

天武원년(672) 壬申의 亂 때 죽은 山部王일 가능성이 있다.

9. 참고문헌

佐藤隆·李陽浩「巨石を用いた前期難波宮の石組み溝」(大阪市文化財協會『葦火』73, 1998年)

李陽浩·佐藤隆「池狀水溜め, 水溜め木樺ー大阪市中央体育館跡地の調査 その2」(大阪市文化財協會『葦火』74, 1998年)

佐藤隆「難波宮の木簡ー大阪市中央体育館跡地の調査 その3」(大阪市文化財協會『葦火』76, 1998年)

佐藤隆「大阪·難波宮跡」(『木簡研究』21, 1999年)

大阪市文化財協會『難波宮址の研究第11ー前期難波宮內裏西方官衙地域の調査』2000年

木簡學會編『日本古代木簡集成』東京大學出版會, 2003年

奈文研飛鳥資料館『木簡黎明ー飛鳥に集ういにしえの文字たち』(飛鳥資料館圖錄53) 2010年

2) 難波宮跡(NW02-13次)

1. 이름 : 나니와노미야 터(NW02-13차)

2. 출토지 : 大阪府(오사카부) 大阪市(오사카시)

3. 발굴 기간 : 2003.3

4. 발굴 기관 : (財)大阪市文化財協會

5. 유적 종류 : 도성

6. 점수 : 1

7. 유적과 출토 상황

남부 조사구에서 하층 유구로 보이는 주혈과 남동 구석에서 옛 지형인 大溝가 있었다. 서단에서는 지표 아래 약 5m의 생토가 나왔으나 동단은 지표 아래 7m까지 내려가도 생토가 나오지 않았으며 수분이 많은 자갈층이 확인되었다. 이 자갈층에서 수천 점이나 되는 가공 목편과 함께 목간이 출토되었다. 같은 층에서 출토된 스에키로 연대는 難波宮 하층 단계 혹은 전기 難波宮 단계(652~686년)로 생각된다.

8. 목간

・日子

・□〔古?〕□

'日子'는 성년 남자의 미칭(美稱)으로 생각되는데 전체적 뜻은 알 수 없다. 서풍은 육조풍이며 토층 연대와 모순되지 않는다.

9. 참고문헌

大阪市教委·大阪市文化財協會『平成14年度 大阪市內埋藏文化財包藏地發掘調査報告書』2004年

積山洋·古市晃「大阪·難波宮跡(1)」(『木簡硏究』26, 2004年)

3) 難波宮跡(NW06-2次)

1. 이름 : 나니와노미야 터(NW06-2차)
2. 출토지 : 大阪府(오사카부) 大阪市(오사카시)
3. 발굴 기간 : 2006.7~2006.9
4. 발굴 기관 : ㈶大阪市文化財協會
5. 유적 종류 : 도성
6. 점수 : 1

7. 유적과 출토 상황

조사지는 나니와노미야 朝堂院 서남부에 해당한다. 골짜기가 조당원 서쪽에서 조사지를 가로질러 남서로 뻗어간다. 골짜기의 매립토는 제1~8층으로 나눠지고 제5층보다 위층은 중세 이후다. 목간은 제7층에서 출토되었다. 제6층에는 7세기 중엽 경의 하지키, 스에키 등이 출토되었고 나이와노미야를 조영할 당시 정지층으로 보인다.

8. 목간

「皮留久佐乃皮斯米之刀斯□

'はるくさのはじめのとし(하루쿠사노하지메노토시)'로 읽을 수 있고 和歌로 추정된다.

9. 참고문헌

南秀雄「大阪·難波宮跡」(『木簡研究』31, 2009年)

奈文研飛鳥資料館『木簡黎明―飛鳥に集ういにしえの文字たち』(飛鳥資料館圖錄 53) 2010年

4) 難波宮跡(大阪府警察本部廳舍新築に伴う調査)

1. 이름 : 나니와노미야 터(오사카부 경찰본부 청사신축에 따른 조사)
2. 출토지 : 大阪府(오사카부) 大阪市(오사카시)
3. 발굴 기간 : 1999.2~1999.11
4. 발굴 기관 : (財)大阪府文化財調査研究センター
5. 유적 종류 : 도성
6. 점수 : 32

7. 유적과 출토 상황

조사지는 나니와노미야터 북서에 위치한다. 조사지 북반에서 폭 30m 이상, 깊이 10m 이상의 동서 방향 깊은 골짜기가 확인되었다. 목간이 출토된 고대의 포함층은 현재 지표면에서 약 8m 아래에 퇴적되어 있고 상하 2층으로 나눌 수 있다. 상층은 14층이며 나라시대에 퇴적된 것이다. 하층 16층에서 목간이 출토되었다.

8. 목간

(1)
秦人凡國評」

'凡國評'은『和名類聚抄』에 해당하는 군이 없다.

(2)
「∨支多比」

(3)
「∨宍」

(4)
「∨伊加比」

위의 3점의 목간은 식료품 부찰 목간이다.

(5)

「∨委尓部栗□□」

인명만 기록한 목간이다.

(6)

・「∨王母前□〔立?〕□□□」

・「∨[   ]廿□〔六?〕□」

'王母'가 수신자로 보인다.

(7)

・「『□』『稻稻』戊申年□□□

                 □□□□□〔連?〕

・「『[   ] 支□乃□

      佐□□十六□   』

'戊申年'은 648년에 해당한다고 추정된다.

9. 참고문헌

佐藤隆·李陽浩「巨石を用いた前期難波宮の石組み溝」(大阪市文化財協會『葦火』73, 1998年)

李陽浩·佐藤隆「池狀水溜め, 水溜め木樺ー大阪市中央体育館跡地の調査 その2」(大阪市文化財協會『葦火』74, 1998年)

佐藤隆「難波宮の木簡ー大阪市中央体育館跡地の調査 その3」(大阪市文化財協會『葦火』76, 1998年)

大阪府文化財調査研究センター『難波宮跡北西の發掘調査ー大阪府警察本部新廳舍新築工事に伴う大坂城跡(その6)發掘調査速報』2000年

江浦洋「大阪·難波宮跡」(『木簡研究』22, 2000年)

大阪府文化財調査研究センター『大坂城址Ⅱ 大坂城跡發掘調査報告書Ⅱー大阪府警察本部

新廳舍新築工事に伴う發掘調査報告書(本文編)(圖版編)(付圖編)』(大阪府文化財調査研究センター調査報告書74) 2002年

木簡學會編『日本古代木簡集成』東京大學出版會, 2003年

奈文研飛鳥資料館『木簡黎明—飛鳥に集ういにしえの文字たち』(飛鳥資料館圖錄53) 2010年

5) 難波宮跡(大阪府警察本部棟新築2期工に伴う調査)

1. 이름 : 나니와노미야 터(오사카부 경찰본부동 신축2기공에 따른 조사)

2. 출토지 : 大阪府(오사카부) 大阪市(오사카시)

3. 발굴 기간 : 2003.6~2004.3

4. 발굴 기관 : ㈶大阪府文化財センター

5. 유적 종류 : 도성

6. 점수 : 14

7. 유적과 출토 상황

나니와노미야터 북부에 위치하며 Ⅰ기공사 조사지 동쪽에 인접한다. 북반부에서 골짜기가 확인되었다. 북서에서 확인된 골짜기1은 1기공사 조사에서 확인된 골짜기에 이어지는 것이며 북동쪽의 골짜기Ⅱ는 이번에 새로 확인된 것이다. 골짜기Ⅱ는 남동에서 북서 방향으로 뻗어간다. 서쪽 일부만 확인했고 규모는 남북 36m 이상, 동서 10m 이상, 깊이 약 2m 있다. 크게 5층으로 나눠지고 3층에서 나라시대 토기편이 4층에서 7세기 중엽부터 하반의 토기가 출토되었다. 전자가 후기 나니와노미야에 후자가 전기 나니와노미야에 대응한다. 3층에서 繪馬가 30점 이상 출토되었고 4층에서는 옻칠이 붙은 토기 파편이 1500점 이상 출토되었다. 옻칠을 운반하기 위해 쓴 토기이다.

8. 목간

골짜기II 4층

(1)

· 「□家君委尓十□〔沙?〕久因支鉄

· 「□〔恪?〕費　　　　　　　□□□

　　앞면의 '委尓十□〔沙?〕久因支'는 인명일 가능성이 크다.

(2)

「□日之□〔周?〕者□

(3)

「∨□□□〔俵一?〕□」

골짜기II 3층

(4)

「五o」(각서)

(5)

「二」

　　箏柱이다.

9. 참고문헌

江浦洋「大阪·難波宮跡(2)」(『木簡研究』26, 2004年)

　大阪府文化財センター『大坂城址Ⅲ－大阪府警察本部棟新築2期工に伴う發掘調査報告書(本文編)(圖版編)』(大阪府文化財センター調査報告書144) 2006年

6) 桑津遺跡(KW91-8次)

1. 이름 : 구와즈 유적(KW91-8차)
2. 출토지 : 大阪府(오사카부) 大阪市(오사카시)
3. 발굴 기간 : 1991.6~1991.8
4. 발굴 기관 : (財)大阪市文化財協會
5. 유적 종류 : 취락
6. 점수 : 1

7. 유적과 출토 상황

남서쪽에 田邊廢寺으로 주정되는 곳에서 아스카~나라시대 기와가 출토뇌였나. 북서 2.3㎞에는 四天王寺가 있다. 확인된 유구는 고훈시대 후기 溝, 아스카시대 굴립주 건물과 목간이 출토된 우물 등이다. 굴립주 건물 6동과 담으로 추정되는 주열이 있다. 전기 후기에 3동씩 있었다고 생각되며 후기 굴립주 건물 시기는 7세기 후반보다 올라가지 않는다. 전기 건물의 溝에서 출토된 스에키 고배는 7세기 전반의 것이다. 목간이 출토된 우물은 6세기 후반의 토기가 출토된 溝보다 새롭고 매립토에 포함된 가장 후대 토기는 7세기 전반이다. 우물은 전기 건물들과 같은 시기이고 폐절과 동시에 메웠을 가능성이 크고 목간은 7세기 전반의 것으로 생각할 수 있다.

8. 목간

• 「   募之乎
  (符籙)
            文田里   道意白加之」
• 「各家客等之   」

呪符목간이다. '道意', '白加'는 인명으로 생각된다. 白加는 『日本書紀』崇峻원년에 백제에서 도래한 畵工으로 같은 이름이 보인다. '之'는 문장으로는 뜻이 없는 종결사이다.

9. 참고문헌

高橋工「桑津遺跡から日本最古のまじない札」(大阪市文化財協會『葦火』35, 1991年)

高橋工「大阪・桑津遺跡」(『木簡研究』14, 1992年)

大阪市文化財協會『桑津遺跡發掘調査報告』1998年

奈文研飛鳥資料館『木簡黎明－飛鳥に集ういにしえの文字たち』(飛鳥資料館圖錄
53) 2010年

7) 長原遺跡(ＮＧ04-3次)

1. 이름 : 나가하라 유적(ＮＧ04-3차)
2. 출토지 : 大阪府(오사카부) 大阪市(오사카시)
3. 발굴 기간 : 2004.9~2005.3
4. 발굴 기관 : ㈶大阪市文化財協會
5. 유적 종류 : 취락
6. 점수 : 1

7. 유적과 출토 상황

조사지는 유적 동북부에 위치한다. 야요이시대에는 거주역이었다가 고훈시대 후기부터 나
라시대에 걸쳐 자연제방을 따라 흐르는 하천이 된다. 목간은 제6 b층을 제거한 흙에서 출토되
었다.

8. 목간

十五束

길이 110㎜ 되는 큰 삭설이다.

9. 참고문헌

(大阪市文化財協會『葦火』115, 2005年)

杉本厚典·古市晃·鳥居信子「大阪·長原遺跡」(『木簡研究』28, 2006年)

大阪市文化財協會『大阪市平野區 長原遺跡東部地區發掘調査報告Ⅹ－2004年
度大阪市長吉東部地區土地區劃整理事業施行に伴う發掘調査報告書』2007年

8) 長原遺跡西南地區(ＮＧ95-49次)

1. 이름 : 나가하라 유적 서남지구(ＮＧ95-49차)
2. 출토지 : 大阪府(오사카부) 大阪市(오사카시)
3. 발굴 기간 : 1995.11~1996.2
4. 발굴 기관 : (財)大阪市文化財協會
5. 유적 종류 : 수전
6. 점수 : 1

7. 유적과 출토 상황

구석기시대부터 에도시대까지 이어지는 복합유적이다. 조사지가 있는 서남부에서는 고훈시대~헤이안시대 취락이나 논이 확인되었다. 목간은 나라시대의 논 경작층에서 출토되었다. 平城宮토기Ⅱ에 해당하는 하지키나 스에키가 출토되었다.

8. 목간

米三石□斗五升

쌀의 수량을 기록한 목간이다.

9. 참고문헌

大阪市文化財協會『大阪市平野區 長原·瓜破遺跡發掘調査報告ⅩⅤ-1995年度大阪市長吉瓜破地區土地區劃整理事業施行に伴う發掘調査報告書』2000年

宮本康治·鳥居信子「大阪·長原遺跡」(『木簡研究』25, 2003年)

9) 森の宮遺跡

1. 이름 : 모리노미야 유적
2. 출토지 : 大阪府(오사카부) 大阪市(오사카시)
3. 발굴 기간 : 1995.2~1995.6
4. 발굴 기관 : (財)大阪市文化財協會
5. 유적 종류 : 취락, 중세수전
6. 점수 : 5

7. 유적과 출토 상황

아스카시대의 저습지이며 주거와 관련되는 유구는 없고 자연히 형성된 것으로 추정되는 溝가 확인되었다. 7세기 후반부터 말의 하지키, 스에키나 齋串 舟形 등 많은 목제품과 말, 소 등의 뼈도 출토되었다.

8. 목간

　(1)
「∨米入

　(2)
「∨□□□粟

(3)

「∨□宅□

9. 참고문헌

大阪市文化財協會『森の宮遺跡Ⅱ―中央労働總合廳舍新營工事に伴う發掘調査報告書』1996年

平田洋司「大阪·森の宮遺跡」(『木簡研究』18, 1996年)

奈文研飛鳥資料館『木簡黎明―飛鳥に集ういにしえの文字たち』(飛鳥資料館圖錄53) 2010年

10) 加美遺跡(KM00-5次)

1. 이름 : 가미 유적(KM00-5차)

2. 출토지 : 大阪府(오사카부) 大阪市(오사카시)

3. 발굴 기간 : 2000.5~2000.11

4. 발굴 기관 : (財)大阪市文化財協會

5. 유적 종류 : 취락

6. 점수 : 1

7. 유적과 출토 상황

아요이시대부터 에도시대까지의 복합유적이다. 목간은 유적 북동부에 있는 나라시대 중엽부터 헤이안시대 전반의 유로에서 출토되었다. 토기 이외에 인면묵서토기, 묵서토기, 舟型 목제품, 말 뼈, 和銅開珍 등이 출토되었고 제사와 관련되는 것으로 보인다.

8. 목간

· 「[   ]
    [   ]波可□
        [   ]」

· 「□□
      □□
    □□   」

9. 참고문헌

平田洋司·鳥居信子「大阪·加美遺跡」(『木簡研究』23, 2001年)

大阪市文化財協會『大阪市平野區 加美遺跡發掘調査報告Ⅱ－市營加美神明東·加美細田住宅建設工事に伴う發掘調査報告書』2003年

11) 細工谷遺跡

1. 이름 : 사이쿠다니 유적
2. 출토지 : 大阪府(오사카부) 大阪市(오사카시)
3. 발굴 기간 : 1996.10~1997.9
4. 발굴 기관 : (財)大阪市文化財協會
5. 유적 종류 : 도성·사원
6. 점수 : 5

7. 유적과 출토 상황

나니와노미야터 남쪽 약 1.8㎞, 四天王寺 攝津國分寺 등 고대 유적이 집중되는 지역에 있다. 조사지 바로 서쪽에 나니와노미야 朱雀大路 흔적으로 추정되는 도로가 있다. 원래 북서-남동방향으로 골짜기가 있었고 그 골짜기 주변에서 아스카~헤이안시대 초기를 중심으로 하는 溝나 우물이 확인되었다. 목간은 나라시대 중엽부터 후반에 매립된 溝에서 기와, 토기, 和同開珍 40 매, 帶金具, 못 등 금속제품과 같이 출토되었다. 묵서토기도 100점 정도 출토되었고 아랫부분에 百尼, 百尼寺, 四月八日 등으로 적은 하지키 고배가 있다. 조사지에 百濟尼寺라고 부를 수 있는 절이 있었다고 추정된다. 남독쪽 약 400m에 百濟王氏의 百濟寺로 추정되는 도우가시바(堂ヶ芝) 절터가 있고 이번에 발견된 百濟尼寺도 백제왕씨가 조성한 것으로 추정된다.

8. 목간

   (1)
- 「∨播磨國□郡□□〔升?〕」
- 「∨里秦人□〔少?〕田万□〔呂?〕□一石」
  공진물 하찰이다. 國郡里制의 목간이다.

   (2)
- 「o □月八日□□丁欲[   ]田
         [   ]月八日□々[ ]   」
- 「o [   ]」
  月日로 시작하지만 내용은 알 수 없다.

   (3)
逐物意
  『千字文』에 '逐物意移'라는 구절이 있다. 습서목간이다.

   (4)
「上和尼父南部□□〔德了?〕王久支」
  '上和尼'는 여승의 이름으로 생각되어 여승 아버지 이름을 적은 목간으로 추정된다. '南部'는 攝津國 百濟郡에 南部鄕이 있고 또 백제의 5部制와 관련이 있을 수 있다. 百濟尼寺에 드나드는 사람이 신분증으로 휴대한 것으로 생각된다.

9. 참고문헌

古市晃「細工谷遺跡出土の木簡」(大阪市文化財協會『葦火』72, 1998年)

古市晃「大阪·細工谷遺跡」(『木簡硏究』20, 1998年)

大阪市文化財協會『大阪市天王寺區 細工谷遺跡發掘調査報告Ⅰ-都市計劃道路難波片江線建設工事に伴う發掘調査報告書』1999年

木簡學會編『日本古代木簡集成』東京大學出版會, 2003年

奈文研飛鳥資料館『木簡黎明-飛鳥に集ういにしえの文字たち』(飛鳥資料館圖錄53) 2010年

12) 吉井遺跡

1. 이름 : 요시이 유적

2. 출토지 : 大阪府(오사카부) 岸和田市(기시와다시)

3. 발굴 기간 : 1999.9~2000.3

4. 발굴 기관 : 大阪府敎育委員會

5. 유적 종류 : 취락

6. 점수 : 1

7. 유적과 출토 상황

조사구는 A조사구, B조사구, 시굴조사구가 있다. B조사구에서 고훈시대 후기부터 나라시대 중엽의 동서 방향 溝가 확인되었다. 길이 50m 이상, 폭 15m 이상, 깊이 2.2m 이상이 되는 大溝이다. 목간은 시굴조사구 16트렌치에서 출토되었고 이 트렌치는 溝의 내부에 포함된다. 溝는 고훈시대 후기경에 조성된 것이며 나라시대 즈음에 기능을 잃어버리고 서서히 매몰된 것으로 추측된다.

8. 목간

· □□□〔方舊?〕不得□[   ]若犯之□□□
·　　　天平寶字三年四月十六日主守六人部×

'天平寶字三年'은 759년이다. '主守'는 직명이며 囚獄司라는 관청에 한정된 것이라고 한다.

9. 참고문헌

上林史郎「大阪·吉井遺跡」(『木簡研究』22, 2000年)

大阪府敎委『大阪府敎育委員會文化財調査事務所年報』4, 2001年

大阪府敎委『吉井遺跡—府營岸和田吉井住宅建替えに伴う發掘調査』(大阪府埋藏文化財調査報告書2005-4) 2006年

13) 上田部遺跡

1. 이름 : 가미타베 유적
2. 출토지 : 大阪府(오사카부) 高槻市(다카쓰기시)
3. 발굴 기간 : 1969.5
4. 발굴 기관 : 高槻市敎育委員會
5. 유적 종류 : 수전·취락
6. 점수 : 13

7. 유적과 출토 상황

조사지역 북쪽에 규모가 작은 굴립주 건물 2동, 우물 등이 있다. 남쪽에는 늪으로 추정되는 흑색점토층 위에 논이 형성되었다. 목간은 이 논에서 출토되었고 나막신 등 목제품, 토기, 和同開珍, 소뼈 등도 같이 출토되었다. 牛耕을 할 수 있을 만큼 농업이 활발하였음을 알 수 있다.

8. 목간

□□十六[×五]尻今遺定五百廿三尻

· 今遺二段[   ]□壹分
·   天平七年閏十一月廿三日[   ]主道守千足

논의 면적 계산과 관련된 목간이다. '天平七年'은 735년이다. 尻는 代를 뜻한다고 생각된다.

· 「o□□[謹聞?]曽□在高不□[高?]々」
· 「o[   ]
   [   ]   」

9. 참고문헌

高槻市教委『上田部遺跡調査概報1969』1969年

高槻市・高槻市史編纂委員會『高槻市史』6, 1973年

奈文研『第1回木簡研究集會記錄』1976年(各遺跡出土の木簡(追加)の項)

大阪府立泉北考古資料館『記された世界ー大阪府下出土の墨書土器・文字瓦と木簡展』1984年

木簡學會編『日本古代木簡選』岩波書店, 1990年

鷺森浩幸「大阪・上田部遺跡」(『木簡研究』14, 1992年)

14) 郡家今城遺跡

1. 이름 : 군게이마시로 유적
2. 출토지 : 大阪府(오사카부) 高槻市(다카쓰기시)

3. 발굴 기간 : 1969.(月不詳)

4. 발굴 기관 : 大阪府教育委員會

5. 유적 종류 : 취락

6. 점수 : 2

7. 유적과 출토 상황

嶋上郡衙로 추정되는 郡家川西 유적 서쪽에 인접하고 있다. 굴립주 건물이나 우물이 다수 확인되었다. 목간은 조사구의 북단에 있는 우물에서 하지키, 齋串과 같이 출토되었다.

8. 목간

鳥取部□六人部子凵[   ]

9. 참고문헌

高槻市史·高槻市史編纂委員會 『高槻市史』 6, 1973年

鷺森浩幸 「大阪·郡家今城遺跡」 (『木簡研究』 14, 1992年)

15) 郡家川西遺跡(嶋上郡衙跡)

1. 이름 : 군게카와니시 유적(시마가미군아터)

2. 출토지 : 大阪府(오사카부) 高槻市(다카쓰기시)

3. 발굴 기간 : 1970.10~1970.11

4. 발굴 기관 : (財)大阪文化財センター

5. 유적 종류 : 관아

6. 점수 : 1

7. 유적과 출토 상황

嶋上郡衙의 소재지로 추정된다. 굴립주 건물 14동, 우물 1기가 확인되었다. 목간은 우물에서 출토되었다. 우물은 상면에서 지름 1.0m, 바닥에서 0.9m이며 깊이 2.8m이다. 낡은 하지키, 珥環, 鐵鍬 등이 출토되었고 上郡으로 묵서된 토기도 있다.

8. 목간

「小□□」

9. 참고문헌

大阪府敎委『嶋上郡衙跡發掘調査槪要ー高槻市郡家本町·淸福寺町·川西町所在』(大阪府文化財調査槪要1970-1) 1971年

高槻市·高槻市史編纂委員會『高槻市史』6, 1973年

大阪府立泉北考古資料館『記された世界ー大阪府下出土の墨書土器·文字瓦と木簡展』1984年

鷺森浩幸「大阪·郡家川西遺跡」(『木簡硏究』14, 1992年)

16) 大藏司遺跡

1. 이름 : 다이조우지 유적
2. 출토지 : 大阪府(오사카부) 高槻市(다카쓰기시)
3. 발굴 기간 : 1980.6~1980.9
4. 발굴 기관 : 大阪府敎育委員會·高槻市敎育委員會
5. 유적 종류 : 취락
6. 점수 : 3

7. 유적과 출토 상황

야요이~고훈시대의 주거지, 나라시대 굴립주 건물, 창고 등이 확인된 유적이다. 조사 A지구에서 가마쿠라시대의 논, 헤이안시대의 溝, 울타리, 나라시대의 溝 등이 확인되었다. 헤이안시대의 溝에서 목간과 불상 등이, 나라시대의 溝에서 목간과 제사구, 신발, 농공구 등이 출토되었다.

8. 목간

「∨大鰯∨」

　부찰 목간이다.

9. 참고문헌

大阪府教委『大藏司遺跡發掘調査槪要－浦堂地區C地点の調査』(大阪府文化財調査槪要 1981) 1981年

　高槻市教委『高槻市文化財年報 昭和53·54·55年度』1981年

　森田克行「大阪·大藏司遺跡」(『木簡研究』3, 1981年)

　大阪府立泉北考古資料館『記された世界－大阪府下出土の墨書土器·文字瓦と木簡展』1984年

17) 梶原南遺跡(3次)

1. 이름 : 가지와라미나미 유적(3차)
2. 출토지 : 大阪府(오사카부) 高槻市(다카쓰기시)
3. 발굴 기간 : 1987.4~1988.3
4. 발굴 기관 : 梶原遺跡調査會

5. 유적 종류 : 취락

6. 점수 : 1

7. 유적과 출토 상황

야요이시대의 주거나 나라시대의 굴립주 건물과 우물 등이 확인되었다. 8세기의 하지키, 스에키,목제품, 동제대금구, 주조 단조 관련 유물이 출토되었다. 목간은 8세기 중엽의 우물 Ⅱ의 바닥에서 출토되었다. 이 우물은 방형이고 한 변이 1.3m, 깊이 1m이다.

8. 목간

「新屋首乙売」

  '新屋首'라는 씨족은 알려져 있지는 않으나 주변 지역은 攝津國 嶋下郡 新屋鄕이었으며 이 지역에서 활동한 것으로 보인다. 이름으로 보건대 여자로 추정된다. 형태가 齋串와 비슷하고 제사에 사용되었을 가능성이 있다.

9. 참고문헌

梶原遺跡調査會『梶原南遺跡發掘調查報告書』1988年

宮崎康雄「大阪·梶原南遺跡」(『木簡研究』10, 1988年)

18) 禁野本町遺跡(103-3次)

1. 이름 : 긴야혼마치 유적(103-3차)

2. 출토지 : 大阪府(오사카부) 枚方市(히라카타시)

3. 발굴 기간 : 2003.12~2004.3

4. 발굴 기관 : ㈶枚方市文化財研究調査會

5. 유적 종류 : 관아

6. 점수 : 4

7. 유적과 출토 상황

이 유적은 야요이시대의 종말기부터 근세에 이르는 복합유적이며 유구의 중심연대는 나라시대부터 헤이안시대이다. 남쪽 약 500m에 있는 백제사를 조영한 백제왕씨와의 관계가 주목된다. 그 동안의 조사를 통해 백제사 터의 가람 중축선과 일치되는 남북도로와 방형 구획 등이 확인되었다.

103-3차 조사에서 나라시대부터 헤이안시대 굴립주 건물, 우물, 동서도로 등이 확인되었다. 목간은 우물SE101에서 목제품, 목편, 종자류, 하지키, 스에키 등과 같이 출토되었다. 우물은 직경 약 3.2m, 깊이 약 3m이고 나라시대 후기부터 말기까지로 생각된다.

8. 목간

(1)

大領 六月

(2)

「∨□□米一石」

(3)

右二人□〔等?〕

9. 참고문헌

枚方市教委『枚方市文化財年報25 2003年度分』2004年

西村健司·山本崇「大阪·禁野本町遺跡」(『木簡研究』27, 2005年)

枚方市文化財研究調査會『禁野本町遺跡Ⅲ』(枚方市文化財調査報告49) 2006年

19) 禁野本町遺跡(103-4次)

1. 이름 : 긴야혼마지 유적(103-4차)
2. 출토지 : 大阪府(오사카부) 枚方市(히라카타시)
3. 발굴 기간 : 2004.4~2004.10
4. 발굴 기관 : (財)枚方市文化財研究調査會
5. 유적 종류 : 관아
6. 점수 : 341

7. 유적과 출토 상황

제103-3차 조사구 동쪽에서 실시되었다. 동서도로 연장 부분, 북쪽에서 다른 동서도로, 굴립주 건물, 우물, 연못 유구 등이 확인되었다. 유구 시기는 나라시대의 전기부터 헤이안시대의 초기이다.

목간은 우물SE171에서 340점(삭설 334점)이 출토되었다. 우물은 나라시대 전기로 추정되고 직경 1.4m, 깊이 5.3m이다. 유물로는 목제품, 목편, 종자류, 하지키, 스에키 등이 있고 '少家' '小家' '家'로 묵서된 토기가 있다.

8. 목간
(1)
∨□〔鄕?〕池井里[   ]□〔連?〕[   ]
'池井里'는『和名類聚抄』에는 보이지 않고 鄕里制의 里로 추측된다.
(2)
　　　　　[　　　]
[   ]□宇遲部連秋□□
'宇遲部連'는『新撰姓氏錄』에 보인다.

(3)

□売冊束代□〔船?〕一□

(4)

[　　　　　　　]□三段內

□〔田?〕三□〔段?〕

　인명+벼의 수량을 기록한 목간으로 벼의 수납이나 出擧와 관련될 가능성이 있다.

9. 참고문헌

枚方市教委 『枚方市文化財年報26 2004年度分』 2005年

西村健司·山本崇 「大阪·禁野本町遺跡」 (『木簡研究』 27, 2005年)

枚方市文化財硏究調査會 『禁野本町遺跡Ⅲ』 (枚方市文化財調査報告49) 2006年

20) 禁野本町遺跡(148次)

1. 이름 : 긴야혼마치 유적(148차)

2. 출토지 : 大阪府(오사카부) 枚方市(히라카타시)

3. 발굴 기간 : 2006.3~2006.7

4. 발굴 기관 : (財)枚方市文化財硏究調査會

5. 유적 종류 : 관아

6. 점수 : 8

7. 유적과 출토 상황

　나라시대 전반부터 헤이안시대 전반의 굴립주 건물, 우물, 溝, 도로 등이 확인되었다. 목간은 G지구의 우물에서 삭설 8점이 출토되었다.

8. 목간

□□〔漆拾?〕

9. 참고문헌

枚方市教委『枚方市文化財年報28 2006年度分』2007年

西村健司「大阪·禁野本町遺跡」(『木簡研究』31, 2009年)

21) 玉櫛遺跡(95年度調査)

1. 이름 : 다마쿠시 유적(1995년도 조사)
2. 출토지 : 大阪府(오사카부) 茨木市(이바라키시)
3. 발굴 기간 : 1995.4~1996.3
4. 발굴 기관 : (財)大阪府文化財調査研究センター
5. 유적 종류 : 수전, 중세하천·취락
6. 점수 : 6

7. 유적과 출토 상황

헤이안시대 전반부터 중세(10세기 후반~15세기)의 논, 취락, 하천 등이 확인되었다. 10세기 후반부터 11세기 전반까지의 경작토층에서 출토되었다.

8. 목간

「∨[   ]一石」

　부찰 목간이다.

9. 참고문헌

大阪府文化財調査研究センター『玉櫛遺跡』(大阪府文化財調査研究センター調査報告書 31) 1998年

川瀬貴子「大阪・玉櫛遺跡」(『木簡研究』21, 1999年)

22) 佐堂遺跡

1. 이름 : 사도우 유적
2. 출토지 : 大阪府(오사카부) 八尾市·東大阪市(야오시·히가시오사카시)
3. 발굴 기간 : 1981.3~1984.3
4. 발굴 기관 : (財)大阪府文化財調査研究センター
5. 유적 종류 : 유로
6. 점수 : 1

7. 유적과 출토 상황

야요이시대부터 중세에 이르는 복합유적이다. 목간은 폭 4m, 깊이 0.4m의 자연 유로에서 출토되었다. 유로가 확인된 층의 시기는 명확하지는 않지만 상면에 헤이안시대 초기 토기를 포함한 층이 있고 하층에는 고훈시대 후기의 논이 확인되었다.

8. 목간

「∨□〔種?〕田五十戸奈×

하찰 목간이다. '種田'는『和名類聚抄』에 확인되지 않는다.

9. 참고문헌

三宅正浩「大阪·佐堂遺跡」(『木簡研究』4, 1982年)

大阪府教委·大阪文化財センター『佐堂(その1)近畿自動車道天理~吹田線建設に伴う埋藏文化財發掘調査槪要報告書』1984年

大阪府立泉北考古資料館『記された世界ー大阪府下出土の墨書土器·文字瓦と木簡展』1984年

木簡學會編『日本古代木簡選』岩波書店, 1990年

奈文研飛鳥資料館『木簡黎明ー飛鳥に集ういにしえの文字たち』(飛鳥資料館圖錄53) 2010年

23) 久寶寺遺跡(29次)

1. 이름 : 규우보지 유적(29차)
2. 출토지 : 大阪府(오사카부) 八尾市(야오시)
3. 발굴 기간 : 1999.10~1901.11
4. 발굴 기관 : ㈶八尾市文化財調査研究会
5. 유적 종류 : 취락
6. 점수 : 1

7. 유적과 출토 상황

조몬시대부터 근세까지의 복합유적이다. 아스카시대부터 나라시대까지 유구로는 서부에서 굴립주 건물, 우물이 동부에서 우물, 溝, 자연 하천이 확인되었다. 목간은 동부에 있는 자연 하천 NR3003에서 8세기 후반의 하지키, 스에키, 기와 동물 뼈 등과 같이 출토되었다.

8. 목간

・　　　　之中上丁石津連乎黒万
　　□三人
　　　　　　　　　　　　　　[　　]

・　　□□

　3명 중의 '上丁'(출근하는 사람)의 이름을 쓴 것으로 생각된다. 관청에서 일하는 3명을 소환한 召文, 혹은 3명에게 식료를 지급한 전표일 가능성이 있다.

9. 참고문헌

八尾市文化財調査研究會『久寶寺遺跡 第29次發掘調査報告書－大阪竜華都市拠点地區竜華東西線4工區に伴う』(八尾市文化財調査研究會報告74) 2003年

坪田眞一「大阪·久寶寺遺跡」(『木簡研究』26, 2004年)

24) 讚良郡條里遺跡

1. 이름 : 사와라군조리 유적
2. 출토지 : 大阪府(오사카부) 寢屋川市(네야가와시)
3. 발굴 기간 : 2002.3~2002.12
4. 발굴 기관 : (財)大阪府文化財センター
5. 유적 종류 : 제사 관련
6. 점수 : 2

7. 유적과 출토 상황

조몬시대의 전기부터 근세에 이르는 유적이다. 나라시대의 후기부터 헤이안시대의 초 유구면에서 제사와 관련될 유물이 대량으로 출토된 하천이 확인되었다. 이 하천은 폭 5~9m, 깊이

1.3~ 1.5m이다. 유물 대부분은 하천 안에 있는 제방에서 출토되었다. 완형에 가까운 묵서 인면 토기, 말 머리뼈, 人形, 齋串, 繪馬 등 목제품이 출토되었다. 도성형 '물가에서 제사'가 행해진 것으로 추정된다.

8. 목간

(1)

「∨高岡鄉尾□□

'高岡鄉'은 河內國에는 확인되지 않는다.

(2)

神
馬

왼쪽을 향한 수컷 말을 그린 繪馬다. 마구로 장식된 백마를 그린 繪馬와 같이 출토되었다.

9. 참고문헌

大阪府文化財センター『大阪文化財研究』23, 2003年

黑須亜希子「大阪·讚良郡條里遺跡」(『木簡研究』25, 2003年)

大阪府文化財センター『寝屋川市所在 讚良郡條里遺跡(その1)――一般國道1號バイパス(大阪北道路)·第二京阪道路建設に伴う埋藏文化財發掘調査報告書』(大阪府文化財センター調査報告書109) 2004年

25) 觀音寺遺跡(2次)

1. 이름 : 간논지 유적(2차)
2. 출토지 : 大阪府(오사카부) 松原市(마쓰바라시)

3. 발굴 기간 : 1985.4~1985.10

4. 발굴 기관 : 大阪府教育委員會·(財)大阪文化財センター

5. 유적 종류 : 취락

6. 점수 : 2

7. 유적과 출토 상황

나라시대부터 중세의 건물, 우물, 중근세 토광 등이 있다. 목간은 직경 약 1.8m, 깊이 약 3m 우물에서 많은 하지키, 스에키와 같이 출토되었다. 9세기로 추정된다.

8. 목간

□　河內國丹比郡□□『□□□□〔道道道道?〕□□』

9. 참고문헌

大阪府敎委·大阪文化財センター『松原市　觀音寺遺跡第2次發掘調査槪要ー近畿自動車道和歌山線建設に伴う埋藏文化財發掘調査槪要報告書』1986年

高橋雅子「大阪·觀音寺遺跡」(『木簡硏究』8, 1986年)

大阪府文化財調査硏究センター『大阪府松原市所在　觀音寺遺跡ー近畿自動車道松原那智勝浦線建設に伴う發掘調査報告書』(大阪府文化財調査硏究センター調査報告書34) 1998年

26) 万町北遺跡(2次)

1. 이름 : 만초키타 유적(2차)

2. 출토지 : 大阪府(오사카부) 和泉市(이즈미시)

3. 발굴 기간 : 1983.5~1984.2

4. 발굴 기관 : 和泉丘陵內遺跡調査會

5. 유적 종류 : 취락

6. 점수 : 1

7. 유적과 출토 상황

나라~헤이안시대 굴립주 건물을 중심으로 같은 시기의 우물, 야요이시대 중~후기와 고훈시
대 후기의 수혈 주거 등이 확인되었다. 우물은 직경 약 3m, 깊이 3.5m이고 퇴적토에서 목간 1
점이 출토되었다. '中家'명 묵서토기, 빗, 젓가락, 曲物 등 목제품이 함께 출토되었다. 우물 주변
에는 북쪽 약 10m에 창고 1동, 남쪽에서 16동의 건물이 확인되었다. 이 건물이 우물 그리고 목
간과 관련될 가능성이 크다.

8. 목간

・「謹啓志紀殿欲請稻具□×

・「大同五年七月十六日光□五□□□×

'謹啓'로 시작되는 문서목간이다. '大同五年'은 810년이다. 啓는 관청에서 쓰는 공식 문서일
가능성과 관인 개인이 사용한 사신일 가능성이 있다.

9. 참고문헌

和泉丘陵內遺跡調査會 『和泉丘陵內遺跡發掘調査槪要Ⅲ』 1984年

森茂 「大阪·万町北遺跡」 (『木簡硏究』 6, 1984年)

和泉丘陵內遺跡調査會 『和泉丘陵內遺跡發掘調査槪要Ⅳ』 1985年

木簡學會編 『日本古代木簡選』 岩波書店, 1990年

27) 安堂遺跡

1. 이름 : 안도 유적
2. 출토지 : 大阪府(오사카부) 柏原市(가시와라시)
3. 발굴 기간 : 1985.12~1986.2
4. 발굴 기관 : 柏原市教育委員會
5. 유적 종류 : 취락
6. 점수 : 6

7. 유적과 출토 상황

야요이시대의 溝, 토광, 나라시대의 굴립주 건물 2동, 溝, 土壙, 울타리, 헤이안시대의 우물, 토광이 확인되었다. 목간은 나라시대의 토광에서 출토되었다. 이 토광은 길이 2.4m, 폭 1.5m, 깊이 1.5m의 타원형이고 굴립주 건물과 울타리 사이에 있었다. 굴립주 건물은 거의 같은 위치에 같은 규모의 건물이 중복되어 있어서 다시 지은 것으로 추정된다. 목간이 출토된 토광에서 많은 목제 削片이 출토되었고 이러한 건물을 다시 짓는 과정에서 폐기된 것으로 생각된다. 토광에서는 주걱, 젓가락, 曲物, 자, 人形 등 목제품, 씨앗, 하지키, 스에키 등이 출토되었다. 하지키로 보아 토광 연대는 8세기 중엽으로 추정된다.

8. 목간

(1)
· 「o 九月一日進上車　一両　載稲六十束」
· 「o 建麻呂持稲十束　合七十束　付飯万呂」
　벼 70속을 보낸 문서목간이다.

(2)

・「∨若狹國遠敷郡　　野里相臣山守
　　　　　　　　調塩三斗　　　∨」

・「∨　　　天平十八年九月　　　　∨」

調의 소금 하찰이다. '若狹國遠敷郡'은 현재 福井縣 小浜市 주변에 해당한다.

(3)

・「近江國淺井郡田根鄕

・「春□□男戶

(4)

・「淺井郡田根鄕

・「□□□〔春部酒?〕男戶

'近江國淺井郡'은 현재 滋賀縣 東淺井郡 주변이다.

(5)

「益田鄕戶主錦□□〔部大?〕□□〔米?〕五斗

9. 참고문헌

柏原市敎委『安堂遺跡 1986年度』(柏原市文化財槪報1986-8) 1987年

桑野一幸「大阪·安堂遺跡」(『木簡硏究』9, 1987年) 木簡學會編『日本古代木簡選』岩波書店, 1990年

26.兵庫縣

1) 出合遺跡

1. 이름 : 데아이 유적
2. 출토지 : 兵庫縣(효고현) 神戶市(고베시)
3. 발굴 기간 : 1982.2
4. 발굴 기관 : 瀨戶內考古學研究所
5. 유적 종류 : 관아
6. 점수 : 6

7. 유적과 출토 상황

出合遺跡은 明石川하류의 서안에 위치하고 明石郡衙 유석으로 추정되는 吉田南 유적과 약 2㎞ 떨어져 있다. 유적은 높이차가 약 14m의 대지 위아래에 걸쳐져 있으며 대지 위에서는 나라시대 후반부터 가마쿠라시대 초기의 굴립주건물군, 5세기 후반부터 6세기 중엽의 고분 4기, 대지 아래에서는 고훈시대 수혈주거유적군, 헤이안시대 말부터 가마쿠라시대 초의 굴립주건물군, 가마쿠라시대 초 이후의 수전유적 등이 확인되었다. 목간이 출토된 유구는 나라시대 후반의 굴립주건물에 동반된 것으로 생각되는 방형의 우물이다.

목간은 우물 최하층에서 나라시대 후반의 토기가 출토되었으며 묵서토기, 벼루, 제염토기 등이 공반되었다.

8. 목간

(1)
ㆍ「　　　　　工二人
　一升　　　□仕四人　　工二
二日用米　　　　　　三日用□仕四

　　　　　　　　　一
・[　　　　]
　　　　　　　□□廿石三斗

문서목간이다. 쌀 지급량을 날마다 적은 것으로 '某日用'라고 쓰고 그 아래에 지급치의 내역을 기록한 양식이다.

　　(2)

・□今日□來□□〔鮨?〕米□□□〔三?〕□此日□□
　　　　　　　　　　　□□□□□

・□〔四?〕□□□□□□　　□□□□□□

문서목간이다.

9. 참고문헌

鎌木義昌·龜田修一「兵庫·出合遺跡」(『木簡研究』5, 1983年)

木簡學會編『日本古代木簡選』岩波書店, 1990年

2) 深江北町遺跡(9次)

1. 이름 : 후카에키타마치 유적(9차)
2. 출토지 : 兵庫縣(효고현) 神戶市(고베시)
3. 발굴 기간 : 2000.5~2000.7
4. 발굴 기관 : 神戶市教育委員會
5. 유적 종류 : 관아 관련
6. 점수 : 4

7. 유적과 출토 상황

深江北町遺跡은 神戶市의 동단, 芦屋市와의 경계 부근에 펼쳐진 해발 3m 전후의 모래 언덕 위에 입지한다. 제9차 조사 결과 조사지구의 서반부에서 나라시대 전기부터 후반의 굴립주건물, 溝, 토갱 등 다수의 유구가 확인되었고 동반부 전역에서 유로가 확인되었다. 유물로는 목간 외 다수의 목제품, 묵서토기를 포함한 스에키, 하지키, 녹유도기, 회유도기, 월주요계청자 등이 출토되었다.

목간은 총 4점 출토되었다. 이 중에서 세 개는 동반부의 유로에서 출토되었으며, 나머지 하나는 서반부의 유물포함층에서 출토되었다.

8. 목간

- 「　　　　戶主椋人安道米壹斗國譜

  『勘』　　　　　　　　『合』ㅇ」

  　　　承和十月十日椋人稻繼

- 「　　　　　　『勘合』　　　　　　ㅇ」

동반부의 유로에서 출토되었다. 호주의 椋人 안치에 대해 國儲로부터 쌀 1두가 지급된 것을 承和(연차 기재 없음, 834~848) 19월 10일에 椋人稻繼가 증명한 전표로 생각된다. 표면에 勘合한 후 뒷면에도 勘合한 것으로 보아 엄중한 照合이 이루어진 것을 알 수 있다. 하단에 뚫은 구멍으로 보아 같은 종류의 목간이 전표로 묶였던 것을 알 수 있다. '椋人'은 문헌사료에 보이는 '葦屋椋人'과의 관련성이 상정되어 葦屋鄕 내에서의 쌀 거래를 보여주는 목간으로 평가할 수 있다.

9. 참고문헌

阿部敬生·山本雅和「兵庫·深江北町遺跡」(『木簡研究』23, 2001年)

神戶市敎委『深江北町遺跡第9次調査 埋藏文化財發掘調査報告書－葦屋驛家關連遺跡の調査』2002年

神戸市教委『平成12年度 神戸市埋藏文化財年報』2003年

3) 行幸町遺跡(1次)

1. 이름 : 미유키초우 유적(1차)

2. 출토지 : 兵庫縣(효고현) 神戸市(고베시)

3. 발굴 기간 : 2000.7~2000.10

4. 발굴 기관 : 神戸市教育委員會

5. 유적 종류 : 취락

6. 점수 : 1

7. 유적과 출토 상황

行幸町遺跡은 神戸市 시가지에 형성된 해안평야의 서단을 흐르는 千守川의 선상지 중앙, 해안단구에 접하는 경사지의 해발 15~17m에 위치한다. 도시계획도로 건축공사에 따른 사전조사로 확인된 유구는 조사지 북서부에서 동남부까지 등고선을 따라 형성된 溝 SD03, 이것의 매몰 후 현재의 西國街道와 거의 평행하게 형성된 溝 SD02, 성격이 분명하지 않은 토갱 등이다.

목간은 SD03의 溝 매몰 상하층 상면에서 스에키와 함께 출토되었다.

8. 목간

「□□□□[   ]」

대형의 완형목간이다. 습서 또는 중복된 글자로 내용은 알 수 없다. 뒷면에는 묵흔이 확인되지 않는다.

9. 참고문헌

西岡巧次「兵庫・行幸町遺跡」(『木簡研究』23, 2001年)

神戸市教委『平成12年度 神戸市埋藏文化財年報』2003年

4) 辻井遺跡(82年度調査)

1. 이름 : 즈지이 유적(1982년도 조사)

2. 출토지 : 兵庫縣(효고현) 姫路市(히메지시)

3. 발굴 기간 : 1982.4~1982.12

4. 발굴 기관 : 姫路市教育委員會

5. 유적 종류 : 사원·수전

6. 점수 : 3

7. 유적과 출토 상황

辻井遺跡은 姫路城의 서북쪽에 위치하고 古夢前川이 형성한 충적평야에 소재한다. 해발 19m 전후이다. 조사는 安室바이패스신축에 따른 것으로 유적 북반부를 중심으로 실시하였다. 굴립주건물 11동, 溝, 토갱, 우물, 토광묘 등 유적이 확인되었다.

목간은 조사구 중앙부의 서북부에서 확인된 우물 안에서 출토되었다. 우물 안에 묵서토기와 스에키, 하지키 등이 폐기되어 있었다. 스에키로 보아 우물은 나라시대 전기에 축조된 것으로 보인다.

8. 목간

(1)

「□〔酒?〕部□□□□〔部老?〕人」

좌변이 일부 깎였으며 우변 및 하단은 표면을 다듬은 원형을 간직하고 있다. 상단도 그럴 가능성이 있다.

(2)

「□□□□□□□

상단만 다듬었으며 좌변 일부도 그럴 가능성이 있다. 전체적으로 부식이 심하다.

(3)

・□□□□□□□〔眞祢□同部?〕國麻呂之□〔黑?〕□

・□□足嶋直白布二疋□□

앞뒷면이 불분명하다. 우측 변을 다듬었으며 상단이 부러졌다. 하단은 양면에서 2차적으로 정형되어 있다.

9. 참고문헌

山本博利·秋枝芳「兵庫·辻井遺跡」(『木簡研究』 5, 1983年)

姬路市史編集專門委員會『姬路市史 史料編 古代中世1』 2005年

大谷輝彦「兵庫·辻井遺跡(第五·八號)」(『木簡研究』 28, 2006年)

5) 辻井遺跡(85年度調査)

1. 이름 : 즈지이 유적(1985년도 조사)

2. 출토지 : 兵庫縣(효고현) 姬路市(히메지시)

3. 발굴 기간 : 1985.4~1985.9

4. 발굴 기관 : 姬路市敎育委員會

5. 유적 종류 : 사원·수전

6. 점수 : 4

7. 유적과 출토 상황

辻井遺跡은 姫路城의 서북쪽에 위치하고 古夢前川이 형성한 충적평야에 소재한다. 해발 19m 전후이다. 바이패스공사에 따른 발굴조사 결과 굴립주건물, 토갱, 우물, 溝 등이 확인되었다. 우물 내에서 다량의 스에키와 함께 목간이 3점 출토되었다. 목간 외에 '大井', '井戸', '殿' 등이 쓰인 묵서토기 23점, 목제모조품, 하지키 등도 출토되었다.

8. 목간

(1)

· □磨□

· □內□□

상히 양단이 부리졌고 좌우 양변은 디듬은 흔적이 남이 있다.

(2)

· ×月生十六日記〔 〕

· □□□□〔斗?〕記

상하 양단이 부러졌고 좌우 양변은 다듬은 것으로 생각된다.

(3)

□二斗止□〔記?〕」

상단이 부러졌으며 좌우 양변을 다듬었다.

(4)

·「□□□□〔波ツ?〕尓佐久□□〔弥己?〕乃〔 〕   夫□〔由?〕己母利□〔伊?〕

·「□〔己?〕知知知屋 屋屋 屋□屋 屋 屋 □□

하단이 부러졌으며 하단과 좌우 양변에 다듬은 흔적이 남아 있다.

9. 참고문헌

山本博利·秋枝芳 「兵庫·辻井遺跡」(『木簡研究』 8, 1986年)

兵庫縣教委『兵庫縣埋藏文化財調査年報 昭和60年度』1988年

姬路市史編集專門委員會『姬路市史 史料編 古代中世1』2005年

山本崇「難波津の歌の新資料ー姬路市辻井廢寺山上木簡の再釋読」(奈良文化財研究所『奈良文化財研究所紀要2006』2006年)

大谷輝彦「兵庫·辻井遺跡(第五·八號)」(『木簡研究』28, 2006年)

⑥ 前東代遺跡

1. 이름 : 마에히가시시로 유적

2. 출토지 : 兵庫縣(효고현) 姬路市(히메지시)

3. 발굴 기간 : 1983.6~1983.9

4. 발굴 기관 : 兵庫縣教育委員會

5. 유적 종류 : 하천

6. 점수 : 3

7. 유적과 출토 상황

前東代遺跡은 姬路市 동부에 위치한다. 남쪽으로 御着城이 있다. 발굴조사 당초 御着城의 外濠 확인을 목표로 조사를 개시하였다. 효고현 도로공사 건설이 御着城의 外濠 흔적으로 상정되는 곳에 예정되어 있으므로 효고현 교육위원회는 유적의 사전발굴조사를 실시하였고 大溝, 河道 등을 확인하였다. 大溝, 河道에서 발견된 유물로 야요이식토기, 하지키, 스에키 등 토기류, 석부, 목찰 등의 목제품이 있다. 목간 이외에는 人形이 2점, 용도를 알 수 없는 목제품 1점 등이 출토되었다.

8. 목간

(1)

「十二月廿九日辰巳時金□〔鳴?〕從東

묵흔이 남아 있다. 뒷면에는 묵서를 확인할 수 없다.

(2)

・「∨大日眞□〔言?〕

・「∨尺迦□□〔牟尼?〕

적외선비디오로 판독하였다.

9. 참고문헌

兵庫縣教委『前東代遺跡　播但有料自動車道建設にかかる埋藏文化財發掘調査報告書Ⅲ』
(兵庫縣文化財調査報告29) 1985年

西口和彦「兵庫・前東代遺跡」(『木簡研究』7, 1985年)

兵庫縣教委『兵庫縣埋藏文化財調査年報 昭和58年度』1986年

7) 今宿丁田遺跡

1. 이름 : 이마주쿠초다 유적

2. 출토지 : 兵庫縣(효고현) 姫路市(히메지시)

3. 발굴 기간 : 1990.9~1990.10

4. 발굴 기관 : 姫路市教育委員會

5. 유적 종류 : 하도

6. 점수 : 1

7. 유적과 출토 상황

今宿丁田遺跡은 姬路平野 북서부의 충적평야(해발 14~15m)에 입지한다. 조사는 민간의 점포건설에 따른 사진조사로 조사 면적은 약 150㎡에 달한다. 河道가 확인되었으며 하층에서부터 암갈색 실트층(야요이시대 중기 후반), 옅은 암갈색 실트층(7세기 전반), 회색 실트층(8세기 후반~9세기 후반), 청회색 모래층(시기 불명), 회갈색토(12세기 후반)로 이루어져 있다. 목간은 이 가운데 청회색 모래층에서 1점 출토되었다.

8. 목간

年正活弐爲□〔九?〕

9. 참고문헌

大谷輝彦「兵庫·今宿丁田遺跡」(『木簡研究』13, 1991年)

8) 境谷遺跡

1. 이름 : 사카이다니 유적
2. 출토지 : 兵庫縣(효고현) 姬路市(히메지시)
3. 발굴 기간 : 1995.7~1995.8
4. 발굴 기관 : 兵庫縣教育委員會理藏文化財調査事務所
5. 유적 종류 : 하도
6. 점수 : 1

7. 유적과 출토 상황

境谷遺跡은 姬路市의 서단부에 있다. 이 조사지점은 골짜기의 속을 남류하는 大津茂川의 지류인 太市川의 옆이며 확인된 유로도 같은 하천의 舊河道이다. 舊河道는 7세기경에 말뚝 등으로 護岸 공사를 하였고 그 후 모래와 실트로 매몰하였다. 목간은 이 舊河道의 최상층 실트층에서 출토되었다.

8. 목간

- □□□〔嶋?〕□□□〔人等?〕□
- [   ]□□

　우변이 거의 원형을 간직하고 있으나 상하는 결실되었고 좌변이 갈려져 있다. 글자는 양면에 기록하였으나 내용이 명확하지 않다.

9. 침고문헌

兵庫縣教委埋文調査事務所『平成7年度 年報』1996年

別府洋二「兵庫・境谷遺跡」(『木簡研究』20, 1998年)

兵庫縣教委埋文調査事務所『姬路市 境谷遺跡—一般國道29號改築事業に伴う埋藏文化財發掘調査報告書』(兵庫縣文化財調査報告251) 2003年

9) 豆腐町遺跡

1. 이름 : 도우후마치 유적
2. 출토지 : 兵庫縣(효고현) 姬路市(히메지시)
3. 발굴 기간 : 2008.7~2008.11
4. 발굴 기관 : 姬路市教育委員會
5. 유적 종류 : 생산유적
6. 점수 : 1

7. 유적과 출토 상황

豆腐町遺跡은 姬路市 남부의 충적평야에 입지하며 『和名抄』에서 말하는 飾磨郡 내에 위치한다. 1998년부터 兵庫縣教育委員會와 姬路市教育委員會가 JR姬路驛주변의 고가구획징비사업에 따라 조사를 실시하였다. 확인된 유구는 도로와 건물지 등이다. 출토된 유물은 칠부착토기, 송풍관, 숫돌, 방추차 등 수공업과 관련된 것이 있으며 이외에 나라삼채소호, 동전, 벼루, 제염토기, 묵서토기 등이 발견되었다.

8. 목간

[   ]

상단이 불탔다. 하단과 양측 면은 2차로 깎여 있으며 원형은 알 수 없다. 묵서가 있는 부분은 적어도 2회 깎였으며 그 후 묵서된 것으로 보인다. 묵서한 후 우측을 깎았다.

9. 참고문헌

中川猛 「兵庫・豆腐町遺跡」 (『木簡研究』 33, 2011年)

10) 高畑町遺跡(5次)

1. 이름 : 다카하타조우 유적(5차)
2. 출토지 : 兵庫縣(효고현) 西宮市(니시노미야시)
3. 발굴 기간 : 2006.4~2006.11
4. 발굴 기관 : 高畑町遺跡第5次發掘調査團
5. 유적 종류 : 취락
6. 점수 : 1

7. 유적과 출토 상황

高畑町遺跡은 武庫川 우안의 충적지 위에 입지하는 유적이다. 阪急電鉄西宮北口駅의 남동 400m에 위치하는 阪急西宮 스타디움의 재개발 사업으로 조사가 이루어졌다. 조사 결과 고훈시대 전기 및 중기의 취락과 생산유적, 나라시대 우물, 헤이안시대 우물, 가마쿠라시대부터 무로마치시대의 취락 등이 확인되엇다.

목간은 나라시대 우물 417에서 1점 출토되엇다.

8. 목간

· 「[　　]□〔國?〕[　　]□〔郡?〕

· 「方□鄉日下□〔部?〕[　　]

고운 결 목재를 사용하엿나. 상난은 설난하여 형태를 만들었다. 홈은 없다. 좌우 양변을 깎아 형태를 만들었다. 하단의 오른쪽 부분이 결실되었으나 왼쪽 부분이 남아 있어 원래의 형태를 알 수 있다. 앞면에 '國', '郡'으로 생각되는 글자가 남아 있다. 뒷면의 글자는 향명과 인명으로 생각되므로 하찰의 가능성이 있다.

9. 참고문헌

永島暉臣慎·西村匡廣 「兵庫·高畑町遺跡」 (『木簡研究』 29, 2007年)

高畑町遺跡第5次發掘調査團 『高畑町遺跡發掘調査報告書 兵庫縣西宮市高松町所在一阪急西宮スタジアム跡地開發事業に先立つ高畑町遺跡第5次發掘調査報告書』 2008年

11) 三條九ノ坪遺跡

1. 이름 : 산조쿠노쓰보 유적
2. 출토지 : 兵庫縣(효고현) 芦屋市(아시야시)

3. 발굴 기간 : 1996.9~1996.11

4. 발굴 기관 : 兵庫縣敎育委員會埋藏文化財調査事務所

5. 유적 종류 : 자연유로

6. 점수 : 2

7. 유적과 출토 상황

이 유적은 芦屋臺地에서 유출되어 토사에 의해 만들어진 해발 약 30m 전후의 선상지 위에 입지한다. 阪神淡路大震災의 피해아파트 건축에 따른 조사가 이루어졌다. 논 유적과 유로 유적이 확인되었다. 유로 내에서 야요이시대 후기 말~헤이안시대 초두의 유물이 출토되었다. 대부분이 토기이나 목간, 나막신, 曲物, 말뚝 등도 확인된다. 목간은 2점 출토되었는데 1점은 해독할 수 없다.

8. 목간

• 「子卯丑□伺 々

• 「 三壬子年□」

하단부는 부러져 결실되었다. 상단부를 둥글게 마감하였다. 앞, 뒷면 모두 비교적 매끈하게 다듬었다. 앞면은 12支를 표현하였으나 순서가 다르고 의미를 알 수 없다. 뒷면은 연호로 생각되는데 '三壬子'로 보아 白雉3년(652)과 寶龜3년(772)의 가능성이 있다. 공반된 토기로 보아 전자일 가능성이 크다.

9. 참고문헌

兵庫縣敎委埋文調査事務所『芦屋市所在 三條九ノ坪遺跡―被災マンション等再建事業に伴う埋藏文化財發掘調査報告書』(兵庫縣文化財調査報告168) 1997年

高瀬一嘉「兵庫·三條九ノ坪遺跡」(『木簡研究』19, 1997年)

兵庫縣敎委埋文調査事務所『平成8年度 年報』1998年奈文研飛鳥資料館『木簡黎明―飛鳥に

集ういにしえの文字たち』(飛鳥資料館圖錄53) 2010年

12) 但馬國分寺跡(16次)

1. 이름 : 다지마쿠니분지터(16차)
2. 출토지 : 兵庫縣(효고현) 豊岡市(舊, 城崎郡日高町) (도요오카시)
3. 발굴 기간 : 1989.11~1989.12
4. 발굴 기관 : 日高町敎育委員會
5. 유적 종류 : 사원
6. 점수 : 6

7. 유적과 출토 상황

但馬國分寺跡은 但馬國의 거의 중앙에 위치하는 円山川 중류역 좌안의 작은 선상지 위에 위치한다. 해발은 25.3m이다. 16차 조사 결과 주요 가람에서는 금당과 중문을 회랑에서 이은 것, 금당의 서쪽에 탑을 배치한 것이 확인되어 사원의 규모를 확정할 수 있게 되었다.

16차 조사는 도로의 확장 공사에 따른 사전 조사로 그 결과 우물이 발견되었다. 우물의 층위는 총 3개로 나뉘는데 가장 아래인 하층에서 묵서토기, 기와, 목간 등이 출토되었다. 출토된 토기의 형식과 목간의 기년으로 보아 8세기 후반으로 생각된다.

8. 목간

　(1)

・「造寺料收納帳

・「寶龜三年四年

　　借　用　帳

(2)

　　　　　　『飛飛飛飛　司』合一石三斗八升五合

供料六斗　　　　　　　　　　　　　　　　　　　　　　　　　(제첨축)

　　　　　『飛』雜料七斗八升五合『飛　月月月月』

(3)

□僧一人

(4)

光□

(5)

・「國南國」

・「□元」

(6)

「□人□四　朝□〔來?〕四人[　　]四人出石五養父五」

9. 참고문헌

加賀見省一「兵庫·但馬國分寺跡」(『木簡研究』12, 1990年)

日高町教委·日高町『但馬國府と但馬國分寺─發掘調査からその謎に迫る』2002年

木簡學會編『日本古代木簡集成』東京大學出版會, 2003年

13) 但馬國分寺跡(25次)

1. 이름 : 다지마쿠니분지터(25차)

2. 출토지 : 兵庫縣(효고현) 豊岡市(도요오카시)

3. 발굴 기간 : 2008.10~2008.12

4. 발굴 기관 : 豊岡市教育委員會, 但馬國府·國分寺館

5. 유적 종류 : 사원

6. 점수 : 3

7. 유적과 출토 상황

但馬國分寺跡은 발굴조사를 통해 탑과 금당, 중문 등 주요가람과 사원지 동남부쪽 모퉁이 등의 유구가 확인되어 한 변이 약 160m에 이르는 사원지로 상정되고 있다. 사원지 동단과 동문의 확인을 목적으로 25차 조사에서는 금당의 동쪽 약 65m 지점을 발굴하였다. 조사 결과 南北大溝, 굴립주건물 등이 확인되었다. 목간은 폭 5m, 깊이 0.65m의 南北大溝SD200에서 3점(중 1점이 삭설)이 출토되었다.

8. 목간

(1)

□

　□

삭설이다. 두 번째 글자는 '道'일 가능성이 있다.

(2)

· [　]

· [　]

(3)

· □

· □

9. 참고문헌

豊岡市教委但馬國府·國分寺館 『但馬國府·國分寺館年報4(平成20年度)』 2010年

前岡孝彰「兵庫·但馬國分寺跡」(『木簡硏究』32, 2010年)

14) 福成寺遺跡

1. 이름 : 후쿠조우지 유적
2. 출토지 : 兵庫縣(효고현) 豊岡市(도요오카시)
3. 발굴 기간 : 1983.6~1983.7
4. 발굴 기관 : 豊岡市教育委員會
5. 유적 종류 : 취락
6. 점수 : 3

7. 유적과 출토 상황

福成寺遺跡은 豊岡市街地의 서쪽 5㎞, 세장한 奈佐谷의 중앙부에 위치한다. 福成寺遺跡의 조사는 團體營 농지정비 사업에 따른 확인조사로 조사 결과 유적의 주요 범위가 동서 100m, 남북 100m로 추정되었다. 유구는 대략 7~8세기대와 헤이안시대 2기로 나누어진다. 유물은 스에키, 하지키가 대부분이다. 목제품으로 건축부재, 접시, 曲物, 나막신 등이 출토되었으며 유존상태가 양호하다.

8. 목간

(1)

| □長石子 | 正丸 | 水取今丸 | | 一□女 | 稲□□女 | □× |
| □□中丸 | 御文丸 | 牛甘長丸 | □□馬丸 | 南日女 | 吉成女 | □× |

11명의 인명이 적혀 있다. 상부에 남성, 하부에 여성의 이름을 기록하였다. 헤이안시대로 비정된다. 목간의 의미는 분명하지 않다.

(2)

「∨□〔繩?〕前□〔負?〕×

　表採자료이다. 두 번째 '前' 이외의 글자는 명확하지 않다.

9. 참고문헌

　豊岡市敎委『兵庫縣豊岡市 福成寺遺跡―昭和58年度國庫補助事業にかかる槪要報告書』(豊岡市文化財調査報告書13) 1984年

　潮崎誠「兵庫·福成寺遺跡」(『木簡硏究』6, 1984年)

　兵庫縣敎委『兵庫縣埋藏文化財調査年報 昭和58年度』1986年

15) 川岸遺跡

　1. 이름 : 가와기시 유적

　2. 출토지 : 兵庫縣(효고현) 豊岡市(舊, 城崎郡日高町) (도요오카시)

　3. 발굴 기간 : 1984.12~1985.3

　4. 발굴 기관 : 日高町敎育委員會

　5. 유적 종류 : 관아

　6. 점수 : 1

7. 유적과 출토 상황

　川岸遺跡은 円山川의 좌안, 해발 약 16m의 충적평야에 형성된 유적이다. 유적은 舊但馬國氣多郡의 동부에 위치한다. 1984년 마을의 도로 신설에 따라 발굴조사를 한 결과 8세기 전반~9세기 전반의 溝가 확인되었으며 여기서 목간이 1점 출토되었다. 목간과 함께 묵서토기, 人形, 馬形 등이 출토되어 관아시설에 부속된 유적으로 생각된다.

8. 목간

・努万呂

・十四日

9. 참고문헌

加賀見省一「兵庫・川岸遺跡」(『木簡研究』7, 1985年)

日高町教委『川岸遺跡發掘調査槪報』(日高町文化財調査報告書7) 1986年

16) 深田遺跡(舊, 但馬國府推定地)(確認調査)

1. 이름 : 후카타 유적(옛, 다지마쿠니후추정지) (확인조사)
2. 출토지 : 兵庫縣(효고현) 豊岡市(舊, 城崎郡日高町)(도요오카시)
3. 발굴 기간 : 1985.10~1986.1
4. 발굴 기관 : 兵庫縣敎育委員會
5. 유적 종류 : 관아
6. 점수 : 3

7. 유적과 출토 상황

但馬國府는『日本後紀』延曆23年正月壬寅條의 기록으로 보아 이전된 것을 알 수 있다. 현재까지 國府의 추정지로 6개가 상정되는데 그중 '八丁路說'에 의한 추정지로 日高바이패스의 건설이 계획되었으므로 조사를 실시하였다. 이 추정지는 円山川의 충적지에 위치한다. 조사 결과 카나게다지구에서 헤이안시대 초기의 護岸狀石列, 人形, 馬形, 齋串, 檜扇 등 목제품이 출토되었다. 여기서 남서쪽으로 650m 떨어진 深田지구에서 헤이안시대 전기의 河道가 확인되고 목간이 출토되었다.

8. 목간

   (1)

・「官稻

・「大同五年

묵서토기, 스에키, 하지키, 목제품과 함께 출토되었다. 제첨축으로 축부가 결실되었다.

   (2)

・「佐須鄕田率

・「　　　□□

헤이안시대 전반의 포함층 속에서 출토되었다. 목간 (1)과 약 150m 떨어져 있다. 頭部에 탄 흔적이 있다.

9. 참고문헌

吉識雅仁「兵庫·但馬國府推定地」(『木簡硏究』8, 1986年)

木簡學會編『日本古代木簡選』岩波書店, 1990年

兵庫縣敎委埋文調査事務所『但馬國府關連 深田遺跡·カナゲ田遺跡－日高バイパス建設工事に伴う但馬國府推定地內發掘調査報告書』(兵庫縣文化財調査報告99) 1991年

17) 深田遺跡(舊, 但馬國府推定地)

1. 이름 : 후카타 유적(옛, 다지마쿠니후추정지)

2. 출토지 : 兵庫縣(효고현) 豊岡市(舊, 城崎郡日高町) (도요오카시)

3. 발굴 기간 : 1986.9~1987.1

4. 발굴 기관 : 兵庫縣敎育委員會

5. 유적 종류 : 관아

6. 점수 : 31

7. 유적과 출토 상황

但馬國府는 『日本後紀』 延曆23年正月壬寅條에 '遷但馬國治於氣多郡高田鄕'이라고 기재되어 있는 것으로 보아 이전된 것을 알 수 있다. 국부 추정지는 7곳이 있었는데 조사지는 그중 하나 이다. 조사구의 동반과 서단은 약간 高地로 되어있고 조사구의 중앙부에서는 북쪽으로 펼쳐진 늪지 형태의 움푹 파인 곳이 발견되었다. 목간은 조사지 동단 微高地를 형성하는 용암석 위에서 2점, 늪지 형태의 움푹 들어간 곳에서 28점, 총 30점이 출토되었다. 微高地 윗부분이나 주변부 정지층 위에서 9세기 전반부터 11세기 후반까지의 유구가 확인되었다. 그러나 유구는 적어 주혈, 우물, 溝, 土壙 등이 확인되었을 따름이다. 그중 微高地 주변부에서 확인된 주혈은 단독적이고 부근 늪지 형태의 움푹 파인 곳에서는 목제 모조품이 많이 출토되었다. 이 움푹 파인 곳에서는 목간 외에 나막신(23점), 人形, 馬形, 鳥形 등의 목제 모조품, 曲物, 상자, 齋串, 檜扇 등의 목제품 약 3,500점, 스에키, 하지키의 坏類, 硯類, 灰釉·綠釉陶器, 黑色土器 등의 토기류, 허리 띠 장식구 등의 금속제품이 출토되었다. 이외에 '桑', '井', '國當', '福', '東成', '養父' 등의 묵서토기 도 대량으로 출토되었다.

8. 목간
(1)
・「造寺米殘
・「弘仁三年

제첨축목간이다. 造寺에 관한 내용으로 보이나 현 단계로는 但馬에서는 弘仁연간에 官寺를 건립했다는 기록이 없어 國分寺 등의 유지, 관리에 관한 것으로 생각된다.
(2)
「九條五石立里廿三桑原墾田百廿八步
　從此南方

高生鄕采女部男庭之墾

條里 지명과 通稱 지명의 호칭을 병기한 것이며 墾田 관리에 관한 것으로 생각된다. 石立里는 현재 남아 있는 國分寺의 서쪽에 石立이란 지명과 관련된다.

(3)

・「式部卿

・「□文

제첨축목간이다.

(4)

「寬平七年六月四日

먹이 벗겨져 묵흔이 돋보인다.

9. 참고문헌

吉識雅仁·甲斐昭光「兵庫·但馬國府推定地」(『木簡研究』9, 1987年)

木簡學會編『日本古代木簡選』岩波書店, 1990年

兵庫縣敎委埋文調査事務所『但馬國府關連 深田遺跡·カナゲ田遺跡—日高バイパス建設工事に伴う但馬國府推定地內發掘調査報告書』(兵庫縣文化財調査報告99) 1991年

18) 祢布ヶ森遺跡(86年度調査)

1. 이름 : 뇨우가모리 유적(1986년도 조사)
2. 출토지 : 兵庫縣(효고현) 豊岡市(舊, 城崎郡日高町) (도요오카시)
3. 발굴 기간 : 1986.6~1986.9
4. 발굴 기관 : 日高町敎育委員會
5. 유적 종류 : 관아

6. 점수 : 1

7. 유적과 출토 상황

이 유적은 但馬國分寺의 서남쪽으로 약 500m 떨어진 단구 위에 위치하는 관아의 성격을 지닌 유적이다. 縣立繭檢定所跡地에 町立文化體育館을 건설하게 되어 日高町교육위원회가 사전에 발굴 조사하였다. 조사 결과 범람원의 상층에서 9세기 중엽부터 후엽의 토기, 칠지문서가 출토하고, 하층에서 9세기 초두의 人形 등 목제모조품이 출토되었다.

8. 목간

×(符籙)　急々如律令

東□

주부목간이다.

9. 참고문헌

加賀見省一「兵庫·祢布ヶ森遺跡」(『木簡研究』9, 1987年)

日高町教委『祢布ヶ森遺跡ー日高町文化体育館建設に伴う發掘調査』(日高町文化財調査報告10) 1990年

日高町教委·日高町『但馬國府と但馬國分寺ー發掘調査からその謎に迫る』2002年

19) 祢布ヶ森遺跡(14次)

1. 이름 : 뇨우가모리 유적(14차)

2. 출토지 : 兵庫縣(효고현) 豊岡市(舊, 城崎郡日高町) (도요오카시)

3. 발굴 기간 : 1992.10~1993.2

4. 발굴 기관 : 日高町教育委員會

5. 유적 종류 : 관아

6. 점수 : 5

7. 유적과 출토 상황

이 유적은 효고현 북부에서 북쪽으로 흐르는 円山川 중류역 좌안의 해발 27m의 작은 선상지에 위치한다. 조사는 町立건강복지센터에 동반된 사전조사로 실시되었다. 조사 결과 ㄱ자 형 배치를 한 것으로 생각되는 굴립주건물군과 우물이 확인되었다. 목간은 우물에서 5점 출토되었다. 우물에서 출토된 토기로 보아 10세기경의 것으로 생각되나 11세기의 것도 포함되어 있을 수 있다.

8. 목간

□〔人?〕[ ]□〔文?〕 [ ]人[ ]

　목간 1점과 삭설 3점이 출토되었으나 해독은 할 수 없다.

9. 참고문헌

加賀見省一「兵庫・祢布ヶ森遺跡」(『木簡研究』16, 1994年)

日高町教委・日高町『但馬國府と但馬國分寺ー發掘調査からその謎に迫る』2002年

20) 祢布ヶ森遺跡(19次)

1. 이름 : 뇨우가모리 유적(19차)

2. 출토지 : 兵庫縣(효고현) 豊岡市(舊, 城崎郡日高町) (도요오카시)

3. 발굴 기간 : 1995.5~1995.6

4. 발굴 기관 : 日高町教育委員會

5. 유적 종류 : 관아

6. 섬수 : 4

7. 유적과 출토 상황

이 유적은 효고현 북부에서 북쪽으로 흐르는 円山川 중류역 좌안의 해발 27m의 작은 선상
지에 위치한다. 유적은 동서 250m, 남북 300m 이상의 범위에 달하는 것으로 생각된다. 이 조
사에서는 약 50㎡를 대상으로 조사한 결과, 조사구역의 중앙부에서 서쪽에 걸쳐 3개의 溝를 확
인하였고 동쪽 끝의 溝와 중앙의 溝 사이에서 굴립주건물을 확인하였다. 목간은 남북의 굴립주
건물의 주혈에서 3점이 출토되었다.

8. 목간

(1)

・「朝來郡

・「死逃帳

・「天長□□(右側面)

・「□□三年(左側面)

제첨축이다. 但馬國의 남단에 위치하는 朝來郡의 死逃帳이다. 死逃帳은 '사망'과 '逃亡帳'을
가리키는 것으로 생각된다. 측면에 天長□□, □□三年(天長障3=826년)의 기년이 보인다.

(2)

・「二方郡沽田結解

・「天長□〔四?〕□

제첨축이다. 但馬國의 북쪽에 위치하는 二方郡의 것으로 뒷면에는 天長4년으로 추정되는
기년이 확인된다. 沽田은 剩田을 농민에게 빌려준 賃租를 가리키는 것으로 생각된다.

(3)

・「田公税帳

・「承和二年

　제첨축이다. 田公은 二方郡에 있는 향명. 承和2년(835)의 田公鄕의 正稅出擧帳으로 생각된다.

9. 참고문헌

加賀見省一「兵庫・祢布ヶ森遺跡」(『木簡研究』18, 1996年)

加賀見省一「兵庫・祢布ヶ森遺跡第一九次調査出土木簡(續)」(『木簡研究』19號, 1997年)

日高町教委・日高町『但馬國府と但馬國分寺一發掘調査からその謎に迫る』2002年

木簡學會編『日本古代木簡集成』東京大學出版曾, 2003年

21) 祢布ヶ森遺跡(20次)

1. 이름 : 뇨우가모리 유적(20차)

2. 출토지 : 兵庫縣(효고현) 豊岡市(舊, 城崎郡日高町) (도요오카시)

3. 발굴 기간 : 1995.12~1996.5

4. 발굴 기관 : 日高町教育委員會

5. 유적 종류 : 관아

6. 점수 : 1

7. 유적과 출토 상황

　祢布ヶ森遺跡은 효고현 북부에서 북쪽으로 흐르는 円山川 중류역 좌안의 해발 27m의 작은 선상지에 위치한다. 조사지는 19차 지점의 북서쪽으로 약 50m 떨어진 곳으로 민간의 개발 사

업에 따라 조사가 실시되었다. 9~10세기의 溝, 굴립주건물 등이 확인되었다. 목간은 건물 부근에서 1점 출토되었다.

8. 목간

· 「養父郡

　　買田券

· 「寬平九年

제첨축으로 축부는 결실되었다. 養父郡은 祢布ヶ森遺跡이 소재하는 氣多郡의 남쪽에 인접하는 군이다. 寬平9년은 897년이다. 기재 내용으로 보아 但馬의 각 군에서 정리된 후 祢布ヶ森遺跡까지 보내진 것으로 생각된다.

9. 참고문헌

加賀見省一 「兵庫·祢布ヶ森遺跡」(『木簡研究』18, 1996年)

日高町教委·日高町 『但馬國府と但馬國分寺―發掘調査からその謎に迫る』 2002年

22) 祢布ヶ森遺跡(31次)

1. 이름 : 뇨우가모리 유적(31차)
2. 출토지 : 兵庫縣(효고현) 豊岡市(舊, 城崎郡日高町) (도요오카시)
3. 발굴 기간 : 1999.10~2000.3
4. 발굴 기관 : 日高町教育委員會
5. 유적 종류 : 관아
6. 점수 : 4

7. 유적과 출토 상황

祢布ヶ森遺跡은 효고현 북부에서 북쪽으로 흐르는 円山川 중류역 좌안의 해발 27m의 작은 선상지에 위치한다. 31차 조사는 유적의 서쪽 부근에 위치하며 국고보조사업에 의한 유적의 범위확인조사가 이루어졌다. 조사구역에서 확인된 溝에서 9세기의 토기, 얼굴을 그린 人形 등을 포함한 목제품, 목간 4점이 출토되었다.

8. 목간

　(1)

• 「氣多□〔郡?〕□□□

• 「承和元年

　제첨축으로 축부가 부러졌다. 氣多郡은 但馬國의 군명으로 祢布ヶ森遺跡이 있는 日高町의 거의 전역을 포함한다. 承和원년은 834년이다.

　(2)

• 「×方郡帳

• 「七年死者

　제첨축으로 상부가 일부 결실되었고 축부는 83㎜를 남기고 부러졌다. ×方郡은 但馬國의 二方郡을 가리킬 것이다.

　(3)

×方郡

　상·하단이 결실되었다.

　(4)

• 「□〔掾?〕□三日　□□四□□〔日信?〕□一日　□〔掾?〕　　　　　　　」

• 「大四五八九　　　　　　　　　　　　　　天地地玄黄宇宙洪荒
　　　　　　　言田千一□□〔元?〕二三六□
　　　　　　　□目□　　　　　　　　　　　　　　　　　　　」

　기록간일 수도 있다. 뒷면은 습서로 『千字文』을 썼다.

9. 참고문헌

加賀見省一「兵庫·祢布ケ森遺跡」(『木簡研究』22, 2000年)

日高町教委·日高町『但馬國府と但馬國分寺－發掘調査からその謎に迫る』2002年

23) 祢布ヶ森遺跡(36次)

1. 이름 : 뇨우가모리 유적(36차)

2. 출토지 : 兵庫縣(효고현) 豊岡市(도요오카시)

3. 발굴 기간 : 2007.1~2007.3

4. 발굴 기관 : 豊岡市教育委員會

5. 유적 종류 : 관아

6. 점수 : 1

7. 유적과 출토 상황

이 유적은 但馬國分寺의 서남쪽으로 약 500m 떨어진 단구 위에 위치하는 관아의 성격을 지닌 유적이다. 이 유적의 서쪽 끝을 확인하기 위한 목적으로 조사를 실시하였다. 조사 결과 남북 溝 SD210과 굴립주 울타리 등을 확인하였다. 목간은 溝 SD210에서 1점이 출토되었다.

8. 목간

寬七

　상하 양단이 부러졌고 좌우 양변은 갈라졌다.

9. 참고문헌

豊岡市教委但馬國府·國分寺館『但馬國府·國分寺館年報2(平成18年度)』2008年

前岡孝彰·宮村良雄·中村由美「兵庫·祢布ヶ森遺跡」(『木簡研究』31, 2009年)

24) 祢布ヶ森遺跡(41次)

1. 이름 : 뇨우가모리 유적(41차)
2. 출토지 : 兵庫縣(효고현) 豊岡市(도요오카시)
3. 발굴 기간 : 2008.4~2008.6
4. 발굴 기관 : 豊岡市敎育委員會, 但馬國府·國分寺館
5. 유적 종류 : 관아
6. 점수 : 213

7. 유적과 출토 상황

祢布ヶ森遺跡은 효고현 북부에서 북쪽으로 흐르는 円山川 중류역 좌안의 해발 27m의 작은 선상지에 위치한다. 41차 조사지는 제36차 조사의 동쪽에 인접한 곳이며 祢布ヶ森遺跡의 서단 부근에 해당한다. 확인된 유구는 濠狀유구와 토갱, 피트 등이 있는데 규모와 성격은 알 수 없다. 목간은 濠狀유구 SX250에서 출토되었다. SX250은 총 3층으로 나누어지는데 목간은 2층에서 208점이 출토되었다. 완형 목간은 2개뿐이고 삭설이 대부분을 차지하므로 사용 후 불필요한 목간을 폐기한 것으로 생각된다.

8. 목간

(1)

「典尚從三位五百井女王

五百井女王의 이름을 기록한 것. 상단은 산 모양으로 정형하였다. 좌우 양변을 깎았다. 하단은 뒷면에서 다듬어 2차적으로 절단하였다. 상단의 독특한 모양은 문서목간으로는 특이한 사레이다.

五百井女王은 市原王의 딸로 母는 光仁天皇皇女의 能登內親王이다. 大同3년(808)에 從三位, 弘仁4년(813) 正三位으로 임명되므로 4년 사이에 쓰인 목간이라고 할 수 있다. 목간군의 연대를 알 수 있는 근거이다.

　　　(2)
・「[　　　　　　　　　　　　　　　]

　　　　　　　　　古瓠苞

　　□　在　在　在　右　右　右　□

　　淒寒風也谷風曰東風健兒長　　　」
・「【□□

　　君子　　　　　　　　　　　　】」

한시 등 典籍을 기록한 목간. 상하 양단을 깎았다. 좌우 양변이 갈라졌다. 뒷면은 折敷(나무접시) 상태로 기록하였으나 묵서 후 전체를 얇게 깎았으므로 거의 해독할 수 없다. 표면 묵서의 대부분은 『詩經』의 주석에서 출전을 찾을 수 있다.

9. 참고문헌

前岡孝彰·宮村良雄·中村由美「兵庫·祢布ヶ森遺跡」(『木簡研究』31, 2009年)

豊岡市教委但馬國府·國分寺館『但馬國府·國分寺館年報4(平成20年度)』2010年

豊岡市教委但馬國府·國分寺館『祢布ヶ森遺跡 第40次·41次發掘調査報告書―第2次但馬國府跡の調査Ⅰ』(豊岡市文化財調査報告書4) 2012年

25) 砂入遺跡(Ⅰ區)(87年度調査)

1. 이름 : 스나이리 유적(Ⅰ구역)(1987년도 조사)

2. 출토지 : 兵庫縣(효고현) 豊岡市(舊, 出石郡出石町) (도요오카시)

3. 발굴 기간 : 1988.1~1988.3

4. 발굴 기관 : 兵庫縣教育委員會

5. 유적 종류 : 하천·제사유적

6. 점수 : 2

7. 유적과 출토 상황

砂入遺跡은 豊岡분지의 동단에 위치한다. 小野川의 하천 개수공사에 동반하여 발굴조사를 실시하였다. 조사지는 舊河道에 해당한다. 목간은 9세기의 목제 제사유물군과 함께 河道 내에서 출토되었다.

8. 목간

　　(1)

「交

　　(2)

「∨下里鄕□□□

　　　□□□□　　　　　　　□

　　　　□□　　　　　　　　」

　　적외선 카메라로 판독하였다. 下里鄕은 '但馬國太田文'의 出石郡下里鄕에 해당하며 현재 出石郡 但東町 中山 주변으로 비정된다.

9. 참고문헌

西口圭介 「兵庫·砂入遺跡」 (『木簡研究』 10, 1988年)

兵庫縣教委埋文調查事務所 『砂入遺跡ー小野川放水路事業に伴う埋藏文化財發掘調查報告(1) (本文編)(圖版編)(寫眞圖版編)』 (兵庫縣文化財調查報告161) 1997年

26) 砂入遺跡(Ⅱ區)(89年度調査)

1. 이름 : 스나이리 유적(Ⅱ구역) (1989년도 조사)
2. 출토지 : 兵庫縣(효고현) 豊岡市(舊, 出石郡出石町) (도요오카시)
3. 발굴 기간 : 1990.1~1990.3
4. 발굴 기관 : 兵庫縣教育委員會埋藏文化財調查事務所
5. 유적 종류 : 제사유적2
6. 점수 : 2

7. 유적과 출토 상황

砂入遺跡은 豊岡와 出石町의 경계 가까운 곳에 위치하며 북측을 흐르는 小野川의 舊河道 또는 그 지류인 河道에 상당하는 것으로 생각된다. 조사는 1990년에 이루어졌으며 목간 1점이 출토되었다. 목간이 1점이라는 것은 유적의 성격을 나타내는 것이 아닐까 생각된다.

8. 목간

□右□禁□

상하 모두 부러진 단편으로 5글자이다. 문장의 뜻은 명확하지 않다.

9. 참고문헌

渡邊昇 「兵庫·砂入遺跡」 (『木簡研究』 12, 1990年)

兵庫縣教委埋文調查事務所 『砂入遺跡―小野川放水路事業に伴う埋藏文化財發掘調查報告(1) (本文編)(圖版編)(寫眞圖版編)』 (兵庫縣文化財調查報告161) 1997年

27) 砂入遺跡(Ⅴ區)(93年度調査)

1. 이름 : 스나이리 유적(Ⅴ구역)(1993년도 조사)
2. 출토지 : 兵庫縣(효고현) 豊岡市(舊, 出石郡出石町)(도요오카시)
3. 발굴 기간 : 1993.10~1994.3
4. 발굴 기관 : 兵庫縣教育委員會埋藏文化財調查事務所
5. 유적 종류 : 제사유적·취락·수전
6. 점수 : 12

7. 유적과 출토 상황

砂入遺跡은 豊岡분지의 동단에 위지하며 서쪽으로 흐르는 小野川의 舊河道, 범람원에 입지
한다. 小野川放水路 건설에 동반한 것으로 조사지점은 小野川 우안에 해당한다. 이 조사에서는
네 시기의 유구 면과 고훈시대 전기의 포함층에 대한 조사를 실시하였다. 이 가운데 제2면에서
수전, 도로 모양 공간, 우물 등이 확인되었다. 목간은 제2면에서 8점이 출토되었다.

8. 목간
(1)
　　　山代部友足
造　　　　　　　　　　　□
　　　山代部大□〔刀〕手
山代部은 砂入遺跡에서 처음 확인된 氏名이다.
(2)
·「＜蘇民将來公□
·「＜蘇民将來
蘇民将來 주부목간이다.

(3)

□□□〔蘇民?〕□□

蘇民将來 주부목간일 가능성이 있다.

(4)

・「[   ]

　　土□□在□□□〔四?〕在□

・□□□

앞면에서 왼쪽 행의 묵흔이 잔존 상태가 좋다. 隷書風의 서체로 글자 자체는 선명하나 의미
를 알 수 없다.

(5)

「三月廿六日□子□

(6)

「十一月十三日

(7)

□〔六?〕月廿三日□…□

(8)

久□

9. 참고문헌

西口圭介「兵庫·砂入遺跡」(『木簡研究』 16, 1994年)

兵庫縣教委理文調査事務所『砂入遺跡－小野川放水路事業に伴う埋藏文化財發掘調査報告(1)
(本文編)(圖版編)(寫眞圖版編)』(兵庫縣文化財調査報告161) 1997年

28) 袴狹遺跡(1次)

1. 이름 : 하카자 유적(1차)
2. 출토지 : 兵庫縣(효고현) 豊岡市(舊, 出石郡出石町) (도요오카시)
3. 발굴 기간 : 1988.10~1989.3
4. 발굴 기관 : 出石町敎育委員會
5. 유적 종류 : 제사유적
6. 점수 : 8

7. 유적과 출토 상황

袴狹遺跡은 山石川으로 흐르는 袴狹川 변에 있나. 縣營보상성비가 계획되어 이에 동반하여 하천을 따라 유적 확인 조사를 실시하였다. 조사지는 해발 7m 전후이다.

조사 결과 袴狹川의 舊河道 내에서 1,100점을 넘는 목제 제사구와 8점의 목간이 출토되었다.

8. 목간

(1)

· 「∨□〔養?〕□□□□〔郡石禾?〕鄕□方部公稻積　白米

· 「∨　　　　　　　　　　　　　延曆十六年正月廿日

표면에 보이는 지명은 出石郡의 남쪽에 접하는 養父郡으로 생각되나 명확하게 판독할 수는 없다. 다만 적어도 이것이 부찰이며 出石郡 이외에서 稻積이라는 인물의 백미가 운반된 것은 알 수 있다. 뒷면의 연호는 연대를 추정하는 데 매우 중요하다. 이 연대는 공반된 토기의 연대관과도 모순되지 않는다.

(2)

「　　　　　　　　　□前部[　]　　　額田部□□十

　　出石□□〔下?〕　六人部[　]　　　日下部米□四　此皇后宮稅急奉上

「□部[　　]　　兵官□〔判?〕□並」

　상단에 出石에 사는 5명의 部姓者의 이름이 있고 하단에는 황후궁의 세금을 헌상하라는 명령분이 석혀 있다. 이 명령이 어느 단계의 것인지는 알 수 없으나 이 목간은 但馬國 내에서 쓰였으며 현지에서 쌀을 징수하는데 사용한 것으로 보아야 할 것이다.

9. 참고문헌
小寺誠「兵庫·袴狹遺跡」(『木簡研究』11, 1989年)

沖森卓也·佐藤信編『上代木簡資料集成』おうふう, 1994年

29) 袴狹遺跡(內田地區)(3次)

1. 이름 : 하카자 유적(우치다지구) (3차)
2. 출토지 : 兵庫縣(효고현) 豊岡市(舊, 出石郡出石町) (도요오카시)
3. 발굴 기간 : 1992.11~1993.1
4. 발굴 기관 : 出石町教育委員會
5. 유적 종류 : 관아
6. 점수 : 7

7. 유적과 출토 상황
袴狹遺跡은 出石川는 지류인 袴狹川유역에서 확인된 하천유적이다. 出石町교육위원회가 국고보조를 언어 학술조사를 실시하였다. 조사면적은 300㎡이며 초석건물 1동, 굴립주건물 2동, 溝 4조 등이 발견되었다. 목간은 溝에서 출토되었다.

8. 목간

(1)

「四月廿四日　　　土井□廿

□□□[　]　　　入旦□〔後?〕文儒□〔以?〕□笥□〔久?〕　　　入[　　]四[　　]

　　　　　入□□本□ 調布二端　　　　　　　　入[　　　　　]

　　　　　　　太□□五文[　] 　　　入史生□□〔健吉?〕三□□所三□〔所?〕五人」

　장대한 목간으로 '入'자가 여러 곳에 있어 어떤 물품의 출입 관리에 관한 내용으로 보이나 판독할 수 있는 글자 수가 적으므로 전체 내용은 알 수 없다. '調布', '史生' 등으로 보아 공적인 시설의 출납에 관한 것으로 추정된다.

(2)

「
　∨物部□〔諸?〕長□□〔質〕　　　□□丈　□　　　□□□□」
　　　　　　　　　　　　　　　　□□二口

(3)

「
　物部眞貞質置馬□□〔曳?〕子十五隻　　　　　□□□
　　　　　　　　　　　　　　　　　　鍬二口」

　物部씨의 '諸長', '眞貞'의 인물이 물품을 넣은 것을 나타내는 목간이다. '質' 또는 '質物(전당품)'이라는 단어가 正倉院 문서에 보이므로 官人이 소속관사에 급료의 가불로 전당품을 맡긴 것으로 알려져 있다. 이 목간은 문서목간이 아니고 형상으로 보아 質物의 부찰일 것이다.

9. 참고문헌

小寺誠「兵庫·袴狹遺跡(內田地區)」(『木簡研究』15, 1993年)

出石町敎委『袴狹遺跡內田地區發掘調查槪報一袴狹遺跡周邊官衙關係遺跡の調查』1995年

30) 袴狭遺跡(內田地區)(4次)

1. 이름 : 하카자 유적(우치다지구) (4차)

2. 출토지 : 兵庫縣(효고현) 豊岡市(舊, 出石郡出石町) (도요오카시)

3. 발굴 기간 : 1994.2~1994.3

4. 발굴 기관 : 出石町敎育委員會

5. 유적 종류 : 관아

6. 점수 : 1

7. 유적과 출토 상황

袴狭遺跡은 出石川는 지류인 袴狭川유역에서 확인된 하천유적이다. 袴狭川 상류의 조사를 실시하여 기초건물 4동, 굴립주건물 2동, 溝 등이 발견되었다. 건물 유구에서 제첨축 3점이 발견되었다. 제첨축 3점 중 글자를 확인할 수 있는 것은 1점뿐이다.

8. 목간

「□□〔諸鄕?〕徵部

뒷면의 묵흔은 확인할 수 없다. '徵部'는 '近江國大國鄕売券'에 사례가 있다. 각 향의 徵部에서 올라 온 보고문을 길게 쓰는 문서의 제첨축일 가능성이 있다.

9. 참고문헌

小寺誠「兵庫·袴狭遺跡(2)(內田地區)」(『木簡硏究』16, 1994年)

出石町敎委『袴狭遺跡內田地區發掘調査槪報─袴狭遺跡周邊官衙關係遺跡の調査』1995年

31) 袴狹遺跡(內田地區)(6次・7次)

1. 이름 : 하카자 유적(우치다지구) (6차·7차)
2. 출토지 : 兵庫縣(효고현) 豊岡市(舊, 出石郡出石町) (도요오카시)
3. 발굴 기간 : 1996.4~1996.11
4. 발굴 기관 : 出石町敎育委員會
5. 유적 종류 : 관아
6. 점수 : 16

7. 유적과 출토 상황

袴狹遺跡은 兵庫縣 北部의 出石郡을 흐르는 袴狹川유역에서 확인된 유적으로 특히 나라·헤이안시대의 대량의 목제용 제사도구가 출토된 것으로 알려져 있다. 또 주변에는 砂入 유적, 荒木 유적, 田多地小谷 유적, 入佐川 유적 등의 관아를 엿볼 수 있는 유물이 출토된 유적이 존재하여 이들을 일괄적으로 '袴狹遺跡'이라 칭하고 있다.

유물로는 施釉陶器, 목간, 묵서토기, 벼루, 木香, 목제용 제사도구, 曲物, 鑛滓, 砥石 등이 있으며 특히 300점 가까이 되는 묵서토기의 출토가 주목된다. 층의 순서는 중세유물 포함층, 9세기 건물이 발견된 면과 이를 덮은 유물포함층, 8세기의 유물포함층 순이다. 목간의 대부분은 8세기의 유물포함층에서 출토되었다.

8. 목간

(1)
· 「國府出□□□〔石郡司?〕□　　　□　　　□
· 「　天平勝寶七年五月　五日文[　　]

지금까지 이 유적군에서 발견된 기년이 쓰인 목간 중에서 가장 오래된 것이므로 이 內田地區가 일찍부터 官衙시설로서 이용된 것을 알 수 있다. 앞면의 두 번째 글자 '府'는 '符'의 의미로,

國이 郡司에게 내린 문서목간으로 생각된다.

(2)

「　　　　　　　　　余戸里長所進稻十五□□□

延曆十四年三月十七日

　　　　　　　少□〔坂?〕□□所進□〔稻?〕十□〔　　　〕把定　又二日定九把　又□□□□(그 밖에 다듬은 흔적 있음)

延曆年間의 연월일과 벼를 옮긴 것을 나타내는 기록이 있어 '少坂'은 出石郡內에 있었던 '少坂鄕'을 표시한 것으로 생각된다. '余戸'는 城崎郡 및 美含郡에 있었던 지명이나 어느 곳인지 판단할 수 없다. 그러나 出石郡 이외의 里長이 벼를 진상한 것을 나타내므로 이 유적의 성격을 추정하는데 흥미로운 자료이다.

(3)

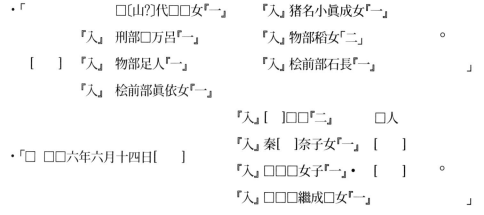

인물명이 열거되어 있으며, 그 위아래에 『入』, 『一』, 『二』의 주기가 달려 있다. 이와 같이 이전의 이 유적에서 물품의 출입에 관한 것으로 몇몇 『入』 글자가 보이는 목간이 출토되었는데 (목간연구 15호), 여기서 『入』 뒤에 각각 인물명이 보이지만, 그 의미는 알 수 없다.

9. 참고문헌

出石町『出石市史 第4卷資料編Ⅲ』1993年

小寺誠「兵庫·袴狹遺跡」(『木簡研究』19, 1997年)

木簡學會編『日本古代木簡集成』東京大學出版會, 2003年

32) 袴狹遺跡(下坂地區·國分寺一區·內田地區)(2次確認調査)

1. 이름 : 하카자 유적(下坂地區·國分寺一區·內田地區) (2차 확인조사)

2. 출토지 : 兵庫縣(효고현) 豊岡市(舊, 出石郡出石町) (도요오카시)

3. 발굴 기간 : 1990.10~1990.11

4. 발굴 기관 : 兵庫縣敎育委員會埋藏文化財調查事務所

5. 유적 종류 : 제사유적·취락·수전

6. 짐수 : 3

7. 유적과 출토 상황

袴狹遺跡은 但馬國一宮인 出石神社의 北側 谷部에 위치하는 유적으로, 但馬 최대의 하천인 圓山川 하구에서 약 21㎞ 상류에 위치하고 있는데도 불구하고 해발 6m전후로 상당히 낮은 평지에 입지하고 있다.

목간은 SD02의 하층, 하층 溝의 범람에 의한 퇴적토, 溝의 상층 퇴적토 등에서 출토되었다. 유구면의 하층에는 옛 유로가 존재하여 馬形, 齋串 등의 제사유물이 출토되었다. 이 지역도 제사의 장소에서 생활의 장소로 이행한 것이 분명하다.

8. 목간

  (1)

「鬼」

  중세의 정지층보다도 하층에서 출토되었다. 활엽수의 작은 角柱材에 '鬼'라는 글자가 적혀 있다. 6각의 면을 만들어서 상하 양끝은 몇 회에 걸쳐서 깎아냈다.

(2)

□　　□〔入ヵ〕福□

　　入里□

상하가 손상되었고, 묵흔은 선명하다.

9. 참고문헌

渡邊昇「兵庫·袴狹遺跡」(『木簡研究』13, 1991年)

兵庫縣教委埋文調査事務所『袴狹遺跡－小野川放水路事業に伴う埋藏文化財發掘調査報告 (本文編)(圖版編)(寫眞圖版編)』(兵庫縣文化財調査報告197) 2000年

鈴木敬二「兵庫·袴狹遺跡(第一三·一四·一六·一七·二〇號)·釋文の訂正と追加」(『木簡研究』22, 2000年)

33) 袴狹遺跡(國分寺一區)

1. 이름 : 하카자 유적(고쿠분지 1구역)

2. 출토지 : 兵庫縣(효고현) 豊岡市(舊, 出石郡出石町) (도요오카시)

3. 발굴 기간 : 1990.10~1990.11

4. 발굴 기관 : 兵庫縣教育委員會埋藏文化財調査事務所

5. 유적 종류 : 제사유적·취락·수전

6. 점수 : 5

7. 유적과 출토 상황

袴狹遺跡은 但馬國一宮인 出石神社의 北側 谷部에 위치하는 유적으로, 但馬 최대의 하천인

圓山川 하구에서 약 21㎞ 상류에 위치하고 있으며, 해발 6m전후로 상당히 낮은 평지에 입지하고 있다.

목간은 SD02의 하층, 하층의 溝가 범람에 의한 퇴적토, 溝의 상층 퇴적토 등에서 출토되었다. 유구면의 하층에는 옛 유로가 존재하여 馬形, 齋串 등의 제사유물이 출토되었다. 이 지역도 제사 장소에서 생활 장소로 바뀐 것이 분명하다.

8. 목간

(1)

「　　　　　里中家曰人

・（鬼の繪）

　　　　　其□地屋入□

(2)

「∨咄呎呕(符籙)

・「∨西

상단 양쪽에 홈을 넣은 呪符목간이다. 먹은 짙어서 선명하다.

(3)

「石□□□…………□□不可苅所□〔副?〕∨

□□〔如件?〕□……□〔分?〕[　　]　　　　　　」

두 조각이 있으며, 접합하지 않지만 동일개체로 생각된다. 하단 양측에 홈을 넣었다. 먹이 선명하게 남아 있다.

9. 참고문헌

渡邊昇 「兵庫·袴狹遺跡」(『木簡研究』13, 1991年)

兵庫縣教委埋文調査事務所 『袴狹遺跡―小野川放水路事業に伴う埋藏文化財發掘調査報告(本文編)(圖版編)(寫眞圖版編)』(兵庫縣文化財調査報告197) 2000年

鈴木敬二「兵庫·袴狹遺跡(第一三·一四·一六·一七·二〇號)·釋文の訂正と追加」(『木簡研究』22, 2000年)

木簡學會編『日本古代木簡集成』東京大學出版會, 2003年

34) 袴狹遺跡(大坪一區)(確認調査)

1. 이름 : 하카자 유적(하카자 유적(오오쓰보 1구역) (확인조사)

2. 출토지 : 兵庫縣(효고현) 豊岡市(舊, 出石郡出石町) (도요오카시)

3. 발굴 기간 : 1989.9

4. 발굴 기관 : 兵庫縣敎育委員會埋藏文化財調査事務所

5. 유적 종류 : 취락·조리·제사관련·수전

6. 점수 : 1

7. 유적과 출토 상황

袴狹遺跡은 出石町의 중심부에서 北行하여 약 3.5㎞에 但馬國의 一宮出石神社 北隣의 계곡에 위치하고, 圓山川의 지류인 小野川과 袴狹川 사이에 낀 沖積低地에 입지하고 있다. 해발은 5~7m이다. 주로 나라시대부터 헤이안시대의 관아 터 및 條里制에 준하는 水田지대로 추정되며 제사를 집행한 장소인 祓所와 여기에 사용된 제사 관련 목제품이 상당히 잘 남아 있다.

헤이안시대의 水田面에 퇴적된 모래에서 제사용 도구인 목제품이 출토되었다. 목간은 중앙 水田層 위의 홍수 모래에서 1점이 출토되었다.

8. 목간

· 「納米四斗□〔入?〕 ^出
　　　　　　　　八□」

·　　十□□

□□　　　　　　　　　　　　　」

　상부가 손상되었고 하단도 손상되었을 가능성이 있다. 앞뒤 양면 모두 거칠게 깎았으며 먹은 부분적으로 남은 정도이다.

9. 참고문헌

大平茂「兵庫·袴狹遺跡(1)」(『木簡研究』14, 1992年)

兵庫縣教委埋文調査事務所『袴狹遺跡─小野川放水路事業に伴う埋藏文化財發掘調査報告(本文編)(圖版編)(寫眞圖版編)』(兵庫縣文化財調査報告197) 2000年

鈴木敬二「兵庫·袴狹遺跡(第一三·一四·一六·一七·二〇號)·釋文の訂正と追加」(『木簡研究』22, 2000年)

35) 袴狹遺跡(88年度調査)(2次確認)(舊, 坪井遺跡)

1. 이름 : 하카자 유적(1988년도 조사) (2차확인) (舊, 坪井遺跡)
2. 출토지 : 兵庫縣(효고현) 豊岡市(舊, 出石郡出石町) (도요오카시)
3. 발굴 기간 : 1988.12~1989.3
4. 발굴 기관 : 兵庫縣敎育委員會
5. 유적 종류 : 취락·조리·제사 관련·수전
6. 점수 : 5

7. 유적과 출토 상황

袴狹遺跡은 但馬國一宮인 出石神社의 北側 谷部에 위치한다. 이번 조사는 小野川방수로건설에 동반한 확인조사이다.

홍수에 의한 모래의 공급을 반복한 汎濫原이 고훈시대 전기이후로 서서히 안정되어, 濕田化

되어가는 모습을 읽을 수 있다. 형성된 두터운 수전토양 속에는 목간, 履, 목제용 제사도구, 나막신, 梯子, 木庖丁, 건축 부자재 등의 다량의 목제품이 출토되었다. 이 목제품을 포함한 水田土壤의 대부분은 헤이안시대의 것이다.

8. 목간

「   老□□常貞右田依□常

禁制六條八里□〔卅?〕二葛□[ ]百步

                     [ ]   々

헤이안시대의 얇은 流路肩部에서 출토되었다. 禁制목간으로 하반부가 손상되었다.

9. 참고문헌

西口圭介「兵庫·袴狹遺跡(2)(舊坪井遺跡)」(『木簡研究』14, 1992年)

兵庫縣教委埋文調査事務所『袴狹遺跡一小野川放水路事業に伴う埋藏文化財發掘調査報告(本文編)(圖版編)(寫眞圖版編)』(兵庫縣文化財調査報告197) 2000年

鈴木敬二「兵庫·袴狹遺跡(第一三·一四·一六·一七·二〇號)·釋文の訂正と追加」(『木簡研究』22, 2000年)

木簡學會編『日本古代木簡集成』東京大學出版會, 2003年

36) 袴狹遺跡(國分寺二區)(2次)

1. 이름 : 하카자 유적(고쿠분지 2구역) (2차)
2. 출토지 : 兵庫縣(효고현) 豊岡市(舊, 出石郡出石町) (도요오카시)
3. 발굴 기간 : 1991.6~1991.9
4. 발굴 기관 : 兵庫縣敎育委員會埋藏文化財調査事務所

5. 유적 종류 : 취락·조리·제사 관련·수전

6. 점수 : 4

7. 유적과 출토 상황

出石町의 중심부에서 北行하여 약 3.5㎞에 但馬國의 一宮出石神社 北隣의 계곡에 위치하고, 圓山川의 지류인 小野川과 袴狹川 사이에 낀 沖積低地에 입지하고 있다.

발견된 유구는 고훈시대의 河道와 나라시대부터 헤이안시대에 걸친 水田터 一面(下層水田), 헤이안시대 水田터 三面(中層水田·上層水田·最上層水田)과 동반한 溝이다. 목간은 하층 수전면에서 1점과 중층 수전에 동반한 溝에서 1점으로 합계 2점, 최상층 수전면 출토의 대형 人形에 글자가 새겨진 것 1점을 발견했다. 공반유물로는 각각 人形, 馬形, 齋串 등의 목제품과 농기구 등의 목제품, 약간의 스에기, 히지기, 帶金具 등이 있다.

8. 목간

(1)

·「秦部大山 秦部弟麻呂 秦部□山」

·「秦(刻書)   」

거의 완전한 형태이다. 모든 면을 거칠게 다듬고, 앞면의 아랫부분이나 뒷면에는 비스듬히 칼집의 흔적이 나 있다. 먹은 '秦部□山'까지는 비교적 선명하게 남아 있지만, 그 이하로는 차례로 선명하지 않다. 뒷면 상부에는 '秦'이라고 새겨져 있다.

(2)

·　□衣依言事右　□唯□□

　　　□大祖父世時□本□

·□在　　　　　　三月[　　]

양 끝이 손상되어 있다. 앞면은 글자의 부분이 비교적 확실하게 융기하고, 곳곳에 먹이 남아 있다. 뒷면의 경우 먹은 전혀 남아 있지 않고, 아랫부분에서는 융기도 애매하다.

9. 참고문헌

大平茂「兵庫・袴狹遺跡(1)」(『木簡硏究』14, 1992年)

兵庫縣敎委埋文調査事務所『袴狹遺跡―小野川放水路事業に伴う埋藏文化財發掘調査報告 (本文編)(圖版編)(寫眞圖版編)』(兵庫縣文化財調査報告197) 2000年

鈴木敬二「兵庫・袴狹遺跡(第一三・一四・一六・一七・二〇號)・釋文の訂正と追加」(『木簡硏究』22, 2000年)

37) 袴狹遺跡(大坪一區)(3次)

1. 이름 : 하카자 유적(오오쓰보 1구역) (3차)
2. 출토지 : 兵庫縣(효고현) 豊岡市(舊, 出石郡出石町) (도요오카시)
3. 발굴 기간 : 1991.12~1992.2
4. 발굴 기관 : 兵庫縣敎育委員會埋藏文化財調査事務所
5. 유적 종류 : 취락·조리·제사 관련
6. 점수 : 5

7. 유적과 출토 상황

出石町의 중심부에서 북쪽으로 약 3.5㎞ 떨어진 곳으로 但馬國의 一宮出石神社 北隣의 계곡에 위치하고, 圓山川의 지류인 小野川과 袴狹川 사이에 낀 沖積低地에 입지하고 있다.

발견된 유구는 헤이안시대의 水田 터 3면(中層水田·上層水田·最上層水田)과 동반한 溝이다. 목간은 中層水田 속에서 4점 출토되었다. 공반유물로는 人形, 馬形, 齋串 등의 목제품이 있다. 이 유물도 홍수에 의해 袴狹川의 상류에서 흘러들어 온 것이다.

8. 목간

(1)

下田二段

　　　　戸

　　　　　他人作乱□

禁制목간의 파편으로 생각된다. 본래의 형태 좌측의 일부가 남은 정도이다. '下田二段 戸'의 글자는 육안으로도 먹이 확인되지만, '他人作乱□'은 육안으로도 전혀 보이지 않는다.

(2)

「　　　　　　　　　右田依□〔土?〕野鄉出□〔石?〕永社戸口　　延喜六年四月十三日

禁制六條九里廿椎下田弐段百姓□〔靫?〕□□□□　　　執　　民部卿家書吏車持公

　　　　　　　　□〔掌?〕人□□□□

　　　　　　[　　　　　　　]

禁制인데, 延喜6년(906)의 연호가 기록되어 이 시기에 椎下田弐段이 民部卿家의 사유지였던 것이 추정된다. 당시의 民部卿은 藤原有穗이다. 田地를 莊園化할 때 牓을 세운 것은 『類聚三代格』卷一九, 延喜二年三月一三日太政官符에 보이며 이 목간이 그 入札이었을 가능성도 있다.

(3)

×□可　出石□〔公?〕安道

9. 참고문헌

大平茂 「兵庫·袴狹遺跡(1)」(『木簡研究』14, 1992年)

兵庫縣教委埋文調査事務所 『袴狹遺跡―小野川放水路事業に伴う埋藏文化財發掘調査報告(本文編)(圖版編)(寫眞圖版編)』(兵庫縣文化財調査報告197) 2000年

鈴木敬二 「兵庫·袴狹遺跡(第一三·一四·一六·一七·二〇號)·釋文の訂正と追加」(『木簡研究』22, 2000年)

木簡學會編 『日本古代木簡集成』東京大學出版會, 2003年

38) 袴狹遺跡(深田一區)(7次)

1. 이름 : 하카자 유직(후카타 1구역) (7차)
2. 출토지 : 兵庫縣(효고현) 豊岡市(舊, 出石郡出石町) (도요오카시)
3. 발굴 기간 : 1993.6~1993.12
4. 발굴 기관 : 兵庫縣敎育委員會埋藏文化財調査事務所
5. 유적 종류 : 제사유적, 중세취락
6. 점수 : 2

7. 유적과 출토 상황

袴狹遺跡은 兵庫縣 北部 豊岡市街地 남동쪽 약 7㎞에 위치하고, 圓山川의 지류인 小野川과 袴狹川 사이에 낀 沖積低地에 입지하고 있다. 발견된 유구는 수전 터 三面에 동반한 溝이다.

목간은 헤이안시대 전기에 해당하는 상층 수전면에서 1점 출토되었다. 공반유물로는 人形, 馬形 등의 목제용 제사도구, 나막신 등의 목제용 농기구를 시작으로 하는 대량의 목제품이다. 또 하층 수전에서는 상어, 연어, 가다랑어 등의 그림을 선으로 새긴 고훈시대의 상자형 목제품이 출토되었다.

8. 목간

```
              [      ]
「五條八里卅六蒭生百步

            物部宅□
```

條, 里, 坪의 토지구획에 관한 것이다. 또한 현지로부터 북동쪽 약 3.5㎞의 豊岡市 쪽에는 五條의 지명이 남아 있으며, 五條大橋도 존재한다.

9. 참고문헌

大平茂 「兵庫·袴狹遺跡(1)」 (『木簡硏究』 16, 1994年)

藤田淳 「兵庫·袴狹遺跡(深田地區)(第一六號)·釋文の訂正と追加」 (『木簡硏究』 20, 1998年)

兵庫縣敎委埋文調査事務所 『袴狹遺跡－小野川放水路事業に伴う埋藏文化財發掘調査報告 (本文編)(圖版編)(寫眞圖版編)』 (兵庫縣文化財調査報告197) 2000年

鈴木敬二 「兵庫·袴狹遺跡(第一三·一四·一六·一七·二〇號)·釋文の訂正と追加」 (『木簡硏究』 22, 2000年)

39) 袴狹遺跡(內田一區)(9次 a = 舊8次)

1. 이름 : 하카자 유적(우치다 1구역)(9차 a = 옛8차)
2. 출토지 : 兵庫縣(효고현) 豊岡市(舊, 出石郡出石町)(도요오카시)
3. 발굴 기간 : 1994.6~1994.12
4. 발굴 기관 : 兵庫縣敎育委員會埋藏文化財調査事務所
5. 유적 종류 : 관아·제사·수전
6. 점수 : 13

7. 유적과 출토 상황

袴狹遺跡은 兵庫縣 北部 豊岡市街地 남동쪽 약 7㎞에 위치하고, 圓山川의 지류인 小野川과 袴狹川 사이에 낀 沖積低地에 입지하고 있다. 해발은 약 5~8m이다. 이 유물의 출토층위는 현 지표 아래 1~2m이며, 기본적으로는 홍수모래에 덮혔던 8세기부터 10세기의 水路 및 水田層 이다.

이 조사구역에 발견된 유구는 제1면에 此隅山城과 관련된 것으로 보이는 溝, 제2면은 礎石건 물, 제3~4면에는 掘立柱건물과 관련 溝, 道路狀遺構 등이 존재한다.

목간은 나라-헤이안시대의 제3면과 제4면의 유구상의 유물포함층 및 溝 안에서 10점 출토되었다. 공반유물은 曲物, 挽物 등의 목제품이다.

8. 목간

(1)

・純狹狹物狹物物大生嶋出石鄕鄕鄕桑桑原□〔沽?〕壹段段□〔沽?〕弐弐伯□□□〔百錢錢?〕沽□〔直?〕

□□□　　　□　　　〔　　〕壹□〔段?〕段□□〔沽直?〕稲弐拾束『此□□〔価?〕』

・　　　　　□　　　　　　　　　　　□□□□

得得得得得神宮部形麻物□　　　　　　　　□□□□□

습서목간이다.

(2)

・「『子謂公冶長可妻』

・「右爲鐲符搜求□

앞면은『論語』公冶長에 "子謂公冶長「可妻也. 雖在縲絏之中, 非其罪也」. 以其子妻之."를 습서한 것이다. 뒷면에는 이것과 다른 필체일 가능성이 있지만, 課役을 면제할 때 발행하는 '鐲符'라는 글자가 주목된다.

(3)

但馬郡出石郡高椅里長□〔等?〕關□

國郡里制 시기 것인 것 같다. 出石郡高椅里는 현재 但東町의 佐佐木 및 久畑 등의 남부지역으로 비정된다.

9. 참고문헌

大平茂「兵庫·袴狹遺跡」(『木簡研究』17, 1995年)

藤田淳「兵庫·袴狹遺跡(第一七號)·釋文の訂正と追加」(『木簡研究』20, 1998年)

兵庫縣教委埋文調査事務所『袴狹遺跡-小野川放水路事業に伴う埋藏文化財發掘調査報告(本文編)(圖版編)(寫眞圖版編)』(兵庫縣文化財調査報告197) 2000年

鈴木敬二「兵庫·袴狹遺跡(第一三·一四·一六·一七·二〇號)·釋文の訂正と追加」(『木簡研究』22, 2000年)

40) 袴狹遺跡(谷外地區)(9次b = 舊9次)

1. 이름 : 하카자 유적(다니소토지구) (9차b = 옛9차)
2. 출토지 : 兵庫縣(효고현) 豊岡市(舊, 出石郡出石町) (도요오카시)
3. 발굴 기간 : 1995.1~1995.2
4. 발굴 기관 : 兵庫縣敎育委員會埋藏文化財調査事務所
5. 유적 종류 : 관아·제사·수전
6. 점수 : 4

7. 유적과 출토 상황

袴狹遺跡은 兵庫縣 北部 豊岡市街地 남동쪽 약 7㎞에 위치하고, 圓山川의 지류인 小野川과 袴狹川 사이에 낀 沖積低地에 입지하고 있다. 해발은 약 5~8m이다. 이 유물의 출토 층위는 현 지표 아래 1~2m이며 기본적으로는 홍수모래에 덮혔던 8세기부터 10세기의 水路 및 水田層이다.

이 유물이 발견된 유구는 水田터 三面(중세-헤이안시대)과 그 아래층(나라-헤이안시대)의 유로이다. 목간은 第三面 위의 유물포함층 및 하층의 유로에서 4점이 출토되었다. 공반유물로는 人形, 마형 등의 목제용 제사도구가 있다.

8. 목간

(1)

□□□

・□　西二行二倉□収納

□二□」

・□□収納日下部乙訓　　　　　」

　창고의 수납에 관한 것이다. 상부는 손상되었고, 중간에서 두 개로 갈라졌다. 밑에서 7㎝ 정도까지도 흠이나 갈라짐이 많다. 묵서는 양면에 있는데, 먹이 흐려서 선명하지 않다.

(2)

・β□法□□□□天禄三□

□　　南無八幡大菩薩咄　」

〔梵字〕

・[　　　　　　　　　　]」

　본래의 형태는 우측 아랫부분만 남았다. 앞뒤 양면에 묵서가 있는데, 일부를 제외하고 먹이 남아 있지 않고, 먹의 흔적이 세밀하게 도드라져 있다. 뒷면의 글자는 앞면에 비해서 선명하지 못하다.

9. 참고문헌

大平茂「兵庫·袴狹遺跡」(『木簡研究』17, 1995年)

藤田淳「兵庫·袴狹遺跡(第一七號)·釋文の訂正と追加」(『木簡研究』20, 1998年)

兵庫縣敎委埋文調査事務所『袴狹遺跡―小野川放水路事業に伴う埋藏文化財發掘調査報告(本文編)(圖版編)(寫眞圖版編)』(兵庫縣文化財調査報告197) 2000年

鈴木敬二「兵庫·袴狹遺跡(第一三·一四·一六·一七·二〇號)·釋文の訂正と追加」(『木簡研究』22, 2000年)

木簡學會編『日本古代木簡集成』東京大學出版會, 2003年

41) 香住ヱノ田遺跡

1. 이름 : 가스미에노다 유적
2. 출토지 : 兵庫縣(효고현) 豊岡市(도요오카시)
3. 발굴 기간 : 1995.10~1996.3
4. 발굴 기관 : 豊岡市教育委員會
5. 유적 종류 : 취락·제사유적
6. 점수 : 1

7. 유적과 출토 상황

香住ヱノ田遺跡은 豊岡시가지로부터 약 4km 남동쪽에 있으며, 해발 약 200m의 二開山 등산기슭에 소재한다. 목간이 출토된 이번 조사지는 井走지구에 해당하며, 민간주택개발에 따른 조사지의 예정 장소이다. 목간은 A구-7이라고 하는 약 25㎡의 장방형 구획 안에서 1점이 파편이 된 상태에서 출토되었다.

목간이 출토된 위치는 齋串 등의 목제용 제사도구나 8세기의 스에키를 포함한 公冶長의 埋土 상부의 부근이다. 특히 공반유물로 묵서된 스에키가 1점 있는데, 無高臺杯身의 外低部에 '神田'이 있다. 여기에는 헤이안 시기의 것이 소량으로 혼재되어 있으며 8세기 중엽으로 추정된다. 목간도 이 시기에 폐기된 유물일 것이다.

8. 목간

```
            奈胡□
・「召史生          何故意□□不召今怠者大夫入坐」
                              主帳
・「牟待申物曽見々與見々與　六□□日            」
                        少□〔領?〕
```

상단부터 11㎝, 하단부터 13.5㎝에 있는 두 곳의 꺾임은 단도 등으로 한 방향으로 칼집을 넣어서 꺾은 것이다. 글자는 앞뒷면으로 한 문장이 되며, 조사가 우측에 치우쳐 작게 표기되는 宣命體(일본식 이두체)로 된 것이 주목된다. 문장의 내용은 郡衙(이 경우 出石郡衙)의 官人(主帳·少領의 連名)이 國衙의 官人(史生)을 불러내려고 하는 보기 드문 것이다. 지방의 郡衙와 國衙, 혹은 郡司와 國司의 정치적이고 행정적인 관계를 알 수 있는 귀중한 자료이다.

9. 참고문헌

豊岡市出土文化財管理センター『とよおか發掘情報』1, 1996年

潮崎誠「兵庫·香住ヱノ田遺跡」(『木簡研究』18, 1996年)

木簡學會編『日本古代木簡集成』東京大學出版會, 2003年

42) 岩井枯木遺跡群

1. 이름 : 이와이카레키 유적군
2. 출토지 : 兵庫縣(효고현) 豊岡市(도요오카시)
3. 발굴 기간 : 1998.6~1998.9
4. 발굴 기관 : 豊岡市教育委員會·豊岡市立出土文化財管理センター
5. 유적 종류 : 취락
6. 점수 : 1

7. 유적과 출토 상황

岩井枯木遺跡은 豊岡市의 서부 奈佐谷의 입구 근처에 소재하며, 또한 巖井谷의 입구에 위치한다. 확인된 유구로 고훈시대 후기의 溝와 자연유로를 비롯해 고대 말부터 중세에 걸친 약간의 규모가 작은 總柱건물군이 있다. 유물로는 고훈시대의 스에키, 하지키가 溝와 유로에서 상당히 많이 출토되었다. 또한 砥石의 출토도 눈에 띈다. 고대 말부터 중세에 걸친 유물에는 토기, 도기, 자기종류로는 스에키, 하지키 이 외에 흑색토기, 綠釉토기. 백자, 청자, 와기 등이 있다.

목간은 1점만 출토되었는데, 유구에 동반한 것이 아니라 포함층에서 출토되었다. 건물유구를 발견하는 중에 보여서 시기적으로는 고대 말에서 중세까지 폭넓게 속한다고 판단된다.

8. 목간

(符籙) 唵々如律令

상반은 손상되었고, 뒷면에는 기록이 없다. 상부의 符籙에 대해서는 '天原發微'(『正統道藏』卷八에 수록)에 보이는 별자리 '鬼'의 그림과 비슷하여, 그 설명으로서 '五星天目也(中略)五穀成'이라고 있어, 五穀의 豊穰을 기원하는 呪符일 가능성이 있다.

9. 참고문헌

瀨戶谷晧·宮村良雄 「兵庫·岩井枯木遺跡」(『木簡研究』21, 1999年)

豊岡市出土文化財管理センター·豊岡市敎委 『岩井枯木遺跡群—ごみ最終處分場建設にかかる埋藏文化財發掘調査報告書』(豊岡市文化財調査報告書31) 2000年

43) 宮內黑田遺跡

1. 이름 : 미야우치쿠로다 유적
2. 출토지 : 兵庫縣(효고현) 豊岡市(舊, 出石郡出石町) (도요오카시)
3. 발굴 기간 : 1998.7~1998.10
4. 발굴 기관 : 出石町敎育委員會
5. 유적 종류 : 유물산포지
6. 점수 : 3

7. 유적과 출토 상황

宮内黑田遺跡은 兵庫縣 북부의 出石郡에 鎭座하는 但馬一宮出石神社 바로 서쪽에 위치하며 야요이시대의 遺物散布地로 알려저 있다. 또한 북쪽 약 800m에는 나라·헤이안시대의 대량의 목재용 제사도구가 출토된 것으로 알려진 袴狹 유적군이 있으며 여기서는 합쳐서 50점 이상의 목간이 출토되어 出石郡衙 유적으로 추정되고 있다.

목간은 G구역이라고 불리는 남북 50m, 동서 17m의 가늘고 긴 조사구역에서 출토되었다. 목간은 3점이 출토되었는데 하나는 暗茶褐色粘土層에서, 나머지 둘은 暗褐色粘土層에서 출토되었다. 그 밖에 조사구역 북단의 유로 터에서 人形, 齋串이라고 하는 목제용 제사도구가 출토된 것이 주목된다. 人形은 얼굴을 묵서로 표현한 것 등 10점이 출토되었다. 헤이안시대 초기의 것으로 추정되는데, 袴狹遺跡群과 동시기의 제사용 도구가 出石神土 주변에도 흩어진 채로 출토되었다.

8. 목간

· 「o □□里□□□□烏戶口□〔額?〕田部□□　女□可□□□□□□不□〔堪?〕□□□

「　　　午年分直稻八束度與貰□〔値?〕得人　　　　　　　　　『鳥取部□□〔廣?〕万呂』

· o 冊代□　　　　　　　　　　天平勝寶四年十月九日　知忍海部馬男

同里神部廣嶋　『若田□□〔給?〕者衣女分進上入□』　　　『鳥取部公手直受鳥取部衣女』

『末 , , , , 』

전체의 길이가 47㎝로 좌측 위에 구멍이 보인다. 좌측 아래의 일부가 파손되어 있으며, 또 우측변은 2차적으로 지워졌다. 양면에 글자가 기록되어 있으며 뒷면의 문장의 맥락에서 경작에 관한 토지의 貸借와 관련된 것으로 생각되는데 그 의미는 판단하기 어렵다. 그러나 경작이 국가의 관리 하에 있었을 당시, 이 계약에는 말단의 행정기관이 관련된 것으로 추정되어, 지방에서의 행정의 양상을 알 수 있는 자료로서 주목할 만하다.

9. 참고문헌

小寺誠「兵庫·宮內黒田遺跡」(『木簡研究』21, 1999年)

小寺誠·鈴木景二「兵庫·宮內黒田遺跡(第二一號)·釋文の訂正と追加」(『木簡研究』26, 2004年)

44) 溝之口遺跡

1. 이름 : 미조노쿠치 유적

2. 출토지 : 兵庫縣(효고현) 加古川市(가코가와시)

3. 발굴 기간 : 1998.7· 1998.11

4. 발굴 기관 : 加古川市教育委員會

5. 유적 종류 : 취락

6. 점수 : 1

7. 유적과 출토 상황

溝之口遺跡은 加古川 동쪽 연안 沖積低地의 微高地上에 위치한 야요이시대부터 헤이안시대의 취락터로, 중심지역은 야요이시대 중기(Ⅲ·Ⅳ시기)와 고훈시대 후기부터 나라시대이다.

나라시대의 유적으로서 '그'자형으로 배치된 掘立柱건물이 발견되었다. 목간은 大溝에서 출토되었다. 大溝는 위의 폭이 약 6m, 깊이가 약 0.6m로 埋土에서는 7~8세기의 하지키, 스에키가 대량으로 출토되었다. 목제품으로는 그 밖에 横槌, 木錘, 板片, 杭 등이 출토되었다.

8. 목간

「∨子日

현재의 상태로는 상당한 부분이 손상되어 있다. 상부에는 홈이 있다. 부찰이다. 묵서는 한

쪽 면에만 있다. '子日' 이하의 글자에 대한 유무는 손상되어 알 수 없지만, 十二支를 사용하여
날짜를 기록한 것으로 생각된다.

9. 참고문헌

兵庫縣教委埋文調査事務所『平成10年度 年報』1999年

西川英樹 「兵庫·溝之口遺跡」(『木簡研究』24, 2002年)

45) 坂元遺跡

1. 이름 : 사카모토 유적

2. 출토지 : 兵庫縣(효고현) 加古川市(가코가와시)

3. 발굴 기간 : 2004.7~2005.3

4. 발굴 기관 : 兵庫縣教育委員會理藏文化財調査事務所

5. 유적 종류 : 관아

6. 점수 : 4

7. 유적과 출토 상황

坂元遺跡은 加古川 동쪽 약 1㎞의 沖積地 및 段丘面에 입지한다. 조몬시대 만기부터 중세에
이르는 복합유적인데, 유적의 중심은 나라시대이다.

조사 결과 나라시대 이전에는 조몬 만기의 埋甕과 야요이시대 중기 후반의 方形周溝墓, 竪穴
주거, 水田을, 고훈시대에는 竪穴주거, 掘立柱건물, 埴輪窯, 水田을 확인했다. 나라시대의 유구
는 전반과 후반으로 나뉘는데, 유구의 주축방향을 크게 바꾸고 있다. 전반에는 거의 남북 방향
으로 주축을 이루고 있으며, 竪穴주거, 掘立柱건물, 水田을 확인하였다. 후반은 주축을 약 45°
바꾸어서 고대의 산양도와 같은 방향으로 掘立柱건물, 水田을 확인하였다.

목간은 나라시대의 유적 중심부분인 서쪽의 低地에서 4점이 출토되었다. 나라시대 후반에는 56m의 사방을 溝로 둘러싼 중심지역의 서쪽이 段丘面으로 되어 있으며, 2m 전후의 段差가 있다. 목간은 모두 나라시대의 후반의 층에서 출토되었고 공반유물로는 묵서토기, 土馬, 수막새 (軒平瓦, 播磨國府系瓦), 齋串 등이 있다.

8. 목간

(1)

「急々如□□」

呪符목간이다.

(2)

・「順礼□□□」

・「　[　　　　]」

短冊形으로 얇게 정교하게 만들었다. 내용은 알 수 없다.

9. 참고문헌

兵庫縣教委埋文調査事務所『平成16年度 年報』2005年

渡邊昇「兵庫·坂元遺跡」(『木簡研究』28, 2006年)

兵庫縣立考古博物館·兵庫縣教委『坂元遺跡Ⅱ－東播都市計劃事業坂元·野口土地區劃整理事業に伴う發掘調査報告書(本文編)(圖版編)(寫眞圖版編)』(兵庫縣文化財調査報告366) 2009年

46) 山垣遺跡

1. 이름 : 야마가키 유적
2. 출토지 : 兵庫縣(효고현) 丹波市(舊, 氷上郡春日町) (단바시)

3. 발굴 기간 : 1983.4~1983.9

4. 발굴 기관 : 兵庫縣敎育委員會

5. 유적 종류 : 관아

6. 점수 : 21

7. 유적과 출토 상황

山垣遺跡은 國鐵福知山線黑井驛의 동남 2㎞의 해발 85.5m의 평야에 위치하며 유적에서 100m 동쪽에 丹後의 由良川으로 연결되는 竹田川이 흐르고 있다.

목간은 21점이 출토되었다. '春部'라고 기록된 묵서토기의 출토와 목간에도 '春部里長'의 글자가 보이는 것으로 보아 山垣遺跡이 里에 관련된 官衙施設이었던 것이 틀림없다.

목간을 포함한 대다수의 유물이 굴의 최하층인 暗靑灰色粘質土層에서 출토되었다. 유물은 나라시대 전반의 거의 짧은 시기로 추정할 수 있으며, 건물의 존속이 상당히 단기간이었던 것으로 판단된다. 목간은 굴 내부의 전역에서 출토되었으며 SD1의 北東 모퉁이 부분에서 다수 출토되었다. 출토점수는 24점인데 그중에서 중앙의 가교 부근에서 출토된 4점은 1개의 동일목간이므로 21점이 되었다.

8. 목간

목간의 출토점수는 기존 보고서에서는 21점이라고 하였지만, 재조사로 접합이 판명된 것이 있어서 모두 20점이 되었다. 이 20점의 전체를 개관하면 군의 행정에 관한 협의의 문서목간 및 봉함목간, 농업경영에 관한 기록목간, 부찰, 기타로 분류할 수 있다.

    (1)

・[ ]   □物者赤万呂等乞□□□〔仕?〕奉

    □   守

    [   ]□□□   □平給等女□   □立奉」

・   □

```
　　□□　　　　　　[　　　　　]
　　□□　　□　　□ □□　　　　　」
```

(2)

・「符春部里長等　竹田里六人部　　□□　□依而□　　　　　　　　　　　　　　　　」

・「春部君廣橋　神直與□　　　　　　　　　　　　四月廿五日　碁万侶
　　　　　　　　　　　□〔部?〕里長□□〔弟足?〕木參出來
　　春部鷹麻呂　右三人　　　　　　　　　　　　　　　　　少領
　　　　　　　　　　　　　　今日莫不過急々　　　　　　　　　□　　」

(3)

・「　　　　　　　　　　　秦人部新野百□〔束?〕[　　]本田五百代　同里秦人部志比十束

　　□□年正月十一日秦人部新野□□□貸給　同部小林廿束[　　]墓垣百代　　　　秦人部加比十五束　　。
　　　　　　　　　　　　伊丁我郡嶋里秦人部安古｜　束　　　　　竹田里春部若万呂｜束」

・秦人部身十束　　　　　　　　　　〔留?〕
　　間人部須久奈十束　　合百九十六束椋□二百四束　　別而代□〔勘?〕物八十束□新野貸給　　　　　。
　　[　　　　　]　　　　　　　　　　　　　　　　併本□四百八十束　　　　　　　　　　　　　　　」

9. 참고문헌

兵庫縣教委『氷上郡春日町 山垣遺跡―近畿自動車道關係埋藏文化財發掘調查槪報』1984年

加古千惠子·佐藤宗諄「兵庫·山垣遺跡」(『木簡研究』6, 1984年)

兵庫縣教委『兵庫縣埋藏文化財調查年報 昭和58年度』1986年

兵庫縣教委埋文調查事務所『山垣遺跡發掘調查報告書「里長」關連遺構の調查發掘調查報告
―近畿自動車道舞鶴線關係埋藏文化財發掘調查報告書XⅢ』(兵庫縣文化財調查報告75) 1990年

木簡學會編『日本古代木簡選』岩波書店, 1990年

加古千惠子·平田博幸·古尾谷知浩「兵庫·山垣遺跡(第六號)·釋文の訂正と追加」(『木簡研究』20, 1998年)

47) 市邊遺跡(C區)

1. 이름 : 이치베 유적(C구역)
2. 출토지 : 兵庫縣(효고현) 丹波市(舊, 氷上郡氷上町) (단바시)
3. 발굴 기간 : 1999.6~1999.12
4. 발굴 기관 : 兵庫縣敎育委員會埋藏文化財調査事務所
5. 유적 종류 : 관아 관련
6. 점수 : 18

7. 유적과 출토 상황

이 遺跡은 加古川의 상류에 해당한다. 9세기의 溝에서는 銅印이 출토되었다. 印文은 '名'이라고 양각되어 있다. 또한 和同開珍, 萬年通寶, 神功開寶 등의 皇朝十二錢 15매가 掘立柱건물에서 근접하고, 스에키의 잔에 매몰된 상황에서 확인되었다. 이 잔에는 '金眞利'의 글자가 묵서되어 있다. 銑을 대체한 것을 나타낸 것 같다.

목간은 유구의 하층에 해당하는 나라시대 전반의 溝에서 발견되었다. 이 溝에서는 '院', '益利', '益女'등으로 묵서된 스에키가 다수 출토되었다. 또한 목제품으로는 人形, 馬形, 齋串 등 제사에 관련된 자료도 동반하고 있다. 단, 이시기에는 건물 등의 명확한 유구는 발견되지 않았다.

8. 목간

(1)

- 「
    五月十四日下稻數卌四束

    枲二斤廿

    赤綿八斤廿四束　此者諸用事

- 「　國遣御僧受給申中臣部忍人　酒四升　　　秦人

    石前鄕野家里

    尸尻方奈売　米一斗　　　大家

    桑連麻長古　米一斗　　　中臣

모시와 목화의 조달에 벼를 충당한 것을 기록한 기록간이다. 이 두 가지 직물 원료는 모시의 가격이 근당 10속에 대해서 목화의 그것은 근당 3속이었다는 것이 판명되었다. 한편 뒷면의 기록은 앞면과의 연관성은 없고, 國俯에서 파견된 승려에 대해 石前鄕野家里에서 쌀과 술이 지급된 것을 기록한다.

(2)

・「　　　　　　娶人日奉黒人

　秋稻塩酒一連□一□□〔進?〕　□□□〔正身?〕□

・「田中小奈伎事了

상단 좌우측의 모서리를 깎은 短冊形 목간이다. 가을에 수확한 벼, 소금과 술이 한 조로 표현된다.

(3)

「　　　　　　　　　宗部□〔里?〕從　　文作大人
　□□□年五月廿九日
　　　　　　　　　申物部枚夫　右二人　　」

가장 앞에 연월일을 기록하고 본문이 이어진다. 목간의 연대는 '宗部里'의 기록에서 郡里制하의 것으로 생각된다.

9. 참고문헌

兵庫縣教委埋文調査事務所『平成11年度 年報』2000年

種定淳介「兵庫·市邊遺跡」(『木簡研究』22, 2000年)

木簡學會編『日本古代木簡集成』東京大學出版會, 2003年

兵庫縣教委埋文調査事務所『兵庫縣丹波市 市邊遺跡』(兵庫縣文化財調査報告304) 2006年

48) 加都遺跡(96年度確認調査)

1. 이름 : 기츠 유적(1996년도 획인조사)
2. 출토지 : 兵庫縣(효고현) 朝來市(舊, 朝來郡和田山町) (아사고시)
3. 발굴 기간 : 1996.11~1997.1
4. 발굴 기관 : 兵庫縣敎育委員會埋藏文化財調査事務所
5. 유적 종류 : 취락·수전
6. 점수 : 1

7. 유적과 출토 상황

加都遺跡은 주변에서 가장 넓은 분지의 중앙부에 있으며, 동해로 흐르는 圓山川과 그 지류인 黑川에 끼인 平野部에 입지한다.

목간의 출토지점은 도로상태의 습지에 경사면의 아래쪽에 해당한다. 이 도로상태의 유구는 부근에 남아 있는 토지분할과는 방향이 다르며, 헤이안시대 후반에는 토지분할 방향의 굴립주 건물이 세워지게 된다.

8. 목간

「山口里俵參上數十一石今

하단이 손상된 것 이 외에는 원형을 보존한다. 뒷면은 거칠게 다듬었다. '山口里'은 『和名類聚抄』에 보이는 但馬國朝來郡九鄕의 하나인 山口鄕으로 생각되며, 여기는 당시의 但馬國의 최남단이었다.

9. 참고문헌

兵庫縣敎委埋文調査事務所 『平成8年度 年報』 1997年
別府洋二 「兵庫·加都遺跡」 (『木簡硏究』 20, 1998年)

兵庫縣教委埋文調査事務所『朝來郡和田山町 加都遺跡Ⅰ—播但連絡有料道路5期合併施工事業に伴う埋藏文化財發掘調査報告書』(兵庫縣文化財調査報告285) 2005年

49) 加都遺跡(98年度調査)

1. 이름 : 가츠 유적(1998년도 조사)

2. 출토지 : 兵庫縣(효고현) 朝來市(舊, 朝來郡和田山町) (아사고시)

3. 발굴 기간 : 1998.6~1999.2

4. 발굴 기관 : 兵庫縣教育委員會埋藏文化財調査事務所

5. 유적 종류 : 수전

6. 점수 : 3

7. 유적과 출토 상황

加都遺跡은 兵庫縣 북부의 朝來郡和田山町 남부 圓山川이 형성된 町內 최대의 流域平野의 右岸에 위치한다. 해당 지역은 '加都千石'으로 통칭되는 整然된 남북방위의 條里地割이 광범위하게 걸쳐서 유존하는 전원지대였다.

목간은 고훈시대 이후에 취락이 형성된 微高地의 남측에 펼쳐진 저습지에서 출토된 것이다. 3점 중에 하나는 6세기 후반에서 9세기의 水田土壤層에서, 나머지 두 점은 고훈시대부터 중세 이전의 水田畦畔에서 각각 출토되었다.

8. 목간

　(1)

□長□〔田?〕首床万呂之可承示日

　상하가 손상되었다. 묵흔이 희미해서 판독이 곤란한 부분이 있다.

(2)

    (묵선)   (묵선)   (묵선)

・ 臣女｜ 大家部酒刀自女｜ 阿刀部嶋公｜ 鷹鷹鷹鷹藤藤藤家家家家家勝勝勝郡郡郡長長長長長」

・□刀自女刀自女   □ 歲歲歲歲歲歲置置置置□□□□諷諷諷風□眞□眞□眞□

몽둥이 형태의 목제품에 평탄면을 깎아서 그곳에 앞뒤의 2면에 걸쳐서 묵서하였다. 상단은 손실되었지만 하단은 나룻배모양으로 뾰족하게 되어 있으며, 원형을 보존하고 있다. 묵선에 의해서 구획된 안에는 인명이 각각 기록되어 있으며, 그 밑에는 동일한 붓으로 여겨지는 여섯 종류의 글자가 습서 된 것으로 보인다.

(3)

「   ∨ [   ]   右得鞆張繼自女□□□〔俑?〕□ [   ]

                                 功力開發□□□□料作□〔食?〕□ [   ]

□□〔神部?〕勝少 不□加□□□〔令?〕□ □〔割?〕田百 □□   □今年□□□□□[   ]

                                   凡□□□[   ]

                        [   ] □□□□[   ]

양 측면 위에 홈이 있다. 상반부에 1행, 하반부에 5행의 묵서가 있는데, 묵서가 거의 벗겨져서 판독이 상당히 곤란하다. 기재내용의 상세한 것은 알 수 없으나, 농경지에 관한 내용이며, 팻말의 성격도 생각할 수 있다.

9. 참고문헌

兵庫縣教委埋文調査事務所『平成10年度 年報』1999年 岸本一宏·甲斐昭光「兵庫·加都遺跡」(『木簡研究』21, 1999年)

兵庫縣教委埋文調査事務所 『朝來市 加都遺跡Ⅱ－一般國道483號北近畿豊岡自動車道春日和田山道路Ⅱ事業に伴う埋藏文化財發掘調査報告書(本文·圖版編)(寫眞圖版編)』(兵庫縣文化財調査報告324) 2007年

50) 柴遺跡

1. 이름 : 시바 유적
2. 출토지 : 兵庫縣(효고현) 朝來市(舊, 朝來郡山東町) (아사고시)
3. 발굴 기간 : 2000.11~2001.3
4. 발굴 기관 : 兵庫縣教育委員會埋藏文化財調查事務所
5. 유적 종류 : 관아 관련
6. 점수 : 6

7. 유적과 출토 상황

柴遺跡은 丹波國과 但馬國의 경계인 遠阪峠의 但馬國側의 기슭에 있다. 유적은 남면하는 山裾의 좁은 계곡 안에 있으며, 계곡이 매몰하여 안정되어 가는 중에 형성된 것이다. 조사 결과 8세기부터 10세기에 걸친 유구, 유물이 확인되었다. 유구는 비교적 지반이 안정된 山裾에 집중되고 있으며, 유물은 주로 전면의 습지퇴적토 안에 폐기 또는 유입된 상태에서 출토되었다.

이 유적의 유구 및 유물의 포함층은 상하 2층으로 대별된다. 상층은 10세기, 하층은 주로 8세기에서 9세기 전반의 시기로 알려져 있다.

유물은 목간과 함께 마형이 주체가 되는 목제용 제사도구, 神功開寶, 鉛釉陶器, 목서토기, 금속기를 모방한 稜椀, 다량의 轉用硯 등 官衙的인 색채를 가진 유물이 출토되었다.

목간은 굴립주건물의 남동쪽 柱拔取穴 및 하층의 유물포함층과 상층의 유물포함층에서 출토되었다.

8. 목간
   (1)
「∨駅子委文部豊足十束代稻籾一尺」

상단 일부가 손상된 것 이외에는 거의 온전한 형태이다. 驛家운영을 위한 驛子에게 부담한

出擧(驛稻)의 本稻分의 반납에 대해서 기록한 付札목간이다. 驛子委文部豊足이 벼 10束 대신에 稻籾一尺으로 반납하고 있다. 이 목간은 本稻分의 반납에 있어서 稻籾와 함께 驛家에 가서 그 주변에서 폐기된 것 같다.

(2)

以今月三日癸卯日送□〔物?〕」

간지와 날짜를 병기하고 있으며, 문서목간의 파편이다.

(3)

・×悦乎　有朋自×
・×子乎　有子×

『論語』學而篇을 앞뒤 양면에 기록한 목간이다. 앞면 가장 앞에 1절이 기록되어 있다. 뒷면에는 앞면에 이은 부분을 기록하여, 글자의 중복이나 반복이 없이 습서로 생각하기 어렵다.

9. 참고문헌

兵庫縣教委埋文調查事務所『平成12年度 年報』2001年

兵庫縣教委『ひょうごの遺跡』40, 2001年

西口圭介「兵庫·柴遺跡」(『木簡研究』23, 2001年)

兵庫縣立考古博物館·兵庫縣教委『朝來市所在 柴遺跡――一般國道483號北近畿豊岡自動車道春日和田山道路Ⅱ事業に伴う埋藏文化財發掘調查報告書』(兵庫縣文化財調查報告360) 2009年

51) 釣坂遺跡

1. 이름 : 쓰리사카 유적
2. 출토지 : 兵庫縣(효고현) 朝來市(舊, 朝來郡朝來町) (아사고시)
3. 발굴 기간 : 1997.8~1998.2

4. 발굴 기관 : 朝來町敎育委員會

5. 유적 종류 : 취락·하도

6. 점수 : 3

7. 유적과 출토 상황

釣坂遺跡은 朝來町의 거의 중심부에 해당하며, 삼면이 산으로 둘러싸여 동쪽으로 뻗어 있는 扇狀地에 입지한다. 부근에는 白鳳時代(飛鳥시대와 天平시대와의 중간 시대인 645~709년)의 기와가 출토되어 이 지방 最古의 寺院이라고 생각되는 立脇廢寺가 있으며 塔心礎가 잔존한다.

松越지구에서는 건물이나 河道가 발견되고, 河道 내에서 다량의 토기와 목기가 출토되었다. 토기로는 '鄕長', '松越', '松', '南朝', '小水谷' 등이 적힌 묵서토기가 100점 포함되었다. 특히 '鄕長'의 묵서는 부근에 但馬國朝來郡桑市鄕의 공적인 시설이 존재했다는 것을 암시한다. 목기로는 목간 2점 이 외에 馬形, 齋串, 曲物, 盤, 合子 등이 출토되었다.

福本지구는 松越지구에서 흘러들어온 河道의 연속이 발견되어, 똑같이 다량의 토기와 함께, 목기도 다량 출토되었다. 묵서토기는 '福' 등 15점이 보인다. 목간은 1점으로, 다른 목기로는 人形, 齋串 등의 제사도구나 나막신, 曲物, 盤 등이 있다.

유물은 川岸에 가까운 말구에 많이 출토되었으며 수변의 제사를 실시한 가능성이 크다. 출토된 토기는 8세기 후반부터 9세기에 걸친 것이 많고, 유적이 가장 기능하고 있었던 시기를 나타낸 것이라 생각한다.

8. 목간

(1)

·   □〔尓?〕□□息万呂」

· □□□□□   」

상단과 좌우 양쪽변이 손상되어 있다. 하단은 앞뒤 양면에서 선단을 깎아서 도끼 형태로 뾰족하다. 앞뒤 모두 묵흔의 상태가 좋지 않아서 전체의 판독은 불가능하다.

(2)

[　　　　　　　　]□□□中

□□□〔四?〕小□〔庭?〕[　　　　　　]□□□□

상·하단 및 좌우 모두 손상되어 있다. 묵흔은 한쪽 면만 보이고, 아랫부분은 2행이다. 나무의 표면이 거친것과 묵흔이 희미하여 거의 판독이 불가능하다.

(3)

[　　]王

상·하단 및 좌우측변 모두 손상되어, 전체의 형상은 알 수 없다. 묵흔은 한쪽 면만 있고, 그 밖의 문자는 판독불가능하다.

9. 참고문헌

中島雄二「兵庫·釣坂遺跡」(『木簡研究』21, 1999年)

52) 田井A遺跡

1. 이름 : 다이 A 유적

2. 출토지 : 兵庫縣(효고현) 淡路市(아와지시)

3. 발굴 기간 : 1912.7~1912.11

4. 발굴 기관 : (公財)兵庫縣まちづくり技術センター

5. 유적 종류 : 옛 하도·취락

6. 점수 : 3

7. 유적과 출토 상황

田井A遺跡은 志筑川과 寶珠川 사이의 충적평야에 위치한다. 유적의 서쪽 약 400m의 장소에는 7세기 말에 창건된 志筑廢寺가 있다. 志筑廢寺는 淡路島에서 가장 오래된 사원터로서 藤原京에서 사용된 것과 같은 기와가 발견되고 있어서, 이 지역이 飛鳥時代부터 大和와 깊은 관련이 있었던 것으로 추정된다.

목간은 나라시대의 옛 河道에서 3점이 출토되었다. 河道 안에서는 7곳 이상의 둑이 발견된 것 이외에, 나라시대의 목제유물이 다수 발견되었다. 그중에서도 주목되는 것은 목간 및 목제용 제사도구이다. 제사도구로는 人形, 齋串가 있다. 人形에는 묵서로 顏, 冠, 衣服을 표현한 것이 많이 보인다.

8. 목간

```
                        上□一束五
 々□□□〔川?〕□□〔束?〕五把                 々
                        未□二□□
 々□□      □                          々
```

하단은 뾰족하게 齋串으로 가공한 후, 상단은 손상되었다. 묵서는 2행에 걸쳐 있고, 우행하단은 割書(두 줄로 나누어 표현)로 되어 있다. 좌행은 유존상태가 나빠서 판독이 불가능하지만, 우행은 8글자를 석독할 수 있었다. 出擧에 관한 벼의 출납을 표시하는 것으로 생각된다.

9. 참고문헌
久保弘幸 「兵庫·田井A遺跡」(『木簡研究』 35, 2013年)

53) 木梨·北浦遺跡

1. 이름 : 기나시·기타우라 유적
2. 출토지 : 兵庫縣(효고현) 加東市(舊, 加東郡社町) (가토우시)

3. 발굴 기간 : 1993.6~1994.3

4. 발굴 기관 : 加東郡教育委員會

5. 유적 종류 : 취락

6. 점수 : 1

7. 유적과 출토 상황

木梨·北浦遺跡은 瀧野社 인터체인지에서부터 中國自動車道를 따라서 동쪽으로 1㎞ 떨어진 곳에 위치하며 加古川의 지류인 三草川 및 千鳥川의 開析에 의해 형성된 해발 61m의 低位段丘面에서 해발 55m의 上中面이라 불리는 충적평야에 입지하고 있다.

이 유적은 고훈시대 후기의 수혈 주거 43동, 溝 7조, 방형의 토갱 6기, 나라-헤이안시대의 굴립주건물 13동과 하지키 제작용 점토 채굴 터의 토갱군, 가마쿠라시대 이후의 굴립주건물 8동 등이 확인된다.

목간은 폭 11m, 깊이 0.2m의 북에서 남으로 뻗는 완만한 舊河道狀遺構에서 墨書面을 아래로 거의 수평의 상태에서 출토되었다.

유물의 성격을 나타내는 유물로는 風字硯, 稜椀, 綠釉陶器, 黑色土器, 製鹽土器나, '井'이라고 기록한 묵서토기 등의 하지키 종류 외에, 목간, 마형, 책상의 다리로 생각되는 獸足 등의 목제품이 출토되어 官衙의 양상을 보이고 있다. 해당 지역은 고대 播磨國賀茂郡穗積鄕에 해당하며, 鄕의 治所에 관한 유적의 가능성을 생각할 수 있다.

8. 목간

「以天禄三年八月十日奉読經之卷□〔記?〕　　　右□上華□□□為奉荘厳上界天衆下界

　　　合六百二十一卷之中　　　　　　　神□年中□□〔神?〕天満天神各々眷族□所郡内大下

　　　仁王般若經五□〔百?〕十卷　　　　神□□中□□右□□□□二聖霊□□□□

o　　　　　　　　　　　印佛　　　　　　□　　　〔　　　　　　　　　　〕

　　　金剛般若經六十八卷

般若心經五卷　　　　　　　　　　　　□

大品四天王□□卷　　　　　　　　満万事所念於一身

□□三[　　]救諸身　　　□内南□□□男女身不□□□□□　　　　　　　　　」

목간은 삼나무의 목재로 상단부 중앙의 한 곳에 기둥 등에 걸기 위한 구멍이 나 있다. 내용은 상단은 天禄3년(972) 8월 10일에 仁王般若經五百十卷, 金剛般若經六十八卷, 般若心經五卷 등을 암송한 기록이며, 하단은 기원문을 기록하였다. 이 목간은 사원, 승려가 의뢰를 받아서 암송한 經典名, 卷數를 보고하는 '卷數'에 해당하며, 아마도 그 현존 최고의 유품으로 보인다.

9. 참고문헌

森下大輔「兵庫·木梨·北浦遺跡」(『木簡研究』16, 1994年)

木簡學會編『日本古代木簡集成』東京大學山版會, 2003年

54) 小犬丸遺跡

1. 이름 : 고이누마루 유적
2. 출토지 : 兵庫縣(효고현) たつの市(舊, 龍野市) (다쓰노시)
3. 발굴 기간 : 1986.1~1986.3
4. 발굴 기관 : 兵庫縣教育委員會
5. 유적 종류 : 관아
6. 점수 : 3

7. 유적과 출토 상황

小犬丸遺跡은 일찍부터 古瓦의 출토지로 알려져 있으며, 昭和 초기에는 小犬丸廢寺로서 周知되어 있었지만, 昭和 40년대가 되어서 今里幾次와 高橋美久 두 사람의 연구에 의해 『延喜式』

에 보이는 布勢驛家跡으로 생각하게 되었다.

우물 주변의 포함층에서는 식기류를 중심으로 하는 스에키, 하지키나 목제용기 등의 다수 생활용구와 함께, 馬形이나 齋串 등의 제사용구니, 묵서토기기 출토되었다. 묵서토기에는 '驛' '布勢井邊家', '布勢', '布勢井部' 등 布勢驛家에 관계된 것이 있으며, 유적의 성격을 결정짓는 것이다. 목간은 이들 유물과 같이 포함층에서 출토되어 8~9세기로 상정할 수 있다.

8. 목간

(1)

中大女十□

「布勢駅戸主□部乙公戸參拾人　　　　　給穀陸×

□□女□〔十?〕□

布勢驛家의 호주인 □部乙公의 戸 30명에 대해서 곡식을 六□(두, 석 등의 단위) 지급한다는 내용이다.

(2)

「□□〔羽在?〕□□□□〔爲五?〕百□〔疋?〕　　　□□□〔羽在聖?〕□　□〔爲?〕五百□〔疋?〕

□〔天?〕□□〔池?〕□□□〔爲?〕五百□〔疋?〕 々

(3)

「右□

9. 참고문헌

兵庫縣教委『小犬丸遺跡Ⅱ－縣道竜野相生線道路改良工事に伴う埋藏文化財發掘調査報告書』(兵庫縣文化財調査報告66) 1989年

山下史朗「兵庫·小犬丸遺跡」(『木簡研究』11, 1989年)

55) 長尾沖田遺跡(1次)(83年度調査)

1. 이름 : 나가오오키타 유적(1차) (1983년도 조사)
2. 출토지 : 兵庫縣(효고현) 佐用郡佐用町(사요군 사요초)
3. 발굴 기간 : 1983.12~1984.3
4. 발굴 기관 : 兵庫縣教育委員會
5. 유적 종류 : 사원·취락
6. 점수 : 1

7. 유적과 출토 상황

長尾沖田遺跡은 佐用川 西岸의 河岸段丘上에 위치하며, 해당 段丘上에는 條里制의 도지분힐이 잘 남아 있다. 조사지점의 북서쪽 약 300m의 지점에는 長尾廢寺가 있으며, 塔心礎와 약간의 礎石이 존재한다. 長尾廢寺는 아직 조사하지 않았지만 출토된 古瓦나 礎石 등으로부터 나라시대 전기에 창건한 사원으로 생각된다.

목간이 출토된 지점은 推定寺域에서 떨어져 있지만, 일찍이 남동에서 북서(사원의 방향)향으로 계곡이 있었던 곳이다. 계곡은 야요이식 토기 이후 헤이안시대 중기의 스에키, 하지키까지 계곡 아랫부분에서 순차적으로 층을 이루면서 퇴적, 매몰되어 있었다. 목간은 나라시대의 후기로 생각되는 층에 포함된 그 밖에 판형목재나 木札형 나뭇조각, 기와 조각 등도 많이 출토되었다. 이들 유물의 출토 및 발견상황에서 해당 목간 등은 상류의 사원 쪽에서 계곡으로 흘러들어온 것으로 생각된다. 또 이 계곡은 헤이안시대의 중엽에는 완전하게 매몰된 것으로 생각되며 계곡을 횡단하는 수로를 따라 두렁이 만들어지며, 두렁 끝의 수로 쪽에는 옹호의 말뚝이 꽂혀 있었다.

8. 목간

「□守解　　申進□部事 々

9. 참고문헌

西口和彦「兵庫·長尾沖田遺跡」(『木簡研究』6, 1984年)

兵庫縣教委『兵庫縣埋藏文化財調查年報 昭和58年度』1986年

兵庫縣教委埋文調查事務所『長尾·沖田遺跡(Ⅰ)—縣道下庄·佐用線道路改良工事に伴う發掘調查報告書』(兵庫縣文化財調查報告100) 1991年

56) 長尾沖田遺跡(2次)(85年度調查)

1. 이름 : 나가오오키타 유적(2차) (1985년도 조사)

2. 출토지 : 兵庫縣(효고현) 佐用郡佐用町(사요군 사요초 사요마치)

3. 발굴 기간 : 1985.5~1985.8

4. 발굴 기관 : 兵庫縣敎育委員會

5. 유적 종류 : 사원·취락

6. 점수 : 2

7. 유적과 출토 상황

長尾沖田遺跡은 千種川 지류의 佐用川 右岸의 해발 약 110m의 臺地 위에 입지하고 있다. 또한 같은 臺地 서쪽에는 白鳳時代의 창건으로 생각되는 長尾廢寺의 塔心礎가 잔존하고 있다.

목간과 관련된 유구에는 헤이안시대 초두의 직선도로와 거기에 부설된 溝가 있다. 목간은 저습지부분의 도로 西側溝에서 다수의 목제품, 나뭇조각과 함께 출토되었다. 그 밖의 출토유물은 '川邊', '中殿'이라고 기록된 목서토기 2점, 齋串 4점, 木製鋤 모조품 1점, 馬齒 등이 있다.

8. 목간

(1)

· 「奴□□□毎里　々

· 「[　　　　　] 々

(2)

々[　　　　]天部×

모두 약간의 묵흔만 남아 있어 육안으로 판독할 수 없다.

9. 참고문헌

大平茂「兵庫·長尾沖田遺跡」(『木簡研究』8, 1986年)

兵庫縣教委『兵庫縣埋藏文化財調査年報 昭和60年度』1988年

兵庫縣教委埋文調査事務所『長尾·沖田遺跡(Ⅰ)─縣道下庄·佐用線道路改良工事に伴う發掘調査報告書』(兵庫縣文化財調査報告100) 1991年

27. 奈良縣·奈良市

1) 正倉院傳世木簡

1. 이름 : 쇼우소인 전세 목간
2. 출토지 : 奈良縣(나라현) 奈良市(나라시)
3. 발굴 기간 : 傳世
4. 발굴 기관 : 宮內廳正倉院事務所
5. 유적 종류 : 관아·사원
6. 점수 : 346

7. 목간의 종류 및 수량

· 木札 : 獻物牌, 經帙牌, 木牌(禮服櫃·漆小櫃·胡祿·藤蜜袋·甘草裏·丁香袋 등에 부착) 등, 약 40점

· 往來 : 문서에 부속된 것 234점, 문서로부터 떨어져 있는 것 62점이 있다.

· 文書 : 正倉院 中倉에는 雜札로 칭하면서 전하는 것 5점, 金銅火舍에 付屬하는 것 1점이 있으며, 최근 正倉院 寶物殘材 조사에서 새로이 4점이 발견되어 총 10점이 있다.

전래 과정

전래의 과정은 명확하지 않지만 木札은 正倉院의 보물에 포함되어 전하고 있으며, 往來는 문서에 부속된 것도 있거니와 문서에서 이탈하여 존재하는 것도 있다. 往來 중에는 그대로 軸部에 글자가 잔존하는 경우가 있으며, 그중에는 다른 용도로 사용된 목간을 전용하여 새로이 往來로 재이용된 것으로 생각되는 경우가 있다.

8. 목간

正倉院(쇼소인)에서 전해 내려오는 목간은 유구에서 출토된 목간과는 의미가 다르다. 正倉院에는 풍부한 문서가 남아 있는데 그중에는 전래목간, 말하자면 문서목간과 관련이 있는 내용을

가진 문서도 있다. 따라서 正倉院에 전래된 문서목간은 목간에 부과된 기능을 해명하는데 큰 도움이 된다.

「

　　　　　　　　　　從寺々奉請佛五十四〔七〕舖

　　　　　　　　　　寶頂卅三盖

・裝束司　　牒寺政所　　在帛布端　　　　　　　右次官佐伯大夫宣安置經所者彼案

　　　　　　　　　　辛櫃二合　　　　　　　　　　　　　　　　　　　　　　付並栗秋万呂

　　　　　　　　　　佛御櫃三合　　『依數檢受上馬養 以四月十六日返送辛櫃一合敷布二條　　　　』」

・「主不受仍錄狀故牒　　　天平勝寶五年三月廿五日主典葛井連『犬養』

　依牒旨可安置　判官上毛野君『眞人』　　判官內藏伊美吉『繩万呂』」

　이 목간은 그 연월일을 보면 勝寶5년(753)三月二九日에 東大寺에서 개최된 仁王會에 관련된 것이다. '裝束司'는 '裝束仁王會(講)司'의 약칭으로 '裝束司'와 '仁王會所'와는 서로 所管·被管의 관계에 있었다. '佛五七舖'와 '寶頂卅三盖'은 仁王會를 위한 용품이며, '辛櫃二合'과 '佛御櫃'이 그 용기이다.

9. 참고문헌

柳雄太郎「正倉院傳世の木簡」(奈文研『第1回木簡研究集會記錄』1976年)

松嶋順正『正倉院寶物銘文集成』吉川弘文館, 1978年

松嶋順正·木村法光「正倉院寶物殘材調查報告」(『書陵部紀要』29, 1978年)

和田萃「正倉院傳世の木簡」(『木簡研究』1, 1979年)

木簡學會編『日本古代木簡選』岩波書店, 1990年

2) 正倉院傳世木簡

1. 이름 : 쇼우소인 전세 목간
2. 출토지 : 奈良縣(나라현) 奈良市(나라시)
3. 발굴 기간 : 傳世
4. 발굴 기관 : 宮內廳正倉院事務所
5. 유적 종류 : 관아·사원
6. 점수 : 1

7. 유적과 출토 상황

東人寺 人佛殿의 북서쪽, 若草山의 신기슭에 위치한 正倉院寶庫는 나리시대 이래 聖武天皇 遺愛品이나 東大寺의 資材什寶類, 造東大寺司 관련품 등을 수장해온 창고건물이다. 현재 正倉院의 寶物로 칭하는 寶庫의 전래품 중에는 보물에 부속된 付札, 文書木簡, 正倉院 文書 중의 寫經所帳簿에 대응하는 往來軸의 한 그룹 등, 전래목간이 존재한다.

보물은 메이지시대에 첫 고증과 정리를 거쳐 현재에 이르기까지 수리와 정리가 계속되고 있다. 그러나 아직 정리되지 않은 것, 잔재 그대로 보존된 것이 적지 않다. 그중에 새로이 묵서가 확인되는 전래목간 1점이 있다.

8. 목간

· 　　　　　　　　　　　　　□〔七〕月
　[　　] 　　　　　　　　　　五日下調布壹伯端□ 　　　　〔越前?〕
　　　　　　　　　　　　　　　　　　　　　　八百屯□□□百屯越中
　[　　　] 　　　　　　[　　　] 　　□□□〔綿?〕□□〔伯〕屯　三百屯伯者
　　　　　　[　　　] 　　　[　]□主典志斐麻　□　□□□□□ 　　　　　　　　」
· [　　　　]〔檢納?〕□□[　　] 　」

상단은 손상·하단은 方頭形이다. 하단과 좌우측면은 본래의 整形面이 남아 있다. 앞뒤의 평명은 대부분이 썩어서 손상되어 몇 군데에 묵흔은 보이지만 판독이 어렵다. 또한 상·하단에서부터 금이 갔다. 형상이나 묵서의 내용으로부터 본 목간은 창고에서 물품의 山藏을 日次式으로 작성한 倉札이며, 창고 내부에 그대로 둔 것으로 생각된다. 물품으로서는 調布나 越中國, 伯耆國 등의 '屯'단위의 것(綿)이 확인된다.

9. 참고문헌

佐々田悠·飯田剛彦·杉本一樹「年次報告」(『正倉院紀要』33, 2011年)

佐々田悠·飯田剛彦「奈良·正倉院」(『木簡研究』34, 2012年)

3) 平城宮跡(5次·7次)大膳職地區

1. **이름** : 헤이조큐 터(5차·7차)

2. **출토지** : 奈良縣(나라현) 奈良市(나라시)

3. **발굴 기간** : 1960.11~1961.3, 1961.7~1962.2

4. **발굴 기관** : 奈良國立文化財研究所

5. **유적 종류** : 궁전·관아

6. **점수** : 5차 31점, 7차 2점

7. 유적과 출토 상황

平城宮跡은 나라시대 70여 년간 정치의 중심이 된 곳인데, 1961년에 처음으로 목간이 발견된 이후 지속적으로 목간이 발견되는 선구적인 장소가 되었다. 목간이 출토된 곳은 토광이다. 이 토광의 埋土나 유물의 상황에 차이는 없고, 또한 유물이 동일한 토층에서 출토된 것이나 토광의 벽이 붕괴되지 않은 것, 유물이 토광의 주변에서 바닥에 걸쳐 던져진 형태로 발견된 것으로 보아, 모두 같은 시기에 뚫고, 비교적 단기간에 매운 것으로 판단된다. 시기는 목간의 기년으로 보아 天平寶字 말경으로 보인다.

8. 목간

〈5次〉

목간은 총 31점이고, 청구문서, 기록, 공납품의 하찰, 물품의 부찰, 습서낙서 등으로 나누어진다. 하찰에 天平寶字5·6년(761·762)의 기년이 있으며, 습서에도 같은 6년의 글자가 보이기 때문에 출토 상황과 종합해서 모두 寶字 말의 목간으로 판단해도 좋다.

(1)

·「寺請　小豆一　醬一□〔斗?〕五升　　　大床所　　酢　末醬等」

·「右四種物竹波命婦御所　　　　　　三月六日　　　」

(2)

·「肥前國目正八位上矢□□〔田部?〕×

·「「豊」筑前「國」目□□從八位上矢田部□□　」

(3)

·「『甲斐國』山梨郡雜役胡桃子一古」

·「　　　　天平寶字六年十月　　　　」

〈7次〉

목간은 2점 출토되었다. 목간이 출토된 유구는 중앙의 우물이다.

(4)

山

(5)

```
「政   ┌ 津守貞成
         └ □〔豊?〕□□□〔繼?〕   御匣殿七人
```

의미는 분명하지 않지만, 아마도 일의 분업이나 물품의 청구에 관련된 목간인 것 같다.

9. 참고문헌

奈文研『平城宮跡第5次發掘調査報告』1961年

奈文研『奈良國立文化財研究所年報1961』1961年

奈文研『平城宮發掘調査報告Ⅱ－官衙地域の調査』(奈良國立文化財研究所學報15) 1962年

奈文研『平城宮木簡一－平城宮發掘調査報告Ⅴ』(奈良國立文化財研究所史料5) 1966年

奈文研『平城宮木簡一(解説)－平城宮發掘調査報告Ⅴ』(奈良國立文化財研究所史料5 別冊) 1969年

東野治之「奈良·平城宮跡(第五次)」(『木簡研究』1, 1979年)

木簡學會編『日本古代木簡選』岩波書店, 1990年

沖森卓也·佐藤信編『上代木簡資料集成』おうふう, 1994年

奈文研『平城宮發掘調査出土木簡槪報』35, 2000年

奈文研『昭和36年度第7次平城宮跡發掘調査槪要』1962年

奈文研『奈良國立文化財研究所年報1962』1962年

奈文研『平城宮發掘調査報告Ⅳ－官衙地域の調査2』(奈良國立文化財研究所學報17) 1966年

奈文研『平城宮木簡一－平城宮發掘調査報告Ⅴ』(奈良國立文化財研究所史料5) 1966年

奈文研『平城宮木簡一(解説)－平城宮發掘調査報告Ⅴ』(奈良國立文化財研究所史料5 別冊) 1969年

横田拓実「平城宮跡出土の木簡」(奈文研『第1回木簡研究集會記錄』1976年)

東野治之「奈良·平城宮跡(第七次)」(『木簡研究』1, 1979年)

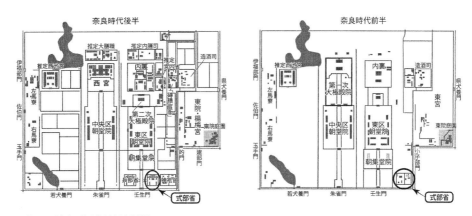

그림 1. 平城宮 내 식부성의 위치
奈良文化財研究所·平城宮跡資料館『平成28年度秋期特別展　地下の正倉院展』(2016, 13쪽)

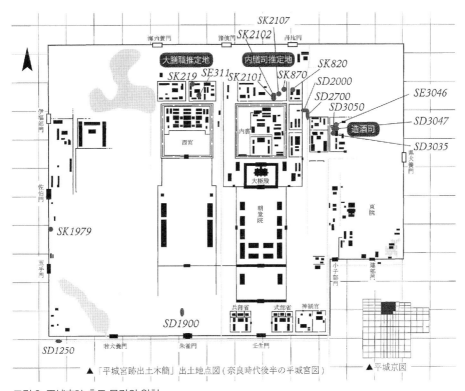

그림 2. 平城宮跡 출토 목간의 위치
奈良文化財研究所·平城宮跡資料館『平成29年度秋期特別展　地下の正倉院展』(2017, 3쪽)

4) 平城宮跡(13次)內裏北方官衙地區

1. 이름 : 헤이조큐 터(13차)
2. 출토지 : 奈良縣(나라현) 奈良市(나라시)
3. 발굴 기간 : 1963.8~1963.10
4. 발굴 기관 : 奈良國立文化財研究所
5. 유적 종류 : 궁전·관아
6. 점수 : 1,883

7. 유적과 출토 상황

平城宮跡의 推定第2次 內裏지역은 築地回廊으로 둘러싸여 內裏의 중추부를 이루는 內裏內郭과 그 바깥쪽의 넓은 범위를 築地로 이루어져 있다. 13차 조사에서 목간은 土壙에서 총 1,883점이 출토되었다. SK820에서는 총 1,843점 중에 기재 내용이 판명되는 것은 30% 정도로, 문서, 하찰, 물품부찰, 습서 등의 내용으로 대부분을 차지하고, 내용도 풍부하다. 문서 중에는 하나로 합쳐진 사료로서 西宮을 守衛한 左兵衛府의 兵衛에 관련된 것이 51점 있다. 兵衛의 문을 守衛하는 할당과 함께 식료품을 청구한 것이다. 이 밖에 兵衛의 召喚壯, 月借錢請求文書 등도 있다.

8. 목간
(1)
```
          室      矢田部  膳
・「西宮東一門              右七人 」
          川上    茨田    鎗

     檜前  錦部   漆部
・「二                合六人           」
```

三野　土師　尾張

　　(2)

　　　　額田　林　神　　日下部　　服□〔結?〕
・「東三門　　　　　北門　　北府　　　　　 」
　　　各務 漆部 秦　　縣　　　大伴
・「合十人　　　　五月九日食司日下部太万呂狀 」

　　(3)

・「府召 牟儀猪養　右可問給依事在召宜知　　　　 」
　　　　　　　　　　　　　　翼　大志 少志
・「狀不過日時參向府庭若遲緩科必罪　　　　　　 」
　　　　　　　　　　　　　四月七日付縣若虫

9. 참고문헌

奈文研『平城宮第12·13次發掘調査槪報』1963年

奈文研『平城宮跡第13次發掘調査出土木簡槪報』1963年

奈文研『奈良國立文化財研究所年報1964』1964年

奈文研『平城宮木簡一―平城宮發掘調査報告Ⅴ』(奈良國立文化財研究所史料5) 1966年

奈文研『平城宮木簡一(解説)―平城宮發掘調査報告Ⅴ』(奈良國立文化財研究所史料5 別冊) 1969年

奈文研『平城宮發掘調査報告Ⅶ』(奈良國立文化財研究所學報26) 1976年

今泉隆雄「奈良·平城宮跡(第一三次)」(『木簡研究』2, 1980年)

木簡學會編『日本古代木簡選』岩波書店, 1990年

沖森卓也·佐藤信編『上代木簡資料集成』おうふう, 1994年

奈文研『平城宮發掘調査出土木簡槪報』35, 2000年

奈文研『平城宮發掘調査出土木簡槪報』36, 2001年

木簡學會編『日本古代木簡集成』東京大學出版會, 2003年

奈文研『平城宮發掘調査出土木簡槪報』37, 2003年

5) 平城宮跡(16·17次)朱雀門地區

1. 이름 : 헤이조큐 터(16차·17차)
2. 출토지 : 奈良縣(나라현) 奈良市(나라시)
3. 발굴 기간 : 1964.2~1964.10
4. 발굴 기관 : 奈良國立文化財硏究所
5. 유적 종류 : 궁전·관아
6. 점수 : 9

7. 유적과 출토 상황

조사지역은 宮城 南面 중앙문인 朱雀門과 그 內方에 인접하는 지역이다. 확인된 주요 유구는 朱雀門과 東西의 兩脇門, 南面大垣 외에 柵 2조, 掘立柱列 2조, 溝 15조이다.

목간은 宮城의 남면 중앙문인 주작문과 그 안쪽에 있는 자갈로 깔린 23m의 도로 동서 양쪽의 溝 중에 西側溝에서 9점 출토되었다. 이 溝는 두 개의 溝가 중복되어 있으며 상층溝는 주작문의 바로 앞 38m에서 서쪽으로 꺾어서 문의 기단부를 피해 남쪽으로 흐르며 하층溝는 남쪽으로 직진해서 문의 기단부에 의해 단절되어 있다. 따라서 이 하층溝는 주작문이 조영되기 이전의 것이며 平城宮이 조영되기 이전에 존재한 아랫길의 西側溝로 생각된다. 목간은 하층 溝에서 출토되었다.

8. 목간

(1)

・「關々司前解近江國蒲生郡阿伎里人大初上阿□〔伎?〕勝足石許田作人」

　　　　　大宅女右二人左京小治町大初上笠阿曽弥安戶人右二

・「同伊刀古麻呂　　　　　　　　　　　　　　　　　　　　　」

　　　　　送行乎我都　鹿毛牡馬歳七　里長尾治都留伎

過所符로 8세기 것으로는 처음으로 출토된 것이다. 목간의 연대에 대해서는 우선 상한은 '大初上'이라고 기록되어 大寶令 이후의 位階制에 의한 것이기 때문에 大寶원년(701)3월 이후로 생각할 수 있다.

(2)

・　　□□

　×事

　　　捉人守人連奉」

・×得□□〔旨上?〕

　　□　　　　　　　　　」

윗부분과 좌우가 결손되었다. 도망한 노비를 잡았다는 보고의 단편으로 추정된다.

(3)

「∨大野里五百木部己波米五斗∨」

쌀의 공진 목간이다. 묵흔이 옅어 판독 불가능한 부분이 있다. '大野里'는 藤原宮 목간의「□妻倭國所布評大□〔野?〕里」와 같은 곳일 가능성도 있다.

9. 참고문헌

奈文研『平城宮發掘調査出土木簡概報』2, 1964年

奈文研『平城宮跡昭和39年發掘調査概要』1965年

奈文研『奈良國立文化財研究所年報1965』1965年

奈文研『平城宮木簡二』(奈良國立文化財研究所史料8)1975年

横田拓実「平城宮跡出土の木簡」(奈文研『第1回木簡研究集會記録』1976年)

奈文研『平城宮發掘調査報告IX—宮城門·大垣の調査』(奈良國立文化財研究所學報34) 1978年

清田善樹「奈良·平城宮跡(第一六·一七次)」(『木簡研究』2, 1980年)

木簡學會編『日本古代木簡選』岩波書店, 1990年

沖森卓也·佐藤信編『上代木簡資料集成』おうふう, 1994年

6) 平城宮跡(18次)西面大垣

1. 이름 : 헤이조큐 터(18차)

2. 출토지 : 奈良縣(나라현) 奈良市(나라시)

3. 발굴 기간 : 1964.5~1964.6

4. 발굴 기관 : 奈良國立文化財研究所

5. 유적 종류 : 궁전·관아

6. 점수 : 19

7. 유적과 출토 상황

平城宮跡 제18차 조사는 궁의 西邊에서 南面의 中門(佐伯門)과 같은 南門(玉手門)의 중간 지역으로 트렌치발굴을 실시한 것이다. 조사지역 전체는 남쪽으로 흐르는 秋篠川의 옛 河道에 해당하며, 궁 조성시기에 매몰된 후에도 동서 폭이 약 25m, 깊이 약 1.1m의 토갱이 남아 있는 것이 알려졌다. 유구는 이 위에서 확인되며, 동서로 뻗은 掘立柱塀 등 이외에 특징이 있는 유구가 확인되었다.

목간은 토광에서 19점이 출토되었고, 못(釘)에 관한 기록이 보인다. 동시에 출토된 유물은 금속 종류인 木柄, 鞴口, 鑛滓 등으로서 매우 특징적인 것이다 .대장간의 존재를 추정하는 근거이다.

8. 목간

목간은 총 19점 출토되었으나 목재가 부식된 것이 많아서 판독할 수 있는 것이 적다. 그중에 釘에 관련된 기록이 대부분이다. '平目釘'은 正倉院文書에 보이는 '平頭釘'과 같은 것이 아닐까 한다. '打合釘'도 正倉院文書에 散見한다. '堺打'은 銅製品을 선으로 새기는 공정으로 正倉院文書에서는 銅工으로서의 '堺打工'이 보인다.

　　(1)
「∨打合釘廿□」

　　(2)
×□□〔雲?〕形二枚□堺打下[ ]×

　　(3)
×平目釘一千六百□×

　　　□

　　(4)
・「□〔後?〕打合釘百」
・「　斤二両　」

9. 참고문헌

奈文研『平城宮發掘調査出土木簡槪報』2, 1964年
奈文研『平城宮跡昭和39年發掘調査槪要』1965年
奈文研『奈良國立文化財研究所年報1965』1965年
奈文研『平城宮木簡二』(奈良國立文化財研究所史料8) 1975年
奈文研『平城宮發掘調査報告Ⅸ―宮城門·大垣の調査』(奈良國立文化財研究所學報34) 1978年

佐藤信「奈良·平城宮跡(第一八次)」(『木簡研究』2, 1980年)

7) 平城宮跡(20次)內裏北方官衙地區

1. 이름 : 헤이조큐 터(20차)

2. 출토지 : 奈良縣(나라현) 奈良市(나라시)

3. 발굴 기간 : 1964.7~1964.11

4. 발굴 기관 : 奈良國立文化財研究所

5. 유적 종류 : 궁전·관아

6. 점수 : 522

7. 유적과 출토 상황

平城宮跡의 제20차 조사는 10, 11, 13차 조사와 연계된 推定第2次 內裏의 北外郭中央區의 東半部에서 실시되었다. 이 유적의 동반부의 남단 근처에 10개의 밀집된 토광이 발견되었고 그 중에서 세 개의 토광에서 목간이 출토되었다.

토광SK2101에서는 목간에 보이는 기년은 天平 18년(746), 天平勝寶 2년(750), '勝寶'의 3점이 있어 天平勝寶연간에 매몰된 것으로 보인다.

토광SK2102에서는 埋土가 상하 2층으로 나뉘어져 그 상층에서 목간 111점이 대량의 檜皮 및 목편과 함께 출토되었고 매몰연대는 기년목간을 보아 神龜5년(728)과 天平元年(729)에 4점이 있으므로 이 시점과 그다지 멀지 않은 시기의 土壤으로 생각된다.

토광SK2107에서는 토광 내의 최하층의 檜皮를 주로 하는 유기질층에서 목간 17점이 출토되었다. 檜皮가 많이 폐기되어 토광SK2102와 같은 조영시기의 쓰레기 처리용 토광으로 생각할 수 있다.

8. 목간

SK2101

(1)

```
              番長二人　舍人十七人
・「請飯　藏部一人　右依例所請如件 」
              史生一人
・「　　　　十一月七日安曇田主　　　」
```

藏部의 飯 청구에 관한 문서목간.

SK2102

(2)

```
                      桁一條
・「泉進□〔上?〕材十二條中　又八條□×
・「　付宿奈麻呂
```

泉津에서의 목재를 진상하는 문서.

SK2107

(3)

```
              □□ 君山中三斗
「∨河原鄕
              □□〔子?〕眞人三斗　 」
```

9. 참고문헌

奈文研『平城宮發掘調査出土木簡槪報』2, 1964年

奈文研『平城宮跡昭和39年發掘調査概要』1965年

奈文研『奈良國立文化財研究所年報1965』1965年

奈文研『平城宮木簡二』(奈良國立文化財研究所史料8) 1975年

奈文研『平城宮發掘調査報告Ⅶ』(奈良國立文化財研究所學報26) 1976年

佐藤信「奈良·平城宮跡(第二○次)」(『木簡研究』2, 1980年)

沖森卓也·佐藤信編『上代木簡資料集成』おうふう, 1994年

奈文研『平城宮發掘調査出土木簡概報』40, 2010年

8) 平城宮跡(21次)內裏東方官衙地區

1. 이름 : 헤이조큐 터(21차)

2. 출토지 : 奈良縣(나라현) 奈良市(나라시)

3. 발굴 기간 : 1964.11~1965.3

4. 발굴 기관 : 奈良國立文化財研究所

5. 유적 종류 : 궁전·관아

6. 점수 : 292

7. 유적과 출토 상황

平城宮跡의 제21차 조사는 推定第2次 內裏外郭의 동쪽에 인접하는 부분에서 실시하였다. 확인된 유구는 內裏外郭을 둘러싼 築地 SA705 및 그 동측에서 남쪽으로 흐르는 玉石組의 溝 SD2700과, 그것에 의해 동서로 구분되는 掘立柱건물군이다.

목간이 출토된 유구 SD2700에서는 총 290점의 목간이 출토되었는데 溝의 각 층에 걸쳐서 출토되었다. 溝 내부의 埋土는 대략 6개 층으로 나뉘어, 제Ⅱ층을 제외하고는 모든 층에서 목간이 출토되었다. 각 층에서 출토된 목간에 보이는 기년명의 연대 순위는 溝 내부의 토층의 순위와 일치하며, 출토된 기년이 있는 목간에 의해서 거의 퇴적의 절대연대를 추정할 수 있다. 이 溝의 최하층(제Ⅵ층)에서는 天平初年의 기년이 있는 목간이 출토되어 이 溝의 퇴적이 시작되는 시기로 보인다. 또 SD2000에서는 SD2700으로 흘러 들어가는 곳에서 목간 2점이 출토되었다.

8. 목간

(1)

　　　　　波多足人山□〔村?〕

・「民部省召

　　　　　贄土師佐美万呂

・「[　　　]　　　　〔月?〕

　[　　　]多称　　七□[　　　]□〔□?〕　　宮內」

(2)

「[　　　]　　□〔物?〕□一□　□一人　子祖父　牧手女　□□　人成

　　　　　　　　　　　　　奴三人　栗男

竪子所六人　奴　　荒□　　　　□當　　逃亡六人　　　　　　□〔益?〕万呂　今□治□〔毛?〕□□〔返?〕□□

　　　　　　　　　　　　　婢三人　益万呂

　　　　　飯運一人　眞木　　　子石　　　□万呂女

(3)

「∨丹波國何鹿郡高津鄉交易小麦五斗∨」

9. 참고문헌

奈文研『奈良國立文化財研究所年報1965』1965年

奈文研『平城宮發掘調査出土木簡概報』3, 1965年

奈文研『平城宮木簡二』(奈良國立文化財研究所史料8) 1975年

奈文研『平城宮發掘調査報告Ⅶ』(奈良國立文化財研究所學報26) 1976年

鬼頭淸明「奈良・平城宮跡(第二一次)」(『木簡硏究』3, 1981年)

沖森卓也·佐藤信編『上代木簡資料集成』おうふう, 1994年

奈文硏『平城宮發掘調査出土木簡槪報』38, 2007年

奈文硏『平城宮發掘調査出土木簡槪報』40, 2010年

9) 平城宮跡(22次北)造酒司地區

1. 이름 : 헤이조큐 터(22차 북쪽)

2. 출토지 : 奈良縣(나라현) 奈良市(나라시)

3. 발굴 기간 : 1964.11~1965.5

4. 발굴 기관 : 奈良國立文化財硏究所

5. 유적 종류 : 궁전·관아

6. 점수 : 582

7. 유적과 출토 상황

平城宮跡 제22차 조사 결과, 일방대로 추정지에도 관아터가 확인되어 平城宮이 동쪽으로 확장된 것이 분명해졌다. 확인된 유구는 우물 2기, 掘立柱건물 5동, 柵 2조, 溝 5조이다.

SE3046 溝 : 목간은 우물의 퇴적토 속에서 曲物, 箸, 筐, 人形과 함께 2점이 출토되었고, 또 우물의 바닥에서 1점이 출토되었다.

SE3047 溝 : 목간은 옥석구의 퇴적토 상층에서 曲物이나 箸와 함께 1점이 출토되었지만 석독이 불가능하다.

SE3050 溝 : 목간은 상하 양 층에서 총 16점이 출토되었는데 상층에서는 '酒司/造酒'라고 적힌 묵서토기와 함께 14점이 출토되었다. 하층에서는 曲物이나 箸, 板과 함께 2점이 출토되었다. 상층에서는 寶龜元年(770)銘의 목간이 출토되었으므로 이 溝는 寶龜元年에도 사용되었다는 것을 알 수 있다.

SE3035 溝 : 목간은 퇴적토 전체에서 총 562점 출토되었다. 최하층에서는 天平勝寶八歲 (756)의 목간이 출토되었다.

8. 목간

SE3050 溝

(1)

・「∨能登國能登郡鹿嶋鄕望理里調熬海鼠六□∨」

・「∨　　天平四年四月十七日∨」

(2)

「∨駿河國安倍郡貢上甘子[　　]□〔御?〕[　　]　　寶龜元年十二月∨」

SE3035 溝

(3)

・「親王八升　三位四人一斗二升」

・「伎人六升　　　　　　　　」

(4)

「∨紀伊國无漏郡進上御贄礒鯛八升∨」

9. 참고문헌

奈文研『奈良國立文化財研究所年報1965』1965年

奈文研『平城宮跡昭和39年發掘調査概要』1965年

奈文研『平城宮發掘調査出土木簡槪報』3, 1965年

奈文研『平城宮木簡2』(奈良國立文化財研究所史料8) 1975年

鬼頭淸明「奈良・平城宮跡(第二二次北)」(『木簡硏究』3, 1981年)

木簡學會編『日本古代木簡選』岩波書店, 1990年

沖森卓也・佐藤信編『上代木簡資料集成』おうふう, 1994年

木簡學會編『日本古代木簡集成』東京大學出版會, 2003年

奈文硏『平城宮發掘調査出土木簡槪報』40, 2010年

10) 平城宮跡(22次南)東院地區西邊

1. 이름 : 헤이조큐 터(22차 남쪽)
2. 출토지 : 奈良縣(나라현) 奈良市(나라시)
3. 발굴 기간 : 1965.2~1965.7
4. 발굴 기관 : 奈良國立文化財硏究所
5. 유적 종류 : 궁전·관아
6. 점수 : 523

7. 유적과 출토 상황

SD3410 : 목간은 溝 내부의 3층에 걸친 퇴적층 중에 최하층에서 65점이 출토되었다. 그중에 목간번호 2551과 같이 鄕里制가 기록된 것도 있다.

SD3414 : SD3410에서 흘러들어 온 동西側溝에서 목간 1점이 출토되었다.

SD3236 : 목간은 각 溝에서 총 33점이 출토되었다.

SA3237 : 목간은 남쪽에서 두 번째의 柱穴에서 52점이 출토되었다.

SD3297 : 목간은 新古 兩溝에서 33점이 출토되었다. 新溝에서는 神功開寶 1점이 출토되었다.

SB3322 : 목간은 동루의 남쪽 두 번째 掘形 埋土의 최상층에 모인 모래층에서 45점이 출토되었다.

SA3362 : 목간은 동쪽에서 제 2, 3, 4번째의 柱掘形 안에서 14점이 출토되었다.

SE3330 : 목간은 우물의 굴형에서 1점 출토되었고, 또한 우물 주변의 溝에서도 목간이 총 5점이 출토되었다.

SK3213 : 목간은 8점이 출토되었고 그중에 和銅2年(709)銘의 것과 神護景雲3年(769)銘의 것도 있다.

SK3265 : 목간은 토광에서 출토되었는데, 天平勝寶7歲(755)의 기년이 있다.

SD3154·55 : 목간은 SD3154에서 40점, SD3155에서 8점이 출토되었다.

SA3177·78 : 목간은 SA3177의 西端柱掘形에서 1점, SA3178의 동쪽에서 제 2, 3, 4번째의 柱掘形 埋土에서 4점이 출토되었다. SA3178에서는 縫殿에 관한 문서목간 2점이 출토되었다.

SD3136 : 목간은 12점 출토되었고 若狹國三方郡으로부터의 貢進物荷札 4점이 보이고 있다.

SD3113 : 목간은 天平勝寶8歲(756) 11월 9일의 날짜를 기록한 것 1점이 보이고 있다.

8. 목간

　(1)

・×□□□〔鄕?〕清水里戶主紀臣□□□□歲調塩三斗」

・×□□年□〔六?〕月　　　　　　　　　　　　　　　」

　(2)

「∨若狹國三方郡竹田里浪人黃文五百相調三斗∨」

　(3)

・「宮舍人縣志己等理　受物戶四口　　　」

・「　　　　　天平勝寶八歲八月十六日」

9. 참고문헌

奈文研『平城宮跡第22南·25·26次發掘調査槪報』1965年

奈文研『奈良國立文化財研究所年報1965』1965年

奈文研『平城宮發掘調査出土木簡概報』3, 1965年

奈文研『平城宮木簡二』(奈良國立文化財研究所史料8)1975年

鬼頭淸明「奈良·平城宮跡(第二二次南)」(『木簡研究』4, 1982年)

木簡學會編『日本古代木簡選』岩波書店, 1990年

沖森卓也·佐藤信編『上代木簡資料集成』おうふう, 1994年

木簡學會編『日本古代木簡集成』東京大學出版會, 2003年

奈文研『平城宮發掘調査出土木簡概報』40, 2010年

11) 平城宮跡(27次)第一次大極殿院地區東邊

1. 이름 : 헤이조큐 터(27차)

2. 출토지 : 奈良縣(나라현) 奈良市(나라시)

3. 발굴 기간 : 1965.7~1966.1

4. 발굴 기관 : 奈良國立文化財研究所

5. 유적 종류 : 궁전·관아

6. 점수 : 4

7. 유적과 출토 상황

발견된 유구는 매립지이며, 목간이 출토된 곳은 토광 SK3730이며 4점의 목간이 출토되었다.

8. 목간

「∨角俣∨」

9. 참고문헌

奈文研『平城宮跡第27·32次發掘調査槪報』1966年

奈文研『奈良國立文化財研究所年報1966』1966年

奈文研『平城宮發掘調査出土木簡槪報』4, 1967年

奈文研『平城宮發掘調査報告ⅩⅠ－第一次大極殿地域の調査(本文)(圖版)』(奈良國立文化財研究所學報40) 1982年

鬼頭淸明「奈良·平城宮跡(第二七次)」(『木簡研究』4, 1982年)

奈文研『平城宮木簡七』(奈良文化財研究所史料85) 2010年

12) 平城宮跡(28次)第一次大極殿院地區西邊

1. 이름 : 헤이조큐 터(28차)

2. 출토지 : 奈良縣(나라현) 奈良市(나라시)

3. 발굴 기간 : 1965.9~1966.3

4. 발굴 기관 : 奈良國立文化財研究所

5. 유적 종류 : 궁전·관아

6. 점수 : 79

7. 유적과 출토 상황

목간은 남북 溝 SD3825에서 79점 출토되었다. 그 밖에 공반유물로는 木製百万塔未製品, 漆塗柄頭 등이 있다.

8. 목간

(1)

「∨參河國播豆郡析嶋海部供奉□〔去?〕天平十八年十二月料御贄佐米□『庸六斤』

(2)

「∨參河國□□〔芳豆?〕□□〔御贄?〕□×

(3)

　　　　　　　　□□〔連?〕□□〔丸?〕∨
×魚十一斤十両　　養老七年九月」

(4)

・「∨越前國□□郡□□[　　　]□□□」

・「∨□　　　　　　　　　　」

(5)

・「∨讚岐國山□〔田?〕×

・「∨□多□二人×

(6)

・「左衛士府×

・「宜相替國×

9. 참고문헌

奈文研『平城宮跡第28·29·33次發掘調査概報』1966年

奈文研『奈良國立文化財研究所年報1966』1966年

奈文研『平城宮發掘調査出土木簡概報』4, 1967年

鬼頭清明「奈良·平城宮跡(第二八次)」(『木簡研究』4, 1982年)

奈文研『平城宮木簡七』(奈良文化財研究所史料85) 2010年

奈文研『平城宮發掘調査報告ⅩⅦ-第一次大極殿地區の調査2(本文編)(圖版編)』(奈良文化財

研究所學報84) 2011年

奈文研『平城宮發掘調査出土木簡槪報』42(正誤表), 2012年

13) 平城宮跡(29次)東面大垣入隅·東方官衙地區

1. 이름 : 헤이조큐 터(29차)

2. 출토지 : 奈良縣(나라현) 奈良市(나라시)

3. 발굴 기간 : 1966.7~1967.5

4. 발굴 기관 : 奈良國立文化財硏究所

5. 유적 종류 : 궁전 관아

6. 점수 : 120

7. 유적과 출토 상황

목간은 溝 SD3410과 그것과 나란히 자리한 溝 SD4488 및 도광 SK4355에서 출토되었으며 모두 120점이다.

8. 목간

　(1)

「未選秦人行

　仕丁建部乙公

　(2)

「∨凡直□□〔兒?〕□白米五斗 ∨」

　(3)

×□丸部臣廣庭×

(4)

×□□　加利等一尾治宇□〔甘?〕×

(5)

×□八位下川邊藥×

(6)

×麻呂 夕冊□ ×

×呂 日百廿
　　夕六十×

(7)

×內舍人勳十□×

(8)

×朝臣蓑麻×

9. 참고문헌

奈文研『平城宮跡第28・29・33次發掘調査槪報』1966年

奈文研『平城宮發掘調査出土木簡槪報』4, 1967年

奈文研『奈良國立文化財硏究所年報1967』1967年

奈文研『平城宮木簡三』(奈良國立文化財硏究所史料17) 1981年

鬼頭淸明「奈良・平城宮跡(第二九次)」(『木簡硏究』4, 1982年)

14) 平城宮跡(32次)宮域東南隅地區・二條大路

1. 이름 : 헤이조큐 터(32차)
2. 출토지 : 奈良縣(나라현) 奈良市(나라시)

3. 발굴 기간 : 1965.12~1966.4

4. 발굴 기관 : 奈良國立文化財研究所

5. 유적 종류 : 궁전·관아

6. 점수 : 639

7. 유적과 출토 상황

목간이 출토점수는 총 639점이다. 이 중에서 과반인 382점은 溝 SD4951에서 발견되었고 그 밖에 SD3410이 합류하는 부근에서 243점의 목간이 집중적으로 출토되었다.

8. 목간

(1)

• 「主漿署　宿侍舍人三人　未選氷宿祢宮繼

　　　　　　　　　　物部忍足　　　　　」

• 「廿七屯人別九屯

　　　　　　十月十二日氷宮繼　　　　」

(2)

• 「主漿署　　□〔請?〕[　]　」

• 「□所所請如件　　」

(3)

• 「菹春宮　」

• 「須々保利」

'春宮'이나 春宮坊 被管의 官司(主漿署) 이름이 보인다.

(4)

• 「二升　[　　]□〔八?〕□　」

　一升　主工署四升

・×月廿五日」

'主工署'라고 하는 목간이 보여 春宮坊 所在地일 가능성을 생각할 수 있다.

9. 참고문헌

奈文研『平城宮跡第27・32次發掘調査概報』1966年

奈文研『奈良國立文化財研究所年報1966』1966年

奈文研『平城宮發掘調査出土木簡概報』4, 1967年

奈文研『平城宮木簡三』(奈良國立文化財研究所史料17) 1981年

綾村宏「奈良・平城宮跡(第三二次)」(『木簡研究』6, 1984年)

木簡學會編『日本古代木簡選』岩波書店, 1990年

沖森卓也・佐藤信編『上代木簡資料集成』おうふう, 1994年

15) 平城宮跡(32次補足)宮域東南隅地區

1. 이름 : 헤이조큐 터(32차 보충)
2. 출토지 : 奈良縣(나라현) 奈良市(나라시)
3. 발굴 기간 : 1966.5~1966.12
4. 발굴 기관 : 奈良國立文化財研究所
5. 유적 종류 : 궁전·관아
6. 점수 : 12,969

7. 유적과 출토 상황

목간이 출토된 곳은 東西 溝 SD4100과 남북 溝 SD3400이다.

8. 목간

목간의 특색은 다음과 같다.

(1) SD4100 출토 목간은 削屑이 90% 이상을 차지하고 있다. 이처럼 削屑이 다수 포함된 것은 특정한 장소에서 목간으로부터 깎은 조각들이 일괄적으로 퇴적된 것으로 생각되고, 이들의 목간과 削屑이 일관된 等質의 사료로 취급했음을 시사한다.

(2) SD4100 출토 목간의 내용은 대부분 式部省과 관련이 있는 것으로 생각된다. 그중에서도 考課와 관계된 목간이 다수 출토된 것이 주목되는데 8세기 관료제의 연구 사료로서 귀중하다.

(3) 考課목간은 그 형태상의 특색으로서 상단의 측면에서 작은 구멍이 뚫려 있어 끈 등을 넣을 수 있도록 하였다.

(4) 목간의 기년은 神龜5년(728)부터 寶龜원년(770)까지 있는데 神龜연간의 것은 SD4100의 서쪽에서만 출토되었으므로 그 외에는 기의 天平神護年中에서 寶龜원년경끼지의 것으로 보이도 좋다.

(1)
·「式部省召　　書生佐為宿祢諸麻□　　」
·「　　　　十二月廿八日大錄　　　　」
(2)
　　　　　　　　　　少允從六位上紀朝臣直人
「大學寮解　申宿直官人事
　　　　　　　　　　神護景雲四年八月卅日　　　」
(3)
「依遣高麗使廻來天平寶字二年十月廿八日進二階叙」

9. 참고문헌

奈文研『平城宮發掘調查出土木簡槪報』4, 1967年

奈文研『奈良國立文化財研究所年報1967』1967年

奈文研『平城宮木簡四』(奈良國立文化財研究所史料28) 1986年

寺崎保廣「奈良·平城宮跡(第三二次補足調査)」(『木簡研究』9, 1987年)

木簡學會編『日本古代木簡選』岩波書店, 1990年

沖森卓也·佐藤信編『上代木簡資料集成』おうふう, 1994年

奈文研『平城宮木簡五』(奈良國立文化財研究所史料42) 1996年

奈文研『平城宮木簡六』(奈良文化財研究所史料63) 2004年

奈文研『平城宮發掘調査出土木簡概報』40, 2010年

16) 平城宮跡(35次)內裏東方官衙地區

1. 이름 : 헤이조큐 터(35차)
2. 출토지 : 奈良縣(나라현) 奈良市(나라시)
3. 발굴 기간 : 1968.12~1969.4
4. 발굴 기관 : 奈良國立文化財研究所
5. 유적 종류 : 궁전·관아
6. 점수 : 141

7. 유적과 출토 상황

목간은 남면축지의 남쪽에 있는 우물의 주변에 점재해 있는 小土坑群 SK4453 및 그 윗부분의 퇴적토에서 출토되었다. 점수는 총 141점이다. '天平', '大養德國' 등의 목간 표기를 통해서 연대를 추측할 수 있다. 즉, 『續日本紀』에 의하면 天平9년(737) 3월부터 동 19년 3월에 한정해서 보이는 것 등으로부터 판단해서 天平年間을 중심으로 했음을 추정할 수 있다. 목간의 내용은 陰陽寮에 관한 것이 정리되어 있어 平安宮大內裏圖에 보이는 陰陽寮의 위치와 발굴지가 상대적으로 유사한 것이 주목된다.

8. 목간

　(1)

・「陰陽寮移　大炊寮 給飯捌升 右依　　」
・「例給如件錄狀故移 □□□□〔年八月?〕[　　　]
　　　　　　　　　　　　從八位下[　　]　　　　　　　」

　(2)

・「□陰陽寮解申宿直　　」
・「『月月天平』(天地逆)　」

　(3)

「大政內礼礼主　」
「大養德國　大　」

　(4)

・「∨近江國乘田価錢壹×」
・「∨　天平□年　　　　」

9. 참고문헌

奈文研 『奈良國立文化財研究所年報1970』 1970年

奈文研 『平城宮發掘調査出土木簡槪報』 7, 1970年

寺崎保廣 「奈良·平城宮跡(第三五次)」 (『木簡研究』 12, 1990年)

木簡學會編 『日本古代木簡選』 岩波書店, 1990年

沖森卓也·佐藤信編 『上代木簡資料集成』 おうふう, 1994年

17) 平城宮跡(1966-1立會調査)東院地區

1. 이름 : 헤이조큐 터(1966-1입회조사)
2. 출토지 : 奈良縣(나라현) 奈良市(나라시)
3. 발굴 기간 : 1966.11
4. 발굴 기관 : 奈良國立文化財研究所
5. 유적 종류 : 궁전·관아
6. 점수 : 4

7. 유적과 출토 상황

발굴지점은 6ALR구이며 토광 형태의 유구 일부를 확인했다. 많은 목편과 함께 목간 4점이
출토되었는데 판독 가능한 것은 1점뿐이다.

8. 목간

「□□　一未　□　」

9. 참고문헌

鬼頭淸明「奈良·平城宮跡」(『木簡研究』8, 1986年)

18) 平城宮跡(39次)小子門地區

1. 이름 : 헤이조큐 터(39차)
2. 출토지 : 奈良縣(나라현) 奈良市(나라시)
3. 발굴 기간 : 1966.12~1967.5

4. 발굴 기관 : 奈良國立文化財研究所

5. 유적 종류 : 궁전·관아

6. 점수 : 491

7. 유적과 출토 상황

목간이 출토된 유구는 溝와 굴립주건물의 주혈 등 13개 유구이며, 총 491점이 출토되었다.

8. 목간

　(1)

·□□〔造東?〕內司運蘐一百×……×出小子門」

·　　　　　十月廿八□□×……×小野滋野」

　(2)

·□五位上門部王　　從四位□紀朝臣男人　從五位上大□

　　　　　　　□□　　　　□□

·□足　　　　　　[　]　　　□〔若?〕女　逆女

　　　　　　　□□　　　　□足女　　　□廿一人

　(3)

·「主殿寮御炬　車持□□〔嶋?〕　□〔奴?〕　□　『子祖父』　吉末呂　『又吉万呂』」

　　　　　　　鴨國嶋　　　　　　　眞木

·「婢古阿尼　　酒虫女　多比女　名吉女　　六月五日大属衣縫連大床」

　　　　　　　　　□

　(4)

□□□　□□〔車持?〕□□　　□□〔車持?〕□□

　車持祖麻呂　　　鴨國嶋　　　　　『鴨大人』

9. 참고문헌

奈文研『平城宮跡第37·39·40·41次發掘調査槪報』1967年

奈文研『奈良國立文化財研究所年報1967』1967年

奈文研『平城宮發掘調査出土木簡槪報』5, 1968年

奈文研『平城宮木簡三』(奈良國立文化財研究所史料17) 1981年

鬼頭淸明「奈良·平城宮跡(第三九次)」(『木簡硏究』7, 1985年)

木簡學會編『日本古代木簡選』岩波書店, 1990年

沖森卓也·佐藤信編『上代木簡資料集成』おうふう, 1994年

木簡學會編『日本古代木簡集成』東京大學出版會, 2003年

奈文研『奈良文化財研究所紀要2004』2004年

19) 平城宮跡(40次)東方官衙地區·塼積官衙

1. 이름 : 헤이조큐 터(40차)

2. 출토지 : 奈良縣(나라현) 奈良市(나라시)

3. 발굴 기간 : 1967.4~1967.10

4. 발굴 기관 : 奈良國立文化財研究所

5. 유적 종류 : 궁전·관아

6. 점수 : 2

7. 유적과 출토 상황

목간은 상층유구에 동반한 우물의 埋土 및 掘形에서 4점 출토되었다.

8. 목간

(1)

「位　　位　　」

(2)

「位　　　　」

9. 참고문헌

奈文研『平城宮跡第37·39·40·41次發掘調査槪報』1967年

奈文研『奈良國立文化財研究所年報1968』1968年

奈文研『平城宮發掘調査出土木簡槪報』5, 1968年

鬼頭淸明「奈良　平城宮跡(第四〇次)」(『木簡硏究』8, 1986年)

20) 平城宮跡(41次)第一次大極殿院地區東南隅

1. 이름 : 헤이조큐 터(41차)
2. 출토지 : 奈良縣(나라현) 奈良市(나라시)
3. 발굴 기간 : 1967.7~1967.11
4. 발굴 기관 : 奈良國立文化財研究所
5. 유적 종류 : 궁전·관아
6. 점수 : 874

7. 유적과 출토 상황

목간이 출토된 곳은 SD3765, SD3715, SD3715의 서안에 있으며 같은 溝에 의해 파괴된 토광 SK5535, SD5564, SD5490의 다섯 곳이다.

SD3765 : 목간에서 화동연간에 존재했음을 알 수 있다. 11점이 출토되었지만 단편이 많다.

SD3715 : 목간은 765점인데 대부분 상층에서 출토되었다. 목간의 기년에서 溝가 靈龜 무렵부터 나라시대 말까지 존재했음을 알 수 있다.

SK5535 : 靈龜원년(715)의 명문이 있는 것을 포함하여 17점의 목간이 출토되었다.

SD5564 : 목간의 성격은 SD3715와 같은 종류로 볼 수 있는데, 8점이 출토되었다.

SD5490 : 목간은 73점 출토되었는데 판독할 수 없는 것이 많다.

8. 목간

SD3715에서 내용적으로 흥미 있는 것이 많이 출토되었는데 그중에서 兵衛府, 中衛府에 관한 것이 주의된다. 兵衛府에서 中衛府 앞으로 보내는 것이 있어 中衛府 혹은 그와 관련된 관아 및 시설에서 폐기된 것으로 보인다. 인명이 열거되었는데 中衛의 交名인 것 같다. 中衛府는 神龜5년(728)부터 大同2년(807)까지 존속하며 內裏주변의 警衛나 供奉에 종사한 것으로 볼 수 있으므로 목간의 폐기 시점부터 그리 멀지 않은 것으로 본다면 출토지 근방에 中衛府의 대기 장소 시설이 있었을 가능성이 있다.

이 밖에 『續日本紀』神護景雲3년 6월 을미조의 任官記事와 거의 일치하는 기록이 있는 것이 주목된다.

기년이 알려진 것은 神護景雲3년(769)을 포함하면 3점, 寶龜원년이 1점 있으며 그 밖의 목간도 이 시기의 것으로 보아 모순되지 않는다.

・「式部大□[　　][輔大伴益立]　伊賀守伊勢子老　遠江介藤井川守　出雲□□[守布?]
　　內倉介安□[倍?]草万呂　　　　美野守石上息繼　周方守弓削秋万呂兼勢□□[人主?]
　　　　　　　　　　　　伊與守高円廣□[世?]下總員外□[介?]
　　　　　　　　　　　　　　　　　　桑原王□[兼?]」

・「下野介當□□麻王]　　□□[伊伎]守田部息万呂　[　　][右兵衛]介弓削廣□[方]
　　能登[　　　　　][守石川人麻呂]　左馬司頭牟□□[都支?]王　右大舍人介□□[文屋?]万呂

員外介□[　　　　][弓削薩]□[麻?]　右衛士督備泉　　玄蕃□[助]相模波□□[伊波?]　　　　　　　　　」

9. 참고문헌

奈文研『平城宮跡第37·39·40·41次發掘調査槪報』1967年

奈文研『奈良國立文化財研究所年報1968』1968年

奈文研『平城宮發掘調査出土木簡槪報』5, 1968年

奈文研『平城宮發掘調査報告ⅩⅠ―第一次大極殿地域の調査(本文)(圖版)』(奈良國立文化財研究所學報40) 1982年

加藤優「奈良·平城宮跡(第四一次調査)」(『木簡研究』8, 1986年)

木簡學會編『日本古代木簡選』岩波書店, 1990年

沖森卓也·佐藤信編『上代木簡資料集成』おう.ふう, 1994年

奈文研『平城宮發掘調査報告ⅩⅥ―兵部省地區の調査(本文編)(圖版編)』(奈良文化財研究所學報70)

2005年奈文研『平城宮木簡七』(奈良文化財研究所史料85) 2010年

奈文研『平城宮發掘調査出土木簡槪報』42(正誤表), 2012年

21) 平城宮跡(43次)東院地區西邊

1. 이름 : 헤이조큐 터(43차)
2. 출토지 : 奈良縣(나라현) 奈良市(나라시)
3. 발굴 기간 : 1967.9~1968.4
4. 발굴 기관 : 奈良國立文化財研究所
5. 유적 종류 : 궁전·관아
6. 점수 : 26

7. 유적과 출토 상황

목간은 이 중 비스듬한 溝 SD4951에서 총 26점이 발견되었다. 이 溝는 상층과 하층으로 나뉘어, 하층 溝는 폭이 약 1m로, 양 기슭에 작은 말뚝과 측판으로 방토를 세웠다. 상층 溝는 폭이 1.5m에 넓게 확장 수리한 것으로 하류에서 유로를 거듭 서쪽으로 붙였다.

목간은 전부 하층의 구에서 출토되었다. 또 같은 溝에서부터 '少子', '厨' 등의 묵서토기가 출토되었다.

8. 목간

(1)

· 「近江國甘作郡雄諸鄕」

· 「大津里大友行商　　」

(2)

□養老五年正月」

(3)

「∨伊豆國那可郡和志鄕庭科里宍人部□

(4)

· 「右京一條四坊戶主國覓忌寸薩比登□〔誠?〕×

· 「欲給故牒　　右如件

(5)

· 申上　近江國事　」

· 　　一斗二升□升」

(6)

　　　　　　　　　　　　　　　　　同羊御調海藻六斤

「∨志摩國答志郡和具鄕難設里戶主大伴部祢麻呂口

　　　　　　　　　　　　養老七年五月十七日」

9. 참고문헌

奈文研『奈良國立文化財研究所年報1968』1968年

奈文研『平城宮發掘調査出土木簡槪報』6, 1969年

奈文研『平城宮木簡三』(奈良國立文化財研究所史料17) 1981年

鬼頭淸明「奈良·平城宮跡(第四三次)」(『木簡研究』8, 1986年)

木簡學會編『日本古代木簡選』岩波書店, 1990年

沖森卓也·佐藤信編『上代木簡資料集成』おうふう, 1994年

22) 平城宮跡(44次)東院庭園地區

1. 이름 : 헤이조큐 터(44차)

2. 출토지 : 奈良縣(나라현) 奈良市(나라시)

3. 발굴 기간 : 1967.11~1968.5

4. 발굴 기관 : 奈良國立文化財研究所

5. 유적 종류 : 궁전·관아

6. 점수 : 478

7. 유적과 출토 상황

목간은 모두 溝에서 출토되었는데 기년이 있는 것은 SD5785에서 和銅6·7년(713·714)의 것이, SD5788에서는 天平年間의 것이 출토되었다. SD5781에서는 和銅年間의 기년을 가진 목간이 출토되었고 SD5780에서는 天平年間의 것이 출토되었다.

8. 목간

  (1)

          年五十   六年中

・「少初位下高屋連家麻呂   六考日併千九十九   」

             右京

・「   陰陽寮   」

  (2)

・「∨越中國利波郡川上里鮒雜   」

・「∨腊一斗五升 和銅三年正月十四日」

  (3)

・□□   」

・   天平十九年七月四日使□万呂」

  (4)

・「裝潢紙壹伯肆拾伍枚」

・   堤□

「八年八月九日注

        注押人□」

  (5)

・「   津嶋連生石   春日椋人生村 宇太郡

召急   山部宿祢東人 平群郡   三宅連足嶋 山邊郡

    忍海連宮立 忍海郡   大豆造今志 廣背郡   」

・「   刑部造兄人   和銅六年五月十日使葦屋

    小長谷連赤麻呂   右九   椋人大田充食馬

    小長谷連荒當 志貴上郡   」

  (6)

・「∨長門國大津郡中男作物海藻陸斤二連 」

・「　　　　　　天平九年十一月　　　　　　」

9. 참고문헌

奈文研『奈良國立文化財硏究所年報1968』1968年

奈文研『平城宮發掘調査出土木簡槪報』6, 1969年

鬼頭淸明「奈良・平城宮跡(第四四次)」(『木簡研究』10, 1988年)

木簡學會編『日本古代木簡選』岩波書店, 1990年

沖森卓也・佐藤信編『上代木簡資料集成』おうふう, 1994年

奈文研『平城宮發掘調査報告ⅩⅤ-東院庭園地區の調査(本文編)(圖版編)』(奈良文化財研究所學報69) 2003年

奈文研『平城宮發掘調査山上木簡槪報』38, 2007年

23) 平城宮跡(50・51・52・63次)馬寮地區

1. 이름 : 헤이조큐 터(50・51・52・63차)

2. 출토지 : 奈良縣(나라현) 奈良市(나라시)

3. 발굴 기간 : 1968.7~1968.10

4. 발굴 기관 : 奈良國立文化財硏究所

5. 유적 종류 : 궁전・관아

6. 점수 : 4

7. 유적과 출토 상황

목간이 출토된 유구는 총 5곳이다.

SD5960 : 溝의 埋土에서 1점 출토되었다. 공반유물로 보아 이 溝는 平城 천도 후 곧바로 굴삭되었으며 나라시대 중기까지 존속된 것으로 보인다.

SD5950 : 나라시대 중기의 유구이며 담장의 柱穴에서 4점의 목간이 출토되었다.

SD6155 : 溝의 埋土에서 1점 출토되었다. 공반유물로 보아 헤이안시대의 초기에 속한다.

SD6477 : 溝에서 1점이 출토되었는데, 나라시대 말기부터 헤이안시대 초기의 토기들이 함께 출토되었다.

SD6499 : 溝에서 목간 11점이 출토되었다. 목간의 기년은 天平10·11(738·739)년에 집중하고, 유구의 감정에서도 나라시대 중기로 비정할 수 있다.

8. 목간

(1)

```
                                    □藻根二斗          Ｖ
「Ｖ志摩國志摩郡手節里戶主大伴部荒人[      ]
                                    和□五年四月廿日    」
```

(2)

「阿波國阿波郡秋月鄉庸米物部小龍一俵」

(3)

・「嶋掃進兵士四人依人役數欠   」

・狀注『坂』以移『坂坂』天平十一年正月二日」

(4)

・×進兵士三人依東薗×

・ 　□以移　　天平十年閏七月十二×

9. 참고문헌

奈文研『平城宮第47·50·51·52次發掘調查槪報』1969年

奈文研『奈良國立文化財研究所年報1969』1969年

奈文研『平城宮發掘調査出土木簡概報』6, 1969年

奈文研『平城宮發掘調査報告ⅩⅡ―馬寮地域の調査』(奈良國立文化財研究所學報42) 1985年

寺崎保廣「奈良・平城宮跡(第五〇・五一・五二・六三次)」(『木簡研究』14, 1992年)

沖森卓也・佐藤信編『上代木簡資料集成』おうふう, 1994年

24) 平城宮跡(77次)第一次大極殿院地區南門・東楼・南面築地回廊

1. 이름 : 헤이조큐 터(77차)

2. 출토지 : 奈良縣(나라현) 奈良市(나라시)

3. 발굴 기간 : 1973.1‐1973.4

4. 발굴 기관 : 奈良國立文化財研究所

5. 유적 종류 : 궁전・관아

6. 점수 : 243

7. 유적과 출토 상황

목간은 누각건물 SB7802의 柱拔取穴에서 출토되었다. SB7802는 층위 및 목간 등에서 第1次大極殿院의 최초 改修時부터 天平勝寶5年(753)까지 존재한 것으로 생각된다. 15곳의 柱穴 중에 12곳에서 총 24점의 목간이 출토되었다.

8. 목간

(1)

・「応修理正倉□　　」

・「　　肥後國　山鹿郡

　　右　　　　　　　　」

『妙 法 蓮 華』

(2)

「筈志鄕奈弖米三□〔斤?〕

(3)

・殿守二升

　　　　□　　　『□國庭　　英田郡國□肥後國合志郡□□〔鳥嶋?〕鄕余□〔戶?〕□□

　　　　　　　　　　　　　　　　　　　　　　　　　　　　□　　　』

・　　　　　　□□[　　　　　　　　　　　　]英田鄕□　　　　　太□□□□留□

　　□□□

(4)

「∨伊豆國田方郡棄妾鄕戶主春□

9. 참고문헌

奈文硏『昭和47年度平城宮發掘調査部發掘調査槪報(1)』1973年

奈文硏『奈良國立文化財硏究所年報1973』1973年

奈文硏『平城宮發掘調査出土木簡槪報』9, 1973年

奈文硏『平城宮發掘調査報告ⅩⅠ－第一次大極殿地域の調査(本文)(圖版)』(奈良國立文化財硏究所學報40) 1982年

木簡學會編『日本古代木簡選』岩波書店, 1990年

馬場基「奈良·平城宮跡(七七次)」(『木簡硏究』23, 2001年)

奈文硏『平城宮木簡七』(奈良文化財硏究所史料85) 2010年

奈文硏『平城宮發掘調査出土木簡槪報』42(正誤表), 2012年

25) 平城宮跡(78次南)內裏地區

1. 이름 : 헤이조큐 터(78차)

2. 출토지 : 奈良縣(나라현) 奈良市(나라시)

3. 발굴 기간 : 1973.4~1973.7

4. 발굴 기관 : 奈良國立文化財研究所

5. 유적 종류 : 궁전·관아

6. 점수 : 1

7. 유적과 출토 상황

이번 발굴조사에서는 조사면적에 비해 목제품의 출토기 적이시 총 24점에 불괴히다. 그중에 목간 1점을 포함한 22점이 우물 내의 유물이다. 우물은 나라시대를 통해서 개수한 흔적은 없지만, 內裏의 구획시설을 掘立柱塀에서 築地回廊으로 改修하면서 주변에 성토하였으며 外周에 납작한 돌을 깔아 세면장을 설치하였다.

8. 목간

· 「(墨劃) 白物桶

　　　　　　　　　　奈　物

　　　　　　　　　　尓　□

　　(墨劃)　白物桶　　波　　　」

· 「[　　　　　　　　]

　　白物桶福德

　　□　　□□　　　　」

9. 참고문헌

奈文研『昭和48年度平城宮跡發掘調査部發掘調査概報』1974年

奈文研『奈良國立文化財研究所年報1974』1975年

奈文研『平城宮發掘調査出土木簡概報』10, 1975年

奈文研『平城宮發掘調査報告ⅩⅢ(本文)(圖版)』(奈良國立文化財研究所學報50) 1991年

沖森卓也·佐藤信編『上代木簡資料集成』おうふう, 1994年

渡邊晃宏「奈良·平城宮跡」(『木簡研究』27, 2005年)

26) 平城宮跡(91次)內裏西北官衙地區

1. 이름 : 헤이조큐 터(91차)

2. 출토지 : 奈良縣(나라현) 奈良市(나라시)

3. 발굴 기간 : 1974.7~1974.10

4. 발굴 기관 : 奈良國立文化財研究所

5. 유적 종류 : 궁전·관아

6. 점수 : 242

7. 유적과 출토 상황

목간은 모두 舊地表와 A기(제1차)整地層 사이에서 건축용재의 파편과 削屑이나 檜皮와 함께 출토되었으며 平城宮 造營의 과정에서 폐기된 것이다. 목간은 조사구역의 서남부에서 함께 출토되었는데 총 234점(삭설 159점)이다.

8. 목간

(1)

<pre>
                    〔   〕六
「□　□□　□□□　□□□□升　　　　　和銅二年∨　　」
                    □　三
</pre>

(2)

- 「∨丹波國氷上郡石□〔負?〕里笠取直子万呂一俵納　　　　　　」
- 「∨白米五斗 和銅□年四月廿三日　　　　　　　　　　」

(3)

- 「∨丹波國氷上□石負里□□〔氷部?〕
- 「∨俵納白米五斗　和銅二年

(4)

- 「丹波□〔國?〕　　□〔負?〕里□〔千?〕□□〔部?〕□牟一俵」
- 「∨　　　　和銅三年四月廿三日
　　納白米五斗
　　　　　　　　　　　　　　」

기년명을 가진 목간은 和銅2년(709)과 3년에 한정된다.

(5)

- 「額田部御□　額田部□
- 「　　　　　車□　□□〔麻呂?〕

(6)

六戊五巳〔己〕九庚八辛七壬六□　□
　　　　　　[　　　　]

9. 참고문헌

奈文研『昭和49年度平城宮跡發掘調査部發掘調査概報』1975年

奈文研『平城宮發掘調査出土木簡槪報』10, 1975年

奈文研『奈良國立文化財研究所年報1975』1976年

橫田拓実「平城宮跡出土の木簡」(奈文研『第1回木簡研究集會記錄』1976年)

市大樹「奈良·平城宮跡(九一次)」(『木簡研究』24, 2002年)

奈文研『奈良文化財研究所紀要2003』2003年

木簡學會編『日本古代木簡集成』東京大學出版會, 2003年

奈文研『平城宮木簡七』(奈良文化財研究所史料85) 2010年

27) 平城宮跡(92次)佐紀池南邊

1. 이름 : 헤이조큐 터(92차)

2. 출토지 : 奈良縣(나라현) 奈良市(나라시)

3. 발굴 기간 : 1975.1

4. 발굴 기관 : 奈良國立文化財研究所

5. 유적 종류 : 궁전·관아

6. 점수 : 38

7. 유적과 출토 상황

목간은 SG8190의 남단 퇴적토에서 37점(중에 削屑 6점), 남북溝 SD3825에서 1점, 총 38점이 출토되었다. 기년이 있는 것 가운데 和銅6년(713)의 하찰목간 외에 養老5년(721)부터 神龜3년(726)까지의 목간도 있다.

못SG8190에서 출토된 목간은 이 못을 조성할 때 폐기된 것으로 보아 연대적으로도 모순되지 않는다. 平城 환도 후 이 지역에서는 세 번의 대규모 整地가 실시되었고 SG8190에서 SD3825로의 배수구는 溝幅分東으로 이동되어 溝 바닥도 다시 부피가 늘어났다.

8. 목간

(7)

・「 春部万呂　陽候黒須

　長

　　城部足浜　尾張安万呂　尾張五百足」

・　　　　　　　右五人曉夜行　　　　　」

(8)

・「播磨國赤穂郡周勢里」

・春部古□　　　　　　」

(9)

　〔原?〕

・「藤□郡和□

・「[　　　　]

(10)

・「∨越前國登能郡翼倚×

・「∨庸米六斗　和銅六年

9. 참고문헌

奈文研『昭和49年度平城宮跡發掘調査部發掘調査概報』1975年

奈文研『平城宮發掘調査出土木簡概報』10, 1975年

奈文研『奈良國立文化財研究所年報1975』1976年

沖森卓也・佐藤信編『上代木簡資料集成』おうふう, 1994年

渡邊晃宏「奈良・平城宮跡」(『木簡研究』26, 2004年)

奈文研『平城宮木簡七』(奈良文化財研究所史料85) 2010年

奈文研『平城宮發掘調査報告XⅦ—第一次大極殿地區の調査2(本文編)(圖版編)』(奈良文化財

研究所學報84) 2011年

奈文研『平城宮發掘調査出土木簡槪報』42(正誤表), 2012年

28) 平城宮跡(97次)中央區朝堂院地區東北部

1. 이름 : 헤이조큐 터(97차)

2. 출토지 : 奈良縣(나라현) 奈良市(나라시)

3. 발굴 기간 : 1976.4~1976.7

4. 발굴 기관 : 奈良國立文化財研究所

5. 유적 종류 : 궁전·관아

6. 점수 : 163

7. 유적과 출토 상황

목간은 基幹排水路 SD3715에서 20점(중에 削屑 8점), 여기에 설치된 堰狀遺構SX84111에서 38점(중에 削屑 38점), 총 163점(중에 削屑 44점)이 출토되었다. 여기서는 대표적인 13점을 소개한다.

나라시대 전반 이후 두 번의 개수가 실시되었고 埋土는 상층, 중층, 하층으로 대별된다. 하층의 출토목간은 神龜年間부터 天平初年까지의 기년이 있으며 상층에서 출토된 목간은 나라시대 말부터 헤이안시대 초두까지의 것이 포함되어 있다.

8. 목간

(1)

```
                    女瓦百六十枚　宇瓦百卅八枚          十六人各十枚 廿三人各六枚
・「進上瓦三百七十枚                        功卅七人
                    鐙瓦七十二枚                九人各八枚          ○ 」
神龜六年四月十日穴太□〔老?〕
・付葦屋石敷
              主典下道朝臣 向司家              ○ 」
```

기와 370장을 진상했을 때의 送狀. 女瓦는 암키와(平瓦), 宇瓦는 수막새(軒平瓦), 鐙瓦는 수키와(丸瓦)를 가리킨다.

(2)

```
・「          中務省          陰陽寮
  式部省召      右大舍人寮      內藥司    右省」
・「    閏□〔三?〕月十六日                      」
```

中務省 등의 관사로 발송한 式部省의 召文. 윤3월은 해당기간에 4회 있는데, 공반유물로 보면 天平5년(733)의 가능성이 크다.

(3)

```
「[        ]
          里工作高殿料短枚桁二枝□      [      ]    」
```

(4)

```
「造東高殿□□□〔飛驒工?〕□□
                    □          」
```

(5)

```
「西高殿四人
          [    ]   」
```

'高殿', '東高殿', '西高殿'은 제1차 大極殿院南面築地回廊에 부설된 東西樓로 생각되며, 출토된 造營 관련 목간도 이것과 관련이 있을지도 모른다.

9. 참고문헌

奈文研『昭和51年度平城宮跡發掘調査部發掘調査槪報』1977年

奈文研『奈良國立文化財研究所年報1977』1977年

奈文研『平城宮發掘調査出土木簡槪報』11, 1977年

木簡學會編『日本古代木簡選』岩波書店, 1990年

奈文研『平城宮發掘調査報告ⅩⅥ―兵部省地區の調査(本文編)(圖版編)』(奈良文化財研究所學報70) 2005年

山本崇「奈良·平城宮跡(九七次)」(『木簡研究』30, 2008年)

奈文研『平城宮木簡七』(奈良文化財研究所史料85) 2010年

奈文研『平城宮發掘調査出土木簡槪報』42(正誤表), 2012年

29) 平城宮跡(99次)東院庭園地區

1. 이름 : 헤이조큐 터(99차)

2. 출토지 : 奈良縣(나라현) 奈良市(나라시)

3. 발굴 기간 : 1976.10~1977.1

4. 발굴 기관 : 奈良國立文化財研究所

5. 유적 종류 : 궁전·관아

6. 점수 : 579

7. 유적과 출토 상황

목간은 東院園池SG5800에서 10점, 東面大垣下의 東西暗渠에서 1점, 東面大垣東雨落溝 SD5815에서 1점, 東二坊坊間路西側溝SD5780에서 550점(중에 削屑 401점), 出土遺構不明 2점(모두 削屑), 총 564점(중에 削屑 403점)이 출토되었다.

8. 목간

(1)

・「東薗進上芹三升　　」

・「蓼[　　]　[　　]　右三種　付三口　　」
동원에서 미나리, 여뀌 등의 蔬菜壯.

(2)

「o 第十二櫃」
함에 매단 부찰.

(3)

「河村郡河村鄉白米五斗　　」
伯耆國 白米의 하찰.

(4)

「∨宋麻呂方『一丈』」
하단은 절단된 채로 거칠게 다듬은 형태. 섬유제품의 부찰로 생각된다.

9. 참고문헌

奈文研『昭和51年度平城宮跡發掘調査部發掘調査概報』1977年

奈文研『奈良國立文化財研究所年報1977』1977年

奈文研『平城宮發掘調査出土木簡概報』11, 1977年

沖森卓也・佐藤信編『上代木簡資料集成』おうふう, 1994年

奈文研『平城宮發掘調查報告ⅩⅤ－東院庭園地區の調査(本文編)(圖版編)』(奈良文化財研究所 學報69) 2003年

木簡學會編『日本古代木簡集成』東京大學出版會, 2003年

30) 平城宮跡(102次)中央區朝堂院地區

1. 이름 : 헤이조큐 터(102차)
2. 출토지 : 奈良縣(나라현) 奈良市(나라시)
3. 발굴 기간 : 1977.4~1977.8
4. 발굴 기관 : 奈良國立文化財研究所
5. 유적 종류 : 궁전·관아
6. 점수 : 30

7. 유적과 출토 상황

발굴 조사구는 추정 제1차 조당원의 동변 북쪽에 있으며 97차 조사구 남쪽에 해당된다. 확인된 유구로는 東 제1·제2 조당에 해당되는 남북동 초석건물 2동, 조당 동면을 구획하는 남북 담, 토담 각 1줄, 기간 배수로 南北大溝 2조 등이 있다. 이 지구에서는 和銅 창건 당시에 기간 배수로 남북 溝 SD3765가 파였고 조사구 동변에 남북 담 SA8410이 세워졌다. 그 후 전면적인 기반 토지 정지 작업으로 인하여 메워졌고 SD3765 동쪽에 조당 동면을 구획하는 남북 담 SA5550A가 세워졌으며 그 동쪽에 SD3765 대신 남북溝 SD3715가 파였다. 동면 담 SA5550A은 그 후 토담 SA5550B로 교체되었다. 이와 동시에 그 안측(서)에 동제1·제2 조당에 해당되는 남북동 초석건물 SB8400·8550이 세워졌다. 목간은 남북 담 SA8410·남북溝 SD3715에서 합계 30점 출토되었다.

SD3715는 폭 2~3m, 깊이 약 1m의 南北大溝이며 제1·제2차 조당 사이를 흐르는 양 지구의 기간 배수로이다. 나라시대 말기까지 지속되었고 한 번 개조 되었다. 퇴적층은 상층과 하층으로 나누어지는데 목간은 양 층에서 합계 28점이 출토되었다. 상층 배수로의 하층 퇴적층에서 天平5년(733)의 기년이 기재된 목간이 출토되었다.

SA8410은 SD3715 서쪽에서 4.5m 되는 곳에 세워진 掘立柱 남북 담이다. 기둥 사이는 3m이고 이번 조사구에서는 19칸, 제97차 조사와 합쳐서 30칸이 확인되었다. 柱掘形(기둥을 세우기 위해서 판 구덩이)의 모양은 변 길이가 1.5~2.0m인 방형이며 깊이는 약 0.4m이다. 하지만 기둥을 세운 흔적이 확인되지 않아 구덩이만 파고 메운 것으로 추정된다. 목간은 발굴구역 남단으로부터 제10·11번째 柱掘形 埋土 중에서 각 1점씩 총 2점이 출토되었다. 기년이 쓰인 목간은 없지만 狹國遠敷郡 '小丹生里'로부터의 하찰목간이 출토되어 里制가 시행된 시기의 목간임을 알 수 있다. 또 표기된 里名이 和銅6년(713)에 시행된 새로운 제도(지명을 좋은 글자 2자로 표기하자는 제도) 이진의 표기이므로 和銅연간의 목간으로 생각된다.

8. 목간

SD3715
(1)

　　　　　　　　　　　年冊三
・「伊福部宿祢廣浜

　　　　　　　　　大倭國十市郡」(右側面)
・右以去天平五年八月廿一日□

　　　　　　狀
　　□遭服罷仍具錄以申送(表面)
・[　　　](左側面)

상단과 좌우 양변이 다듬어졌으며 하단은 이차적으로 깎였으나 거의 원형이 남아 있다. '伊福部宿祢'는『新撰姓氏錄』左京神別·大和國神別에 기재되어 있다. 遭服 때문에 휴식하였다는 사정을 보고한 문서목간이다. '大和國十市郡'에 있는 '伊福部宿祢廣浜'에 관련된 내용으로 볼 수 있으나 습서의 가능성도 있어 앞면과 측면 문자와의 관계는 확실하지 않다.

(2)

損二斤八両

· 受古釘六隻重十二斤　　　　　　□〔作?〕五寸打合釘

□九斤八両

· 五十一隻　四月廿二日刑部麻呂

상하 양단과 우변이 다듬어져 있고 좌변은 이차적으로 갈라져 있다. '打合釘'은 양단을 뾰족하게 한 은혈못(隱穴釘). 오래된 못(古釘)을 打合釘으로 재가공한 사실을 알 수 있다.

(3)

· 近江國淺井郡岡本鄕

· 木部安□□〔万呂?〕庸

네 변이 다듬어져 있다.

(4)

讚岐國山田郡林鄕×

상단과 좌우 양변은 다듬어져 있고 하단은 이차적으로 절단되어 있다. '讚岐國山田郡林鄕'는『和名類聚抄』에 기재된 讚岐國山田郡拜師鄕에 해당된다.

SA8410

(5)

米七斗

少丹生里

秦人老五□〔戶?〕

네 변이 깎여져 있다. '少丹生里'는『和名類聚抄』에 기재된 若狹國遠敷郡遠敷鄕에 해당된다. '七斗'로 적혀 있는 米 하찰목간은 해당 목간뿐이고 '小丹生'(遠敷)에 '少'자를 쓰는 예도 이 목간

뿐이다.

9. 참고문헌

奈文研『昭和52年度平城宮跡發掘調査部發掘調査槪報』1978年

奈文研『奈良國立文化財研究所年報1978』1978年

奈文研『平城宮發掘調査出土木簡槪報』12, 1978年

奈文研『平城宮發掘調査報告ⅩⅥ-兵部省地區の調査(本文編)(圖版編)』(奈良文化財研究所學報70) 2005年

奈文研『平城宮木簡七』(奈良文化財研究所史料85) 2010年

奈文研『平城宮發掘調査出土木簡槪報』42(正誤表), 2012年

31) 平城宮跡(104次)東院地區西邊

1. 이름 : 헤이조큐 터(104차)

2. 출토지 : 奈良縣(나라현) 奈良市(나라시)

3. 발굴 기간 : 1977.8~1977.11

4. 발굴 기관 : 奈良國立文化財研究所

5. 유적 종류 : 궁전·관아

6. 점수 : 313

7. 유적과 출토 상황

발굴조사구는 平城宮 동쪽에 튀어나온 부분, 즉 東院地區 서변부에 해당된다. 확인된 유구는 크게 A~F의 6시기로 나눌 수 있다. 목간은 도합 319점이 출토되었다.

A시기는 나라시대초기, 해당지구에서 본격적으로 조영이 시작되기 전의 시기이다. 확인된

주요 유구는 발굴구역 동북부로부터 서남부에 걸쳐서의 溝 SD8600과 발굴구역 북부의 장방형 토광 SK8630인데 이 두 유구에서 모두 목간이 출토되었다. SD8600은 폭이 약 3m, 깊이가 0.6m, 전부의 길이 92㎜가 확인되있다. 양안에 水柵을 설치하여 호안시설로 하고 있다. 퇴적층은 3층으로 나누어지는데 상층에서 105점, 중층에서 2점이 출토되고 하층에서는 출토되지 않았다. 그리고 溝가 폐기된 이후에 溝 위에 회백점토나 건축부재 조각 등을 깔아 매립하였는데 그 埋土에서 목간이 18점 출토되었다. 기년이 쓰인 목간은 9점이 되는데 모두가 和銅연간(708~715)이다. 다른 목간도 같은 시기로 볼 수 있다. 내용은 공진물의 부찰이 많다. SK8630은 동서 4.6m, 남북 21m, 깊이 0.4m인데 용도를 알 수 없다. 이 토광의 埋土 중에서 목간이 13점 출토되었다. 기재된 기년은 和銅8년, 靈龜원년, 2년이다. A기 출토 목간으로부터 상술 溝와 토광은 나라시대 당초에 있었던 것이 확실하며 이 지역이 동1방대로로서 사용된 시기는 없었고 헤이조큐 조영 당초에 이미 宮域은 동쪽에 튀어나온 부분이 포함되어 있었다는 사실을 알 수 있다.

B시기는 A기의 溝와 토광 등을 메우고 그 지구를 전면적으로 整地하여 조사구 서변에 남북굴립주담 SA3237, 남북동을 주로 하는 6동의 건물 등을 지은 시기이다. 목간은 SA3237의 柱穴, 柱掘形(기둥을 세이기 위해서 판 구덩이)에서 합계 6점이 출토되었다. 그리고 발굴구역 중앙부에 있는 11칸×3칸의 남북동건물 SB8580의 남쪽 주혈에서 3점이 출토되었다. 그중 '天平十□年'이 기재된 목간이 있어 B기 폐절시기는 天平말년이라는 것을 알 수 있다.

C시기는 해당 지구를 크게 개조한 시기이다. 5칸×3칸 크기의 남쪽 행랑방이 있는 동일한 규모의 동서동 건물 6채가 4m 간격으로 정연히 남북 방향으로 배열되어 있다. 목간은 남쪽에서 3번째 건물 SB8592 북측 柱掘形에서 1점이 출토되었다.

D시기는 발굴조사구 서부에 있는 남북 溝 SD3236B·C와 조사구 중앙부 약간 북측에서 SD3236B로 흘러드는 동서 溝 SD8620, 그리고 그것을 개조한 溝 SD8629, 남북동 4동, 동서동 2동의 건물이 지어진 시기이다. 목간은 발굴조사구 서북쪽에 있는 남북동 SB8638 동측 柱掘形에서 2점, 조사구 중앙부에 있는 동서 담 SA8654 柱掘形에서 2점이 출토되었다. 남북 溝 SD3236B·C에서는 155점이 출토되었다. SD3236은 처음에는 폭 2m, 깊이 0.6m였는데(C溝),

그 후에 폭 넓이는 같지만 깊이는 0.5m로 변경시켰다(B溝). 길이는 97m로 확인되었다. 목간은 C溝에서 101점, B溝에서 54점이 출토되었다. 기년은 시기가 내려오는 것으로 C溝에서는 寶龜 6년(775), B溝에서는 寶龜5년이 보인다. 내용은 공진물의 부찰은 비교적 적고 C溝에서 조영과 관련된 목간이 많이 출토되었다.

E시기는 나라시대의 종말기가 되고 F기는 9세기에 들어서는데 두 시기 유구에서는 목간이 출토되지 않았다.

또한 상술한 유구 이외에 시기를 알 수 없는 주혈·토광 등 5곳에서 목간은 합계 6점이 출토되었다.

8. 목간

(1)

· 「∨上總國阿波郡片岡里服織部小□戶服織部麻呂調壹束」

· 「∨　上總國阿波郡」

출토유구로부터 나라시대 초기의 하찰로 추정된다. 홈은 공을 들여 파여 있고 숫자는 대자 (大字 예 : 숫자 1은 壹을 사용)가 사용되어 國衙에서 작성한 것으로 보인다. 貢進物의 이름은 적혀 있지 않으나 '束'이라는 단위가 기재되어 있는 것으로 보아 전복 하찰로 생각된다. '阿波'는 '安房'과 같다.

(2)

「嶋國嶋郡魚切里御調海藻廿□〔斤?〕」

和銅연간(708~715)의 하찰목간. 나라이름인 시마가 '嶋' 한 자로 표기되어 있고 서풍이 古 拙하다. 나라시대 海藻 공진 단위는 6근이고 후지와라큐 시기는 20근인데 해당 목간에 기재된 근수는 후지와라큐 시기와 일치하다.

(3)

· 「供　　御所請『土』佐良一十[×一]六口籠尻佐良料　o」

・「判充大進」　　正月廿日 『了』

　　　　「小折」　　　高橋田張麻呂 ｏ」

　付物部山成

供御所로부터 하지키 그릇 16개를 청구한데 대해 뒷면에 某職 또는 春宮坊의 大進(判官)이
지급을 허가한다는 내용을 추가한 문서목간. 나라시대 후기의 목간이다. '供'자에 적힌 기호나
'了'자 등 필체가 다른 글자(『　』안의 문자)는 실제로 지급했을 경우 또는 그 후에 勘檢을 할 때
에 기입된 것으로 보인다. 하단부에 있는 구멍은 목간을 일정 기간 끈으로 묶어서 보관했다는
것을 표시한다. '供御所' 사이 즉 供자 아래에는 공백이 보이는데 이는 공식령의 결자 규정에 따
른 것이다.

9. 참고문헌

奈文研『昭和52年度平城宮跡發掘調査部發掘調査概報』1978年

奈文研『奈良國立文化財研究所年報1978』1978年

奈文研『平城宮發掘調査出土木簡概報』12, 1978年

木簡學會編『日本古代木簡選』岩波書店, 1990年

沖森卓也·佐藤信編『上代木簡資料集成』おうふう, 1994年

32) 平城宮跡(110次)東院庭園地區

1. 이름 : 헤이조큐 터(110차)

2. 출토지 : 奈良縣(나라현) 奈良市(나라시)

3. 발굴 기간 : 1978.6~1978.11

4. 발굴 기관 : 奈良國立文化財研究所

5. 유적 종류 : 궁전·관아

6. 점수 : 56

7. 유적과 출토 상황

목간은 총 66점이며, 그중에 削屑이 38점이다. 이들 목간 중에 28점은 A기 이전의 土壤, 19
점은 D기의 溝에서, 그 밖은 整地土, 柱穴掘形 등에서 散在的으로 출토되었다.

8. 목간

・大伴

・　　　　　□□□日下部□□×

9. 참고문헌

奈文研『昭和53年度平城宮跡發掘調查部發掘調查槪報』1979年

奈文研『奈良國立文化財研究所年報1979』1979年

加藤優「奈良・平城宮跡」(『木簡研究』1, 1979年)

奈文研『平城宮發掘調查出土木簡槪報』13, 1980年

木簡學會編『日本古代木簡選』岩波書店, 1990年

沖森卓也・佐藤信編『上代木簡資料集成』おうふう, 1994年

奈文研『平城宮發掘調查報告ⅩⅤ-東院庭園地區の調查(本文編)(圖版編)』(奈良文化財研究
所學報69) 2003年

33) 平城宮跡(111次)中央區朝堂院東第二堂

1. 이름 : 헤이조큐 터(111차)

2. 출토지 : 奈良縣(나라현) 奈良市(나라시)

3. 발굴 기간 : 1978.4~1978.7

4. 발굴 기관 : 奈良國立文化財研究所

5. 유적 종류 : 궁전·관아

6. 점수 : 24

7. 유적과 출토 상황

헤이조큐 유적 내에서는 1978도에 있어서 두 조사구로부터 목간이 출토되었다.

추정 제1차 朝堂院지구(제111차 조사)

궁 중앙부의 이른바 제1차 朝堂院이라 칭하고 있는 지구의 조사를 북에서 순서대로 97차, 102차로 행해져왔으며, 東 제1당의 규모나 朝堂院의 동쪽 끝의 담벽·매립지의 구조, 朝堂院동부의 상황 등이 명확해졌다. 111차도 102차의 좀 더 남쪽으로 이어지는 장소로, 동 제2당의 규모 확인을 중심으로 한 조사를 행했다. 그 결과 제2당은 梁間 4칸, 桁行 12칸 이상의 규모를 가진 건물로, 더 남쪽으로 뻗어 있다고 판명되어, 제1차 朝堂院지구는 제2차지구와는 달리, 동서로 두 동의 남북동이 배치되었을 가능성이 강해졌다. 또 朝堂院의 동쪽면의 구획은, 塀→塀→築地로 3번의 개조가 있었다. 이 朝堂院 동쪽 끝으로부터 약 17m 동쪽의 제1차 朝堂院과 제2차 朝堂院의 사이에 헤이조큐 중앙부의 기간(근본)배수로인 남북 溝가 있다. 이 溝에서부터 목간이 출토되었다. 97차, 102차 조사에서도 같은 하수로의 상류에서 각각 163점, 28점의 목간이 출토되었다. 다만 이 溝는 양 朝堂院지구에서의 동서 溝가 유입되기 때문에, 어느 쪽 지구의 목간인가 결정하는 것은 불가능하다. 溝는 마구 파내려 가서, 폭은 2~3m, 깊이 1m인 38m분을 확인하였다. 두 번의 수리가 확인되었고, 상·중·하의 3층으로 나뉘어져있다. 중·하층에 대해서는 각각 2층의 퇴적이 있었다. 과거 2회 조사의 목간의 출토 상황에서, 최초의 수리는 天平초, 두 번째는 헤이안시대로 생각된다. 목간은 溝의 북부에서 집중적으로 24점이 출토되었다.

8. 목간

(1)

・「遠江國敷智郡□呼嶋　　　」

・「【□三百卅二大伴部山嶋九十

　　　□□六十□〔束?〕物部黒人七十】　」

상단과 좌우 양변이 다듬어져 있고 하단은 부러졌다. 오른쪽 상부 결손. 앞뒷면은 필체가 다르며 뒷면 서사 방향은 앞면과 반대 방향이다.

(2)

・「籠作鵜甘□□〔鵜籠?〕□□□□□□□　」

・「籠[　　]　　　　　　[　　　　]　」

상단과 좌변은 다듬어져 있고 하단은 부러졌다. 우변은 이차적으로 갈라져 있다. 앞면 8번째 문자 이하는 모두가 亻변의 글자. 습서목간으로 보인다.

(3)

・「鴇橋文倭利足梁田

　安宗寒川都賀阿內　　」

・「□〔塩?〕□　　　　　　」

상단과 좌우 양변이 다듬어져 있고 하단은 절단되어 있다. 『和名類聚抄』에 의하면 下野國에 梁田·安蘇·都賀·寒川의 각 군명이 보여 下野國의 郡名을 기재한 것으로 생각된다. '利足'는 足利을 거꾸로 쓴 것, '阿內'는 河內라는 뜻, '塩'은 塩屋 중 一字를 쓴 것으로 볼 수 있다면 역시 下野國의 군명이라고 할 수 있다. '文倭'는 倭文을 거꾸로 쓴 것이라면 『和名類聚抄』에 기재된 下野國都賀郡委文鄕에 해당될 것이다. '鴇橋'는 불명.

(4)

・「□進上女瓦三百　　…□　丁卅五人　　」

・「　　　神龜五年十月…□秦小酒得麻呂　」

상하 양단과 우변이 다듬어져 있고 좌변은 갈라져 있다. 상하 두 편으로 갈라져 있으며 직접 접속되지 않는다.

9. 참고문헌

奈文研『昭和53年度平城宮跡發掘調査部發掘調査槪報』1979年

奈文研『奈良國立文化財研究所年報1979』1979年

加藤優「奈良·平城宮跡」(『木簡研究』1, 1979年)

奈文研『平城宮發掘調査出土木簡槪報』13, 1980年

沖森卓也·佐藤信編『上代木簡資料集成』おうふう, 1994年

奈文研『平城宮發掘調査報告ⅩⅥ－兵部省地區の調査(本文編)(圖版編)』(奈良文化財研究所學報70) 2005年

奈文研『平城宮木簡七』(奈良文化財研究所史料85) 2010年

34) 平城宮跡(117次)第一次大極殿院地區東邊

1. 이름 : 헤이조큐 터(117차)

2. 출토지 : 奈良縣(나라현) 奈良市(나라시)

3. 발굴 기간 : 1979.9~1980.1

4. 발굴 기관 : 奈良國立文化財研究所

5. 유적 종류 : 궁전·관아

6. 점수 : 1

7. 유적과 출토 상황

平城宮 중앙부, 朱雀門 북측은 제1차 內裏로 추정되는 곳이며 朝堂院 지역으로도 불린다. 추정 제1차 내리지구(117차 조사) 동북 모퉁이의 조사를 통해 목간이 출토되었다. 주된 유구로는

벽돌옹벽, 석축옹벽, 토담 회랑, 土壘, 건물, 우물, 배수로 등이 확인되었고 시기는 A, B, C의 3
시기로 나눌 수 있다. 목간은 B기의 동서 8m, 남북 7m나 되는 큰 우물 SE9210에서 1점이 출
토되었다.

8. 목간

「道□□□

　　道請□□

　　□□　□□　」

붓순나무의 가지를 모따기하고 그 표면에 글을 쓴 목간.

9. 참고문헌

奈文研『昭和54年度平城宮跡發掘調査部發掘調査槪報』1980年

奈文研『奈良國立文化財研究所年報1980』1980年

奈文研『平城宮發掘調査出土木簡槪報』13, 1980年

淸田善樹「奈良·平城宮·京跡」(『木簡研究』2, 1980年)

奈文研『平城宮發掘調査報告ⅩⅠ－第一次大極殿地域の調査(本文)(圖版)』(奈良國立文化財
研究所學報40) 1982年

奈文研『平城宮木簡七』(奈良文化財研究所史料85) 2010年

35) 平城宮跡(120次)東院庭園地區

1. 이름 : 헤이조큐 터(120차)

2. 출토지 : 奈良縣(나라현) 奈良市(나라시)

3. 발굴 기간 : 1980.1~1980.5

4. 발굴 기관 : 奈良國立文化財硏究所

5. 유적 종류 : 궁전·관아

6. 점수 : 108

7. 유적과 출토 상황

조사지는 平城宮의 동쪽에 있는 東院園池의 서남지구이다. 확인된 유구로는 掘立柱 건물, 해자, 배수로, 우물, 못, 통로가 있는데 층위로부터 A~I의 9시기로 나눌 수 있다. A기는 동원 조영으로부터 정원 조영까지의 시기, 즉 養老年間(717~723)이전이고, B기는 天平年間(729~749)을 중심으로 하는 시기, E기는 대략 天平勝寶年間(749~757)이고, I기는 나라시대 말기 이후이다. 출토된 목간은 총수가 110점인데 못 유구 SG5800A에서 2점, 주혈에서 여러 점, 二條條間路 남측 배수로 SD5785에서 2점이 출토되었다. 나머지는 모두 二條條間路 북측 배수로 SD5200에서 출토되었다. SD5200에서 출토된 목간은 天平12년(740) 이후로 보인다.

8. 목간

SD5200A

(1)

· 「養老五年九月廿日　　×

· 「　　□□□□□×

'養老五年'은 721년.

(2)

· 「∨備後國安那郡山野鄕川上里∨」

　　矢田部甲努三斗

· 「∨　　　　　　　右庸米六斗∨」

　　矢田部木身三斗

상하 양단의 좌우측에 홈이 파여 있다. 또 상단 중앙부분에 작은 동그란 구멍도 뚫려 있다. '部'자는 'マ'형으로 쓰여 있다.

SG5800A

(3)

二

・×□□〔炊?〕屋　　　釘百八十」

庇二

・×□　合釘千九百五十六」

9. 참고문헌

奈文研『昭和54年度平城宮跡發掘調查部發掘調查槪報』1980年

奈文研『奈良國立文化財研究所年報1980』1980年

清田善樹「奈良·平城宮·京跡」(『木簡硏究』2, 1980年)

奈文研『平城宮發掘調查出土木簡槪報』14, 1981年

沖森卓也·佐藤信編『上代木簡資料集成』おうふう, 1994年

奈文研『平城宮發掘調查報告ⅩⅤ-東院庭園地區の調查(本文編)(圖版編)』(奈良文化財研究所學報69) 2003年

36) 平城宮跡(122次)壬生門地區

1. 이름 : 헤이조큐 터(122차)

2. 출토지 : 奈良縣(나라현) 奈良市(나라시)

3. 발굴 기간 : 1980.3~1980.11

4. 발굴 기관 : 奈良國立文化財研究所

5. 유적 종류 : 궁전·관아

6. 점수 : 146

7. 유적과 출토 상황

해당 조사는 平城宮 남면 동문(壬生門)유적을 대상으로 하였다. 확인된 주된 유구로는 헤이
조큐 외곽의 문 기단, 그리고 거기에 이어지는 남면 울타리, 2조대로와 그 남북 양측 배수로, 헤
이조큐 내의 동서 도로 등 유구가 발견되었다. 목간은 합계 146점이 출토되었는데 모두가 2조
대로 북측 배수로 SD1250에서 출토되었다. 유구 시기는 A(和銅年間 조영시), B(聖武天皇이 즉
위를 하려던 養老5년(721)), C(天平寶字 개축시의 조영이후)의 3기로 나눌 수 있는데 목간은 B
기의 퇴적층에서 출토되었다. 상층(암회색점토층)에서 56점, 하층(암회색모래층)에서 80점이
확인되었다. SD1250에서 출토된 유물 중 특징적인 것은 人形과 묵서토기이다. 人形은 문 앞을
중심으로 207점 출토되었으며 크기나 형태 등은 다양하였다. 묵서토기에는 '兵部', '兵部厨', '民
厨' 등의 문자가 확인되고 목간에도 '造兵司'라고 기재된 것이 있어 남면 동문 근처에 兵部省, 兵
部厨, 式部省, 民部厨 등의 관청이 있으리라 추정된다.

8. 목간

```
                  大楯併桙事
・「造兵司移衛門府                              」
                  以前等物脩理已訖宜
・「承狀知以今日令運仍具狀以移
         天平三年十二月廿日從七位上行大令史葛井連『□足』」
```

公式令에 의하면 같은 官司에 소속되어 있지 않은 관사 사이에서는 문서를 주고받고 할 때
에 '移'를 사용하여서는 안 된다고 규정되어 있지만 해당 목간은 이에 반하는 예가 된다. 이러한
예는 다른 목간에도 많이 보인다. 내용은 대순(大楯: 방패)과 모(桙=鉾)의 수리가 끝났기에 송부

한다는 뜻이다. 대순과 모는 大嘗祭에 사용된다. '天平三年'은 731년. 해당 목간은 남면 동문 근처에 兵部省가 있었다는 것을 추정하는 근거로 된다.

9. 참고문헌

奈文研『昭和55年度平城宮跡發掘調査部發掘調査概報』1981年

奈文研『奈良國立文化財研究所年報1981』1981年

奈文研『平城宮發掘調査出土木簡概報』14, 1981年

佐藤信「奈良·平城宮·京跡」(『木簡研究』3, 1981年)

木簡學會編『日本古代木簡選』岩波書店, 1990年

沖森卓也·佐藤信編『上代木簡資料集成』おうふう, 1994年

奈文研『平城宮發掘調査報告ⅩⅥ─兵部省地區の調査(本文編)(圖版編)』(奈良文化財研究所學報70) 2005年

37) 平城宮跡(128次)東院地區西邊

1. 이름 : 헤이조큐 터(128차)

2. 출토지 : 奈良縣(나라현) 奈良市(나라시)

3. 발굴 기간 : 1981.1~1981.6

4. 발굴 기관 : 奈良國立文化財研究所

5. 유적 종류 : 궁전·관아

6. 점수 : 74

7. 유적과 출토 상황

조사지는 平城宮 동부에 있는 張出部로 그 서변구역의 중앙에서 남측부근의 지역이다. 이 북쪽 옆은 제22차 남쪽조사로, 서쪽 옆은 제104차 조사로서 각각 발굴조사가 실시되었다. 출토된 유구는 掘立柱 건물, 掘立柱 담, 토담, 우물, 溝 등이 있다. 이들은 A~D시기의 4시기로 크게 구별할 수 있으며, 각 시기는 더욱이 A_1~A_3, B_1~B_3, C_1~C_4로 세분된다. A시기는 和銅창건 이후, B시기는 나라시대 중반, C시기는 나라시대 말기, D기는 헤이안시대이다. 유구의 변천을 보면, A시기에는 자연지형을 이용한 동북쪽에서 서남쪽으로 흐르는 사행 溝를 중심으로 수로를 팠으며, A_3시기에 건물이 들어서기 시작했다. B시기에는 조사구 중앙에 이 지역을 구획하는 남북 방향의 掘立柱 담을 만들었으며, 건물의 수도 많아진다. C시기가 되면 B시기의 남북掘立柱 담이 토담으로 바뀌며 토담의 서측은 小子部門에서 북진하는 도로가 생긴다. 동쪽에서는 우물과 건물이 만들어졌다. 목간은 A~C시기의 구 8개소, 토광 1개소 등 총 74점이 출토되었다.

8. 목간

A기

사행 溝 SD8600B
(1)
· 「故『□部嶋』□□
　　□連遣道□
　　□
　『若□部』若垣
　　　　□□　　　　」
· 「【　阿□□□□
　　語故□□□
　　□□】　　　　　」

사행 溝 SD9620

(2)

×□枖又如之但枖□〔其?〕×

×□□□□□×

(3)

・「∨官」

・「∨官」

(4)

「∨南新防壁三枚∨」

(5)

・　　　　□□鄉二斗□□鄉□五升　　　　」

　　×五斗

　　　　□□〔山?〕二斗

・天平元年八月十九日　　　　　　」

동서구SD3193A-⑹

(6)

天平十二年十月　　　∨」

B기

사행 溝 SD3113

(7)

・「∨備前國上道郡居都鄉

・「∨和仁部太都万呂五斗

남북 溝 SD3297B

(8)

・「返抄 所請□〔茄?〕了七斗八升」

・「 十月三日受車持家 」

(9)

・ 大湯坐連×

「∨若狹國遠敷郡野驛家

御□×

・「∨ 十月十五日

(10)

□□□□ 天平勝寶□〔六?〕×

C기

남북 溝 SD3109

(11)

□□□〔各七?〕副

□條各四副

『 三條各五副

十四條

十一條各三半辟副』

(12)

「∨備前□□ □」

(13)

二百文上丁『未』□

(14)

□□　　酒司　　　□□□□□

남북 溝 SD9621

(15)

・伊與□□村郡□井鄕□□□

・□□五斗

9. 참고문헌

奈文研『昭和55年度平城宮跡發掘調査部發掘調査概報』1981年

奈文研『奈良國立文化財研究所年報1981』1981年

奈文研『平城宮發掘調査出土木簡概報』15, 1982年

淸田善樹·今泉隆雄「奈良·平城宮跡」(『木簡研究』4, 1982年)

奈文研『平城宮發掘調査出土木簡概報』38, 2007年

38) 平城宮跡(129次)內裏北方官衙地區

1. 이름 : 헤이조큐 터(129차)

2. 출토지 : 奈良縣(나라현) 奈良市(나라시)

3. 발굴 기간 : 1981.3~1981.7

4. 발굴 기관 : 奈良國立文化財研究所

5. 유적 종류 : 궁전·관아

6. 점수 : 171

7. 유적과 출토 상황

平城宮의 內裏는 동서180m, 남북190m의 내곽 부분 및 그것을 밖에서 크게 토담으로 둘러 싼 외곽으로 되어 있다. 이번에 조사한 것은 內裏 북쪽 外廓지역의 동북방향으로, 궁 북면 大垣의 바로 남쪽, 水上池의 제방의 남쪽지역이다. 출토된 주요 유구는, 掘立柱 건물, 掘立柱 담, 溝, 우물, 소토탄광, 토광 등이 있다. 유구는 A~E기의 5기로 크게 구분되며, 이들은 A시기는 平城宮조영이전, B시기는 和銅~天平전반, C시기는 天平후반부터 天平寶字, D시기는 天平寶字부터 나라말기, E시기는 헤이안초기로 비정된다. 이 지역에 가지런한 배치의 건물이 만들어져 본격적으로 이용되기 시작한 것은 C시기 이후의 일로, B시기 이전에는 몇 개의 구와 토광이 있을 뿐이었다. 목간이 출토된 것은 궁 구역 동부의 基幹배수로 SD2700B에서이다. 이 구는 이미 제22차 조사에서 그 하류부가 출토되었으며, 宮內省關係의 것을 포함한 목간이 출토되었다. 본 조사구내에서는 구의 유로에는 두 시기의 변천이 확인된다. B기의 舊溝는 비교적 단기간에 매워졌으며, C기에 新溝가 굴삭 되었다. 新溝는 舊溝의 동쪽에 위치하며, 완만한 커브를 돌며 남류하여 발굴구의 남단으로 舊溝의 유로와 합쳐진다. 목간의 출토 총수는 171점으로, 전부 하층에서 출토된 것이다.

8. 목간

남북구SD2700B

(1)

□〔月?〕大宅內命婦□〔宣?〕

(2)

・□×

・　天平十九年十一月二日使□×

　　□□

(3)

「天平十二年□□五日　案□□〔三?〕嶋□□

　　　　　　　□〔守?〕名氏　　　　　　　　　」

(4)

井於王

□本王

(5)

・□□〔阿?〕古女　　凡小女笠王　　□□□□□□　　　□□□

・　　　　　　　天平十八年十一月十三日

(6)

「次長高市息繼　　　　□□〔中臣?〕×

　　　　　□□〔紀三?〕□　安曇廣刀自　　□〔紀?〕×

(7)

「∨參河國□〔播?〕豆郡析嶋海部供奉二月料御贊佐米楚割六斤∨」

(8)

「∨苫田郡林田鄉□〔醬?〕大豆五斗進上」

(9)

「長見庸米五斗」

(10)

・「近江國犬上郡」

・「川原鄉　　　　」

(11)

・「□

　　独活壹両

・「□受□

　　□□□

　　(12)

「∨麻子二斗六升」

　　(13)

・「∨上蜜一斗二升　　　　」

・「∨天平□年六月八日□」

　　(14)

・「∨　　　□鼠　　　　」

・「∨天平十五年十月三日」

　　(15)

「七氣丸一斛」

　　(16)

「南无龍自在王佛」

　　(17)

「□帳天平　　」

9. 참고문헌

奈文研『昭和56年度平城宮跡發掘調査部發掘調査概報』1982年

奈文研『奈良國立文化財研究所年報1982』1982年

奈文研『平城宮發掘調査出土木簡概報』15, 1982年

清田善樹·今泉隆雄「奈良·平城宮跡」(『木簡研究』4, 1982年)

沖森卓也·佐藤信編『上代木簡資料集成』おうふう, 1994年

木簡學會編『日本古代木簡集成』東京大學出版會, 2003年

39) 平城宮跡(130次)朱雀門東方南面大垣

1. 이름 : 헤이조큐 터(130차)
2. 출토지 : 奈良縣(나라현) 奈良市(나라시)
3. 발굴 기간 : 1981.6~1981.7
4. 발굴 기관 : 奈良國立文化財研究所
5. 유적 종류 : 궁전·관아
6. 점수 : 2

7. 유적과 출토 상황

본 조사는 朱雀門 동쪽의 南面大垣 복원공사에 따라 사전조사로써 실시된 것이다. 조사구역은, 大垣부분을 조사한 북쪽 조사구역과 나라시대의 구 2조가 출토된 남쪽 조사구역으로 이루어져 있다. 목간은 남조사구에서 출토되었다. 동서 溝 SD1250은 폭이 3.5m 깊이 0.2~0.6m로 二條大路 北側溝에 해당한다. 남북 溝 SD9920은 주작대로 東側溝에 상당하며 폭이 3.5m 깊이 0.4m로 二條大路 北側溝 SD1250으로부터 시작된 二條大路를 횡단하여 南流한다. 목간 2점은, SD9920과 SD1250 교차점부분의 최하층에서, 人形 2점, 曲物 1점 등과 함께 출토되었다.

8. 목간

(1)
· □□　」
· □　□」
(2)
　　　　　　人□□□
· □□〔職?〕
　　　　□平□人□」

· □□□   」

9. 참고문헌

奈文研『昭和56年度平城宮跡發掘調査部發掘調査概報』1982年

奈文研『奈良國立文化財研究所年報1982』1982年

奈文研『平城宮發掘調査出土木簡概報』15, 1982年

山本崇「奈良·平城宮跡」(『木簡研究』27, 2005年)

40) 平城宮跡(133次)若犬養門地區

1. 이름 : 헤이조큐 터(133차)

2. 출토지 : 奈良縣(나라현) 奈良市(나라시)

3. 발굴 기간 : 1981.11~1982.2

4. 발굴 기관 : 奈良國立文化財研究所

5. 유적 종류 : 궁전·관아

6. 점수 : 1117

7. 유적과 출토 상황

조사지는 平城宮 남면서문지구로 출토된 주요 유구는 남면서문 SB10200, RM 양측의 남면 大垣의 토담 SA1200, 大垣외측의 2조대로의 北側溝 SD1250, 같은 南側溝 SD4006, SB10200 의 서북 방향에 위치한 연못 SG10240, SG10240에서 SD1250으로 배수하기 위한 남북 溝 SD10250, SB10200내측의 동서 溝 SD10220 등이 있다. 문 SB10200은 초석과 근석은 없고 기단도 유존상태가 나빴지만 초석을 설치하기 위한 원형의 基礎地業이 출토되었으며 이로 인 해 桁行5間, 梁行 2간, 17척 等間의 평면규모의 문으로 주작문과 같은 규모라는 것이 밝혀졌다.

목간은 SD1250, SD10250, SG10240, SD10220의 4곳의 유구에서 총 1,117점이 출토되었는데 1981년에 전국에서 가장 많이 출토되었다.

8. 목간

기년이 있는 것은 神龜3년(726)에서 神護景雲(767~770)까지의 것이 14점이며, 그 밖에 靈龜원년(715) 이전의 郡里기재의 荷札이 2점, 내용에서 天平寶字8년(764), 神護景雲원년 이후, 延曆원년(782)로 추정되는 것이 각 1점이 있어 본 溝에서 출토된 목간은 나라시대 초기부터 말기까지에 해당한다. 목간의 내용을 기준으로 분류하면 문서, 貢進物付札, 물품付札, 습서이다.

(1)

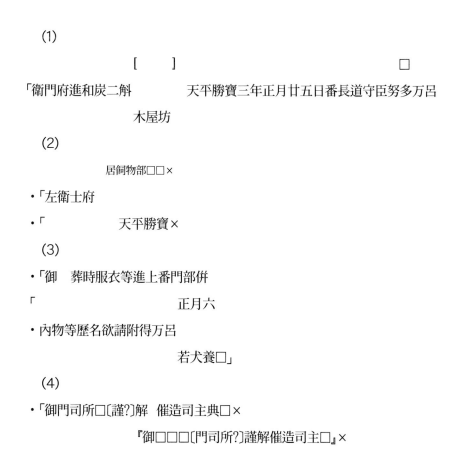

　　　　　　[　　]　　　　　　　　　　　　　　　　　□
「衛門府進和炭二斛　　　　　天平勝寶三年正月廿五日番長道守臣努多万呂

　　　　　木屋坊

(2)

　　　　　　居飼物部□□×
・「左衛士府
・「　　　　　天平勝寶×

(3)

・「御　葬時服衣等進上番門部併
「　　　　　　　　　正月六
・內物等歷名欲請附得万呂
　　　　　　若犬養□」

(4)

・「御門司所□〔謹?〕解　催造司主典□×
　　　『御□□□〔門司所?〕謹解催造司主□』×

・「　　　　　　　　□□　□　　　　　　　　　　九月□〔九?〕×
　（5）

・「造西佛殿司□〔移?〕□若犬養門　　　　　　　　右為□泉□×

・□□□□□〔如件?〕□□□□〔狀以移?〕　□□□□□□□□×
　（6）

「　石上部□□　□□□
督

　山口丈万呂　□□若□」

SD10250
　（7）
　　　　　　猪山二裏四枝□〔酢?〕海×
×贊事
　　　　　　鹿山二裏四枝深二裏×

SG10240
　（8）
・「∨大嶋里□□〔前人?〕一古」

・「∨　　　□□　　　　　　」

9. 참고문헌

奈文研『昭和56年度平城宮跡發掘調查部發掘調查槪報』1982年

奈文研『奈良國立文化財硏究所年報1982』1982年

奈文研『平城宮發掘調查出土木簡槪報』15, 1982年

清田善樹·今泉隆雄「奈良·平城宮跡」(『木簡研究』4, 1982年)

木簡學會編 『日本古代木簡選』 岩波書店, 1990年

沖森卓也·佐藤信編 『上代木簡資料集成』 おうふう, 1994年

41) 平城宮跡(136次)中央區朝堂院地區東南隅

1. 이름 : 헤이조큐 터(136차)
2. 출토지 : 奈良縣(나라현) 奈良市(나라시)
3. 발굴 기간 : 1982.1~1982.4
4. 발굴 기관 : 奈良國立文化財研究所
5. 유적 종류 · 궁전·관아
6. 점수 : 47

7. 유적과 출토 상황

궁 중앙부의 제1차 朝堂院이라 일컬어지는 지구에 대해서는 지금까지 북쪽에서 순서대로 제 97·102·111차의 조사를 실시하였고, 東 제1·2堂의 규모와 東限의 담·토담의 변천 등의 양상 이 밝혀졌다. 또 제119차 조사에 의해 남문과 南限의 담이 확인되었다. 본 조사지는 제1차 朝堂 院지구의 동남쪽 구석에 위치하며, 朝堂院의 東限과 南限의 담에 대한 지견을 얻기 위한 조사 를 실시하였다. 그 결과, 제1차 朝堂院지구의 東限의 담과 南限의 담과의 접합부로부터 남쪽으 로는 이어지지 않음이 판명되었다. 목간이 출토된 곳은 朝堂院 東限에서 약 18m 동쪽에 있는 폭이 2~3m 깊이 약 0.6m의 平城宮 중앙부의 基幹배수로의 남북 溝 SD3715에서다. 이 溝는 과거 3회의 조사에서도 목간이 출토되었다. 溝는 天平초년경과 헤이안시대의 2회의 개수가 이 루어진 것으로 판명되었다. 이번에 출토된 목간은 총 46점으로, 溝에 가설되어 있던 교각이라 생각되는 柱根의 주위에 형성된 목질의 유물 퇴적층에 포함되어 있다.

8. 목간

(1)

・少疏日下部直三竪謹申

・□□　　　　　□□

(2)

×□〔藏?〕省少主鑰

(3)

×□木屋□〔坊?〕□×

(4)

・　　　　　　　　　　　　　　□

　　　　×[　　　]　　　[　　　]　　　海眞常　安倍家足

　　　　×□□〔倉主?〕　　三嶋永調　　白髪部倉主

　　×下部□□□　□〔佐?〕　奈癸家公　　阿刀淨繼

　　　　　　　　　　　　　伯大梓　　　石寸淨野

・×『□　□　□　飯事　飯　飯　飯　□　飯

　　　　□　受　□事合　□〔飯?〕□□□』

(5)

『弓削生□　[　　　]　[　　　]　石川乙勝

　　　　　　　　　　　　　□〔合?〕八人

宇自善□　□[　　　]　　□〔坂?〕□　村□□□　　　　　　』

9. 참고문헌

奈文研『昭和56年度平城宮跡發掘調査部發掘調査概報』1982年

奈文研『奈良國立文化財研究所年報1982』1982年

奈文研『平城宮發掘調査出土木簡概報』15, 1982年

清田善樹·今泉隆雄 「奈良·平城宮跡」(『木簡研究』4, 1982年)

奈文研 『平城宮發掘調査報告ⅩⅥ一兵部省地區の調査(本文編)(圖版編)』(奈良文化財研究所學報70) 2005年

奈文研 『平城宮木簡七』(奈良文化財研究所史料85) 2010年

奈文研 『平城宮發掘調査出土木簡槪報』42(正誤表), 2012年

42) 平城宮跡(139次)內裏北方官衙地區

1. 이름 : 헤이조큐 터(1394차)
2. 출토지 : 奈良縣(나라현) 奈良市(나라시)
3. 발굴 기간 : 1982.3~1982.7
4. 발굴 기관 : 奈良國立文化財研究所
5. 유적 종류 : 궁전·관아
6. 점수 : 258

7. 유적과 출토 상황

조사지는 內裏 외곽 내 동북 모퉁이 및 內裏 외곽 외 동북부분에 해당된다. 조사를 통하여 掘立柱 건물 8, 토담 2, 굴립주담 3, 배수로 13, 토갱 10이 되는 유구가 확인되었다. 목간은 도합 258점이 출토되었는데 內裏 동쪽에서 남쪽으로 흐르는 기간 배수로 SD2700에서 194점, SD2700에서 동쪽으로 이어지는 동서 溝 SD10550에서 64점, 그리고 시대가 조금 늦어지는 남북 溝 SD10545에서 1점이 출토되었다. SD2700은 돌을 배치한 밑바닥으로부터 5층으로 나눌 수 있는데 최하층에서 '養老7년(723)~天平4년(732)', 그 위층에서 '神龜3년(726)~天平9년(737)', 4번째 층위에서는 '天平寶字4년(760)~6년'의 연대를 기록한 목간이 출토되고, 최상층에서는 '天応'이라고 묵서된 토기가 출토되었다. SD10550에서는 아래에서 두 번째 층위에서 '天

平원년', '天平6년'의 연대가 기록된 목간이 출토되었다. 최상층에서는 '天応원년'이라고 묵서된 토기가 출토되었다. 출토된 목간의 특징은 하찰이 많고 삭설이 적다는 점이다. 그중 隱岐國로부터의 하찰이 집중되었다.

8. 목간

SD2700

(1)

· 「駿河國志太郡正丁作物布乃理一籠×

· 「   天平勝寶六年十月

駿河國로부터의 '布乃理'(후노리라고 읽음)의 하찰목간이며 '正丁作物'이라는 용어가 사용된 유일한 목간이다. '中男作物'(養老원년(717)에 正丁에 대하여 調의 副物(공예품이나 조미료 등))을 폐지하는 대신 새롭게 설정된 납세 제도이며 17세~20세에게 과세 되었다)에 대응 되는 용어로 보인다. '中男作物'제도에서는 중남(17세~20세 남성)이 부족할 경우 정정을 雜徭에 임하게 하여 필요한 물품을 바치기로 되어 있는데, '中男作物'과 구분하기 위하여 '正丁作物'로 기재한 것으로 추측하고 있다. '天平勝寶6년'은 754년이다.

(2)

               佐吉鄕日下部止々利

「∨隱伎國海部郡   養老七年∨」

               調鰒六斤

隱伎國로부터의 '鰒'(전복)의 하찰목간이다. '養老7년'은 723년이다.

SD10550

(3)

```
          海部郡作佐郷
「∨隱伎國              調紫菜二斤∨」
          大井里海部小付
```

隱伎國이 보낸 '紫菜'(김의 일종)의 하찰목간이다.

(4)

「∨獺肝二具」

약품 부찰목간이다. '獺肝'은 수달의 간으로 약재로 사용된다.

9. 참고문헌

奈文研『昭和57年度平城宮跡發掘調査部發掘調査槪報』1983年

奈文研『奈良國立文化財研究所年報1983』1983年

奈文研『平城宮發掘調査出土木簡槪報』16, 1983年

寺崎保廣·橋本義則「奈良·平城宮·京跡」(『木簡研究』5, 1983年)

木簡學會編『日本古代木簡選』岩波書店, 1990年

沖森卓也·佐藤信編『上代木簡資料集成』おうふう, 1994年

木簡學會編『日本古代木簡集成』東京大學出版會, 2003年

奈文研『平城宮發掘調査出土木簡槪報』38, 2007年

43) 平城宮跡(140次)中央區朝堂院地區

1. 이름 : 헤이조큐 터(140차)

2. 출토지 : 奈良縣(나라현) 奈良市(나라시)

3. 발굴 기간 : 1982.8~1983.1

4. 발굴 기관 : 奈良國立文化財研究所

5. 유적 종류 : 궁전·관아

6. 점수 : 749

7. 유적과 출토 상황

추정 제1차 朝堂院 東半部를 최종 조사하였다. 목간은 溝의 유구 SD3715, SD10705A, SD10706, SD10325B에서 합계 757점이 출토되었다. 그중 SD3715에서 417점이 출토. SD3715 유구는 제1차와 제2차 朝堂院 사이를 흐르는 헤이조큐 중앙부의 기간 溝 SD3765를 朝堂院 건설 전 掘立柱 남북 담장에 의해 구획되었던 시기에 땅을 메우고 정지 작업하고 다시 정비한 남북 溝이다. 상·중·하층의 3층으로 나뉘는 퇴적층 중 417점이 모두가 하층 溝에서 출토되었다. SD10705A는 SD3715에서 서쪽으로 분기되는 동서 溝로 퇴적층은 상하 2개 층위로 나뉘는데 목간은 하층에서 1점이 출토되었다. SD10706는 SD10705가 남쪽으로 구부러지는 남북 溝인데 여기서 목간이 39점이 출토되었다. SD10325B는 SD10706를 서쪽으로 방향을 바꾸게 한 남북 溝인데 목간이 300점이 출토되었다. 또한 이러한 유구에서는 대량의 수막새, 토기, 蹄脚硯 등이 출토되었고 특히 SD10705A에서는 묵서토기도 출토되었다.

8. 목간

SD3715

(1)

民部省移

SD10705A

(2)

・「殘米三斗九升□合

四月廿日勘文人上

付常陸　　　　□□〔部?〕足万呂米□□□□□×

・「□一升充御山所御▆〔粥?〕料

四月廿二日京万呂　　　□□〔付?〕□□

상단과 좌우 양변이 깎여져 있고 하단은 절손되어 있다. 앞면의 '▆' 부분은 '米', '弓', '米'를 옆으로 이어서 쓴 글자체.

SD10706

(3)

□□

×山　京橋造不狀

×□□〔土師?〕　少疏倉人

×□□□□〔巨勢朝?〕臣　　　　　」

・　　　　　　　　　　　　×□

×東宮南道

×十九日弾正臺口宣[　　]

×又十二日宣受史生土

×□□□　□□□□　　　　　　　　」

横材 즉 목제의 나뭇결이 가로로 되게 놓고 글자를 적은 목간이다. 뒷면의 글자는 앞면과 반대 방향으로 쓰여 있다. 앞면의 '少'는 弾正台 또는 紫微中台의 제4등관. 뒷면의 '東宮南道'는 平城宮 東院 남쪽에 인접한 二條條間路를 가리킬 가능성이 있다. 그 아래의 기재내용은 '弾正臺'의 명령을 적은 기록문서이다.

SD10325B

(4)

「造曹司所請□

　제1차 朝堂院지구 동쪽 외곽 관아지역의 개축에 관련된 목간이다. '造曹司所'는 그 당시 현
장을 담당한 임시 장소이다.

(5)

・「∨西大宮正月佛 御供養雜物買殘錢」

　　　　　　　　油五升　正月十六日添石前

・「∨一貫五百六十文　　　　　　　　　」

　　　　　　□□

　'西大宮'은 제1차 大極殿院 지구에 있는 Ⅱ기 궁전건물군으로 불리는 이른바 '西宮'이다. 西
宮에서 진행된 正月 불사에 관한 '錢'의 부찰목간이다.

9. 참고문헌

奈文研『昭和57年度平城宮跡發掘調査部發掘調査概報』1983年

奈文研『奈良國立文化財研究所年報1983』1983年

奈文研『平城宮發掘調査出土木簡概報』16, 1983年

寺崎保廣·橋本義則「奈良·平城宮·京跡」(『木簡研究』5, 1983年)

奈文研『平城宮發掘調査報告ⅩⅥ－兵部省地區の調査(本文編)(圖版編)』(奈良文化財研究所
學報70)

2005年奈文研『平城宮木簡七』(奈良文化財研究所史料85) 2010年

奈文研『平城宮發掘調査出土木簡概報』42(正誤表), 2012年

44) 平城宮跡(143次)朱雀門西方南面大垣

1. 이름 : 헤이조큐 터(143차)
2. 출토지 : 奈良縣(나라현) 奈良市(나라시)
3. 발굴 기간 : 1982.7~1982.8
4. 발굴 기관 : 奈良國立文化財硏究所
5. 유적 종류 : 궁전·관아
6. 점수 : 2

7. 유적과 출토 상황

조사지는 平城宮 남면 울타리의 朱雀門 서쪽에 위치한다. 조사 결과 남면 울타리 일부와 溝 등이 확인되었다. 목간은 주작대로 서쪽 溝에서 人形과 함께 2점 출토되었다.

8. 목간

- 「阿波國□□〔麻殖?〕郡川嶋鄕
- 「少楮里忌部足嶋庸米六斗

  阿波國이 '庸'로 납부한 쌀의 하찰목간

9. 참고문헌

奈文硏『昭和57年度平城宮跡發掘調査部發掘調査槪報』1983年
奈文硏『奈良國立文化財硏究所年報1983』1983年
奈文硏『平城宮發掘調査出土木簡槪報』16, 1983年
寺崎保廣·橋本義則「奈良·平城宮·京跡」(『木簡硏究』5, 1983年)

45) 平城宮跡(150次)中央區朝堂院地區南邊

1. 이름 : 헤이조큐 터(150차)

2. 출토지 : 奈良縣(나라현) 奈良市(나라시)

3. 발굴 기간 : 1983.4~1983.8

4. 발굴 기관 : 奈良國立文化財研究所

5. 유적 종류 : 궁전·관아

6. 점수 : 33

7. 유적과 출토 상황

조사지는 제1차 東朝集殿 추정지의 동부에 위치. 발견된 주된 유구로는 掘立柱 건물, 토담, 조석 暗渠, 나무 수도관(木樋) 시설, 溝, 우물, 토광 등이 있다. 이러한 유구는 고훈시대와 나라시대로 크게 나눌 수 있다. 나라시대의 유구 중 가장 오래된 유구인 배수로 SD3765 최하층의 퇴적층에서 목간 삭설이 33점 출토되었다.

8. 목간

(1)

□一人□使一人

4번째 글자는 나중에 쓴 것이다.

(2)

□少志佐伯

'少志'는 衛府의 제4등관

(3)

□〔廿?〕七日□〔少?〕□

9. 참고문헌

奈文研『昭和58年度平城宮跡發掘調査部發掘調査概報』1984年

奈文研『奈良國立文化財研究所年報1984』1984年

奈文研『平城宮發掘調査出土木簡概報』17, 1984年

舘野和己「奈良·平城宮·京跡」(『木簡研究』6, 1984年)

奈文研『平城宮木簡7』(奈良文化財研究所史料85) 2010年

46) 平城宮跡(154次)東方官衙地區

1. 이름 · 헤이조큐 터(154차)
2. 출토지 : 奈良縣(나라현) 奈良市(나라시)
3. 발굴 기간 : 1984.1~1984.4
4. 발굴 기관 : 奈良國立文化財研究所
5. 유적 종류 : 궁전·관아
6. 점수 : 1929

7. 유적과 출토 상황

조사지는 제2차 대극전원·內裏 동쪽 외곽의 동쪽에 있다. 발견된 주된 유구로는 掘立柱 건물, 초석건물, 토담, 굴립주담, 배수로, 土壙 등이 있다. 조사구 서쪽에는 東大 溝 SD2700이 남북 방향으로 흐르고 있고 여기에 內裏 내곽에서 흐르는 溝 SD4240이 합류한다. 그리고 동부는 남쪽 모퉁이에 남북 溝 SD3410과 거기에 접속되는 동서 溝 SD11600이 발견되었다. 조사구 남쪽 끝에서는 초석건물 유구와 그것을 둘러싼 토담, 및 SD2700으로 흐르는 木樋 암거 SX11504가 발견되었다. 이러한 유구에서 합계 2,057점의 목간이 출토되었는데 그중 삭설이 1,298점이다. 유구 별로 보면 SD2700에서 1,894점(削屑 1206), SD4240에서 70점(削屑 40

점), SX11504에서 15점(削屑 10점), SD3410에서 70점(削屑 42점), SD11600에서 8점이 출토되었다.

SD2700은 內裏 동방 지역을 남북으로 관류하는 기간배수로인데 154차 조사지는 전에 조사된 상류지역에 비해 넓이가 6m로 많이 넓다. 퇴적층은 크게 7개 층위로 나눌 수 있는데 아래로부터 두 번째 층위에서 天平2년(730)~4년, 3, 4층위에서 天平5년(733)~天平神護3년(767), 제5, 6층위에서 延曆2~3년(784) 등 기년이 적힌 목간이 출토되었으며 최상층에서는 隆平永寶와 함께 9세기 전반의 토기가 출토되었다.

SD4240은 內裏 내곽에서 동쪽으로 흐르는 SD2700과 합류되는 배수로이다. 목간은 합류되는 지점에서 다수 출토되었다. SD2700에서 출토된 대부분의 목간도 여기서 흘러 들어온 것으로 볼 수 있다.

SX11504는 大極殿 동방 관아 내로부터 서면 토담을 북쪽으로 통해 SD2700으로 물을 흐르게 하는 木樋 암거이다. 바닥의 나무판자 아래에서 天平17년~天平勝寶연간(745~757)의 수막새가 출토되었다.

SD3410은 동원지구 서쪽의 기간배수로이다. 이 溝는 북쪽 끝에서 동쪽으로 꺾어지는 배수로가 있는데 이것을 SD11600이라 부른다. 이 두 溝로 모두 퇴적층을 두 개 층위로 나눌 수 있는데 하층에서 天平16년(744) 기년이 기재된 목간 및 和同開珍, 万年通寶, 神功開寶 등이 출토되고 상층에서는 隆平永寶, 富壽神寶와 함께 9세기 전반기의 회유토기가 출토되었다. SD3410에서는 상하 양층에서 SD11600에서는 하층에서만이 목간이 출토되었다.

8. 목간

SD2700
(1)
- 「泉內親王宮　出物□□□」
- 「　　九月廿五日　　　　　」

‘泉內親王宮’은 天智天皇의 황녀(황제의 딸)이며 伊勢齋王이다. 天平6년 2월에 薨去.

(2)

· 「返抄諸上進薪　　　　　　　　　　　　　　」

· 「葛井□□　　五月十八□〔物〕部□〔乙〕万呂」

宮內省에 관련된 목간. 해당 목간에는 ‘薪’(땔나무)이 기재되어 있는데 땔감을 관장하는 官司는 主殿寮이므로 이 목간은 宮內省에 소속된 主殿寮에 관련된 목간임을 알 수 있다.

(3)

「左兵衛府移　中衛×

‘左兵衛府’가 적혀 있어 內裏 수비에 관한 官司와 관련 있는 목간임을 알 수 있다.

(4)

×□〔人?〕遞送事合浮浪□×

浮浪人의 遞送을 보고한 목간. 부랑인을 본관지로 체송하는 것은 養老五年(721)四月二七日로부터 天平八年(736)二月二五日 사이와 寶龜11年(780)10月26日 이후인데 해당 목간의 시기는 출토된 퇴적층으로부터 전자로 판단된다.

(5)

· 「∨東□〔市?〕交易錢計絁廛人服部

· 「∨眞吉

동쪽 시장에서 交易을 했다는 것을 적은 목간. ‘絁廛’라는 구체적인 점포명과 ‘服部眞吉’라는 개인명이 보여 시장에서 직접 交易을 한 것으로 볼 수 있다.

(6)

「美濃工一　下總廿四人

上總三　　備後三　卅人斐太廿

播磨二　　　　　　　匠丁廿」

조영 공사에 참여한 공인들의 나라별 사람 수를 적은 목간. ‘卅人’ 아래에는 ‘斐太廿’과 ‘匠丁廿’이 割書로 기재되어 있는데 ‘匠丁’은 飛驒(=斐太)의 장인으로 ‘工’과는 구별된다.

(7)

荒堅魚十一斤十両七連八節

「伊豆國那賀郡射鷲鄕和太里丈部黒栖調

天平五年九月」

伊豆國로부터 調로 바친 荒堅魚(가다랑어를 햇빛에 말린 것)의 하찰목간. 堅魚를 貢進物로 바친 나라 중 목간으로 확인이 되는 나라로는 志摩國, 遠江國, 駿河國도 있지만 荒堅魚는 伊豆國밖에 없어 伊豆國의 특산물이라고 볼 수 있다.

(8)

・「神護元年

・「七月解

題籤軸 목간. 神護원년은 765년.

SD4240

(9)

「成選人名□[　　　　]

SD3410

(10)

・「□內門籍　少錄正七位下三野□×

・「□□□□□　□□□□□□

大寶令에 궁문은 중문, 閤門은 내문으로 하고 있어 해당 목간은 쪽문에 단 門籍에 관한 것으로 볼 수 있다.

SD11600

(11)

□□吹工三百廿一人　共作二千二□

　　　　　　□　宮人五

9. 참고문헌

奈文研 『昭和58年度平城宮跡發掘調査部發掘調査槪報』1984年

奈文研 『奈良國立文化財研究所年報1984』1984年

奈文研 『平城宮發掘調査出土木簡槪報』17, 1984年

舘野和己 「奈良·平城宮·京跡」(『木簡研究』6, 1984年)

木簡學會編 『日本古代木簡選』岩波書店, 1990年

沖森卓也·佐藤信編 『上代木簡資料集成』おうふう, 1994年

47) 平城宮跡(155次)壬生門東方南面大垣

1. 이름 : 헤이조큐 터(155차)
2. 출토지 : 奈良縣(나라현) 奈良市(나라시)
3. 발굴 기간 : 1984.3~1984.7
4. 발굴 기관 : 奈良國立文化財研究所
5. 유적 종류 : 궁전·관아
6. 점수 : 1473

7. 유적과 출토 상황

조사구는 제32차 조사구와 제32차 보충조사구역과 접해 있다. 발견된 주요 유구는, 南面大

垣과 그 북쪽의 동서 溝, 二條大路와 그 남북 양쪽 溝, 및 平城宮內의 동변을 북에서 남으로 흐르는 기간배수로 및 2조대로 北側溝와 전술한 동서 溝를 잇는 남부 溝 등이 있다. 그중 목간이 출토된 깃은 南面人垣 북쪽의 동서 溝 SD4100, 남북 기간배수로 SD3410, 2조대로 北側溝 SD1250, 이 北側溝와 SD4100을 잇는 남북 溝 SD11640에서이다.

SD4100은 제32차 보충조사에서도 발굴하였으며, 다량의 목간이 출토되었다. 이번은 그 서쪽 연장부분을 약 60m에 걸쳐 발굴하였다. 溝의 퇴적토는 A~C시기의 3층으로 나뉘어져 있다. 그중 목간은 최하층의 A기의 최적토에서 전부 출토되었다. 목간은 총69점이다.

남북 溝 SD11640은 조사구의 중앙부근으로 동서 溝 SD4100에서 남쪽으로 흐르는 SD1250으로 흘러들어가는 것으로, 南面大垣의 동단에서 약 50m 서쪽에 위치해 있다. 溝의 퇴적토는 1층이다. 목간은 大垣의 아래 및 그 남쪽 약 5m의 토갱 부분에서 무더기로 출토되었다. 합계 1198점이다.

2조대로 北側溝 SD1250은 南面大垣의 남쪽 약 12m 부근을 서에서 동으로 흐르는 구이다. 제32·122·130·133·143차 등의 조사에서 목간이 출토되었다. 퇴적토는 2층으로 나뉘어 있으며, 목간은 하층에서 溝의 각 부분에 점재된 상태로 출토되었다.

남북 溝 SD3410은, 제22·29·32·32보충·154차 등의 조사에서 발굴되었으며, 각각 목간이 출토되었다. 溝의 퇴적토는 2층으로 크게 나뉘며, 목간은 퇴적토 상층에서 출토되었다. 수량은 106점이다.

8. 목간

동서 溝 SD4100
　(1)
・「散位寮召　　使部□□[　　　　]
　　　　　　　　日置□　　　　　　　」

・「□〔為?〕□□□
　　　　　　　　　　　□　　　　　　　　　　　　」

　(2)
「　　　　　　　　　　　　　　年六十
・下等　兵部省使部從八位下[　　　]　　　上日百[　]
　　　　　　　　　　　　　　　　右京　　　　　　　　　」
・「【□　　　　　不□執□】　　」

남북 溝 SD11640

　(3)
・「出羽國郡司考□□〔狀帳?〕」(봉축 단면)
・「神龜五年　　　　　　　　」(봉축 단면)

　(4)
・「∨　位□〔子〕□茨田宿祢多比□　　」
・「∨五□□〔百文?〕神龜四年料輸神龜□×

남북 溝 SD3410

　(5)
「殘飯一斗

2조대로 북측 SD1250

　(6)
「　　　　　　阿曇千嶋
・內參入舍人
　　　　　　丹比足角」

・「大伴廣國　　品遲國前

　　君子百依　　海小□　」

9. 참고문헌

奈文研『昭和59年度平城宮跡發掘調査部發掘調査槪報』1985年

奈文研『奈良國立文化財研究所年報1985』1985年

奈文研『平城宮發掘調査出土木簡槪報』18, 1985年

鬼頭清明「奈良·平城宮·京跡」(『木簡研究』7, 1985年)

木簡學會編『日本古代木簡選』岩波書店, 1990年

木簡學會編『日本古代木簡集成』東京大學出版會, 2003年

奈文研『平城宮木簡六』(奈良文化財研究所史料63) 2004年

48) 平城宮跡(157次)朱雀門北方地區

1. 이름 : 헤이조큐 터(157차)
2. 출토지 : 奈良縣(나라현) 奈良市(나라시)
3. 발굴 기간 : 1984.7~1984.11
4. 발굴 기관 : 奈良國立文化財研究所
5. 유적 종류 : 궁전·관아
6. 점수 : 146

7. 유적과 출토 상황

조사구는 제1차 朝堂院의 남쪽, 주작문의 동쪽으로 南面大院의 북에 접한 지구로, 동서2구로 나뉘어져 있다. 발견된 주요 유구는 掘立柱 담 3조, 掘立柱 건물 2동, 남북 溝 2조, 토광 1기 등이 있다. 그중 목간이 출토된 것은 남북 溝 SD3715이다. SD3715는 제41·77·97·102·133·150차 등의 조사에서도 발견되었으며, 목간도 출토되었다. 지금까지의 발굴결과에서 이 溝는 靈龜연간에서 헤이안시대 초까지 존속된 것으로 판명되었다. 이 조사구에서의 퇴적토는 3층으로 나뉘어져 목간은 중·하층에서 출토되었다. 목간 중 紀年이 적혀 있는 것은 天平寶字 4년(760)과 寶龜 8년(777)으로, 함께 출토된 토기의 대부분은 나라시대 말기다. 또 상층은 궁 폐절 후의 퇴적으로 생각된다.

8. 목간

(1)

· 「天平寶字四年[　　　　]□史考狀□〔帳?〕」(軸木口)

· 「□(봉축 단면)　　」

(2)

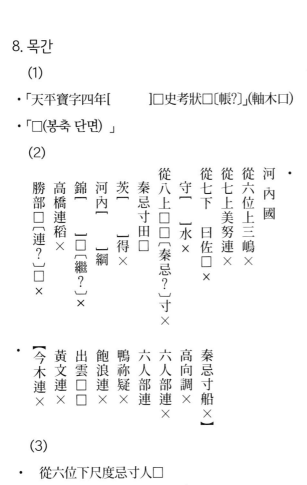

· 河內國
  從六位上三嶋×
  從七上美努連×
  從七下　日佐□×
  守[　]水×
  從八上□□〔秦忌?〕寸×
  秦忌寸田□
  茨[　]得×
  河內[　]綱
  錦[　]□〔繼?〕×
  高橋連稻×
  勝部□〔連?〕□×

· 秦忌寸船×
  高向調×
  六人部連
  六人部連×
  鴨祢疑×
  飽浪連×
  出雲連□
  黃文連×
  【今木連×】

(3)

· 　從六位下尺度忌寸人□

· 「□〔位?〕上[　　　]安麻呂　　」

9. 참고문헌

奈文研『昭和59年度平城宮跡發掘調查部發掘調查槪報』1985年

奈文研『奈良國立文化財研究所年報1985』1985年

奈文研『平城宮發掘調查出土木簡槪報』18, 1985年

鬼頭淸明「奈良·平城宮·京跡」(『木簡硏究』7, 1985年)

奈文研『平城宮發掘調查報告ⅩⅥ—兵部省地區の調查(本文編)(圖版編)』(奈良文化財研究所學報70) 2005年

奈文研『平城宮木簡七』(奈良文化財研究所史料85) 2010年

奈文研『平城宮發掘調查出土木簡槪報』42(正誤表), 2012年

49) 平城宮跡(157次補足)朱雀門東方南面大垣

1. 이름 : 헤이조큐 터(157차 보충)

2. 출토지 : 奈良縣(나라현) 奈良市(나라시)

3. 발굴 기간 : 1987.6~1987.7

4. 발굴 기관 : 奈良國立文化財研究所

5. 유적 종류 : 궁전·관아

6. 점수 : 36

7. 유적과 출토 상황

조사지는 이른바 제1차 朝堂院과 제2차 朝堂院과의 사이에서 남쪽으로 흐르는 남북溝 SD3715와 궁 南面大垣과의 교차점이다. 확인된 주요 유구는, SD3715·南面大垣 및 남북 담 1조이다. SD3715는, a·b·c의 3시기로 구분되며, 목간이 출토된 a시기의 溝는 폭이 약 3m이고, 확인된 면에서의 깊이 약 1.8m이다. 南面大垣과 교차하는 장소는 開渠된 것임이 판명되었다.

목간 출토점수는 36점(그중 삭설23점)이다.

8. 목간

「中等　　」

　　조사지는 이른바 제2차조당원의 남쪽으로, 식부성 추정지와 마주보는 장소에 해당하며, 이전의 조사에서는 이 근방에서 '兵部', '兵廚' 등의 묵서토기가 출토되었으며, 兵部省에 근접해있을 가능성이 크다. 이 목간도 관인의 고과에 관한 것으로 본다면, 兵部省에서 비롯된 것으로 쉽게 추측할 수 있다.

9. 참고문헌

奈文研『昭和62年度平城宮跡發掘調査部發掘調査槪報』1988年

奈文研『奈良國立文化財研究所年報1987』1988年

奈文研『平城宮發掘調査出土木簡槪報』20, 1988年

寺崎保廣「奈良·平城宮·京跡」(『木簡研究』10, 1988年)

奈文研『平城宮發掘調査報告ⅩⅥ―兵部省地區の調査(本文編)(圖版編)』(奈良文化財研究所學報70) 2005年

奈文研『平城宮木簡七』(奈良文化財研究所史料85) 2010年

50) 平城宮跡(164-1次)北面大垣(御前池)

1. 이름 : 헤이조큐 터(164-1차)
2. 출토지 : 奈良縣(나라현) 奈良市(나라시)
3. 발굴 기간 : 1985.4
4. 발굴 기관 : 奈良國立文化財研究所

5. 유적 종류 : 궁전·관아

6. 점수 : 22

7. 유적과 출토 상황

宮의 북쪽 끝의 서쪽에 위치한 御前池의 동쪽 기슭에 따라 못의 바닥 4군데를 조사하였다. 그 가운데 북쪽면 大垣으로 추정되는 구역에 설정한 제Ⅱ조사구에서 宮의 북쪽 한계를 구획한 시설로 보이는 掘立柱東西塀一條, 그 북쪽에 안전시설 등을 베풀지 않고 땅을 판 東西溝 二條를 확인하였다. 제Ⅱ조사구 북쪽에 설정한 제Ⅲ조사구에서는 東西塀의 북쪽 약 41m에서 溝 SD03이 확인되었으며, 그 바닥 중앙부에서 목간 22점이 출토되었다. 그중 13점은 상층 溝 SD03B에서, 9점은 하층 溝 SD03A에서 출토되었다. 상층 溝의 퇴적토에서는 平城宮 내림새 편년 제Ⅰ기의 내림새가 출토되었다.

8. 목간

(1)

「養老三年閏七月」

　좌우 양 측면이 이차적으로 깎여 있다.

(2)

「□四斗七升」

　좌측면이 이차적으로 깎여 있다.

(3)

八年

9. 참고문헌

奈文研『昭和60年度平城宮跡發掘調査部發掘調査概報』1986年

奈文研『平城宮發掘調査出土木簡概報』19, 1986年

橋本義則「奈良・平城宮・京跡」(『木簡研究』8, 1986年)

奈文研『奈良國立文化財研究所年報1986』1987年

51) 平城宮跡(164-21次)馬寮地區北方

1. 이름 : 헤이조큐 터(164-21차)

2. 출토지 : 奈良縣(나라현) 奈良市(나라시)

3. 발굴 기간 : 1986.1

4. 발굴 기관 : 奈良國立文化財研究所

5. 유적 종류 · 궁진·관아

6. 점수 : 9

7. 유적과 출토 상황

조사구 중앙부에서 넓이 약 4m, 깊이 약 0.7m 되는 동서 溝 SD12340이 발견되었다. 이 溝는 서쪽 연장선상에 伊福部門의 존재가 추정되기에 伊福部門에서 동쪽으로 뻗은 궁내 도로의 북측 溝에 해당될 가능성이 있다. 溝의 퇴적토는 상·하 2층으로 나뉘며 목간은 하층에서 9점이 출토되었다. 공반유물로는 나라시대 후반기의 토기와 막새기와가 있다.

8. 목간

東西溝 SD12340

(1)

· 「讚岐國多度郡藤原鄕伊□首智万庸米六斗」

· 「　　　神龜三年九月　　　　　　　　」

讚岐國로부터 庸米가 貢進된 하찰목간이다. '讚岐國多度郡藤原鄕'는『和名類聚抄』에는 '葛

原'라고 기재되어 있고 '加都良波良'(가츠라하라)로 읽는다고 표기되어 있으나 『續日本紀』와 正倉院 문서에는 해당목간과 같이 '藤原'로 적혀 있다. '神龜3년'은 726년.

(2)

□□田主三四

二斗寶龜四年　　Ｖ」

이차적으로 좌우 양 측면을 깎아 글자와는 반대 방향으로 되게 상단을 뾰족하게 하고 하단 좌우에 홈을 팠다. 뒷면은 중앙부에서 상단까지 약간 파여 있다. 부찰목간으로 쓰기 위하여 원래 방향과는 거꾸로 하여 이차적으로 정형을 한 것으로 볼 수 있다. 혹은 뒷면이 파여 있는 것으로 보아 어떠한 목기로 사용하기 위한 것일 수도 있다. '寶龜4년'은 773년.

(3)

· 「若狹國□〔遠?〕×

· 「天平勝寶四年□□

若狹國에서 온 하찰목간이다. '天平勝寶4년'은 752년이다.

9. 참고문헌

奈文研『昭和60年度平城宮跡發掘調査部發掘調査槪報』1986年

橋本義則「奈良·平城宮·京跡」(『木簡硏究』8, 1986年)

奈文研『奈良國立文化財硏究所年報1986』1987年

奈文研『平城宮發掘調査出土木簡槪報』19, 1987年

木簡學會編『日本古代木簡選』岩波書店, 1990年

52) 平城宮跡(165次)壬生門東方南面大垣

1. 이름 : 헤이조큐 터(165차)

2. 출토지 : 奈良縣(나라현) 奈良市(나라시)

3. 발굴 기간 : 1985.3~1985.8

4. 발굴 기관 : 奈良國立文化財硏究所

5. 유적 종류 : 궁전·관아

6. 점수 : 366

7. 유적과 출토 상황

조사구는 122차 조사구역(壬生門) 동쪽에 해당되며 平城宮 남쪽 끝 동부지역이다. 확인된 주요 유구로는 남쪽면 大垣, 二條大路와 남북 양측 溝, 궁내 도로 2조와 그 側溝, 壬生門 내의 東官衙 및 西官衙에 둘러있는 토담, 좌경 3조1방8평의 북쪽면 토담 등이 있다. 목간은 壬生門 남쪽을 동서방향으로 뻗은 2소내로 북측 溝 SD1250과 남쪽면 大垣 북쪽의 궁내도로 노면에서 발견된 토광 SK12050에서 출토되었다.

SD1250은 남쪽면 大垣 약 8m에 있는 넓이 약 3.5m, 깊이 약 0.9m인 동서 溝인데 남북쪽 양안의 곳곳에 호안시설로 되는 나무말뚝이 박혀 있다. 165차 조사구역의 퇴적토는 크게 5층으로 나눌 수 있는데 최하층과 그 위층에서 목간이 45점(그중 삭설 17점)이 출토되었다. 공반유물로는 목제품, 기와, 토기 등이 있는데 그중에서도 165차 조사구에서는 人形 30점, 齋串 6점, 劍形 1점 등이 출토되고 壬生門 근처에서는 제사에 관련된 목제품이 비교적 많이 출토되었다.

SK12050은 壬生門 내에 있는 동관아 또는 남면 大垣 수리를 위해 판 토광으로 추측 되는데 대량의 목설과 가공된 나무판자 등과 함께 목간이 321점(그중 削屑 267점)이 출토되었다.

8. 목간

二條大路北側溝SD1250

(1)

∨上總國□□〔望陀?〕×

'陀'는 이체자 '阤'. '望陀'는 上總國의 군(郡)명이다.

(2)

・「尾張國×

・「　　　□

(3)

　　　　　　□□□

　　　年十九　鼻右

・□□馬依

　　　　黒子

・□□信濃國□

土壙 SK12050

(4)

　　　錢五百文

・「分　　　　　　　　□本三尺末□〔二?〕×

　米一石塩五升

・「□□四尺　　　末三尺五寸高一丈□×

하단이 이차적으로 절단되어 있다.

(5)

「∨己西鄕豊□□〔乃?〕里白米五斗」

9. 참고문헌

奈文研『昭和60年度平城宮跡發掘調査部發掘調査槪報』1986年

橋本義則「奈良・平城宮・京跡」(『木簡研究』8, 1986年)

奈文研『奈良國立文化財研究所年報1986』1987年

奈文研『平城宮發掘調查出土木簡槪報』19, 1987年

53) 平城宮跡(167次)壬生門西方南面大垣

1. 이름 : 헤이조큐 터(167차)

2. 출토지 : 奈良縣(나라현) 奈良市(나라시)

3. 발굴 기간 : 1985.6~1985.10

4. 발굴 기관 : 奈良國立文化財硏究所

5. 유적 종류 : 궁전·관아

6. 점수 : 4

7. 유적과 출토 상황

조사구는 122차 조사구역(壬生門) 서쪽에 해당되며 平城宮의 남쪽 끝 동부지역이다. 확인된 주요 유구로는 남쪽면 大垣, 二條大路와 남북 양측 溝, 궁내 도로 2조와 그 側溝, 미부문(壬生門) 내의 東官衙 및 西官衙에 둘러있는 토담, 좌경 3조1방8평의 북면 토담 등이 있다. 목간은 壬生門 남쪽을 동서방향으로 뻗은 2조대로 북측 溝 SD1250에서 출토되었다.

SD1250은 남면 대원 약 8m에 있는 넓이 약 3.5m, 깊이 약 0.9m인 동서 溝인데 남북쪽 양안의 곳곳에 호안시설로 되는 나무말뚝이 박혀 있다. 167차 조사구의 퇴적토는 4층으로 나눌 수 있는데 최하층에서 목간이 4점 출토되었다. 공반유물로는 목제품, 기와, 토기 등이 있다.

8. 목간

· 「大□十□□　　」

· 「　　□□　　」

9. 참고문헌

奈文硏『昭和60年度平城宮跡發掘調查部發掘調查槪報』1986年

橋本義則「奈良·平城宮·京跡」(『木簡硏究』8, 1986年)

奈文硏『奈良國立文化財硏究所年報1986』1987年

奈文硏『平城宮發掘調查出土木簡槪報』19, 1987年

奈文硏『平城宮發掘調查報告ⅩⅥ—兵部省地區の調查(本文編)(圖版編)』(奈良文化財硏究所 學報70) 2005年

54) 平城宮跡(171次)中央區朝堂院地區東南邊

1. 이름 : 헤이조큐 터(171차)
2. 출토지 : 奈良縣(나라현) 奈良市(나라시)
3. 발굴 기간 : 1986.1~1986.3
4. 발굴 기관 : 奈良國立文化財硏究所
5. 유적 종류 : 궁전·관아
6. 점수 : 245

7. 유적과 출토 상황

조사구는 추정 第一次 朝堂院지구 동남부에 해당되는데 제136차 조사지의 동쪽과 남쪽에 인접한 지역을 조사지로 하여 동구와 서구의 2개 조사구로 나뉜다. 확인된 나라시대의 주된 유구로는 掘立柱건물 5, 굴립주 담 4, 溝 6, 土壙 등이 있다. 목간은 남북 溝 SD3765와 남북 溝 SD3715, 土壙 SK09 및 整地土에서 출토되었다.

SD3765는 서구 중앙부에서 남쪽으로 흐르는 배수로이며 나라시대의 초기, 즉 平城宮 조영 당초에 제1차 조당원 동쪽에 판 溝이다. 넓이는 약 1.6m이며, 깊이는 약 0.6m이고 목간은 퇴적토 중에서 출토되었다. 공반유물로는 8세기 초의 암막새가 있다.

SD3715는 나라시대의 전반에서 중기에 이르는 기간에 SD3765를 메운 후, 동쪽 약 20m에 판 溝인데, 나라시대의 후반기까지 존속되었다. 넓이는 약 3m이며 깊이는 약 0.6m이고 목간은 27점(그중 삭설 9점)이 출토되었다. 溝의 퇴적토는 크게 2개 층위로 나눌 수 있는데 출토된 유물을 보면 여러 시기의 토기나 기와가 섞여 있어 각 층에는 큰 연대 차이가 없다고 볼 수 있다.

SK09는 동구 동쪽 끝에서 확인된 不定形의 토광이며 남북 약 3.6m, 동서 약 2.4m, 깊이 약 0.7m이다. 바닥에는 대량의 목편이 퇴적되어 있고 그 속에서 목간이 211점(그중 削屑 203점) 출토되었다. 나라시대 초기의 토기가 함께 출토되었다. 또한 SD3765를 매립한 정지토에서도 삭설이 1점 출토되었다.

8. 목간

南北 溝 SD3765

(1)

　　　　　　　　　　日佰伍拾壹
・□□〔臣?〕酒人宿祢□

　　　　　　　　[　　]拾[　　]
・　　　　　　　　　□□

상하 양단이 부러지고 좌변을 갈라졌으며 우변은 깎아져 있다. 앞면은 상부는 '中臣酒人宿祢'로 판독될 가능성이 있다.

(2)

『□□□』大初位下[　　　]

상단이 이차적으로 깎여져 있고 하단은 꺾어져 있으며 좌우 양변은 갈라져 있다.

南北 溝 SD3715

　　(3)

「散位寮□

　　　　　　□

상단과 우변이 깎여져 있고 하단은 절손되었으며 좌변은 갈라져 있다.

　　(4)

・「∨工石床月米五斗八升七月料者」

・「∨八月上半月料三斗『□』　　　　　」

사변이 모두 깎여져 있다. '石床'에게 지급한 七月과 八月 상반기 월급에 매단 부찰이다.

土壙 SK09

　　(5)

上毛野朝臣廣人

　'上毛野朝臣廣人'은 『續日本紀』의 기재에 의하면 和銅元年(708)正月에 從六位上으로부터 從五位下로, 和銅7년(714) 3월에 從五位上의 자리에 올랐다. 同年 11월에 迎新羅使右副将軍이 되고 養老원년(717) 3월에는 右少弁이 되어 있다. 養老4년(720) 정월에는 正五位下에 서위(敍位)되었다. 그리고 同年 9월에 正五位陸奧國按察使로서 陸奧에 가게 되었는데 蝦夷의 반란으로 인해 살해당하였다. 토광 연대가 나라시대의 초기로 추측되고 있는데 연대적으로 봐도 모순이 되지 않는다.

　　(6)

□布里弓削子首□

　　(7)

受財而

좌변은 목간의 원형을 유지하고 있다.

9. 참고문헌

奈文研『昭和60年度平城宮跡發掘調査部發掘調査槪報』1986年

橋本義則「奈良·平城宮·京跡」(『木簡研究』8, 1986年)

奈文研『奈良國立文化財研究所年報1986』1987年

奈文研『平城宮發掘調査出土木簡槪報』19, 1987年

奈文研『平城宮發掘調査報告ⅩⅥ－兵部省地區の調査(本文編)(圖版編)』(奈良文化財研究所學報70)

2005年奈文研『平城宮木簡七』(奈良文化財研究所史料85) 2010年

奈文研『平城宮發掘調査出土木簡槪報』42(正誤表), 2012年

55) 平城宮跡(172次)內裏東大溝

1. 이름 : 헤이조큐 터(172차)

2. 출토지 : 奈良縣(나라현) 奈良市(나라시)

3. 발굴 기간 : 1986.3~1986.11

4. 발굴 기관 : 奈良國立文化財研究所

5. 유적 종류 : 궁전·관아

6. 점수 : 4565

7. 유적과 출토 상황

조사구는 내리 동외곽과 동쪽에 있는 塼積 기단 건물로 된 관아(內裏 동방관아) 사이에 있는 東大溝 SD2700을 중심으로 하는 지구이다. 확인된 주된 유구로는 掘立柱건물 22, 문 1, 토담 2, 굴립주담 2, 배수로 10개 등이 있다. 목간은 SD2700, 내리동방관아의 내로부터 東大溝로 흐르는 5개의 암거, 동서 溝 SD2350과 그 남북에 있는 溝 형태의 퇴적, 掘立柱 남북 담 SA12907

의 柱穴에서 출토되었다.

SD2700은 平城宮 동반부를 남쪽으로 흐르는 기간배수로인데 제129, 139, 21, 154차 조사(북쪽으로부터 차례로 배열)에서도 같은 유구를 발굴하였다. 이번 조사범위는 제21차와 154차 사이에 있는 120m에 달한다. 퇴적층은 크게 6개 층위로 나눌 수 있는데 목간은 모든 층위에서 합계 4396점(삭설 2776점)이 출토되었다. 최하층에서 養老七年~神龜元年(723~724), 아래로부터 두 번째 층위에서 天平~天平寶字年間(729~765), 제3, 4층위에서 天平勝寶~ 天平寶字年間(749~765)의 기년이 있는 목간이 출토되었다. 목간 이외에도 대량의 유물이 출토되었는데 목제품으로는 人形 등 제사용구, 팽이, 木球(나무공) 등 유희용구, 자, 검은빛의 옻을 칠한 칼 손잡이 등이 있고 금속제품으로는 皇朝錢, 銅製 人形, 새우 모양의 반월형 자물쇠, 허리띠 장식구 등이 있으며 토기에는 인면묵서토기, 소형 토기 등이 있고 기와류에서는 녹유 기와가 주목 된다. 또한 묵서토기나 예새로 쓴 토기도 많이 포함되어 있다.

SX12787, 12792, 12798, 12863, 12912은 내리 동방관아 내에서 東大溝로 흘러내리게 하는 암거인데 목간이 합쳐서 136점(그중 삭설은 122점) 출토되었다.

SD2350은 내리 내곽내의 우물유구 SE7900으로부터 東大溝로 흐르게 하는 동서 溝인데 목간은 33점(그중 삭설은 2점) 출토되었다.

SX12913, 12915는 東大溝 서벽에서 발견된 배수로 형태의 퇴적인데 여기서 목간이 10점(그중 삭설은 1점) 출토되었다.

SA12907는 東大溝 서쪽 기슭에 따라 세워진 남북 방향의 담인데 그 주혈에서 목간이 2점 출토되었다.

8. 목간

SD2700

(1)

「僧房所

『□□』　　　　　　中房預紀福足食　ㅇ

□□□食一升五合

三月十三日別當佐伯千□」

‘紀福足’은 延曆12년(793) 6월 11일의 날짜가 적힌「東大寺解」(『平安遺文』八-四二八九)에 기재된 ‘正六位上行中監物’라는 관명을 가진 인물과 같은 인물일 가능성이 크다. 해당 목간은 SD2700의 최상층에서 출토되어 연대 면에서도 모순이 없다.

(2)

・「[　　] [　　　　　　　　]

造宮省　合漆□漆[　　　　]万呂　　　　　　　」

・「　　　　　　　　　　　　　　　　[　　　]

[　　　]天平寶字三年卿從三位藤原[　　]」

조영 관련 목간이다. 天平寶字 연간은 『續日本紀』에 의하면 平城京 개축이 이루어진 시기다. 해당 목간을 포함한 다른 조영 관련 목간도 이와 관련 있는 것으로 볼 수 있다. 造宮의 ‘卿’에 관해서는 기존에 알려져 있지 않았으나 해당 목간으로 인해 ‘從三位藤原’임을 알게 되었고 이 사람은 藤原永手임도 밝혀졌다.

(3)

・「北西門　他田宮成　丈部□敷　錦×

・「　　　　　　　□合四人

北西門 수비에 관한 목간.

(4)

「∨參河國芳圖郡比莫嶋海部供奉九月料御贄佐米六斤∨」

貢進物 하찰목간. 參河國幡豆(芳圖)郡의 贄(니에 신이나 조정에 바치는 그 지방의 토산물) 貢進物 하찰목간은 기존에 析嶋와 篠島만 알려져 있었지만 해당 목간으로 인해 日間賀島(比莫嶋)에서도 貢進 贄가 공진되었다는 것이 판명되었다.

SD2350

(5)

・「∨播磨國賀茂郡下賀□□[ ]」

・「∨民直豊國庸米一俵　　　」

(6)

「∨周防國佐波郡牟礼鄉上村里戶辛人麻[ ]□二枚神龜三年十月∨」

SX12913

(7)

「∨阿波國那賀郡薩麻駅子戶鵜甘部□麻呂戶同部牛調堅魚六斤×平七×∨」

(8)

「∨因幡國巨濃郡潮井鄉河會里物部黒麻呂中男作物海藻六斤　天平七年七月∨」

9. 참고문헌

奈文研『昭和61年度平城宮跡發掘調査部發掘調査概報』1987年

奈文研『平城宮發掘調査出土木簡概報』19, 1987年

寺崎保廣「奈良・平城宮・京跡」(『木簡研究』9, 1987年)

奈文研『奈良國立文化財研究所年報1987』1988年

木簡學會編『日本古代木簡選』岩波書店, 1990年

沖森卓也・佐藤信編『上代木簡資料集成』おうふう, 1994年

木簡學會編『日本古代木簡集成』東京大學出版會, 2003年

奈文研『平城宮發掘調査出土木簡概報』42, 2012年

56) 平城宮跡(177次)佐紀池南邊

1. 이름 : 헤이조큐 터(177차)
2. 출토지 : 奈良縣(나라현) 奈良市(나라시)
3. 발굴 기간 : 1986.1
4. 발굴 기관 : 奈良國立文化財硏究所
5. 유적 종류 : 궁전·관아
6. 점수 : 279

7. 유적과 출토 상황

조사지는 平城宮 서북쪽에 있는 佐紀池의 남쪽에 있다. 나라시대의 주된 유구로는 掘立柱건물 1, 배수로 4, 2차례에 걸쳐 整地된 정지토층 등이 있다. 목간은 제1차 정지토 아래에 있는 木屑, 탄층과 동서 溝 SD12965에서 출토되었다.

제1차 정지토 아래의 木屑, 탄층에서는 목간이 276점(그중 削屑은 70점) 출토되었는데 그중에는 和銅(708)~養老6년(722)의 기년명이 있는 목간이 포함되어 있다. 함께 출토된 유물로는 목간과 같은 연대의 막새기와, 靈龜~天平初年(715~729) 사이의 토기도 포함되어 있다.

SD12965는 조사구 중앙부에 있는 동서 溝인데 이 溝는 제2차 정지토층 위에 파여져 있다. 목간은 3점이 출토되었다. 함께 출토된 유물로는 寶龜~延曆初年(770~782) 사이의 토기, 天平17년(745)~天平寶字(763) 사이의 막새기와가 출토되어 나라시대의 말기까지 존속된 유구였다는 것을 알 수 있다.

8. 목간

佐紀池南邊地區

목설, 탄층

(1)

「∨伯耆國相見郡巨勢鄕雜腊一斗五升養老□年十月∨」

伯耆國會見(相見)郡巨勢鄕이 바친 雜腊(여러 가지 새나 물고기를 말린 것)의 하찰목간.

(2)

• 「　　　　　　　□河

丈部若万呂　　丈部若万呂

天剛々々　　　天剛々々

熱□

丈部若万呂　　丈部若万呂

天剛々々　　　天剛々々

　　　　　長□　　　　　　　」

• 「急々如々律々令々　　　　」(오른쪽 측면)

• 「急々如々律々令々　　　　」(왼쪽 측면)

呪符목간. 출토된 층위로 보아 나라시대 전반기의 목간임을 알 수 있다. 주부 목간으로서는 最古의 부류에 속한다. '剛'은 '罒' 아래에 '止'과 '寸'를 좌우로 나란히 쓴 글자체. '熱□'는 '熱河'일 가능성이 있다. '丈部若万呂天剛々々' 부분은 묵선으로 그은 네잎 클로버 모양 안에 쓰였다.

SD12965

(3)

「∨讚岐國香川郡□〔細?〕鄕秦公□　　」

‘讚岐國香川郡細鄕’은 『和名類聚抄』에는 기재되어 있지 않는다. ‘細’은 ‘田’으로 보면 ‘田部鄕’으로 판독될 가능성도 있다.

(4)

・「『□』　　　長五丈

　　　　　　左弁宣

　　『今五』 廣二丈　　　」

・「丈部伯麻呂 伯麻×

‘丈部伯麻呂’는 묵선을 그어 말소되어 있다.

9. 참고문헌

奈文研 『昭和61年度平城宮跡發掘調査部發掘調査槪報』 1987年

奈文研 『平城宮發掘調査出土木簡槪報』 19, 1987年

寺崎保廣 「奈良・平城宮・京跡」 (『木簡研究』 9, 1987年)

奈文研 『奈良國立文化財研究所年報1987』 1988年

木簡學會編 『日本古代木簡選』 岩波書店, 1990年

沖森卓也・佐藤信編 『上代木簡資料集成』 おうふう, 1994年

木簡學會編 『日本古代木簡集成』 東京大學出版會, 2003年

奈文研 『平城宮木簡七』 (奈良文化財研究所史料85) 2010年

奈文研 『平城宮發掘調査報告 XⅦ―第一次大極殿地區の調査2(本文編)(圖版編)』 (奈良文化財研究所學報84) 2011年

奈文研 『平城宮發掘調査出土木簡槪報』 42(正誤表), 2012年

57) 平城宮跡(222次)式部省·式部省東官衙地區

1. 이름 : 헤이조큐 터(222차)

2. 출토지 : 奈良縣(나라현) 奈良市(나라시)

3. 발굴 기간 : 1991.3~1991.8

4. 발굴 기관 : 奈良國立文化財硏究所

5. 유적 종류 : 궁전·관아

6. 점수 : 4730

7. 유적과 출토 상황

조사지는 平城宮 남면의 동문인 壬生門의 동측에 해당하며 宮 동남쪽 구석에 가깝고 동쪽은 제33차 보충, 남쪽은 제155차, 서쪽은 제165차와 제220차의 각 조사구에 각각 접하며 북쪽은 近鐵의 레일이 깔려 있다. 본 조사는 式部省 관아의 서남부를 대상으로 한 제220차 조사에 이은 제222차 조사로써, 동일 관아의 동남부와 그 동측에 위치한 관아의 양상을 명확하게 하는 것을 목적으로 실시된 것이다.

조사 결과 式部省에 관한 유구로 그 동쪽면 및 남쪽면을 구획하는 토담·초석이 세워진 남북동건물을 출토되었다. 제220차 조사에서는 이 건물과 남문을 사이에 두고 동서 대칭의 위치에 거의 같은 규모의 남북동 건물이 출토되었다. 이로 인해 式部省內는 이번 출토의 건물을 제2堂으로 하는 그자형의 건물배치를 취한 것이 판명되었다. 한편 그 동측에서는 式部省 동쪽토담의 동쪽을 남북으로 뻗는 도로를 사이로 관아터(式部省東役所)를 확인하였다. 이곳은 나라시대 초에는 掘立柱담에 의해 구획된 일곽이다. 목간은 式部省東役所의, 나라시대 전기의 우물터 SE14690에서 출토되었다. 이 우물은 후기의 건물 SB14740의 기단 하층에서 출토되었다. 우물의 틀은 뽑혀졌으며, 그 터의 퇴적토는 크게 3층으로 나뉜다. 그 최상층에 있는 흑회색점토층에서 대량의 목간이 출토되었다. 출토 상황으로 보아 일괄투기된 것으로 보인다. 목간 점수는 4,794점이다. 그중 削屑이 4705점을 차지하는데, 정리작업을 통해 앞으로 그 수가 더 감소될 것으로 보인다.

8. 목간

(1)

· 「別記司『□〔嗣?〕』

　　　　　　　太政官

　　　　　　　中務省

　　　　　　　中宮職

　　　　　　　□□□〔左大舍?〕×

　　　　　　『日

· ↑一番考目錄　　　　』↙以前□　　」

하단에 2차적인 절단이 있다. 좌우 양변 모두 쪼개져 있다. 원래는 다른 묵서가 있었던 곳에 표면을 깎아 재사용한 것으로, 깎여서 남은 묵서가 존재한다. 考目錄은 延喜式部式考問條에 의하면 考文翌年 2월10일에 太政官으로 보내졌다. 式條에 보이는 考目錄은 종이문서지만 본 목간 자체는 考目錄이 아니다. '一番'이라 太政官 이하 職員令으로 보이는 관사 순으로 관사명이 적혀 있는 것으로 보아 別記이거나 考目錄의 작성에 앞서 작업분담을 나타내는 역할을 가진 것으로 볼 수도 있다.

(2)

「∨掃部司選文二卷」

掃部司의 選文에 첨부되어 있던 付札이지만 延喜太政官式諸司畿內考文條 등에 의하면, 諸司의 長上官의 考文과 選文은 10월1일에 弁官에 모여 弁官은 목록을 만들어 太政官에 上申하며, 거기서 文官의 것은 式部省에 武官의 것은 兵部省으로 하달하는 것으로 되어 있다. 또 番上官의 考選文은 10월 2일에 省으로 모아졌다. 이 掃部司의 選文도 이렇게 式部省에 온 것으로 보인다.

(3)

『醫　酢醫　鳥』

　醫博土選醫師□

『凡凡田田□謹』

　　안에 보이는 '醫博土選醫師'는 大寶醫疾令의 令文의 일부일 가능성이 있다. 養老醫疾令은 '令義解', '令集解' 모두 결실되어 있지만, '政事要略'등에 의해 條文이 복원되었다. 이번에 출토된 목간도 몇 군데가 같은 어구로, 大寶令을 베껴 쓴 것이다.

　　(4)

「撫使判□〔官?〕　　　」

　　'撫使'는 鎭撫使이다. 天平3년 11월에 畿內摠管과 함께 諸道鎭撫使사가 임명되었다. 鎭撫使 아래는 判官 1인, 主典 1인이 있다.

9. 참고문헌

奈文研『1991年度平城宮跡發掘調査部發掘調査概報』1992年

奈文研『平城宮發掘調査出土木簡概報』26, 1992年

舘野和己「奈良·平城宮跡」(『木簡研究』14, 1992年)

奈文研『奈良國立文化財研究所年報1992』1993年

奈文研『奈良國立文化財研究所年報1993』1994年

奈文研『平城宮木簡六』(奈良文化財研究所史料63)2004年

58) 平城宮跡(241次)造酒司地區

1. 이름 : 헤이조큐 터(241차)
2. 출토지 : 奈良縣(나라현) 奈良市(나라시)

3. 발굴 기간 : 1993.4~1993.6

4. 발굴 기관 : 奈良國立文化財研究所

5. 유적 종류 : 궁전·관아

6. 점수 : 45

7. 유적과 출토 상황

조사구역은 內裏의 동쪽으로, 東院의 북서부에 위치한다. 주차장 확장에 따른 조사로 이미 발굴된 제22·188차 조사구 남측에 접한다. 조사 결과, 유구·유물 모두 기존의 지견을 뒷받침하는 것이 되어 造酒司跡의 개연성은 더욱 높아졌다. 확인된 유구는 掘立柱 건물 11동, 掘立柱 담 4조, 구 9조, 우물 2기 등으로, 이들은 나라시대의 초기에서 후기에 이르기까지 3시기로 크게 나뉘지만, 기본적인 성격을 바꾸지 않고 존속한 것이라 판명되었다. 이번 조사에 옹기를 고정시켜놓은 구멍을 동반한 특정적인 건물을 발굴하였다. 모두 5동으로 모든 시기에 옹기를 동반한 건물과 동반하지 않는 건물이 병존하며 전자는 양조·저장 등의 시설, 후자는 정미 등의 작업장 혹은 관리시설로 추정된다. 또 우물 SE15800은 造酒司 안에서도 특수한 술의 양조와 관련된 우물이었을 가능성이 있다. 목간은 합계 45점이 출토되었다. 유구별 출토 목간 내역은 북쪽의 제 22차 조사구역에서 남쪽으로 흐르는 溝 SD3035에서 34점, SD3035를 동으로 바꿔 붙인 溝 SD3050에서 8점, 우물SE15800의 埋土에서 1점, 이 우물에서 서쪽으로 흐르는 溝 SD15820에서 1점, 건물 SB3011의 기둥을 발취한 구멍에서 1점이다.

8. 목간

남북 溝 SD3035

(1)

「造酒司召 令史 正召 使三宅公子」

(2)

・「　　　　　　　　　　　　　　神人黒万呂三斗

∨丹波國氷上郡忍伎鄉朝鹿里

　　　　　　　　　　　　『麻』□部小虫三×

・「∨『七四□□□□』」(앞뒤『　』내를 가는 송곳으로 조각)

남북 溝 SD3050

(3)

・海部鄉京上赤春米五斗∨」

・矢田部首万呂　稻春　∨」

우물SE15800

(4)

・「∨美作國英多郡　　」

・「∨白米五斗　　」

　　荷札목간이 비교적 많으며, 품목을 보면 ‘酒米’, ‘赤米’, ‘赤春米’ 등 술 제조용 쌀이 포함되어
있는 점이 특징이다. 본 목간 발굴지는 造酒司로 추정된다.

9. 참고문헌

奈文研『1993年度平城宮跡發掘調査部發掘調査概報』1994年

奈文研『奈良國立文化財研究所年報1994』1994年

奈文研『平城宮發掘調査出土木簡概報』29, 1994年

寺崎保廣「奈良·平城宮跡」(『木簡研究』16, 1994年)

59) 平城宮跡(242-13次)東邊地區・法華寺北方東二坊坊間路

1. 이름 : 헤이조큐 터(242-13차)
2. 출토지 : 奈良縣(나라현) 奈良市(나라시)
3. 발굴 기간 : 1993.12
4. 발굴 기관 : 奈良國立文化財研究所
5. 유적 종류 : 궁전·관아
6. 점수 : 1

7. 유적과 출토 상황

조사는 하전을 改修함에 따른 것으로, 牛城宮 농변에서 농쪽으로 東二坊坊間路를 가로지르는 형태로 약 43m, 폭 2m 정도의 트렌치를 넣었다. 조사 결과, 東二坊坊間路의 서쪽 溝는 확인하지 못하고, 東側溝에서 폭 약 7m, 깊이 1.8m의 대규모 남북溝를 확인하였다. 퇴적층은 3층으로 나뉘며, 그 하층에서 1점의 목간이 출토되었다. 중층의 유물에서는 나라시대 말에서 헤이안시대에 이르는 토기 외에, 중세 이후의 기와도 포함되어 있다. 溝의 존속기간은 상당히 길었던 것으로 보인다.

8. 목간
「日□　　」

9. 참고문헌
奈文研『1993年度平城宮跡發掘調査部發掘調査槪報』1994年
奈文研『奈良國立文化財研究所年報1994』1994年
奈文研『平城宮發掘調査出土木簡槪報』29, 1994年
寺崎保廣「奈良・平城宮跡」(『木簡研究』16, 1994年)

60) 平城宮跡(243·245-1次)東院地區

1. 이름 : 헤이조큐 터(243·245-1자)
2. 출토지 : 奈良縣(나라현) 奈良市(나라시)
3. 발굴 기간 : 1993.6~1993.12
4. 발굴 기관 : 奈良國立文化財研究所
5. 유적 종류 : 궁전·관아
6. 점수 : 78

7. 유적과 출토 상황

平城宮의 동쪽에 달린 부분은 東院이라 일컬어진다. 일찍이 그 동남 모퉁이의 조사에서 연못을 중심으로 한 정원이 출토되어 연회시설이 있었던 것으로 알려져 있다. 1993년부터 이 정원과 그 주변 건물 및 토담 大垣을 복원 정비하였는데, 그 사전조사로 정원의 서쪽 옆, 東院의 남단 중앙부에 해당하는 장소의 발굴을 실시하였다. 조사 결과, 南面大垣과 그에 열리는 문, 도로 1조 외, 掘立柱건물 17동, 초석건물 8동 등 다수의 유구가 중복하여 출토되었다. 고훈시대의 하니와가마를 제외하고, 나라부터 헤이안 초기의 사이에 A~G시기의 7시기에 이르는 변천이 있었다. 목간은 78점 출토되었다. 유구별 목간 출토 내역은 D기의 우물SE16030의 우물 틀의 묵서 18점, 같은 우물의 掘形에서 1점, 문SB16000C의 하층의 남북溝SD16040에서 나머지 전부가 출토되었다. 대략적인 연대로, D시기는 天平神護~神護景雲쯤, E시기는 寶龜年間쯤으로 추정된다.

8. 목간

남북 溝 SD16040

(1)

「   [   ]木万呂

大伴門友造

            十上□村粟田」

大伴門은 주작문의 별칭이라 생각되지만, 平安宮에서는 朝集殿院南門(應天門)의 명칭으로 이어지고 있다.

(2)

「   [   ]

[   ]同令史大初位上井上伊美吉麻呂   」

본 목간과 관련해서『續日本紀』天平15년 5월 癸卯條에 正6位上에서 外從5位下에 昇敍한 '井上忌寸麻呂'라는 인물이 알려져 있지만, 위계의 차와 출토유구의 연대로 보아 다른 인물로 생각될 수도 있다. 또 姓인 '伊美吉'은 天平寶字3년 10월에 '忌寸'으로 그 글자가 통일된다.

(3)

×位下川邊朝臣□   」

(4)

「播麻介[   ]   」

(5)

・「∨三保里戸主矢田部[   ]同部□君   」

・「∨堅魚八連   」

三保里는 駿河國廬原郡川名鄉三保里이다. 같은 지역에 矢田部姓이 있었던 것은 二条大路 목간에 용례가 있다.

우물SE16030

(6)

「本」(왼쪽 측면)

9. 참고문헌

奈文研『1993年度平城宮跡發掘調査部發掘調査槪報』1994年

奈文研『奈良國立文化財研究所年報1994』1994年

奈文研『平城宮發掘調査出土木簡槪報』29, 1994年

奈文研『平城宮朱雀門の復原的研究』(奈良國立文化財研究所學報53) 1994年

寺崎保廣「奈良·平城宮跡」(『木簡研究』16, 1994年)

(61) 平城宮跡(245-2次)東院庭園地區

1. 이름 : 헤이조큐 터(245-2차)

2. 출토지 : 奈良縣(나라현) 奈良市(나라시)

3. 발굴 기간 : 1994.1~1994.3

4. 발굴 기관 : 奈良國立文化財研究所

5. 유적 종류 : 궁전·관아

6. 점수 : 12

7. 유적과 출토 상황

이 조사는 平城宮跡(243·245-1차)조사와 같이, 東院庭園복원의 사전조사로 지금까지의 미발굴 부분을 대상으로 하며, 연못의 북측과 東面大垣에 걸쳐진 부분에 트렌치를 넣었다. 조사결과, 東面大垣에 관계된 데이터를 얻음과 동시에 大垣축조이전의 몇 조의 남북溝를 확인하였으며, 또 후기의 연못으로 導水시설 등을 확인하였다. 목간은 12점으로 東面大垣의 西雨落溝의 側石발취구명 SK16308에서 1점, 그 외는 東面大垣의 西雨落溝로 잘리는 선행의 남북溝 SD16300에서 출토되었다.

8. 목간

남북 溝 SD16300

(1)

朱雀門□□□□□□

　　壬生直得足　　　　　　　　武□□〔射臣?〕虫□

・「台　　　　　　　　　　　　　　　　　　　　　　」

　　　[　　　　　　　　　　　　　　　　　　　　　]

・「□ 秦川邊□□□[　　]　　　　□□□□□□

　　　　子身陵比□〔方?〕　　　白

　　片野連嶋村　　　　　　　　　　　　　」

　　　　　　　　□　　□

토갱SK16308

(2)

・「　他田國足　　　　綾公足

　　□〔忌?〕部忍人　　穴太□

　狩

　　□□万呂

・「□

　　錦部鳥養

坂上馬養　　　『驗

丈新患迴述』

9. 참고문헌

奈文研『1993年度平城宮跡發掘調査部發掘調査槪報』1994年

奈文研『奈良國立文化財研究所年報1994』1994年

奈文研『平城宮發掘調査出土木簡槪報』29, 1994年

寺崎保廣「奈良·平城宮跡」(『木簡研究』16, 1994年)

奈文研『平城宮發掘調査報告ⅩⅤ—東院庭園地區の調査(本文編)(圖版編)』(奈良文化財研究所學報69) 2003年

木簡學會編『日本古代木簡集成』東京大學出版會, 2003年

(62) 平城宮跡(248-13次)小子門·東一坊大路西側溝

1. 이름 : 헤이조큐 터(248-13차)

2. 출토지 : 奈良縣(나라현) 奈良市(나라시)

3. 발굴 기간 : 1994.10~1994.11, 1995.1

4. 발굴 기관 : 奈良國立文化財研究所

5. 유적 종류 : 도성

6. 점수 : 17

7. 유적과 출토 상황

平城宮 東院의 복원정비에 동반한 수로 改修를 위한 사전조사이다. 조사는 ①小子門 부근, ②

小子門에서 近鐵에 이르는 사이의 東一坊大路의 東西兩側溝, ③近鐵線 남측의 二條大路 南側溝의 3지역에서 실시하였다.

①에서는 小子門 서측 및 문의 남서의 2곳에서 柱根을 확인하였다. 서측의 柱根은 平城宮南東入隅 부분의 南面大垣 하층의 掘立柱담으로, 그 최서단에 해당하지만 大垣 굴곡부의 東面大垣의 중심에서부터 약간 동으로 치우친 위치에 해당한다. ②에서는 東1坊大路 東側溝 SD5030의 西肩을, 近鐵線의 가장자리에서 북으로 제2트렌치에 이르는 39m분을 확인하였다. 퇴적토로 남아 있는 것은 西肩에서 수십㎝, 깊이 20~30㎝ 정도이며, 대부분은 現수로에 의해 파괴되어 있었다. ③에서는 제32차 조사에서 출토된 二條大路 南側溝 SD3905의 일부를 재확인하였다.

목간은 ②의 東1坊大路西側溝SD4951에서 17점(그중 削屑 14점), ③의 二條大路 南側溝 SD3905의 東1坊大路 東側溝 SD5030과의 합류점 부근에서 1점이 출토되었다.

8. 목간

東1坊大路서측 溝 SD4951

(1)

「玉所　　」

출토유구와 위치로 보아, 궁내에서 폐기된 것이 흘러나왔을 가능성이 있으며, 玉所는 平城宮內의 어떠한 官司의 하부기구로 생각된다.

2조대로남측 溝 SD3905

(2)

新野鄉布勢里私部□□
「∨隱伎國周吉郡　　　　　　　　∨」
調海藻六斤　天平六年

남동쪽의 左京三條二坊一坪에 관계된 유물이라 생각된다. 그 장소에 주목된 것은, 三條二坊

八坪 북측의 二條大路 위에서 출토된 二條大路 목간에 포함된 隱伎國의 荷札과의 공통성이 있다.

9. 참고문헌

奈文研 『1994年度平城宮跡發掘調査部發掘調査槪報』 1995年

奈文研 『平城宮發掘調査出土木簡槪報』 31, 1995年

渡邊晃宏 「奈良·平城宮跡」 (『木簡研究』 17, 1995年)

奈文研 『奈良國立文化財研究所年報1995』 1996年

(63) 平城宮跡造酒司地區(250次·259次)

1. 이름 : 헤이조큐 터(250차)

2. 출토지 : 奈良縣(나라현) 奈良市(나라시)

3. 발굴 기간 : 1995.4~1995.9

4. 발굴 기관 : 奈良國立文化財研究所

5. 유적 종류 : 궁전·관아

6. 점수 : 2

7. 유적과 출토 상황

이번 조사는 1993년도의 제241차 조사에 이어 주차장을 확장하기 위해 실시한 조사이다. 조사구는 내리의 동방에 위치하며, 제22·182·241차 조사구의 남쪽에 해당한다. 이 조사에서 술독을 고정시켰을 것으로 보이는 구덩이가 있는 건물·우물 등이 출토되었다. 造酒司관계의 내용을 가진 목간이나 묵서토기로 보아 造酒司跡로 추정된다. 조사구는 造酒司지구의 남단부 및 그 남쪽을 동서로 뻗은 宮內도로에 해당된다. 확인된 유구는 掘立柱 건물 15동, 문 2동, 토담 2조, 굴립주담 9조, 구 14조, 도로 1조 등이다. 목간은 계 2956점이 출토되었다. 造酒司내에서는 구획내의 서단을 南流하는 溝 SD3035 및 SD16733에서 각각 1점이 출토되었다. 궁내도로부에서는 도로를 가로지르는 남북 溝 SD16742에서 27점(그중 削屑 15점), 도로 南側溝 SD11600에서 2808점(그중 削屑2459점) 출토된 것 외에 출토된 유구를 알 수 없는 削屑 119점이 있다.

　　궁내 도로 南側溝 SD11600은 폭 약 5m, 깊이 약 1m에 이르는 대규모의 溝로 서쪽을 향해 흐르고 있다. 溝의 퇴적상황은 하층에서 小礫混灰褐粗砂, 暗灰粘質土, 灰褐粗砂, 暗茶灰粘質土, 茶灰粘質土로 되어 있으며, 그중 暗灰粘質土와 灰褐粗砂 중에서는 장소에 따라 木屑을 다량으로 포함한 층이 보인다. 목간은 주로 暗灰粘質土, 灰褐粗砂, 목설층에서 출토되었다. 이 SD11600에 대해서는 이번 조사구역의 서쪽 연장부를 제154차 조사에서 확인되었다. 이 조사에서도 寶龜7년(776)의 紀年을 가진 목간 등이 출토되었다.

8. 목간
　　내용을 보았을 때 전체적으로 문서목간의 비율이 높지만, 나아가 문서목간은 내용상 2개의 그룹으로 나뉜다.

　　궁내도로남측 溝 SD11600
　　　(1)
　　　　　　　　　　　　　　高橋山守
　・「主膳監解 申宿侍二人
　　　　　　　　　　安都都万呂　　　　　　　」
　・「　　　　　　　　　　十一月廿二日秦一万」
　　　(2)
　　　　　　　　　　　　　秦一万　　　安都都万呂
　・「×□□〔膳監?〕解 申宿侍三人
　　　　　　　　　多米縣麻呂　　　　　　　　　」

・「　　　　　　　　　　　　　十一月廿三日秦一万 」

(3)

「主馬署解　　」

　첫 번째 그룹은 春宮坊에 대해서 被管官司에서 나온 解이다. 위의 둘은 主膳監으로부터의 숙직보고, 세 번째는 主馬署의 解이지만, 복수의 被管官司의 解가 보이기 때문에, 春宮坊 본체에서 폐기되었을 가능성이 크다.

(4)

・「綾所請醬鰡漆合 人七口料 四月十日別當物部弟盆」

・『行少属三嶋大調』　　　　　　　　　　　　」

(5)

・「御贖所請柏拾把　　五月十三日酒部宅繼」

・『行 林浦海』　　　　　　　　　　」

(6)

　　　　　　　　彼充魚塗料

・「泉遣使請塩■■　　　　　　　五月十七日栗前福足」

・『行少属三嶋』『大調』『史生賀陽氏繼』　　　」

(7)

・「　　　　　　　　為燒皮併宍塗所請如件　　　　」

「o請塩壹斗

　　　　　　　　　　　五月七日　　　　　」

・「o『判少進安倍 少属三嶋』『大調』　　」

　두 번째 그룹은 '所' 등으로부터의 식료·食膳具 청구문서이다. 위 목간이 전형적인 사례다.

날짜 아래에 청구하는 측의 '所'의 別當 등의 이름이 적혀 있으며, 뒷면에 이 청구에 관해 四等官, 史生 등을 거쳐 결재되었다. 이 四等官이 소속된 관사는, 판관, 주전의 표기가 '進', '屬'인 것으로 보아, 직급임을 알 수 있다. 두 번째 목간에 결재한 '林浦海'는 『續日本紀』延曆4년 6월 辛巳條에서 황후궁 소속으로 보이며, 네 번째 목간의 '少進安倍'는 同日條 進安倍廣津麻呂와 일치한다. 이들 '所'는 桓武天皇의 황후 藤原乙牟漏의 황후궁직의 하부조직일 가능성이 크다.

9. 참고문헌

奈文研『平城宮發掘調査出土木簡概報』32, 1996年

奈文研『1995年度平城宮跡發掘調査部發掘調査概報』1996年

古尾谷知浩「奈良・平城宮跡」(『木簡研究』18, 1996年)

奈文研『奈良國立文化財研究所年報1996』1997年

(64) 平城宮跡(261次)東區朝堂院東第六堂

1. 이름 : 헤이조큐 터(261차)

2. 출토지 : 奈良縣(나라현) 奈良市(나라시)

3. 발굴 기간 : 1995.10~1996.1

4. 발굴 기관 : 奈良國立文化財研究所

5. 유적 종류 : 궁전·관아

6. 점수 : 1

7. 유적과 출토 상황

본 조사는 東區 朝堂院東 제6당의 조사이다. 東제1당에서 제5당까지의 조사에 의해 東區朝堂院의 朝堂은 나라시대 전반의 掘立柱건물(하층건물)에서 나라시대 후반에 초석건물(상층건물)로 바뀐 것이 판명되었다. 조사에서는 상층·하층의 東 제6당이 출토된 이외에 堂의 남측에 礫敷SX16805를 확인하였다. 하층 東제6당 SB16800은 桁行12간 梁行2간의 身舍의 남북에 차양이 붙은 東西棟 掘立柱건물이다. 목간 1점은 이 유구의 남측 柱掘에서 출토되있다. 함께 출도된 기와나 토기로 보아 하층 朝堂의 건설이 平城환도 시까지 거슬러 올라가며, 목간도 還都 당초의 시기의 것으로 보인다.

8. 목간

「[　　]　」

「[　　]　」

9. 참고문헌

奈文研『平城宮發掘調査出土木簡槪報』32, 1996年

奈文研『1995年度平城宮跡發掘調査部發掘調査槪報』1996年

奈文研『奈良國立文化財研究所年報1996』1997年

山本崇「奈良·平城宮跡」(『木簡研究』27, 2005年)

65) 平城宮跡(267次)東區朝堂院南面築地·朝集殿院

1. 이름 : 헤이조큐 터(267차)

2. 출토지 : 奈良縣(나라현) 奈良市(나라시)

3. 발굴 기간 : 1996.4~1996.7

4. 발굴 기관 : 奈良國立文化財研究所

5. 유적 종류 : 궁전·관아

6. 점수 : 459

7. 유적과 출토 상황

이 조사는 이른바 제2차 朝堂院(東區朝堂院)의 南限구획시설과 朝集殿院의 東限구획시설의 발굴 및 이들에게 둘러싸인 朝集殿院 중, 東朝集殿의 북측 구역의 상황 파악을 목적으로 한 것이다. 발굴된 나라시대의 주요 유구는 나라시대 전반의 朝堂院南面 掘立柱담SA16960을 나라시대 후반에 고쳐지은 토담 SA17010, 朝集殿院東面토담 SA5985, 기단건물(東朝集殿) SB6000 외에 溝 10조 등이 있다. 이들 유구는 하층의 나라시대 전반, 하층에서 상층으로 건물을 고쳐지은 시기, 상층의 나라시대 후반의 3시기로 나뉜다. 목간은 朝集殿院內를 흐르는 나라시대 전반의 동서 溝 SD16940에서 3점, 하층에서 상층으로 고쳐지은 시기의 남북 溝 SD17351과 이를 東으로 꺾인 SD17352에서 456점이 출토되었다.

8. 목간

남북 溝 SD17351

　(1)

「神龜元□〔年?〕　　」

　神龜원년(724)의 기년이 있는 삭설이다.

동서 溝 SD17352

　(2)

「式部召土師宿祢大麻呂」

　式部省이 보낸 소환장. 부름을 받은 土師宿祢大麻呂가 지정된 장소에 지참한 후 버린 것이다. 내용상 날짜도 장소도 적혀 있지 않은 점으로 보아, 아주 근접한 장소 사이에서 교환되었을 가능성이 있다. 朝堂院에서 정무 및 의례가 있을 때 이을 맡은 式部省이 사용한 것으로 추측된다.

(3)

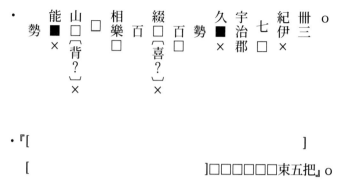

・　　　　　　　　　　　　　　　　　　　　　　　　　ｏ
　勢　能■　山□〔背?〕　□　相樂□□　綴□〔喜?〕　百　勢　久■　宇治郡　七□　紀伊　冊三
　　　×　　　　×　　　　　　　×　　　　×　　　　×　　×　　　　　×

・『[　　　　　　　　　　　　　　　　　　　　　　　　]

　　[　　　　　　　　　　　　　　　　　　]□□□□□束五把』ｏ

　벼에 관한 목간을 폐기 후 재차 사용하였으며, 郡名과 수량을 열기한 橫材목간. 앞부분에
(攝津國) 能勢(郡)이 보이며, 이어서 山(背國)이라 적은 후에 山背國의 郡名을 적었다. 주의해야
할 것은 山背國의 郡의 배열이 『延喜式』『和名類聚抄』 등과 역순인 점이다. 都의 위치 변경과
관계된다.

9. 참고문헌

奈文研 『奈良國立文化財研究所年報1997-Ⅲ』 1997年

奈文研 『平城宮發掘調査出土木簡槪報』 33, 1997年

古尾谷知浩 「奈良·平城宮跡」(『木簡研究』 19, 1997年)

66) 平城宮跡(273次)式部省·神祇官地區

1. 이름 : 헤이조큐 터(273차)

2. 출토지 : 奈良縣(나라현) 奈良市(나라시)

3. 발굴 기간 : 1996.10~1997.2, 1997.4

4. 발굴 기관 : 奈良國立文化財研究所

5. 유적 종류 : 궁전·관아

6. 점수 : 219

7. 유적과 출토 상황

이 조사의 발굴구역은 平城宮 동남부에 위치한다. 1990년에 실시된 제205차 조사 이래 平城宮 南面東門인 壬生門 북방의 동서 양측에서 나라시대 후반의 式部省과 兵部省이라 추정되는 유구를 확인해 왔지만, 이번 조사구역은 그 式部省의 관아구획의 동쪽에 있는 관아에 해당한다. 이 구획은 이전 여러 조사에 의해 나라시대 전반의 式部省, 나라시대 후반의 神祇官西院이라 추정되는 관아의 유구를 발굴하였으며, 이번 조사는 이 관아의 東限의 확인, 기존 발굴구역과 平城宮東面토담 사이의 양상에 대한 해명 등을 목적으로 하였다. 출토된 주요 유구는 기단건물 2동, 掘立柱건물 17동, 문 3동, 掘立柱담 9조, 溝 1조, 암거 1기, 우물 2기 등이다. 이들 유구는 A시기(나라시대 초기), B시기(나라시대 전반), C시기(나라시대 전반~후반), D시기(나라시대 후반), E시기(長岡京 환도 후)의 5시기에 걸친 변천을 거쳤을 것이라 생각된다. 그중 목간은 A시기에 설치되어 B시기까지 존속한 우물 SE17488, C시기에 설치되어 E시기까지 기능한 우물SE17505에서 출토되었다.

우물 SE17488의 지상구조의 우물 목 내에서 3점, 우물 지하구조물에서 4점이 출토되었다. SE17505에서는 掘形에서 1점, 우물 지하구조물 바닥에서 146점, 우물통에서 66점(그중 삭설 64점)이 출토되었다.

8. 목간

우물SE17488

(1)

券書

우물SE17505

(2)

・　　　　　□○□四□〔斤?〕[　　　]四升蝮三斤拾両

堅魚六斤五両海藻六斤五両腊一斗五×

・甀四口坏八口塩四升□□□□□□□

井筒 내 최하층에 있는 靑灰砂層에서 출토되었다. 우물이 사용되고 있던 시기에 지상구조물 틀 속으로 떨어졌을 가능성도 있다. 식료품, 그것을 채우는 甀, 坏라고 하는 器名과 수량을 적었던 목간으로, 延喜神祇宮式에 보이는 神饌의 목록과 유사한 내용을 가진다. 목간은 칼의 형태로 2차적 정형을 한 것으로 보인다.

(3)

□〔腊?〕壹籠∨」

(4)

□□

兵主神社

神社명을 기입한 목간의 삭설이라 생각되며, 이 지역이 神祇宮이었던 사실을 나타내는 관아구획 내 출토의 문자자료로서 특히 주목된다.

(5)

□奉御

(6)

□座□□

8. 참고문헌

奈文研『奈良國立文化財研究所年報1997-Ⅲ』1997年

古尾谷知浩「奈良・平城宮跡」(『木簡研究』19, 1997年)

奈文研『平城宮發掘調査出土木簡槪報』33, 1997年

木簡學會編『日本古代木簡集成』東京大學出版會, 2003年

奈文研『平城宮木簡六』(奈良文化財研究所史料63) 2004年

(67) 平城宮跡(274次)東面大垣・東一坊大路西側溝

1. 이름 : 헤이조큐 터(274차)
2. 출토지 : 奈良縣(나라현) 奈良市(나라시)
3. 발굴 기간 : 1997.4~1997.7
4. 발굴 기관 : 奈良國立文化財研究所
5. 유적 종류 : 궁전·관아
6. 점수 : 4238

7. 유적과 출토 상황

계속 조사해 온 平城宮 南面東門인 壬生門 동방관아 발굴조사의 마지막 단계로 동면 큰 담과 그 주변을 발굴한 것이다. 나라시대 전반의 式部省 동관아, 후반의 神祇官의 유구가 확인된 제273차 조사구 동쪽에 해당하는 궁 동남쪽 구석이다.

조사 결과 궁 동쪽면 큰 담과 주열, 溝 등 관련 유구, 溝 5조, 굴립주 담 2조, 굴립주 건물 6동, 東一坊大路, 맹암거 1기, 다리 유구 1기를 확인했다.

동1당대로 西側溝 SD4951은 조사구 북방에 있는 小子門 서쪽을 거쳐 궁내에서 남쪽으로 흐르는 배수로로 폭이 약 6.2m, 깊이 0.8~1.4m다. 상층은 헤이안시대 이후, 하층은 나라시대의 퇴적이며 하층은 4층으로 나눌 수 있고 폭이 약 4m, 깊이 0.5~0.8m다. 최하층에 天平寶字가 쓰인 목간이 있으므로 나라시대 후반에 퇴적된 것으로 생각된다.

궁내 기간배수로SD3410은 동면 큰 담 서쪽에서 남쪽으로 흐르는 남북溝이며 폭이 6.0~7.8m, 깊이 1.1~1.3m다. 溝의 퇴적은 상하층으로 나눌 수 있고 하층은 나라시대 후반의 퇴적토이며 폭이 5.3m, 깊이 0.65~0.8m다.

동서 溝 SD17650은 동면 큰 담의 개구 부분을 거쳐 SD3410에서 SD4951로 동쪽으로 흐르는 溝이다. SD17650A는 천도 당시에는 溝로 폭이 5.5m, 깊이 1.5m이다. 이를 매우고 폭을 약 2.9m로 좁힌 SD17650B, 다시 개수된 폭 약 1.6m의 SD17650C가 있다. C溝은 출토된 기와나 토기 연대로 보아 天平10년(738)경에 폐절된 것으로 생각된다.

목간은 SD17650에서 1046점(삭설 944점), SD3410에서 83점(삭설 65점), SD4951에서 3,095점(삭설 2,663점), 불명유구에서 14점 등 총 4238점(삭설 3,672점)이 출토되었다.

8. 목간

SD17650

(1)

「內藏出絁十四匹　上總布十端　糸卅絢

凡布十端　　布四十□〔段?〕　右依內侍牒進」

內藏寮가 絁·總布 등을 '內侍牒'으로 지출하고 진상했을 때의 문서다. 內侍는 中務省에 소속하고 천황의 보물이나 일상품을 담당한 관청인 內侍司다.

(2)

・「　　　　　　　　　　　　　　　　之中菅八尺束此者

申 進殿門 薦草十尺八尺束 菅十尺八尺束

道守□〔臣?〕合在」

・「　　　養老三年十月八日　知末呂申　　　　　　　　」

(3)

中務省解

삭설이다.

(4)

「召高橋□〔國?〕足」

高橋國足를 소환하는 문서다.

    (5)

・   大倭國進稻六十四□(斜線있음)」

・「【『□□□□□[　　　　　　　]

    □便可飲仍□主人催未見松林

      □□含坏　　　　　　　　　』】

'大倭國'이 벼를 진상한 목간이다. 뒷면은 음주와 관련된 습서이다.

    (6)

「伊豆國那賀郡那賀鄕□

하찰목간이다.

    (7)

・「∨美濃國厚見郡大□〔俣?〕鄕」

・「∨　米六斗　　　　　　　」

쌀의 하찰목간이다. 『和名類聚抄』厚見郡조에는 市俣鄕이 있지만 목간의 글자는 大로 읽을 수 있다.

    (8)

「∨　　　　　　　鴨部□

   智夫郡由良里

         蝮六斤」

    (9)

「∨伊予國伊予郡古鯖□〔三?〕

    (10)

・∨□〔煮?〕塩年魚入一斗七升六合」

・∨員二百卅□　　　　　　　　　」

(11)

・高夫□〔久?〕

『正八位上□』(꺾아 남은 부분)

・□高夫□

(12)

・「槻本連少床　　　　宍人□〔酒?〕

・「　　　　　　　　□□

　　　　　　高夫久　　□

'高夫久'는 고구려계 고씨 일족일 가능성이 있다.

SD3410

(13)

・□上　瓜四丸　茄子六丸　使秋女」

・　　　　六月八日國麻呂　　　　　」

'瓜'(오이) '茄子'(가지) 등을 진상한 목간이다.

(14)

「西大寺元興寺□□供養∨」

절에서 하는 공양과 관련된 목간이다.

(15)

・「∨幡多鄕戶主葛木□

・「∨同□麻呂

　　　　　　同小國

하찰목간이다. '幡多鄕'은 여러 곳에 있어 확정할 수 없다.

SD4951

(16)

·「謹解申請給布事 合一(重書있음)」

·「請請食常 治部[   ]」

천을 청구하는 목간이다. 뒷면은 常食을 청구하는 내용의 습서로 추측된다.

(17)

·「謹啓 申請錢□

　□注狀謹□

·「□   □

　□ □ □ □

돈을 청구하는 문서목간이다.

(18)

·「草湯作料所請如前   」

·「四月十七日吉田古麻呂」

'吉田古麻呂'가 '草湯'을 만드는 재료를 청구한 목간이다. 초탕은 한약을 달인 것으로 생각되어 典藥寮에 청구한 것으로 추정된다.

(19)

·「內務所請眞魚

·「   四月一日大×

'內務所'가 물고기를 청구한 목간이다.

(20)

「   正月一日茨田嶋國

進酒捌升壹合   」

(21)

「進酒八升一合   正月一日茨田嶋國」

술의 진상 목간이며 내용이 똑같다.

(22)

・「　　　　　　　少進人伴

請□□□繩一方

　　　　　　　　如件　　　　　□」

・「　　　十二月七日私部□□〔人成?〕」

줄을 청구한 목간이다.

(23)

・「　　　　　　　　　伊勢部吉成 畠賢達

安倍永年 湯坐三□」

・「書生子部人主 大資人紀東人 四月廿六日

　　合漆人　　　　　　　　　　　　　」

이름을 열거한 목간이고 이들을 소환한 것으로 추측된다.

(24)

「∨安房國安房郡□

安房國의 하찰 목간이다. 安房國은 天平12년(740)에 上總國에 병합되다가 天平寶字 원년 (757)에 다시 설치되었다. 이 목간은 재설치 이후의 것으로 추정된다.

(25)

「∨　　　　　横田鄕前分一籠

　出雲國仁多郡

　　　　　天平寶字×　　」

(26)

「∨出雲國大原郡來次鄕前□□〔雜?〕臘一籠

　　　　　天平寶□〔字?〕六年　　　∨」

出雲國의 하찰 목간이다. '前分'은 문헌에는 공납을 수납할 때 관인의 수수료로 나오는데 여기서 그 뜻인지는 모른다.

(27)

「鹿宍未醬

(28)

「∨村社隊宍腊

(29)

「　　　重卅六斤

o五千文

　　　四両　　」

동전 5000문의 부찰이다. 36斤4両은 1근 600~670g로 계산하면 21.75~24.28kg가 되어 1문의 무게는 4.35·4.85g이 된다.

(30)

・「o一千文 天平寶字六年十月」

・「o貫民領木劦進德　　　　」

'民領'인 '木劦進德'이 동전 1000문을 '貫'한 부찰 목간이다. '民領'은 업무담당자를 뜻하고 '木劦'씨는 백제계 씨족이다. '貫'은 1000문을 단위로 묶은 것을 의미할 것이다.

(31)

「o貫三野廣足」

동전의 부찰로 추정된다.

(32)

「麻

(33)

「戶主□〔鴨?〕

(34)

「鴨縣主

(35)

「河內國

(36)

「□〔原?〕里糯

(37)

「山背□〔國?〕

(38)

「矢田部

　이상 7점은 檜扇에 쓴 것이며 같은 것이었을 수 있다.

(39)

・「o嶋坊北一倉匙」

・「o『不得預』　　」

　'匙'는 열쇠를 뜻한다. '嶋坊', '北一倉'의 키홀더다.

(40)

□〔午?〕未申酉戌□

寅卯□□□〔辰巳午?〕

(41)

・　タタタタタタ□

　　午未申酉戌亥子□〔丑?〕

・「　□タタタタタ　　」

　　午未申酉戌亥子丑

　12支를 쓴 것이다.

9. 참고문헌

奈文研『奈良國立文化財研究所年報1998-Ⅲ』1998

年奈文研 『平城宮發掘調査出土木簡槪報』 34, 1998年

山下信一郎 「奈良·平城宮跡」 (『木簡硏究』 20, 1998年)

木簡學會編 『日本古代木簡集成』 東京大學出版會, 2003年

(68) 平城宮跡(276次)東院園池地區

1. 이름 : 헤이조큐 터(276차)

2. 출토지 : 奈良縣(나라현) 奈良市(나라시)

3. 발굴 기간 : 1997.1~1997.4

4. 발굴 기관 : 奈良國立文化財硏究所

5. 유적 종류 : 궁전·관아

6. 점수 : 729

7. 유적과 출토 상황

이 조사는 平城宮의 남부에 있는 園池(東院園池)의 복원 정비사업에 따른 것으로, 南面大垣 SA5505의 주변의 상황을 해명하는 것을 목적으로 한 것이다. 조사구는 3곳으로 나뉘지만, 목 간이 출토된 것은 그중 한 곳으로, 제44차 기조사구의 정밀조사 및 미발굴의 水田畦畔部의 조사를 실시했던 부분이다. 발굴된 유구는 A0시기, A시기, B시기, C시기, D시기, E시기, F시기의 7시기로 나뉜다. 목간은 상층의 園池SG5800B의 E~F기 배수구SD5830B에서 731점(그중 삭설699점)이 출토되었다. C~D기에 있어서는, 상층 園池의 배수구로서 SD5830A가 기능하고 있었다. 이것이 E기가 되면, 南面大垣의 아래에 木樋 암거가 철거되며, 석조 溝 SD5830B가 설치되었다. 목간은 이 溝 바닥의 퇴적층에서 출토되었다.

8. 목간

석조 SD5830B

(1)

・「□□

　『二』大万呂

　『二』川成　　　」

・「□□□

　　五稲人　　　」

(2)

・「八月下番□　　　　」

・「□□

　　□□〔舎人?〕□　　　」

(3)

「　年　　　　」

麻呂

(4)

「□〔吉?〕弥侯□〔黃?〕　　　」

9. 참고문헌

奈文研『奈良國立文化財研究所年報1997-Ⅲ』1997年

古尾谷知浩「奈良・平城宮跡」(『木簡研究』19, 1997年)

奈文研『平城宮發掘調査出土木簡槪報』33, 1999年

奈文研『平城宮發掘調査報告ⅩⅤ－東院庭園地區の調査(本文編)(圖版編)』(奈良文化財研究所學報69) 2003年

69) 平城宮跡(280次)東院庭園地區

1. 이름 : 헤이조큐 터(280차)

2. 출토지 : 奈良縣(나라현) 奈良市(나라시)

3. 발굴 기간 : 1997.9~1998.1

4. 발굴 기관 : 奈良國立文化財研究所

5. 유적 종류 : 궁전·도성

6. 점수 : 14

7. 유적과 출토 상황

제280차 조사는 東院지구이 정원 유구 주변에서 남·북·동구의 3곳 합계 야 700m²를 발굴하였다. 남구에서는 東院東南隅부분을 조사하였으며, 東面大垣·南面大垣과 그 雨落溝 2條條間路 북측 溝, 정원의 연못에 따른 溝, 자갈敷 등을 출토되었다. 종래 '隅櫻'이라 불렸던 櫻閣형태의 건물 SB5880의 전모가 해명되었다. 북구에서는 정원내의 東面大垣 서측을 조사하였다. 동구에서는 側溝 SD5200, 東2坊坊間路路面과 그 동·서 양 側溝 등이 출토되었다. 東2坊坊間路에는 新舊 두 시기가 있으며, 당초는 坊間路 상당의 도로로서 造作되었으며, 후에 대로와 동등한 도로로 확장된 사실이 판명되었다. 목간은 동구의 조사 중 SD5200에서 3점, 폭 확장 후의 2條條間路 동측 溝 SD17779에서 11점, 합계 14점 출토되었다.

8. 목간

東2坊坊間路동측 溝 SD17779

(1)

        □□〔佐分?〕鄕

「若狹國遠敷郡

                    [   ]
    (2)
・「∨美作國勝田郡川邊鄉庸米五斗」
・「∨□□[ ]□□〔万呂?〕   」
    (3)
「∨讚岐國寒川郡造太鄉□□□□庸米五斗」
    (4)
□

    天平神護二年
    (5)
・□   □受□〔珍?〕□□〔昼?〕夜 □
・[   ]

    2條條間路북측 溝 SD5200
    (6)
天天(앞면에 花喰鳥의 그림, 뒷면에 꽃 그림이 그려져 있다.)

    (7)
□田朝臣

9. 참고문헌

奈文研『奈良國立文化財研究所年報1998-Ⅲ』1998年
奈文研『平城宮發掘調査出土木簡概報』34, 1998年
山下信一郎「奈良・平城宮跡」(『木簡研究』20, 1998年)
奈文研『平城宮發掘調査報告ⅩⅤ-東院庭園地區の調査(本文編)(圖版編)』(奈良文化財研究

70) 平城宮跡(284次)東院庭園地區·二條條間路

1. 이름 : 헤이조큐 터(284차)
2. 출토지 : 奈良縣(나라현) 奈良市(나라시)
3. 발굴 기간 : 1997.6~1997.9
4. 발굴 기관 : 奈良國立文化財研究所
5. 유적 종류 : 궁전·도성
6. 점수 : 25

7. 유적과 출토 상황

東院庭園의 園池 서남쪽의 북구, 남면 大垣으로부터 二條條間路 북측 溝까지의 남구를 발굴한 것이다. 북구에서는 나라시대 말기의 園池, 州濱, 건물터 등이 확인되었고, 남구에서는 大垣, 溝, 건물터, 土坑이 확인되었다. 목간은 남구 SD5200A에서 19점, SD5200B에서 1점, 같은 구역 북쪽 기슭 護岸石 뒤(SD5200Bb)에서 2점, SB17694 기둥의 구멍에서 1점, 土坑 SK17692에서 1점, 출토지가 불분명한 1점, 총 25점이 출토되었다.

8. 목간

SD5200A
 (1)

　　　　　　野□□□□〔鄕嶋田里?〕
・「∨若狹國遠敷郡　　　　　　　　∨」

・「∨　　養老□〔六?〕　□〔八?〕月　　　∨」

荷札이고, '野' 이하 두 줄로 나누어 적힌 부분의 墨痕은 극히 연하다. 좌측면은 2차적으로 조정되어 있다.

　　　(2)

・「∨近江國印勘郡□□□〔遠佐鄉?〕」

・「∨穴太子人□〔戶?〕俵　　　　　　」

荷札이고, '印勘郡'은 伊香郡으로 추측된다.

　　　(3)

・□右美作國英多郡

・秦人部□〔公?〕万呂三斗　『□□』

荷札이다.

　　　(4)

「召

　　　(5)

□万呂　丈部三綱」

　　　(6)

・□〔家?〕家家家家家家家家家家

・「□□〔遘?〕□▆□□□犀澤　　　」

습서이다.

　　　(7)

・「□〔符?〕山陽道□〔駅?〕長等□　　　」

・『〔　　　　　　　　　　〕』　」

山陽道의 驛長 등에게 보낸 符 형식의 문서 목간의 단편이다. 어떠한 주체가 符를 역장에게 발급하였는가에 대해서는 검토할 필요가 있다.

SD5200B

(8)

×郡野田鄕膳部[　　]　　」

　'野田鄕'은『和名類聚抄』에서 下總國迊瑳郡·越前國丹生郡·同足羽郡에 소재한다.

SD5200Bb

(9)

「∨貽酢∨」

　貽(홍합) 스시의 하찰이다. 좌측면은 깨져 있다.

(10)

·「[　　]□□□　　　　」

·「　養老四年八月一×　」

　본래 SD5200A의 유물이었던 것이 SD5200B의 뒤에 혼입된 것으로 추측된다.

9. 참고문헌

奈文研『奈良國立文化財硏究所年報1998-Ⅲ』1998年

奈文研『平城宮發掘調查出土木簡槪報』34, 1998年

山下信一郎「奈良·平城宮跡」(『木簡硏究』20, 1998年)

奈文研『平城宮發掘調查報告ⅩⅤ－東院庭園地區の調查(本文編)(圖版編)』(奈良文化財研究所學報69) 2003年

71) 平城宮跡(301次)東院庭園地區南邊·二條條間路

1. 이름 : 헤이조큐 터(301차)

2. 출토지 : 奈良縣(나라현) 奈良市(나라시)

3. 발굴 기간 : 1999.4~1999.8

4. 발굴 기관 : 奈良國立文化財硏究所

5. 유적 종류 : 도성

6. 점수 : 296

7. 유적과 출토 상황

東院地區 남문(추정 建部門)의 남쪽에 대한 발굴이고 확인된 유구는 二條條間路SF5940, 그 北側溝SD5200, 굴립주건물 5동, 남북溝 3조. 문 앞 北側溝의 다리 SX18084 등이다. 목간이 출토된 유구는 SD5200, 궁내에서 SD5200로 흘러가는 남북溝 SD16040과 SD16045, 다리 SX18084의 주혈, 굴립주건물SB18100의 주혈, 남북 굴립주담SA18075B의 주혈, 토갱 SK18095, 18090이며 총296점(삭설 251점)이 출토되었다.

유구는 Ⅰ~Ⅵ기로 나눌 수 있다. 二條條間路 北側溝SD5200은 A·B 두 시기로 나뉘고 각 시기는 다시 두 기로 나눠진다. 헤이조큐 조영 당초에 해당하는 Ⅰ기의 SD5200Aa는 폭 1.5m 이상 깊이 0.2m 정도의 얕은 溝며 Ⅱ기에도 존속되었다. Ⅲ기의 Ab는 측구의 북안이 약 1.2m 남쪽으로 이동하고 폭 1.5m 이상 깊이 0.3m다. Ⅱ·Ⅲ기는 나라시대 전반이다. SD5200Aa에서 55점(삭설 41점), Ab에서 4점(삭설 2점)이 출토되었다. 745년에 헤이조큐로 환도한 이후 나라시대 후반에 해당하는 Ⅳa기에는 약 2m 남쪽으로 이동하여 SD5200Ba가 되고 나라시대 후반인 Ⅴ기에도 존속된다. 이 溝에서 목간 1점이 출토되었다. 나라시대 말기인 Ⅵ기의 SD5200Bb는 폭이 2.4m가 되고 목간 4점이 출토되었다.

남북溝 SD16040과 SD16045는 남문이 초석건물로 되기 이전에 동서 양쪽을 궁 안에서 2조 조간로北側溝로 흘러간 溝이다. SD16040은 A~D 4시기가 있어 목간 2점이 출토된 것은 SD16040B며 Ⅱ·Ⅲ기에 해당한다. SD16045는 A~C 3시기가 있고 목간 1점이 출토된 C기는 Ⅳ·Ⅴ기에 해당한다.

다리SX18084는 Ⅳ기에 남문 앞에 만들어졌다. 주혈에서 목간 1점이 출토되었다.

굴립주건물SB18100은 남문 서쪽에 V기에 만들어진 동서건물이다.

토갱SK18095는 동쪽 구석에 있어 직경 약 0.8m다. Ⅳa기로 추정되고 목간 213점(삭설 203점)이 출토되었지만 거의 다 파편이며 판독을 못 한다.

토갱SK18090은 발굴지구 서단 가까이에 있어 동서 2.2m, 남북 2.4m이며 V기에 속한다. 삭설 5점이 출토되었지만 판독할 수 없다.

8. 목간

二條條間路 北側溝 SD5200Aa

(1)

・□〔常?〕陸國邢×

・□小牧

常陸國 那賀(那珂)郡의 하찰 목간이다.

(2)

「V

　　伊與國湯□□□□〔味酒里?〕^{□□□}[　　]」

伊與國 湯郡의 하찰 목간이다.

(3)

・「儲儲蓑蓑蓑」

・「　　□　□」

습서 목간이다.

(4)

「安都智打」

曲物 바닥 판자에 쓴 것이다.

二條條間路 北側溝 SD5200Ab

(5)

「∨　　　　　　　　　　　　□部[　]

　『讚岐國』三木郡山下里　□〔次?〕赤万　二人俵□　　」

讚岐國의 하찰 목간인데 국명 부분은 다른 사람이 크게 쓴 것이다. 『和名類聚抄』에는 三木郡에 山下鄕이 없다.

(6)

「四月十六日食　□□〔仕丁?〕　　」

二條條間路 北側溝 SD5200Ba

(7)

「□殿□〔殿?〕□

　□□〔殿殿?〕　」

습서 목간이다.

二條條間路 北側溝 SD5200Bb

(8)

∨　　　　遠敷郡車持□〔鄕?〕

　×□□〔國?〕　　　　　」

若狹國 遠敷郡 車持鄕은 『和名類聚抄』에는 없지만 헤이조 목간에는 보인다.

(9)

□□□□…□□〔天天?〕□□□□〔美?〕□□□□□□〔孔孔孔孔?〕

(『□〔道?〕　道　□〔繼?〕　□〔道?〕□道』로 위에서 썼다.)

습서 목간이다.

(10)

· 「一(앞면)　　」
· 「二(뒷면)　　」
· 「三(좌측면)　」

4면 목간인데 우측면에는 글자가 없다. 주사위 혹은 算木으로 추정된다.

남북 溝 SD16040B

(11)

「私門常食給受申

　　　　當月十二日」

'私門'의 '常食'을 청구한 것이다. 여기서 '私門'은 문의 이름으로 생각된다.

다리SX18084 주혈

(12)

「天平寶字□□〔二年?〕六月廿一日□　　」

天平寶字2년은 758년이다.

굴립주건물SB18100 주혈

(13)

· 「o牒　大藏省送□〔長?〕□□□□□
· 「o[　]　　　　　□
　　　　　　　　[　　]

'大藏省'한테 보낸 '牒' 문서 목간이다.

(14)

· 水盡盡盡□〔盡?〕　　[　]

□□

・□□〔家掾?〕□　□□〔掾?〕道□〔使?〕

습서 목간이다.

토갱SK18095

・山部廣依夕　錯石村

[　　　　] [　　　]

・[　　　　　　　　　]

[　　　]

인명과 '夕'으로 근무 기록과 관련된 목간으로 추정된다.

　(15)

連右〔古?〕麻呂

　(16)

□部首

9. 참고문헌

奈文研『奈良文化財研究所紀要2000-Ⅲ』2000年

奈文研『平城宮發掘調査出土木簡概報』35, 2000年

舘野和己「奈良·平城宮跡」(『木簡研究』22, 2000年)

木簡學會編『日本古代木簡集成』東京大學出版會, 2003年

72) 平城宮跡(315次)第一次大極殿院地區西邊

1. 이름 : 헤이조큐 터(315차)

2. 출토지 : 奈良縣(나라현) 奈良市(나라시)

3. 발굴 기간 : 2000.4~2000.7

4. 발굴 기관 : 奈良國立文化財研究所

5. 유적 종류 : 궁전·관아

6. 점수 : 161

7. 유적과 출토 상황

제1차 大極殿院과 그 서쪽을 조사했다. 서쪽 회랑의 서쪽에 동서 약 25m로 평탄하고 유구가 적은 공간이 있고, 그 서쪽에 동서 약 7m로 경사면이 있어 그 아래에 배수로 SD3825가 남북으로 흐른다. SD3825 서쪽에는 평탄한 면이 있어 조사구역 서쪽 끝에서 나라시대 후기 남북溝 SD18220, 그리고 SD3825아 SD18220로 구분되는 구획 중앙에서 掘立柱건물SD18221을 확인했다. 목간은 SD3825에서 156점(削屑 107점), SD18220에서 5점(削屑 4점)이 출토되었다.

SD3825는 남쪽으로 흐르는 배수로이다. 제28차 조사 때 확인된 곳에서 새로이 연장된 12m를 확인했다. 폭 2.6m, 깊이 1.1m 되는 溝이며 퇴적토는 6층으로 나눌 수 있고 나라시대 초기에 만든 것으로 생각된다.

SD18220은 조사구 서단에서 확인된 남북 溝이고 폭이 1.5~2.0m 깊이 약 0.3m다. 나라시대의 후기로 추정되고 상하 2층의 하층에는 목제품, 목간을 비롯한 유기물이 많이 포함되었다.

8. 목간

남북 溝 SD3825

(1)

「釘肆佰玖隻」

못의 부찰로 생각된다.

(2)

・「右件稻□正下十日上進以解□

　　　　古文孝經□從□進□

・「　　　[　]

　　　　　鳥　□　　□

　　『□□』　　　『南無』『无无』

　　『嶋嶋』　　『嶋　嶋　□□』(뒷면은 異筆)

앞면은 문서 목간의 일부다. 『古文孝經』은 관인의 필독서로 중시되었다. 뒷면은 습서다.

(3)

・「∨美濃國□□□〔山縣郡?〕□□□〔鄕?〕[　　　　　]」

・「∨三斗十月廿二日□[　　　　　]」

쌀의 하찰 목간이다.

(4)

・「∨備後國品治郡佐我□〔鄕?〕

・「∨庸米六斗

쌀의 하찰 목간이다.

(5)

「∨□上鄕[　　]□〔部?〕小足□□〔俵?〕

하찰 목간이다.

(6)

駒椅里雜腊一斗五升 □□干∨」

하찰 목간이다.

(7)

「∨秦宿奈万呂薦二枚」

(8)

「∨　　　　　　余戸里宍人□臣足

　若狹國遠敷郡

　　　　　　　　御調塩×

『和名抄』에는 若狹國 遠敷郡에 余戸가 있다.

(9)

「∨

　　　　　　　　　　伍保三使部身成　∨

　但馬國七美郡七美鄉舂米伍斗
　　　　　　　　　　天平神護元年四月」

'舂米' 즉 찧은 쌀이 하찰 목간이다. 舂米의 경우 '伍保'(五保)가 공진주체로 나오는 사례가
많다. 天平神護765년이다.

SD18220

(10)

・道之來月之」

・□人□□〔土?〕□」

9. 참고문헌

奈文研『奈良文化財研究所紀要2001』2001年

奈文研『平城宮發掘調査出土木簡槪報』36, 2001年

吉川聡·渡邊晃宏「奈良·平城宮跡」(『木簡研究』23, 2001年)

奈文研『平城宮木簡七』(奈良文化財研究所史料85) 2010年

奈文研『平城宮發掘調査報告ⅩⅦ―第一次大極殿地區の調査2(本文編)(圖版編)』(奈良文化財
研究所學報84) 2011年

奈文研『平城宮發掘調査出土木簡槪報』42(正誤表), 2012年

73) 平城宮跡(316次)第一次大極殿院地區西邊·佐紀池南邊

1. 이름 : 헤이조큐 터(316차)

2. 출토지 : 奈良縣(나라현) 奈良市(나라시)

3. 발굴 기간 : 2000.7~2000.11

4. 발굴 기관 : 奈良國立文化財硏究所

5. 유적 종류 : 궁전·관아

6. 점수 : 70

7. 유적과 출토 상황

제1차 大極殿 서쪽의 서면회랑 서쪽을 대상으로 한 조사에서 園池SG8190의 남안, 거기서 남쪽으로 흐르는 남북溝 SD3825A·B·C, SD8190 남쪽 둑을 만든 후에 그 남쪽에 굴착되어 동쪽으로 흐르고 SD3825로 합류하는 동서 溝 SD12965A·B, SD12965B를 일부 메워 다시 만든 남북 溝 SD18261등이다. SD3825와 SD18261은 제315차 조사에서 목간이 출토된 유구의 상류 부분에 해당한다.

목간은 SD3825A에서 15점(削屑 5점), SD3825C에서 42점(削屑 15점), SD12965에서 9점, 대극전원 서쪽 정지토 하층 木屑 층에서 3점, 같은 시기 SG8190남쪽 정지토 하층 木屑 층에서 削屑 1점, 총 70점(削屑 21점)이 출토되었다.

8. 목간

SD3825A

(1)

· 「尾張國造御前謹恐々頓首□　　」
· 「頓　火　火　火頭　布布□　　」

'尾張國造'한테 올린 문서다.

(2)

「內舍人」

완형 목간인데 용도는 알 수 없다.

(3)

「　　□　　　□
日部□〔志?〕田留　　　　　　　」

인명을 쓴 삭설이다.

(4)

· 「∨美濃國片縣郡□□〔否間?〕里守部連　　」
· 「∨少所比米六斗　　　　　　　　　　」

'美濃國 片縣郡'에서 보내온 庸米 하찰이다.

(5)

· 「□〔兒?〕矢己乃者奈夫由己□□〔冊利〕伊眞者々留部止　　」
· 「□〔夫?〕伊己冊利伊眞役春部止作古矢己乃者奈　　　　」

難波津의 와카를 쓴 목간이다.

SD3825C

(6)

```
                        □
·          從三人  六

×師      光道師      □□師

法藥師      安光師      基寬師

              奉顕師      惠智師」
```

·□□

      合拾伍人

        六月廿二日川□馬長」

불교 행사와 관련된 목간으로 추정된다. '光道'는 같은 이름이 743년과 762년의 문서에 보인다.

(7)

·「長□□〔屋鄕?〕[   ]

·「米一表〔俵〕   □上□□□

'長屋鄕'은『和名抄』에는 大倭國 山邊郡과 伊勢國 安濃郡에 있다.

(8)

「∨伊豆國賀茂郡稻×

伊豆 賀茂郡의 稻梓鄕에서 보내온 하찰 목간으로 추정된다.

(9)

```
·              □□〔忌浪?〕□

  ×□〔鄕?〕

              [   ]       ∨」
```

·□   塩三斗   ∨」

忌浪里는 若狹國 三方郡 能登鄕에 소속되어 調鹽의 하찰로 생각된다.

(10)

・「∨讃岐國寒川×

・「∨庸米六斗

讃岐國 寒川郡에서 보내온 庸米의 하찰 목간이다.

(11)

「布乃利」

(12)

背國葛…郡□□〔川邊?〕鄕

削屑의 내용이 이어지는 것으로 추정되고 관인의 본관지일 수 있다.

SD12965

(13)

「禁弓矢解□〔申?〕[ ]□入舍人事

(14)

・「□□〔美濃?〕國大野郡美和鄕長神直三田次進酢年」

・「□〔魚?〕二斗六升　　神龜三年十月 」

'年魚' 즉 은어 '酢'(스시)의 하찰 목간인데 鄕長이 진상한 하찰은 처음이다. 神龜3년은 726년이다.

(15)

×郡形原鄕□

參河國 寶飯郡 形原鄕에서 보내온 하찰 목간의 단편이다.

(16)

・「∨　　　品治郡×

　　　備後國

　　　　漢人部□

・「∨併二人　　」

備後國 品治郡에서 보내온 庸米 하찰의 단편이다.

　(17)

「∨讚岐國鵜足郡和軍六斤」

　(18)

・「　　事

　麻呂事麻呂麻

　　事　　　　　」

・「『□ □□□』

　事事事事　　　」

습서 목간이다.

9. 참고문헌

奈文研『奈良文化財研究所紀要2001』2001年

奈文研『平城宮發掘調查出土木簡槪報』36, 2001年

吉川聰·渡邊晃宏「奈良·平城宮跡」(『木簡研究』23, 2001年)

奈文研『平城宮木簡七』(奈良文化財研究所史料85) 2010年

奈文研『『平城宮發掘調查報告ⅩⅦ-第一次大極殿地區の調查2(本文編)(圖版編)』(奈良文化財研究所學報84) 2011年

奈文研『平城宮發掘調查出土木簡槪報』42(正誤表), 2012年

74) 平城宮跡(337次)第一次大極殿院地區西楼

1. 이름 : 헤이조큐 터(337차)

2. 출토지 : 奈良縣(나라현) 奈良市(나라시)

3. 발굴 기간 : 2001.10~2002.09

4. 발굴 기관 : 奈良國立文化財硏究所

5. 유적 종류 : 궁전·관아

6. 점수 : 1485

7. 유적과 출토 상황

제1차 大極殿院 남변에서는 1972년도 제77차 조사로 東樓SB7802가 확인되었다. 이번 조사는 남문을 사이에 두고 동루와 대칭되는 위치에 상정되는 누각 건물을 확인하기 위한 것이다. 조사 결과 남면 회랑SC7820, 西樓SB18500 등이 확인되었다. 목간은 헤이조큐를 조영할 때의 정지토에서 14점, 서루SB18500 掘立柱 주혈에서 1471점(削屑1304점)이 출토되었다.

平城宮 조영 整地土는 두께 30㎝ 정도이다. 남면 회랑은 이 정지토 위에 기단을 만든 것이다. 목간은 정지토에 원래 포함된 것이 아니라 정지하는 과정에 폐기된 것으로 추정된다.

서루SB18500은 5칸×3칸 總柱 동서동 건물이다. 바깥쪽의 기둥은 굴립주이고 건물내부 기둥은 초석이 있다. 남북주열을 서쪽에서 A~F, 동서주열을 북쪽에서 1~4로 표현한다. 건물을 해체한 것은 출토된 목간으로 볼 때 天平勝寶 5년(753)경으로 유추된다.

8. 목간

정지토

 (1)

「   癸卯年太寶三年正月宮內省□〔入?〕四年□□

年慶雲三年丁未年慶雲肆年孝〔考〕服

 간지와 연호를 같이 쓴 관인의 이력서 같은 목간이다.

(2)

・「伊勢國安農郡阿□〔刀?〕里阿斗部身」

・「和銅三年正月　　　　　　　　」

하찰 목간이다. 이 목간을 통해 平城宮에 천도했을 때 기반조차 끝나지 않았고 대극전이 미완성이었다는 것을 알 수 있다.

(3)

・「∨伊勢國安農郡縣　　　　」

・「∨里人飛鳥戸椅万呂五斗」

하찰 목간이다.

(4)

・「五百原□

・「五斗

駿河國 盧原郡의 하찰 목간이다.

(5)

「∨長田上郡大□里□〔物?〕×

遠江國 長田上郡의 하찰 목간이다.

(6)

・「∨大井里委文部鳥[　　]」

・「∨米五斗　　　　　　　」

(7)

□〔白?〕酒四斗」

서루SB18500 A2주혈

(8)

・「∨□□〔埼?〕郡三江里守部

・「∨□白米五斗

서루SB18500 A3주혈

(9)

・×栗郡漆部里羽栗臣」

・×俵　　　　　　[　　]」

서루SB18500 B4주혈

(10)

・「∨　　　　　　　　　風速小月　大石小山　大豆人成

　　　衛門府 進鴨九翼

　　　　　　　　　　辟田麻呂 大市乎麻呂　　　　　」

・「∨　　　　天平勝寶四月廿七日　　　　　　　　」

'衛門府'에서 鴨 진상에 관한 진상장이다. 뒷면은 4년 4월을 잘못 쓴 것으로 생각된다.

(11)

・「∨東市司進上

　　　　　　□

・「∨天平勝寶四

(12)

「東梨原 梨百九十五果 [　　　]

(13)

・「∨備中國哲多郡□〔乃?〕□鄉白米五斗

・「∨□人白猪部身万呂

(14)

「∨安芸國賀茂郡白米五斗∨

　　　　『□』　　　　　　　」

서루SB18500 C1주혈

(15)

・「安□〔農?〕□□□部里」

・「人阿斗部□五斗」

서루SB18500E1

(16)

・「　　　　　　□〔津?〕秦 大□□〔伴部?〕[　　]

　　北□〔門?〕

　　　　　　　□□〔丈部?〕[　　]　　　□□□

・「下謹申入給不者有

兵衛 목간과 유사한 내용이다. 문의 경비에 관한 목간으로 추정된다.

(17)

「∨隠伎國役道郡余戸郷大私部目代調短鰒六升 天□〔平?〕勝寶四年∨」

(18)

「此所不得小便」

소변을 금지하는 간판이다.

서루SB18500 E4주혈

(19)

「∨額田□

이름만을 쓴 부찰이다.

서루SB18500 F1주혈

(20)

・「　　己知　川原　高市　阿刀

　北門　　　　　　　　　　合七人

　　　日下　□野　川口

・「數沓付此使　　　　中嶋所

　문의 경비에 관련된 목간으로 추정된다.

(21)

「∨隱伎國役道郡河內鄕磯部黒□〔嶋?〕

(22)

「∨大嶋村調果塩∨」

　周防國 大嶋郡으로 추측된다. '果塩'은 고형 소금일 것이다.

(23)

・「∨淡路國

　　　□□〔津名?〕郡□馬鄕　□〔貢?〕□

・「∨戶口同姓男調三斗勝寶四

(24)

・　　　　　　　從　　□〔乞?〕□

　　飯二升許乞　右　先日乞□□□□

　[　　　　　　　]更下□〔訖?〕『白』□〔外?〕常食菜甚惡

・□□〔食藥?〕末□〔醬?〕

　식사 내용에 관한 불만을 쓴 목간이다. 초고로 추정된다.

이하 削屑은 같은 목간이나 관련되는 목간들의 삭설로 추정되며 큰 역명 목간이었다고 추정된다.

(25)

　　　　□□□□六十一人□〔他?〕番

｜散｜卅七人

(26)

　　　　[　　　　]

｜一人　御田作所

사람 배치에 관한 기록이다.

(27)

四人臥□〔病?〕

근무상황이다.

(28)

｜少｜初位□

(29)

｜位凡高

｜贄兄人

인명을 2단 각선의 상단부터 쓰기 시작한 것이다.

(30)

｜｜大伴部牛麻呂(刻線부분에 異筆 흔적이 있음)

(31)

｜｜大神大虫

(32)

｜｜白髪部猨

｜｜葛原□

인명을 2단 각선의 하단부터 쓰기 시작한 것이다.

(33)

□　　天平勝寶五年十一月

제77차 조사에서 동루 해체를 天平勝寶5년 전반으로 추정되었는데 서루도 비슷한 시기에 해체된 것으로 생각된다.

서루SB18500 F2주혈

(34)

・「∨播□〔羅?〕郡仕□〔丁?〕

・「∨養錢□〔六?〕×

武藏國 播羅郡이 '養錢' 부찰이다.

(35)

「∨阿波國那賀□〔郡?〕[　　　　]」

(36)

「式部位子少初位下糸君□〔益?〕人」

'糸君益人'은 天平寶字2년(758)에 종8위상 仁部省 史生의 寫經生으로 寫經所에서 일하고 있는 기록이 있다.

(37)

□□ □□〔宮?〕 中務栗宮

'中務栗宮'은 中務卿 栗栖王으로 추정된다.

9. 참고문헌

奈文研『奈良文化財研究所紀要2003』2003年

奈文研『平城宮發掘調査出土木簡槪報』37, 2003年

馬場基・渡邊晃宏「奈良・平城宮跡」(『木簡研究』25, 2003年)

奈文研『平城宮木簡七』(奈良文化財研究所史料85) 2010年

奈文研『『平城宮發掘調査報告ⅩⅦ—第一次大極殿地區の調査2(本文編)(圖版編)』(奈良文化財研究所學報84) 2011年

奈文研『平城宮發掘調査出土木簡概報』42, 2012年

奈文研『平城宮發掘調査出土木簡概報』42(正誤表), 2012年

75) 平城宮跡(406次)東方官衙

1. 이름 : 헤이조큐 터(406차)
2. 출토지 : 奈良縣(나라현) 奈良市(나라시)
3. 발굴 기간 : 2006.12~2007.5
4. 발굴 기관 : 奈良國立文化財研究所
5. 유적 종류 : 궁전·관아
6. 점수 : 453

7. 유적과 출토 상황

東院과 東區 朝堂院區劃 사이의 동방관아지구의 구조를 파악하기 위한 조사에서 회랑, 掘立柱 건물 2동, 초석건물 4동, 담 3조, 溝 3조 등이 확인되었다.

목간은 동방관아지구 중앙을 남쪽으로 흐르는 남북기간배수로 SD2700(東大溝)에서 453점(削屑 399점)이 출토되었다. SD2700은 폭 약 3.5m 깊이 약 1.1m이고 매립토는 3층으로 나눌수 있고 나라시대에 해당하는 것은 중층과 하층이다. '主水司'라는 묵서가 있는 스에키 잔, '美濃'이라는 각인이 있는 스에키 잔 등도 출토되었다.

8. 목간

(1)

・「　　　　　　　　【『鉦』[　　　　　　]（）

　　左弁官□〔口?〕宣

　　　　　　　　　　又大輔宣御在所南□□□□受大藏[　　　]『□』

　　【『□□□』】

・「　『□□　　　　　　　□　　　　　□』」

'左弁官'의 구두 명령을 목간에 기록한 것이다. 어느 省의 '大輔'가 받아 '大藏' 某한테 전달한 것이다.

(2)

「右大舍人寮□　　　□〔大?〕×

中務省의 하부관청인 '右大舍人寮'이 보낸 문서 목간이다.

(3)

・×少進[　]×

・×月十六日

(4)

少主鎰

中務省의 하부관청인 內藏寮와 大藏省에 배치된 관인이다.

(5)

「Ｖ茎折稲」

9. 참고문헌

奈文研 『奈良文化財研究所紀要2007』 2007年

奈文研 『平城宮發掘調查出土木簡槪報』 38, 2007年

淺野啓介 「奈良・平城宮跡」 (『木簡研究』 30, 2008年)

76) 平城宮跡(429次)東方官衙

1. 이름 : 헤이조큐 터(429차)
2. 출토지 : 奈良縣(나라현) 奈良市(나라시)
3. 발굴 기간 : 2008.1~2008.4
4. 발굴 기관 : 奈良國立文化財硏究所
5. 유적 종류 : 궁전·관아
6. 점수 : 24859

7. 유적과 출토 상황

제2차 大極殿院 東區 朝堂院 동쪽에 있는 4구획 동방관아를 조사한 것이며 주로 기간배수로 SD2700을 대상으로 한 것이다. 조사 결과 SD2700은 북쪽에서 두 번째 관아 지구에서도 곧바로 남쪽으로 흐르고 있던 것을 확인했다. SD2700 서쪽에서는 2동의 창고로 추정되는 초석 건물을 확인했다. 동쪽에서는 掘立柱 건물군을 확인했다. 조사구 남부에서 대규모 폐기토갱 SK19189의 동단 부분을 확인해서 다량의 삭설을 포함한 木片層이 있었다.

SK19189는 동서 약 11m, 남북 약 7m, 깊이 약 1m이다. 木片層은 두터운 것에서는 두께 50㎝에 이르렀다. 윤관부분에는 숯이 있어 헤이조큐에서 처음으로 확인된 소각 토갱일 가능성이 크다. 木屑層에서는 여러 가지 목제품, 토기, 기와 등 다양한 유물이 출토되었다. 흙은 유물용 상자 2800개에 이르고 최종적으로 목간 점수는 수만 점에 이를 가능성이 있다. 현장에서 목간으로 인식한 것은 약 200점이었고 近衛府를 중심으로 한 衛府에 관한 목간군이며 연대는 寶龜2~3년(771~2)이 중심이다.

8. 목간

토갱SK19189

(1)

· □□

宮部名足

伊部諸國

正八位下磯部石足

[   ]

· ×二月廿四日正四位下行右大弁兼內×

위 2점은 원래는 하나의 것으로 추정되는데 직접 이어지지 않다.

(2)

· □□[   ]   【『□

□□殿『□□』四人紀将監曹司   金』】o

· □年二月十四日近衛金刺老   o

조사 경비 분담을 기록한 목간이다.

(3)

· 「謹解 申請出擧錢事 □〔合?〕□□

· 「路   相知路並倉路並倉□

관청에 出擧錢을 빌리는 것을 신청하는 문서다. '路並倉'은 '相知' 즉 보증인일 것이다.

(4)

· 「內厩寮移 中務省   □□

· 「[   ]

'內厩寮' 장관은 近衛府의 中將, 少將이 겸하는 것이 통례이었다.

(5)

・「∨　　　折薦畳十枚　紺畳五枚　幄一具

　　內運物

　　　　　　　　　簀九枚　　　黃二畳枚　赤短二枚」

・「∨□供物　短畳一枚　　　　　　　　　　　」

(6)

・「十四日不直若宮老子　日夕」

・「　　　　　　　　　　番長山代眞勝

　　寶龜二年四月十四日

　　　　　　　　　　　久米枚夫　　　」

'直'에 '日'과 '夕'의 구별이 있는 것을 알 수 있다. 宿은 야간근무이니 夕은 낮 근무 후반일 것이다.

(7)

・「　　　　六人部斐多麻呂　楮五月　　伊香廣公

　　西宮守

　　　　　　　　　伊賀人麻呂　　　　茨田廣足　　靫負□摩」

・「　　　　　　　　　　十一月十日　　　　　　　　」

궁의 경비 분담을 기록한 목간이다.

(8)

・「　　神淨成　　神淨成　　　　　□淨人　『龜□』秦弥竹　『龜』金刺池主

　　鈴守　　　戌　『龜』　　亥『龜龜廣』　子　『秦弥武』丑『弥武武武』寅　『寶 o

　　　『上七□』　大伴總道『龜』他田廣万呂　『他□○□□』大伴廣□　　　龜』」

・「　　　金刺池主　　□□神淨　□池　　大□□國　　池田　□麻呂　『□』

　　謹啓　亥『□』　　　　子　　□　　　□『□道』『池　大伴子□　寅□ o

　　鈴守　物部廣　『鈴守』金刺池主　錦部家□　　　池』神淨□　　『□』　」

驛鈴 경비 분담에 관한 목간이며 처음 알려진 사례다. 2명으로 2시간씩 경비한다.

(9)

· 「門々倂雜物鋪帳

· 「景雲四年八月

題籤軸이다.

(10)

· 「∨　番長　∨」

· 「∨□　　□∨」

(11)

「∨藏人官人

직명을 쓴 작은 부찰 목간이다.

(12)

· 「o千文寶龜二年四月」

· 「o貫仕丁蝮部虫人　　」

동전의 부찰이다. 1000문을 묶은 貫이며 뒷면에 책임자를 쓴다.

(13)

「o新錢八十文」

동전의 부찰이다. '新錢'은 765년에 주조된 神功開寶이다.

(14)

「∨　　　　　　中品

　紫草六十八斤　　　」

(15)

「∨豉納三斗八升　　　　」

(16)

・「∨　　　　　盛十節

　　　煮堅魚一籠　　　　」

・「∨　　□人　大三升　」

　　(17)

「　　　　四切

鯛味腊　　」

　　(18)

「∨年魚鮨」

　　(19)

「∨辛螺頭打∨」

　여러 물품의 부찰 목간이다. '頭打'는 무침이다.

　　(20)

・「□□□□□□　短　短　短　念　念

　　藤　藤　藤　藤　藤　捉　於

　　足　足　足　足　足　足　足　足　足」

・「裳　　裳　裳　參　參　　向

　　倭　倭　裳　裳　裳　裳　裳　裳

　　□　□捉枚於富富□〔帳?〕□倭倭万呂」

　　(21)

・「蕗薊薊蕗薊薊薊薊」

・「蕗薊　　　　　　」

습서 목간이다.

(22)

正六位下勳五等

(23)

金刺意□

(24)

醫師

(25)

近衛

(26)

大宮

(27)

寶龜

(28)

□大夫藤原□

削屑들이다. 인명, 관위, 관직명을 쓴 것이 많다.

SD2700

(29)

・「式部召 紀人 土師時足 」

・「宍人倭麻呂『□』中務『□』」

式部省의 召文이다.

9. 참고문헌

奈文研『奈良文化財研究所紀要2009』2009年

奈文研『平城宮發掘調査出土木簡槪報』39, 2009年

渡邊晃宏「奈良・平城宮跡」(『木簡研究』31, 2009年)

奈文研『平城宮發掘調査出土木簡槪報』40, 2010年

77) 平城宮跡(440次)東方官衙

1. 이름 : 헤이조큐 터(440차)

2. 출토지 : 奈良縣(나라현) 奈良市(나라시)

3. 발굴 기간 : 2008.12~2009.2

4. 발굴 기관 : 奈良國立文化財硏究所

5. 유적 종류 : 궁전·관아

6. 점수 : 296

7. 유적과 출토 상황

平城宮 제2차 大極殿院·東區 朝堂院·朝集殿院 동측에 남북으로 크게 4구획의 東方官衙라 불리는 관아 구역이 있는데 440차 조사는 그 구획의 동측에서 진행된 것이다. 조사 결과 掘立柱 건물이 집중적으로 확인되었다. 토갱 SK19189에서는 다량의 삭설을 포함한 木片層의 존재가 확인되고 있어서 그 주변이 관아였을 가능성이 있다. 목간은 해당 토갱에서 출토되었다.

8. 목간

(1)

・秦福貴麻呂

　私船守

　小長谷麻呂

・×具錄如件謹以申聞謹×

太政官奏의 斷簡이다. 함께 출토된 목간의 연대로 미루어 寶龜 2~3년의 것으로 추정된다.

(2)

「　　　　　　　　　　　　少尉正六位上安×

左衛士府宿奏　合九十三人

　　　　　　　　　　　　大志正六位上□

左衛士府의 숙직 담당자의 보고 목간이다.

(3)

・「謹解　申請出擧錢事□〔合?〕□□

・「路　　相知路並倉路並倉□

관사 내의 出擧錢의 차용 신청이다. 路並倉은 相知(보증인)로 생각된다.

(4)

・「內厩寮移　中務省　　□□

・「[　　　　　　　　　　]

內厩寮는 장관인 頭를 近衛府의 中將·少將을 겸하는 것이 통례였으며, 近衛府와 밀접한 관계가 있는 令外의 관사이다.

(5)

・「∨　　　折薦畳十枚　紺畳五枚　幄一具

　　內運物

　　　　　　簀九枚　　　黃二畳枚　赤短二枚」

・「∨□供物　短畳一枚　　　　　　　　　　」

衛府의 직무와 관련된 목간이다. 이차적으로 정형되어 있다. 內裏의 舖設 운반에 종사한 사실이 쓰여 있다.

9. 참고문헌

奈文研 『奈良文化財研究所紀要2009』 2009年

奈文研 『平城宮發掘調査出土木簡槪報』 39, 2009年

渡邊晃宏 「奈良·平城宮跡」(『木簡研究』 31, 2009年)

奈文研 『平城宮發掘調査出土木簡槪報』 42, 2012年

78) 平城宮跡(466次)東方官衙

1. 이름 : 헤이조큐 터(466차)

2. 출토지 : 奈良縣(나라현) 奈良市(나라시)

3. 발굴 기간 : 2010.1~2010.4

4. 발굴 기관 : 奈良國立文化財硏究所

5. 유적 종류 : 궁전·관아

6. 점수 : 2035

7. 유적과 출토 상황

조사구역은 平城宮 東區 大極殿院·朝堂院 지구와 東院 지구 사이에 위치하며, 관아 구역으로 추정되고 있다. 東方官衙地區라 불리고 있으며, 平安宮과 대비하면 太政官·中務省·民部省 등의 소재가 상정되는 지역이다. 조사 결과 동서 방향의 담 4조와 초석 건물 3채, 도로, 溝 4조, 掘立柱塀 5조, 掘立柱 東西棟 건물 2채가 확인되었다. 목간은 유기질을 다량으로 포함한 흑색 점질토가 퇴적한 유구에서 출토되었다. 대체로 養老·神龜 연간(717~729)의 것으로 추정된다.

8. 목간

　　(1)

「∨豊嶋郡大領大伴直宮足書」

　완형의 부찰목간이다.

　　(2)

・東　式部省宣(그 외에도 習書가 있다)

・□　　　□□(裏面橫材?)

　습서목간이다.

　　(3)

「∨鋪設五十六巻

　巻을 단위로 하는 鋪設用 물품의 부찰이다. 구체적인 품목은 분명히지는 않다.

9. 참고문헌

奈文研 『奈良文化財研究所紀要2011』 2011年

奈文研 『平城宮發掘調査出土木簡概報』 41, 2011年

渡邊晃宏 「奈良・平城宮跡」 (『木簡研究』 33, 2011年)

79) 平城京跡左京一條三坊十二坪

1. 이름 : 헤이조큐 터

2. 출토지 : 奈良縣(나라현) 奈良市(나라시)

3. 발굴 기간 : 헤이조큐 터

4. 발굴 기관 : 奈良國立文化財研究所

5. 유적 종류 : 도성

6. 점수 : 4

7. 유적과 출토 상황

우물 1기, 주형, 자연 유로를 확인했다. 우물에서 목간 4점이 출토되었다. 우물은 확인된 면에서 직경이 1.5m의 원형이며 깊이 2.5m이었다. 퇴적토는 바닥의 자연퇴적과 매립토로 나눌 수 있고 목간은 자연퇴적토의 최상층에 있는 식물유체층에서 출토되었다. 나라시대 전반기의 토기와 목제품 여러 점이 출토되었다.

8. 목간

「∨□□」

9. 참고문헌

奈良市教委『奈良市埋藏文化財調査報告書 昭和59年度』1985年

西崎卓哉「奈良·平城京跡」(『木簡研究』7, 1985年)

80) 平城京跡左京一條三坊十三坪(市440次)

1. 이름 : 헤이조큐 터(시 440차)
2. 출토지 : 奈良縣(나라현) 奈良市(나라시)
3. 발굴 기간 : 2000.2~2000.3
4. 발굴 기관 : 奈良國立文化財研究所
5. 유적 종류 : 도성
6. 점수 : 94

7. 유적과 출토 상황

조사구역은 平城京左京一條三坊十三坪의 동쪽 끝에 해당하며, 나라시대 유력한 귀족 계층에 의해 이용된 것으로 추정되는 장소이다. 조사 결과 掘立柱 건물 5채, 掘立柱塀 6조, 우물 1기 등이 확인되었다. 유구의 대부분은 9세기대의 것으로 추정되므로 平安京 천도 이후에도 이 부근에는 건물이 있었던 것으로 생각된다. 목간은 조사구역 동북쪽 끝에서 확인된 대형의 우물에서 출토되었다.

8. 목간

(1)

人田眞稻麻呂□□返□〔奉?〕小開□如件 幷氏吉小口與□□〔大?〕□

장대한 削屑이다. 여러 인명이 쓰인 문서목간이다.

(2)

「伊勢竹河」

묵서가 있는 人形이다.

9. 참고문헌

松浦五輪美·原田香織「奈良·平城京跡左京一條三坊十三坪」(『木簡研究』22, 2000年)

奈良市教委『奈良市埋藏文化財調査槪要報告書 平成11年度』2001年

松浦五輪美「奈良·平城京跡左京一條三坊十三坪(第二二號)·釋文の訂正と追加」(『木簡研究』23, 2001年)

81) 平城京跡左京一條三坊十五·十六坪(55·56·57次)

1. 이름 : 헤이조큐 터(55·56·57차)

2. 출토지 : 奈良縣(나라현) 奈良市(나라시)

3. 발굴 기간 : 1969.3~1969.12

4. 발굴 기관 : 奈良國立文化財研究所

5. 유적 종류 : 도성

6. 점수 : 75

7. 유적과 출토 상황

발굴을 통해 확인된 유구는 고분 2기, 우와나베고분 남쪽에 조영된 정원이 있는 귀족 저택, 헤이조큐 동3방대로 東側溝 등이다. 목간은 귀족 저택을 서쪽에서 동쪽으로 흐르고 남쪽으로 꺾이는 溝 SD485에서 33점, 東三坊大路 동쪽 側溝 SD650에서 42점이 출토되었다.

SD485에는 나라시대 전반의 유물이 많고 후반에는 사용되지 않았다. 귀족 생활과 관련된 내용이 많다.

SD650은 퇴적이 3층으로 나눌 수 있고 10세기 초까지 이어지는데 목간은 9세기 말까지의 유물을 포함한 하층에서 출토되었다. 도기, 동전, 목기, 칠기, 금속기 등이 다량으로 출토되었다. 동전은 乾元大寶를 제외한 11종 총 725점이 출토되었다.

8. 목간

SD485

(1)

「樂毅論 夏
　□□〔毅論〕

습서 목간이다.

(2)

「∨參河國農多郡鴨田鄕厚石里□

(3)

「∨參河國額田郡謂我鄉白米五斗∨」

　　(4)

・「八名郡多米里多米部□〔麿?〕庸米五□〔斗?〕」

・「和銅六年」

　　(5)

・「參河國八名郡片山里大伴□〔健〕□

・「庸米五斗　和銅六年

　參河國의 하찰 목간이다. 和銅6년은 713년이다.

　　(6)

・「吉備里海部赤麻呂米六斗∨」

・「霊龜三年六月∨」

　쌀의 하찰 목간이다. 霊龜3년은 717년이다.

　　(7)

・「∨淡路國津名郡賀茂里人」

・「∨　中臣足嶋庸米三斗

　　　　夫　　　　　　　　　　併六斗

　　　　同姓山□〔部?〕庸米三斗　　　　」

SD650

　　(8)

・「人々荊

・「人々荊

　題籤軸이다.

(9)

・波羅□〔蜜?〕多經卷

・勝須波羅密□□ (죄측면)

・□　□□

　□□□卷卷

(10)

物忌

(11)

・□仁彼彼□仁佐

・仁彼□仁佐久□

습서 목간이다.

(12)

「　　　　　　　　　　　　　　　　　　　　　将領榮井眞繼[　]□□覓安良麻呂
　□〔天〕長□〔七〕年二月二日□□〔廳北〕間□〔垣〕□　小黒万呂漆拾馱　□
　　　　　　　　　　　　　　　　　　□□□□□□愛宕麻呂
　　　　　　　　　　　　　　　　　□麻呂　　　　　　　　　　　」

(13)

「　　　　　　　　　　　　　在驗片目白
　告知　往還諸人走失黑鹿毛牡馬一匹
　　　　　　　　　　　　　　額少白
　件馬以今月六日申時山階寺南花薗池邊而走失也　九月八日
　若有見捉者可告來山階寺中室自南端第三房之　　　　」

(14)

「　　　　　□□〔被盗?〕斑牡牛一頭　誌左右本□〔爪?〕在歳六許
　□□□〔往還?〕□□告知

応告賜山邊郡長屋井門村 右牛以十一月卅[　]聞給人益坐必々可告給」

　　(15)

「　　　　　　　　　　[　　]右馬以今月一日辰時依作物食損捉立也至于今日未來其主
　告知捉立鹿毛牡馬一匹

　　　　　　　　　驗額髪□〔毛?〕[　　　　]□馬□可來隅寺□□天長五年四月四日　　　」

　위 4점은 告知 목간이다.

9. 참고문헌

奈文研『奈良バイパス路線敷地發掘調査概報』1969年

奈文研『奈良國立文化財研究所年報1970』1970年

奈文研『平城宮發掘調査出土木簡概報』7, 1970年

奈文研『平城宮發掘調査報告Ⅵー平城京左京一條三坊の調査』(奈良國立文化財研究所學報
23) 1975年

横田拓実「平城宮跡出土の木簡」(奈文研『第1回木簡研究集會記錄』1976年)

木簡學會編『日本古代木簡選』岩波書店, 1990年

鬼頭清明「奈良・平城京跡左京一條三坊十五・十六坪」(『木簡研究』16, 1994年)

沖森卓也・佐藤信編『上代木簡資料集成』おうふう, 1994年

82) 平城京跡左京二條二坊五坪・二坊坊間大路(123-26次)

1. 이름 : 헤이조큐 터(123-26차)

2. 출토지 : 奈良縣(나라현) 奈良市(나라시)

3. 발굴 기간 : 1980.12

4. 발굴 기관 : 奈良國立文化財研究所

5. 유적 종류 : 도성

6. 점수 : 18

7. 유적과 출토 상황

조사지는 좌경 2조2방5평 동북 모퉁이에 해당된다. 東二坊·坊間大路와 그 서측 배수로 SD5870, 주혈, 토갱 등 유구가 발견되었다. 목간은 합계 18점이 SD5870에서 퇴적토 하층에서 출토되었다. 공반유물로는 빗, 人形, 曲物, 和同開珍, 허리띠 장신구, 나라시대 중기에서 후기까지의 하지키, 스에키, 전용 벼루, 녹유 기와, 묵서토기 등이 있다. 하층에서 출토된 토기의 시기는 주로 8세기 중엽이다.

8. 목간

· 「o伊勢國安濃郡長屋鄕甲可石前調錢壹貫」

· 「o   」

伊勢國로부터의 '調錢'의 하찰목간. 상단에 조그만 구멍이 뚫려 있다. '神龜四年'은 727년이다.

9. 참고문헌

奈文研『昭和55年度平城宮跡發掘調査部發掘調査槪報』1981年

奈文研『奈良國立文化財研究所年報1981』1981年

奈文研『平城宮發掘調査出土木簡槪報』14, 1981年

佐藤信「奈良·平城宮·京跡」(『木簡研究』3, 1981年)

83) 平城京跡左京二條二坊五坪・東二坊坊間路西側溝(198次A區・B 區・C區・202-13次)

1. 이름 : 헤이조큐 터(198차 A구역)

2. 출토지 : 奈良縣(나라현) 奈良市(나라시)

3. 발굴 기간 : 1989.1~1989.2

4. 발굴 기관 : 奈良國立文化財研究所

5. 유적 종류 : 도성

6. 점수 : 34

7. 유저과 출토 상항

동2방방간로 서쪽 側溝는 二條大路 북쪽 側溝SD5240 이남이 SD4699, 이북이 SD5021이다. SD4699를 제198차 조사에서 A구・B구로 약 20m, C구로 약 10m, 그리고 SD5021을 제202-13차 조사에서 약 30m 발굴했다. SD5021은 폭 약 2.5m 깊이 0.9~1.1m이다.

목간은 SD4699에서 50점, SD5021에서 160점 출토되었다. 연대는 SD4699는 和銅8년 (715)~天平원년(729)인데 SD5021에서는 天平19년(747)이 2점 출토되었는데 층위별 연대 차이는 뚜렷하지 않다.

8. 목간

2조대로 북쪽側溝 SD5240

198차A

(1)

・「飯二升充大縣起万呂 大隅乙万呂」

・「 十月九日書吏　　　　　　　」

'書吏'로 3품 이하의 친왕 혹은 3위에 있는 사람의 가정기관과 관련될 것이다.

　　(2)

・「　　十六斤　　　卅二斤　　　二百

藻上郡　　　山邊郡　　　式下郡　斤」

・「右二百卅八斤　　　　　　　」

　　(3)

「∨參河國播豆郡篠嶋[　]

　長屋王이 살아 있을 때의 것으로 추정되고 왕의 저택 안에서도 播豆郡의 하찰이 출토되었다.

　　(4)

・「∨伊豆國田方郡有參鄕櫻田里□□〔桧前?〕×

・「∨養老六年

SD5021

　198차B

　　(5)

「泉坊進上覆盆子一古

　　　　　　　　天平十九年五月十四日桑原新万呂」

　　(6)

・「∨美作國勝田郡鹽湯鄕庸米六斗　里□

・「∨服部足倍

202-13차

(7)

・「　　　　　大都保一口併用[　]直百文

請錢一貫　白[　　　　　]　　　漆一升三合直六百文

　　　　　　　[　　　　　]　　　合別五十文　　　　」

・「遺錢卌文 」

(8)

・「上番從八位上御立史足國」

・「上番從八位上御立史足國」

(9)

・「左太臣官交□〔易?〕

・「□〔額〕田古安米

(10)

・兵衛

・□勳九等

(11)

「∨長門國美祢郡『調綿壹伯屯 天平十九年九月』∨」

(12)

・「大倭國志癸上郡大神里」

・「和銅八年

　　計帳　　　　　　　」

計帳의 축에 쓴 것이다. 1里당 1권으로 만들었다는 것을 알 수 있다.

9. 참고문헌

奈文研『1989年度平城宮跡發掘調査部發掘調査槪報』1990年

奈文研『平城宮發掘調査出土木簡槪報』22, 1990年

奈文研『平城宮發掘調査出土木簡槪報』23, 1990年

渡邊晃宏「奈良·平城京跡」(『木簡硏究』12, 1990年)

奈文研『奈良國立文化財研究所年報1990』1991年

奈文研『平城京 長屋王邸宅と木簡』1991年

奈文研『平城京左京二條二坊·三條二坊發掘調査報告一長屋王邸·藤原麻呂邸の調査(本文編)(圖版編)』(奈良國立文化財研究所學報54) 1995年

84) 平城京跡左京二條二坊五坪·東二坊二條大路(198次B·200次補足·204次)

1. 이름 : 헤이조큐 터(198차 B구역)
2. 출토지 : 奈良縣(나라현) 奈良市(나라시)
3. 발굴 기간 : 1989.3~1989.5
4. 발굴 기관 : 奈良國立文化財研究所
5. 유적 종류 : 도성
6. 점수 : 22926

7. 유적과 출토 상황

해당 조사는 대형 쇼핑몰 건설에 앞서 진행된 것으로 조사범위는 左京三條二坊一·二·七·八평 북측에 있는 東二坊二條大路, 동원 남방 유적의 일곽으로 되는 二條二坊五坪에 해당된다. 대량의 목간이 출토된 SD5100은 8평 북측에 따라 동2방방간로 西側溝 SD4699 서측 1.2m 되는 곳에서 옛 나가야오 저택 북문 앞(1평과 8평 경계)까지 이어진 폭 2.6m, 깊이 0.9m, 길이 약 120m인 溝形 토갱이다. 퇴적은 4층으로 나누어지는데 목간은 위에서 3번째 층에 있는 목설층을 중심으로 아래 3층에서 출토되었다. 200차 보충조사에서는 工事用으로 지은 프리패브 조립식 주택 아랫부분이 발굴되어 이로 인해 발굴조사가 불가능하게 되었다. 그 외에는 전부 조사되었다. 출토점수는 15000점에 달한다. 목간에 기재된 기년은 天平3년(731)에서 11년(739)까지인데 그중에서도 天平7, 8年(735, 736)이 특히 많다. SD5100에서 天平12년(740)의 날짜가 적힌 묵서토기가 출토되어 恭仁京 천도 전후에 매립된 것으로 추정된다.

198次B·204次 조사에서는 二條大路 북단에 있는 SD5100 반대편에 있는 곳에서도 같은 동서구 SD5300이 확인되었다. SD5300은 SD4699 바로 서측에서 시작되는데 2조2방5평 남면 중앙에 열린 문 앞에서 끝난다. 폭 2~2.3m, 깊이 1~1.3m, 총 길이는 약 56m에 달한다. 문 서측에서 시작되는 동서 溝 SD5310은 그 동단 약 6m만이 확인되었는데 近鐵線 선로 밑으로 이어져 SD5100과 대응되는 위치까지 뻗어져 있는 것으로 생각된다. SD5300 조사는 완료되었는데 204차 조사에서 14000점 출토되었고 198次조사 B구와 합치면 SD5300에서는 총수 25000여점이 출토되었다. 기년은 神龜5년(728)에서 天平8년(736)가 확인되는데 SD5100과 마찬가지로 그중에서도 天平7, 8년(735, 736)이 압도적으로 많다.

SD5100·SD5300·SD5310 3곳의 溝에서 출토된 목간은 연대와 내용으로 보아 관련있으며 여기서 출토된 목간을 통틀어서 '二條大路木簡'이라 부른다. 이 3곳의 유구에서 출토된 유물은 목간 이외에도 중요한 것이 많다. SD5300 서쪽에서는 약동하는 말 모습을 그린 繪馬, 흘러내리는 폭포를 배경으로 중국풍의 누각을 그린 '樓閣山水圖' 등이 출토되어 주목받고 있다. 묵서토기도 대량으로 출토되었다.

또 SD5300 북측을 흐르는 二條大路 北側溝 SD5240에서도 39점의 목간이 출토되었다.

8. 목간

SD5100
　(1)
・「∨芳野幸行用貫簀　　　」

・「∨　天平八年七月十五日」

『續日本紀』에 기재된 聖武天皇의 吉野行幸(天平8년(736) 6월~7월)과 관련된 목간.

(2)

「　　　　　　　　　　　　　　　　　　大七十顆　別一文二顆

・　瓜四百六十二顆直錢一百卅三文之中

小三百九十二顆　　　　　　　　　　別一文四顆　　　　」

・「柿子一石四斗二升直錢八十五文　別斗六文

梨子三斗直錢卅文　別升一文　茄子四斗二升直錢一百廿六文　別升三文　　合四種物直錢三百七十四文」

당시의 물가를 알려주는 목간. 正倉院 문서와 비교하면 나라시대의 물가상승의 양상을 알

수 있다.

(3)

・「駿河國駿河郡柏原鄕小林里戶主若舍人部伊加麻呂戶若舍人部人」

・「麻呂調荒堅魚十一斤十兩　　　　　　　天平七年十月　　　　　　」

(4)

・「駿河國駿河郡柏原鄕小林里戶主若舍人部伊加麻呂戶若舍人部人麻呂調」

・「荒堅魚六連八節　　　　　　　　　　　天平七年十月　　　　　　」

위의 2점의 목간에 적힌 사람 이름과 날짜는 동일하다. 이러한 목간은 많다.

SD5300

(5)

・「　　　　　　　　池邊波利　　大鳥高國　　　八多德足　　史戶廣山

　　　　　　　　　太宿奈万呂　川內馬飼夷万呂　村國虫万呂　大荒木事刵

中宮職移兵部省卿宅政所

　　　　　　　　　杖部廣國　　日下部乙万呂　東代東人　　太屋主

　　　　　　　　　秦金積　　　太東人　　　　山村大立　　陽侯吉足　」

・「狹井石楯　　　右十九口舍人等考文錢人別三文成選六文又官仰給智

馬國人　　　　識錢人別一文件錢今早速進來勿怠緩

他田神□〔護?〕　大属　天平八年八月二日付舍人刑部望麻呂　　　　　　　　」
　　　　　　　　少進

　사변이 다듬어져 있다. 오른쪽 윗부분은 일부분 결손되었다. 兵部卿(藤原麻呂)宅에 파견된 中宮舍人의 考錢을 本司 中宮職로부터 파견처의 兵部卿宅에 청구한 목간. '兵部卿宅'이라고 적힌 묵서토기도 같은 조사구역에서 출토되었다.

　(6)

・「岡本宅謹　申請酒五升　右為水葱撰雇女　　　　　」
・「等給料　　　天平八年七月廿五日　六人部諸人」

　'六人部諸人'은 藤原麻呂의 저택에서 봉사하는 사람이며 다른 숙직목간, 行幸에 필요한 물품을 조달하는 데에도 관련되어 있어 藤原麻呂의 가정기관에서 吉野行幸의 물품 조달, 분배 등을 맡았다고 볼 수 있다.

　(7)

・・∨近江國坂田郡上坂郷戸主籔」
・「・∨　田虫麻呂戸庸六斗　　　　」

　近江國로부터의 하찰목간은 SD5300 서단에서만이 집중적으로 출토되었다. 이것은 近江國의 庸米가 二條大路 북측에 있는 시설에서 사용되었음을 말해준다.

SD5310

　(8)

・「岡本宅　上進青角豆十把　　　　」
・「　天平八年七月廿日田邊久世万呂」

SD5240

(9)

・「∨淡路國津名郡□□〔阿餅?〕鄕人夫」

・「∨海部荒海調三斗　　　　　　　」

9. 참고문헌

奈文研『1989年度平城宮跡發掘調査部發掘調査槪報』1990年

奈文研『奈良國立文化財研究所年報1990』1990年

渡邊晃宏「奈良・平城京跡」(『木簡研究』12, 1990年)

奈文研『平城京 長屋王邸宅と木簡』1991年

奈文研『平城宮發掘調査出土木簡槪報』24, 1991年

奈文研『平城宮發掘調査出土木簡槪報』29, 1994年

奈文研『平城京左京二條二坊・三條二坊發掘調査報告―長屋王邸・藤原麻呂邸の調査(本文編)(圖版編)』(奈良國立文化財研究所學報54) 1995年

奈文研『平城宮發掘調査出土木簡槪報』30, 1995年

奈文研『平城京木簡三―二條大路木簡一』(奈良文化財研究所史料75) 2006年

85) 平城京跡左京二條二坊五坪(202-9次)

1. 이름 : 헤이조큐 터(202-9차)

2. 출토지 : 奈良縣(나라현) 奈良市(나라시)

3. 발굴 기간 : 1989.9~1989.10

4. 발굴 기관 : 奈良國立文化財研究所

5. 유적 종류 : 도성

6. 점수 : 2

7. 유적과 출토 상황
제198차 조사B구역과 제204차 조사를 한 東院 南方 유적의 일곽인 左京二條二坊五坪의 북
단에 위치한다. 건물 3동, 담 3조, 溝 4조, 우물 1기. 토갱 3기를 확인했다. 목간은 조사구역 북
벽에 가까운 토갱 SX5473과 그 3m 서쪽에 있는 SX5472에서 1점씩 출토되었다.

8. 목간
[   ]人米一升五□×
[   ]

9. 참고문헌
奈文研『1989年度平城宮跡發掘調査部發掘調査槪報』1990年
奈文研『平城宮發掘調査出土木簡槪報』22, 1990年
奈文研『平城宮發掘調査出土木簡槪報』23, 1990年
渡邊晃宏「奈良·平城京跡」(『木簡研究』12, 1990年)
奈文研『奈良國立文化財研究所年報1990』1991年
奈文研『平城京 長屋王邸宅と木簡』1991年

86) 平城京跡左京二條二坊五坪·東二坊間路西側溝(223-13次)

1. 이름 : 헤이조큐 터(223-13차)
2. 출토지 : 奈良縣(나라현) 奈良市(나라시)
3. 발굴 기간 : 1991.1

4. 발굴 기관 : 奈良國立文化財硏究所

5. 유적 종류 : 도성

6. 점수 : 48

7. 유적과 출토 상황

조사구는 제123-27차 조사구역과 중복되는데 19m에 걸쳐 溝 부분을 조사했다. 坊間路 西側溝SD5201과, 이에 서쪽에서 흘러오는 동서 溝 2조이다. 西側溝는 폭이 3m 깊이 0.7m이고 최상층 매립토 아래 퇴적층은 3층으로 나눌 수 있고 목간 48점(削屑 5점)이 출토되었다.

8.목간

(1)

· 「宿直粟伊□

· 「　秦長人□□　□〔物?〕

　　直

　　　佐伯若×

(2)

· 「∨薄鰒卅四斤 調物∨」

· 「∨寶龜□□〔四年?〕料∨」

(3)

「∨答志郡伊雜鄕×

(4)

「∨安房國安房郡廣湍鄕沙田里神麻部□□

鄕里制 때의 安房國의 하찰 목간이다. 二條大路 목간에도 많이 포함되고 調鰒에 관한 것들이다.

(5)

「∨伊予郡石田里□□□〔薗部臣?〕□」

(6)

柿本朝臣」

(7)

宇尒一籠　　□

9. 참고문헌

奈文研『1991年度平城宮跡發掘調査部發掘調査概報』1992年

奈文研『平城宮發掘調査出土木簡概報』26, 1992年

舘野和己「奈良・平城京左京二條二坊坊間路西側溝」(『木簡研究』14, 1992年)

奈文研『奈良國立文化財研究所年報1992』1993年

87) 平城京跡左京二條二坊六坪・東二坊坊間路西側溝(68次)

1. 이름 : 헤이조큐 터(68차)

2. 출토지 : 奈良縣(나라현) 奈良市(나라시)

3. 발굴 기간 : 1970.7

4. 발굴 기관 : 奈良國立文化財研究所

5. 유적 종류 : 도성

6. 점수 : 85

7. 유적과 출토 상황

東院 동남 구석에서 조사된 것이다. 조사 결과 건물 8채, 울타리 4조 등이 확인되었다. 목간

은 총 85점 출토되었다. 목간이 가장 많이 출토된 溝 SD5780에서는 목간 외에도 토기·목기·기와 등의 유물이 대량으로 출토되었다.

8. 목간

　　(1)

・[　　　　]

　[　　]両半亭歷子二両芒消一両半 [　　　]

・　　　□當□□也此甚□□寧将少□

　[　　]大小併□通支□□□二三日殺人取塩以苦酒和塗齊申干又□

　　　　　　　　　　　服之大方葵子二升以水四升煮取一升頓服之

약품의 복용법을 적은 목간으로 추정된다.

　　(2)

・「　　　　　　上主寸高□

　嶋主貸物　山寸首□□

　　　　　　日置属□□〔五十?〕

・「津守大嶋百□〔文?〕今年八月

　若麻續大國刀一今年□

錢의 出擧에 관한 목간이다.

　　(3)

・憶漢月　万里望向關

・[　　　　　　　]

　得得得得得得得得

漢詩의 일부를 적은 것이다.

9. 참고문헌

奈文研『平城宮第59·63·68次發掘調査槪報』1970年

奈文研『奈良國立文化財研究所年報1971』1971年

奈文研『平城宮發掘調査出土木簡槪報』8, 1971年

木簡學會編『日本古代木簡選』岩波書店, 1990年

沖森卓也·佐藤信編『上代木簡資料集成』おうふう, 1994年

寺崎保廣「平城京跡左京二條二坊六坪」(『木簡研究』17, 1995年)

88) 平城京跡左京二條二坊十·十一坪·二條條間路(281次)

1. 이름 : 헤이조큐 터(281차)

2. 출토지 : 奈良縣(나라현) 奈良市(나라시)

3. 발굴 기간 : 1997.7~1997.10

4. 발굴 기관 : 奈良國立文化財研究所

5. 유적 종류 : 궁전·도성

6. 점수 : 526

7. 유적과 출토 상황

주된 유구는 二條條間路 SF7095 및 그 북측 溝 SD7090, 남측 溝 SD7100, 문 SB7110 등이다. SD7090은 길이 약 110m에 걸쳐 확인된 동서 溝로, 나라시대의 중엽에 改修된 흔적이 있다. SB7110은 조사구역 동쪽 끝에서 확인된 남쪽으로 열리는 문이다. 목간은 총 526점(削屑 232점 포함)이 출토되었다.

8. 목간

(1)

· 「後宮務所 仟大見治人氷乱

· 　　　　[　　　　]□〔閏?〕九月二日□

後宮務所에서 발급된 문서목간이다. 후궁무소의 내용은 분명치 않으나, '後宮'이 율령의 규정대로 사용된 것이라면 妃·夫人·殯을 가리킨다. 출토 장소가 지금의 法華寺, 즉 藤原不比等 저택의 바로 남쪽이었음을 고려하면, 立后 전에 여기에 거주하던 聖武天皇의 부인인 藤原光明子에 해당할 가능성이 크며 이 목간은 光明子의 가정기관에서 발급된 문서인 셈이 된다.

(2)

· 「∨　　　　　　　　　　車以部牛甘

　　越中國鳳至郡小屋鄕宮作衛士

　　　　　　　　　　　六百文　　　　」

· 「∨　　　　天平廿年十二月十一日　　　　　」

'宮作衛士'는 宮의 조영에 종사하던 衛士가 존재하였음을 보여 주는 것으로, 軍防令 제11조 衛士上下條에 보이는 '卽非別勅, 不得雜使'의 규정과의 관련에서 주의된다.

(3)

「　　　　　　火司

　　　　屋万呂　　息万呂

宿侍司人　　　　　　　六月八日

　　　　眞人　　右三人　　　　　」

宿直을 보고하는 문서목간이다.

(4)

· 「　　　　　　　　　　　　□

　　進上○御倉條架八枝又御垣□木二枝合十枝□　」

· 「鯨　　　六年四月廿六日木守角万呂　　　」

조영 資材에 관한 목간이다.

(5)

「∨左衛士府∨」

　左衛士府와 관련된 목간이다.

(6)

・「∨□部□□麻呂進交易錢一貫」

・「∨　校丸部嶋守 二月廿九日　」

　동전 부찰이다. 丸部嶋守는 正倉院文書에 天平 11년(739)부터 天平 20년(748)경에 걸쳐 經師 등으로서 보이는 인물과 동일인일 가능성이 있다.

9. 참고문헌

奈文研『平城宮發掘調査出土木簡槪報』34, 1998年

奈文研『奈良國立文化財研究所年報1998-Ⅲ』1998年

古尾谷知浩「奈良·平城京跡(1)」(『木簡研究』20, 1998年)

木簡學會編『日本古代木簡集成』東京大學出版會, 2003年

89) 平城京跡左京二條二坊十一坪(279次)

1. 이름 : 헤이소큐 터(279차)

2. 출토지 : 奈良縣(나라현) 奈良市(나라시)

3. 발굴 기간 : 1997.1~1997.3

4. 발굴 기관 : 奈良國立文化財研究所

5. 유적 종류 : 도성

6. 점수 : 12

7. 유적과 출토 상황

左京二條二坊十一坪은 동쪽을 東二坊坊間東小路, 남쪽을 二條條間南小路, 북쪽을 二條條間路로 둘러씨여 있고, 남북 모퉁이에서 平城宮 東院과 연접하며, 二條條間路를 사이에 둔 북측에 法華寺 및 阿彌陀淨土院이 위치한다. 목간은 총 12점이 출토되었는데, 판독 가능한 것은 4점에 불과하다. 출토 유물로 미루어 이 지역이 公的·宮的 성격을 지닌 공간으로서, 궁중의 스모 관람 행사인 相撲節과 관련된 장소였을 가능성이 있다.

8. 목간

(1)

・「∨[   ]」

・「∨□□□〔腊籠?〕」

(2)

               o
[   ]合五人　□」

(3)

・「∨　　　　　　　　　秦日佐大村

    若狹國遠敷郡遠敷鄉　　　　　∨

              御調鹽三斗　」

・「∨　　　　天平寶字六年九月∨　」

若狹國遠敷郡遠敷鄉이 貢進한 調鹽의 하찰목간이다.

9. 참고문헌

奈文研『奈良國立文化財研究所年報1997-Ⅲ』1997年

奈文研『平城宮發掘調査出土木簡槪報』33, 1997年

山下信一郎「奈良·平城京跡」(『木簡硏究』19, 1997年)

90) 平城京跡左京二條二坊十一坪(282-10次)

1. 이름 : 헤이조큐 터(282-10차)
2. 출토지 : 奈良縣(나라현) 奈良市(나라시)
3. 발굴 기간 : 1997.10~1997.11
4. 발굴 기관 : 奈良國立文化財研究所
5. 유적 종류 : 도성
6. 점수 : 54

7. 유적과 출토 상황

左京二條二坊十一坪 동면의 東一坊 坊間東小路와 북면의 二條 條間路가 교치히는 지짐 및 교차점의 서남 부분의 坪內를 조사한 것이다. 유구는 주로 溝가 확인되었다. 목간은 총 54점(削屑 1점 포함)이 출토되었다.

8. 목간

(1)

木本村御贄□〔鯛?〕

촌 단위로 공납된 것으로 추정되는 贄의 부찰이다.

(2)

・「∨美濃國安八郡大田鄕　」
・「∨大□〔田?〕君□〔酒?〕[　　]米六斗俵」

郡鄕里制 시행(717) 이후에 美濃國이 송부한 庸米 부찰이다.

9. 참고문헌

奈文硏『平城宮發掘調査出土木簡槪報』34, 1998年

奈文研『奈良國立文化財研究所年報1998-Ⅲ』1998年

古尾谷知浩「奈良·平城京跡(1)」(『木簡研究』20, 1998年)

奈文研『平城宮發掘調査出土木簡概報』38, 2007年

91) 平城京跡左京二條二坊十一坪(289次)

1. 이름 : 헤이조큐 터(289차)

2. 출토지 : 奈良縣(나라현) 奈良市(나라시)

3. 발굴 기간 : 1998.1~1998.2

4. 발굴 기관 : 奈良國立文化財研究所

5. 유적 종류 : 도성

6. 점수 : 32

7. 유적과 출토 상황

제281차 조사구역의 바로 남쪽에 해당되며, 左京二條二坊十一坪을 동서로 이분하는 지점을 포함한다. 유구는 二條條間路 SF7095 및 그 남측溝 SD7100, 나라시대 전반의 동서 溝 SD7290A·B, 굴립주 건물 SB7291·7292, 나라시대 후반의 문 SB7300, 동서 溝 SD7295A·B 등이 확인되었다. 목간은 총 32점 출토되었다.

8. 목간

(1)

· 「□□□〔武義郡?〕□□鄕高□〔倉?〕里□

· 「   □龜元年

鄕里制下, 아마도 神龜 원년(724)으로 추정되는 목간이다.

(2)

「白髪部大麻呂

　　　　　　庸米六斗俵

　白□〔髪?〕部[　　　]　」

庸米 부찰이다.

9. 참고문헌

奈文研『奈良國立文化財研究所年報1998-Ⅲ』1998年

奈文研『平城宮發掘調査出土木簡槪報』34, 1998年

古尾谷知浩「奈良·平城京跡(1)」(『木簡硏究』20, 1998年)

92) 平城京跡左京二條二坊十一·十四坪坪境小路(市151次)

1. 이름 : 헤이조큐 터(시 151차)
2. 출토지 : 奈良縣(나라현) 奈良市(나라시)
3. 발굴 기간 : 1988.5~1988.6
4. 발굴 기관 : 奈良市敎育委員會
5. 유적 종류 : 도성
6. 점수 : 31

7. 유적과 출토 상황

　조사구역은 平城京跡左京二條二坊 가운데 十一坪과 十四坪을 구획하는 小路에 해당한다. 조사 결과 나라시대의 도로 1조, 溝 3조, 掘立柱列 4조, 토갱, 다리와 나라시대 이전의 溝 1조가 확인되었다. 목간은 小路 양측 溝에서 총 31점이 출토되었다. 溝 내의 퇴적토는 크게 3층으로 나누어지는데, 목간은 각각 溝의 최하층에서 출토되었다.

8. 목간

(1)

「∨鰒十斤『鰒十斤』」

鰒의 부찰이다. 다른 필체로 같은 내용의 기재가 있다. 상부의 기재가 원래는 부찰의 기재이고, 하부는 이 부찰이 폐기되기 전에 習書로 사용된 것으로 추정된다.

(2)

・「一」

・「五」

・「三」

六角柱의 양단을 六角錐로 깎아 角柱 부분의 인접한 3면에 묵서된 것이다. 주사위일 가능성이 있다.

(3)

大錄

圓盤狀의 나무판의 조각으로 보인다. '大錄'은 八省의 大主典에 해당한다.

9. 참고문헌

奈良市教委 『奈良市埋藏文化財調査槪要報告書 昭和63年度』 1989年

舘野和己·西崎卓哉 「奈良·平城京左京二條二坊十一·十四坪坪境小路跡」 (『木簡研究』 11, 1989年)

木簡學會編 『日本古代木簡集成』 東京大學出版會, 2003年

93) 平城京跡左京二條二坊十二坪

1. 이름 : 헤이조큐 터

2. 출토지 : 奈良縣(나라현) 奈良市(나라시)

3. 발굴 기간 : 1982.5~1982.12, 1983.12

4. 발굴 기관 : 奈良國立文化財研究所

5. 유적 종류 : 도성

6. 점수 : 57

7. 유적과 출토 상황

조사구역은 平城京 조방에서 二條大路와 左京二條二坊十二坪의 남서에 있는 한 구획에 해당한다. 조사 결과 二條大路와 그 북측 溝, 築地, 건물, 울타리, 우물, 연못, 溝 등의 유구가 확인되었다. 목간은 二條大路 북측 十二坪 내부의 우물 SE10에서 총 41점 출토되었다.

8. 목간

(1)

· 「　　　　　　　　　　　　　三

　　∨遠江國長上郡煮鹽年魚三斗八升　　　」

· 「∨　　　　　　　天平廿年　　　　　」

貢進物 부찰목간이다. 이외에도 備中·淡路·阿波 등에서 부찰목간이 있는데, 각각 天平廿年의 기년을 가지고 있다.

(2)

「左馬寮×

출토된 목간 가운데 유일하게 관사명이 적힌 것이다.

9. 참고문헌

西崎卓哉「奈良·平城京二條大路·左京二條二坊十二坪」(『木簡研究』5, 1983年)

奈良市教委『不城京左京二條二坊十二坪 奈良市水道局廳舍建設地發掘調査槪要報告』1984年

龜井伸雄「奈良·平城京二條大路·左京二條二坊十二坪」(『木簡研究』6, 1984年)

木簡學會編『日本古代木簡選』岩波書店, 1990年

94) 平城京跡左京二條二坊十二坪(市73-1·2次)

1. 이름 : 헤이조큐 터(시 73-1·2차)
2. 출토지 : 奈良縣(나라현) 奈良市(나라시)
3. 발굴 기간 : 1984.7~1984.10, 1984.10~1984.12
4. 발굴 기관 : 奈良市教育委員會
5. 유적 종류 : 도성
6. 점수 : 22

7. 유적과 출토 상황

해당 조사는 十二坪 동쪽 부분으로부터 살짝 二條大路에 걸친 지역을 대상으로 한 것이다. 확인된 遺構로서는 二條大路의 일부와 그 北側溝·築地塀·초석건물 2채·회랑·掘立柱 건물 20채·우물 2기·土壙이 있다. 목간은 二條大路의 北側溝에서 22점이 출토되었다. 퇴적층으로 보아 新·舊의 두 시기가 있는데, 목간은 이 가운데 新期 溝의 최하층에서 출토되었다. 이 외에도 기와·토기 목제품이 출토되었는데, '店梨'라 적힌 묵서 토기가 포함되어 있다.

8. 목간

(1)

「∨封

위쪽 끝이고, 좌우의 홈이 있는 부분에 '封'만이 묵서되어 있다. 下端이 결손되어 있어 전체 형상은 알 수 없다. '封'자는 그중앙에서 옆으로 폭 6㎜ 정도 끊어져 있다. 이는 장방형의 목간을 끈으로 물품(혹은 그 용기)에 고정시킨 뒤, 끈 위에서 '封'자를 적었기 때문이라 생각된다. 즉 이 목간으로 封한 것으로 추측된다.

(2)

• 「　　　　　　　　　□人□〔舍?〕人

　　水精玉所食□……

　　　　　　　　　　　─人官守o」

• 「『□□〔受?〕檢』□……寸□〔集?〕麻呂o」

두 편으로 분리되어 있으며, 서로 바로 이어지는 것은 아니나, 재질·형상으로 보아 같은 목간으로 생각된다.

9. 참고문헌

西崎卓哉「奈良·平城京跡」(『木簡研究』7, 1985年)

奈良市教委『平城京左京二條二坊十二坪─發掘調査槪要』1997年

95) 平城京跡左京二條二坊十三坪(3次西)(151-11次)

1. 이름 : 헤이조큐 터(3차 서쪽) (151-11차)

2. 출토지 : 奈良縣(나라현) 奈良市(나라시)

3. 발굴 기간 : 1983.9~1983.10

4. 발굴 기관 : 奈良國立文化財研究所

5. 유적 종류 : 도성

6. 점수 : 4

7. 유적과 출토 상황

조사지에서는 나라시대부터 헤이안시대의 掘立柱건물, 배수로, 나무 재질의 수도관(木樋), 도로, 토광 등, 가마쿠라시대의 토광이 확인되었다. 목간은 12평과 13평 경계에 있는 작은 도로의 동측 溝 SD2740에서 3점, 중세의 토광 SK2770에서 1점이 출토되었다. SK2770은 중세의 토갱이기는 하지만 출토된 목간의 내용, 서체로 보아 나라시대의 것으로 판단된다. 아마도 흙을 팔 때 나라시대의 퇴적토가 섞였을 것으로 생각된다.

8. 목간

SD2740

「舟越海松一古」

'海松'(청각채)의 하찰목간. '舟越'는 志摩國英虞郡의 船越鄕일 것이다.

9. 참고문헌

奈文研『奈良國立文化財研究所年報1984』1984年

奈文研『平城宮發掘調査出土木簡槪報』17, 1984年

奈文研『平城京左京二條二坊十三坪の發掘調査』1984年

舘野和己「奈良·平城宮·京跡」(『木簡研究』6, 1984年)

96) 平城京跡左京二條二坊十四坪(189次)

1. 이름 : 헤이조큐 터(189차)
2. 출토지 : 奈良縣(나라현) 奈良市(나라시)
3. 발굴 기간 : 1988.2~1988.4
4. 발굴 기관 : 奈良國立文化財硏究所
5. 유적 종류 : 궁전·관아·도성
6. 점수 : 1

7. 유적과 출토 상황

조사구역은 坪의 남단 부분에 해당하며, 면적은 약 1400㎡이다. 나라시대부터 헤이안시내의 유구는 掘立柱 건물 32채·掘立柱 담 12조·우물 1기 등이다. 목간은 우물 SE40에서 출토되었다. 헤이안 초기의 토기 등과 함께 목간이 출토되었다.

8. 목간

「∨海藻根∨」

9. 참고문헌

奈文研『昭和62年度平城宮跡發掘調査部發掘調査槪報』1988年

奈文研『平城宮發掘調査出土木簡槪報』20, 1988年

寺崎保廣「奈良·平城宮·京跡」(『木簡研究』10, 1988年)

奈文研『平城京左京二條二坊十四坪發掘調査報告 舊石器時代編法華寺南遺跡』(奈良文化財研究所學報67) 2003年

97) 平城京跡左京二條四坊二坪(市157次)

1. 이름 : 헤이조큐 터(157차)

2. 출토지 : 奈良縣(나라현) 奈良市(나라시)

3. 발굴 기간 : 1988.7~1988.10

4. 발굴 기관 : 奈良市教育委員會

5. 유적 종류 : 도성

6. 점수 : 1

7. 유적과 출토 상황

조사구역은 平城京左京二條四坊二坪의 북반부에 해당하며, 서쪽은 東三坊大路에, 동쪽은 二·七坪坪境小路에, 북쪽은 一·二坪坪境小路에 접한다. 확인된 유구의 대부분은 나라시대부터 헤이안시대 초의 것이지만, 헤이안시대 후기부터 가마쿠라시대 초까지 내려가는 것도 있다. 一·二坪坪境小路, 掘立柱塀 6조, 굴립주 건물 19채, 우물 9기 등은 나라시대의 유구인데, 목간은 나라시대 전반의 우물에서 출토되었다.

8. 목간

· 「∨□〔美〕濃國牟義郡稻朽鄕□□里∨」

· 「∨　　　　□□□□　　　　∨」

9. 참고문헌

奈良市教委 『奈良市埋藏文化財調査槪要報告書 昭和63年度』 1989年

中井公 「奈良·平城京左京二條四坊二坪」 (『木簡硏究』 11, 1989年)

98) 平城京跡左京二條四坊十一坪(市180次)

1. 이름 : 헤이조큐 터(시 180차)
2. 출토지 : 奈良縣(나라현) 奈良市(나라시)
3. 발굴 기간 : 1989.7~1989.11
4. 발굴 기관 : 奈良市敎育委員會
5. 유적 종류 : 도성
6. 점수 : 3

7. 유적과 출토 상황

조사구역은 平城京左京二條四坊十 坪의 東半部 북측에 해당한다. 확인된 유구는 二條間路의 일부와 그 남측 溝, 十一坪과 十四坪과의 坪境小路 등 條坊 유구, 十一坪 내의 유구는 掘立柱건물 35채, 울타리 13조, 우물 9기, 溝 3조 등이다. 목간은 2개의 우물에서 출토되었다.

8. 목간

(1)

・□□□〔字字?〕字字字字
・【□□〔字字?〕】□□字字

우물 SE57에서 출토되었다. 상·하단은 결손되어 있고, 좌우 양 측면도 깎여 있다.

(2)

・□

　　勳一等

　　□

・【者□〔者?〕

　　□者】

우물 SE55에서 출토되었다. 상·하단은 결손되어 있고, 2조각으로 갈라져 있다.

9. 참고문헌

奈良市教委『奈良市埋藏文化財調査槪要報告書 平成元年度』1990年

西崎卓哉「奈良·平城京左京二條四坊十一坪」(『木簡研究』12, 1990年)

99) 平城京跡左京三條一坊一·二坪(478次)

1. 이름 : 헤이조큐 터(478차)

2. 출토지 : 奈良縣(나라현) 奈良市(나라시)

3. 발굴 기간 : 2011.1~2011.3

4. 발굴 기관 : 奈良文化財研究所

5. 유적 종류 : 도성

6. 점수 : 62

7. 유적과 출토 상황

　조사구역은 平城京 朱雀門의 남동에 근접한 위치에 있으며, 左京三條一坊의 一坪 북부에서 二坪 북단에 걸쳐 존재한다. 확인된 유구는 一坪 내를 남북으로 거의 이분하는 동서 방향의 坪內道路와 그 남북 양측 溝, 三條條間北小路와 그 남북 양측 溝, 二坪 북면 築地塀의 남쪽 雨落溝, 우물, 토갱, 기와 등이다. 목간은 우물에서 목제품·금속제품·토기·기와 등과 함께 출토되었다. 유물의 양상으로 미루어 우물의 폐절은 나라시대의 중반 平城還都 후 얼마 지나지 않았을 시점으로 추정된다.

8. 목간

(1)

・   [   ] 三□〔升?〕 [   ]

                                                                    四

[   ] □升   四條麦直十六文 [   ]□木□□   八條酒三升

・麦直十文   □賀與比万呂酒四升[   ]

麦이나 술의 수량이나 가격을 적은 장대한 목간이다.

(2)

豊前國天平二年郡稻未納帳(木口)

郡稻 出擧 미납의 실태를 집계하여 보고한 문서의 軸으로 추정된다.

(3)

・   ×□〔三?〕六九五×

×□〔九?〕廿七   二九十八   一 一九如九

・□六   六八冊八一   五『主紀郡郡』

                □

구구단을 습서한 목간이다.

9. 참고문헌

奈文研『平城宮發掘調査出土木簡槪報』41, 2011年

奈文研『奈良文化財研究所紀要2012』2012年

渡邊晃宏「奈良·平城京跡(1)」(『木簡研究』34, 2012年)

100) 平城京跡左京三條一坊七坪·東一坊坊間路(269-5次)

1. 이름 : 헤이조큐 디(269-5차)
2. 출토지 : 奈良縣(나라현) 奈良市(나라시)
3. 발굴 기간 : 1996.7
4. 발굴 기관 : 奈良國立文化財研究所
5. 유적 종류 : 도성
6. 점수 : 10

7. 유적과 출토 상황

조사 지역은 平城宮 남면 동문(壬生門)을 기점으로 하여 남쪽으로 뻗는 東一坊坊間路가 左京 三條一坊七坪·十坪과 접하는 부분이다. 조사 결과 나라·헤이안시대의 유구로서 도로 유구 1 조, 溝 3조, 築地 1조, 토갱 1기 등이 확인되었다. 목간은 東一坊坊間路 SF7045 서측 溝에서 출토되었다. 토층으로 미루어 나라시대의 것으로 추정된다.

8. 목간

  (1)
· 「□□　　」(우측면)
· 「諸陵寮」(앞면)
· 「國月□」(좌측면)
· 「□　　」(뒷면)
· 「□　　」(상단 木口)

四面과 상단 木口 총 5면에 글자가 적혀 있다. 諸陵寮는 大寶令制의 諸陵司가 天平 원년 (729) 8월에 寮에 격상된 이후의 관사명이기 때문에 목간의 연대는 그 이후가 된다.

(2)

[   ]

　　　　右大

　　　　　秦乙万呂」

　상단이 꺾여 있고, 우측면이 갈라져 있다.

9. 참고문헌

奈文研『奈良國立文化財研究所年報1997-Ⅲ』1997年

奈文研『平城宮發掘調査出土木簡概報』33, 1997年

山下信一郎「奈良·平城京跡」(『木簡研究』19, 1997年)

101) 平城京跡左京三條一坊七坪(314-7次)

1. 이름 : 헤이조큐 터(314-7차)

2. 출토지 : 奈良縣(나라현) 奈良市(나라시)

3. 발굴 기간 : 2001.7~2001.8

4. 발굴 기관 : 奈良國立文化財研究所

5. 유적 종류 : 도성

6. 점수 : 1

7. 유적과 출토 상황

　平城京左京三條一坊七坪은 平城京 가운데 宮 남면의 一等地로, 壬生門에서 남쪽으로 내려가는 東一坊坊間大路에 접한다. 조사 결과 掘立柱 건물·우물·토갱·柱穴 등이 확인되었으나, 조사구역의 대부분은 서북에서 동남으로 흐르는 자연 流路 SD6100이 차지한다. 목간은 SD6100

의 바닥에서 확인된 우물의 상층에서 1점이 출토되었다.

8. 목간

「□□[   ] □〔髪?〕安万呂

상단은 山形으로 정형되어 있고, 좌우 측면은 깎여 있으며, 하단을 꺾여 있다. 용도는 분명치 않다.

9. 참고문헌

奈文研『奈良文化財研究所紀要2001』2001年
奈文研『平城宮發掘調査出土木簡槪報』36, 2001年
渡邊晃宏「奈良·平城京跡左京三條一坊七坪」(『木簡研究』23, 2001年)

102) 平城京跡左京三條一坊八坪(118-22次)

1. 이름 : 헤이조큐 터(118-22차)
2. 출토지 : 奈良縣(나라현) 奈良市(나라시)
3. 발굴 기간 : 1979.12
4. 발굴 기관 : 奈良國立文化財研究所
5. 유적 종류 : 도성
6. 점수 : 2

7. 유적과 출토 상황

조사지는 平城宮 유적 남쪽에 접한 北新大池란 못의 바닥이다. 2조대로 북측 배수로는 확인이 되지 않고 남측 배수로 SD4006만이 확인되었다. SD4006에서는 題籤軸 목간이 2점 출토되었다.

8. 목간

  (1)

□〔志?〕摩國

  (2)

□〔播?〕

  題籤軸 단편. 축을 가로로 자른 면에 국명이 기재되어 있다.

9. 참고문헌

奈文研『昭和54年度平城宮跡發掘調査部發掘調査槪報』1980年

奈文研『平城宮發掘調査出土木簡槪報』13, 1980年

清田善樹「奈良·平城宮·京跡」(『木簡研究』2, 1980年)

103) 平城京跡左京三條一坊八坪(180次)

1. 이름 : 헤이조큐 터(180차)

2. 출토지 : 奈良縣(나라현) 奈良市(나라시)

3. 발굴 기간 : 1987.1~1987.2

4. 발굴 기관 : 奈良國立文化財硏究所

5. 유적 종류 : 도성

6. 점수 : 2

7. 유적과 출토 상황

조사지는 平城宮 주작문 동남방향에 있다. 확인된 유구로는 2조대로 남측 溝 SD4006과 주작대로 동측 溝 SD9920이 있다. 목간은 二條大路 남측 溝에서 출토되었다.

SD4006은 동서방향의 溝로 넓이 약 3.3m, 깊이 약 0.4m이며 퇴적토는 상하 양 층으로 나뉜다. 목간은 상층에서 2점 출토되었는데 공반유물은 아주 적다.

8. 목간

게재되지 않음.

9. 참고문헌

奈文研『昭和61年度平城宮跡發掘調査部發掘調査槪報』1987年

奈文研『平城宮發掘調査出土木簡槪報』19, 1987年

寺崎保廣「奈良·平城宮·京跡」(『木簡研究』9, 1987年)

104) 平城京跡左京三條一坊十坪(234-10次)

1. 이름 : 헤이조큐 터(234-10차)

2. 출토지 : 奈良縣(나라현) 奈良市(나라시)

3. 발굴 기간 : 1992.11

4. 발굴 기관 : 奈良國立文化財研究所

5. 유적 종류 : 도성

6. 점수 : 7

7. 유적과 출토 상황

위치는 左京三條一坊十坪의 서남 부분에 해당한다. 나라시대의 蛇行하는 流路 SD01, 이와 중복하는 우물 SE01 등이 확인되었다. 목간은 우물의 바닥에서 출토되었는데, 모두 削屑이다.

8. 목간

(1)

西嶋

左京三條一坊十坪은 平安京에서 神泉苑의 위치에 해당한다. 그 위치에서 나라시대의 사행 유로가 확인되었으며, 연못의 존재를 시사하는 '西嶋'의 목간이 출토된 것은 주목된다.

(2)

西

9. 참고문헌

奈文研『1992年度平城宮跡發掘調査部發掘調査槪報』1993年

奈文研『平城宮發掘調査出土木簡槪報』27, 1993年

森公章「奈良·平城京跡」(『木簡硏究』15, 1993年)

奈文研『奈良國立文化財硏究所年報1993』1994年

105) 平城京跡左京三條一坊十·十五·十六坪(230次)

1. 이름 : 헤이조큐 터(230차)

2. 출토지 : 奈良縣(나라현) 奈良市(나라시)

3. 발굴 기간 : 1992.7~1992.8

4. 발굴 기관 : 奈良國立文化財硏究所

5. 유적 종류 : 도성

6. 점수 : 6

7. 유적과 출토 상황

조사구역은 平城宮 남쪽에 접한 左京三條一坊十·十五·十六坪에 걸친 부분이다. 목간은 十六坪에 있는 京內 최대 규모를 갖춘 우물 SE06과 十坪 동변에서 확인된 우물 SE36에서 출토되었다. 전자는 나라시대 후반에 조성되고 長岡京 천도 이후에 폐절된 것으로 추정된다. 十五·十六坪은 宮外의 관아일 가능성이 높고, 十坪은 개인 저택일 가능성이 있다.

8. 목간

(1)

「內□〔匠?〕寮

(2)

・ ×枝宅車二両

・ 　□年六月廿一日□□〔赤染?〕□

(3)

∨蓮子壹斗∨」

9. 참고문헌

奈文研『1992年度平城宮跡發掘調査部發掘調査概報』1993年

奈文研『平城宮發掘調査出土木簡概報』27, 1993年

森公章「奈良·平城京跡」(『木簡研究』15, 1993年)

奈文研『奈良國立文化財研究所年報1993』1994年

106) 平城京跡左京三條一坊十二坪

1. 이름 : 헤이조큐 터

2. 출토지 : 奈良縣(나라현) 奈良市(나라시)

3. 발굴 기간 : 1994.6~1994.8

4. 발굴 기관 : 奈良縣立橿原考古學研究所

5. 유적 종류 : 도성

6. 점수 : 2

7. 유적과 출토 상황

조사구역은 左京三條一坊十二坪 가운데 북서쪽 4분의 1 부분이다. 조사 결과 東·坊坊間路의 동서 양측 溝가 확인되었다. 서측 溝에서 馬齒·馬骨·和同開珎 등 유물이 출토되었으며, 목간 또한 이 유구에서 출토되었다.

8. 목간

(1)

國國有有□□〔近近?〕

削屑이고, 습서목간이다. 좌변은 원형을 유지하고 있다.

(2)

[   ]

削屑이다. 글자의 좌단이 약간 남아 있을 뿐이므로 판독할 수 없다.

9. 참고문헌

奈良縣教委『奈良縣遺跡調査概報 1994年度(第1分冊)』1995年

清水康二·和田萃·鶴見泰壽「奈良·平城京跡左京三條一坊十二坪」(『木簡研究』17, 1995年)

107) 平城京跡左京三條一坊十四坪·東一坊大路西側溝(282-3次)

1. 이름 : 헤이조쿄 터(282-3차)

2. 출토지 : 奈良縣(나라현) 奈良市(나라시)

3. 발굴 기간 : 1997.5

4. 발굴 기관 : 奈良國立文化財研究所

5. 유적 종류 : 도성

6. 점수 : 139

7. 유적과 출토 상황

본 조사는 左京三條一坊十四坪 동변의 거의 중앙부에 해당하는 위치에 남북 두 개의 조사구역을 설정한 것이다. 조사 결과 東一坊大路西側溝 SD4951가 확인되었다. 토층은 크게 2층으로 나누어져 있으며, 목간은 그 하층에서 출토되었다.

8. 목간

(1)

·「   [   ]

主藏監□〔申?〕宿□〔侍?〕   [   ]

                        [   ]忌寸[   ]

『□百[   ]』(重書)   」

·「『依右□□〔食間?〕□』   」

主藏監이 所管의 東宮坊에 대해 숙직자의 이름을 보고한 문서목간이다.

(2)

「少錄正六位上

  [   ]

少錄은 八省 또한 省 수준의 관사의 第四等官인데, 기재되어 있는 正六位上의 위계는 八省 少錄의 相當位인 正八位上보다 높다.

9. 참고문헌

奈文研『奈良國立文化財研究所年報1998-Ⅲ』1998年

奈文研『平城宮發掘調査出土木簡概報』34, 1998年

古尾谷知浩「奈良·平城京跡(1)」(『木簡研究』20, 1998年)

108) 平城京跡左京三條一坊十五坪·東一坊大路西側溝(118-8次)

1. 이름 : 헤이조큐 터(118-8차)
2. 출토지 : 奈良縣(나라현) 奈良市(나라시)
3. 발굴 기간 : 1979.7~1979.8
4. 발굴 기관 : 奈良國立文化財研究所
5. 유적 종류 : 도성
6. 점수 : 18

7. 유적과 출토 상황

左京 三條一坊十五坪 동쪽 끝 즉 동1방대로 동쪽에 면해있는 곳에서 목간이 출토되었다. 목간 총수 18점인데 모두가 東一坊大路 서쪽 배수로 SD3935에서 출토되었다. 목간과 함께 출토된 유물로는 和同開珍 1매와 대량의 나라시대 말기의 토기편이 있고 長岡京시대의 토기편도 조금 섞여 있다. 목간은 문서풍의 목간, 부찰, 습서 목간 등이 있는데 모두가 단편 또는 삭설이다.

8. 목간

(1)

・「丹波國□〔氷?〕上郡×

・「村六月万□〔呂?〕戶口同×

(2)

「雜臘

9. 참고문헌

奈文研『昭和54年度平城宮跡發掘調査部發掘調査概報』1980年

奈文研『奈良國立文化財研究所年報1980』1980年

奈文研『平城宮發掘調査出土木簡概報』13, 1980年

淸田善樹「奈良·平城宮·京跡」(『木簡研究』2, 1980年)

109) 平城京跡左京三條一坊十五坪(266次)

1. 이름 : 헤이조큐 터(266차)

2. 출토지 : 奈良縣(나라현) 奈良市(나라시)

3. 발굴 기간 : 1996.1~1996.3

4. 발굴 기관 : 奈良國立文化財研究所

5. 유적 종류 : 도성

6. 점수 : 5

7. 유적과 출토 상황

조사구역은 平城京左京三條一坊十五坪의 동북 부분에 해당한다. 조사 결과 고훈시대의 수혈

주거 1채, 나라시대의 掘立柱 건물 6채, 掘立柱列 3조, 우물 1기가 확인되었다. 목간은 우물에서 5점(削屑 3점 포함)이 출토되었다. 우물은 나라시대의 초기에 만들어졌다가 얼마 지나지 않아 폐절되고, 목간이 폐기된 것으로 추정된다.

8. 목간

　(1)

・「o 奉上木三[×梢]百二材

・「o 和銅四年二月五日

　상단이 깎여있고, 하단은 꺾여 있다. 재목의 進上狀으로서, 紀年은 平城 천도의 다음 해에 해당한다. 平城京 조영과의 관련도 상정된다.

　(2)

・「奉上　　　」

・「【『□□〔릉릉?〕』　　　】」

　상단 및 좌측면이 깎여 있다. 앞면의 기재로 미루어 이 목간은 어떠한 물자의 進上狀으로 추정된다. 뒷면은 습서로 보인다.

9. 참고문헌

奈文研『1995年度平城宮跡發掘調査部發掘調査槪報』1996年

奈文研『平城宮發掘調査出土木簡槪報』32, 1996年

山下信一郎「奈良·平城京跡左京三條一坊十五坪」(『木簡研究』18, 1996年)

奈文研『奈良國立文化財研究所年報1996』1997年

110) 平城京跡左京三條一坊十六坪(234-9次)

1. 이름 : 헤이조큐 터(234-9차)

2. 출토지 : 奈良縣(나라현) 奈良市(나라시)

3. 발굴 기간 : 1992.1

4. 발굴 기관 : 奈良國立文化財研究所

5. 유적 종류 : 도성

6. 점수 : 8

7. 유적과 출토 상황

左京三條一坊十六坪 동측의 東一坊大路 서측 溝 SD3935 및 十六坪 동쪽 끝의 구획 시설인 東雨落溝가 확인되었다. 목간은 東一坊大路 서측 溝 SD3935에서 출토되었다.

8. 목간

・池万呂□

　　　　□女

・[　　　　　]

　　□　　　□

인명이 적혀 있으나, 내용은 분명치 않다.

9. 참고문헌

奈文研『1992年度平城宮跡發掘調査部發掘調査槪報』1993年

奈文研『平城宮發掘調査出土木簡槪報』27, 1993年

森公章「奈良・平城京跡」(『木簡研究』15, 1993年)

奈文研『奈良國立文化財研究所年報1993』1994年

111) 平城京跡左京三條二坊一坪(190次)

1. 이름 : 헤이조큐 터(190차)
2. 출토지 : 奈良縣(나라현) 奈良市(나라시)
3. 발굴 기간 : 1988.5~1988.11
4. 발굴 기관 : 奈良國立文化財研究所
5. 유적 종류 : 도성
6. 점수 : 2

7. 유적과 출토 상황

목간은 一坪 남면의 나라시대 말기의 우물 SE4885에서 출토되었다.

8. 목간

「∨厚狹郡地子米五斗」

長門國厚狹郡의 地子米의 荷札이다. 公田의 地子米는 太政官의 雜用으로 충당되되었다. 우물 SE5140이나 同坪의 포함층에서 묵서 토기 '官廚'가 출토된 것으로 보아 舊長屋王邸에 설치된 光明皇后궁의 폐절 후, 다시 국가의 관리하에 들어간 이 구역이 나라시대 말에 太政官廚家로서 이용된 상황을 엿볼 수 있다.

9. 참고문헌

奈文研『1988年度平城宮跡發掘調査部發掘調査概報』1989年

奈文研『平城宮發掘調査出土木簡概報』22, 1990年

奈文研『平城京 長屋王邸宅と木簡』1991年

奈文研『平城京左京二條二坊·三條二坊發掘調査報告―長屋王邸·藤原麻呂邸の調査(本文編)(圖版編)』(奈良國立文化財研究所學報54) 1995年

奈文研『平城京木簡一—長屋王家木簡一』(奈良國立文化財研究所史料41) 1995年

渡邊晃宏「奈良·平城京跡左京三條二坊一坪」(『木簡研究』27, 2005年)

112) 平城京跡左京三條二坊四坪(174-10次)

1. 이름 : 헤이조큐 터(174-10차)

2. 출토지 : 奈良縣(나라현) 奈良市(나라시)

3. 발굴 기간 : 1986.7

4. 발굴 기관 : 奈良國立文化財研究所

5. 유적 종류 : 도성

6. 점수 : 1

7. 유적과 출토 상황

조사구역은 4평의 서북부에 해당한다. 나라시대의 주된 유구로는 掘立柱건물 7, 굴립주담 7, 우물 1, 3평과 4평 사이의 작은 도로 및 남북 양측 배수로 등이 있다. 목간은 우물유구 SE3930의 埋土 중에서 1점이 출토되었다. 이 우물은 상부시설인 틀이 뽑혀 있었고 埋土 중에서는 나라시대의 중기에서 후반기까지의 유물이 출토되었다.

8. 목간

SE3930

∨小□鄕弟國□

9. 참고문헌

奈文研『昭和61年度平城宮跡發掘調査部發掘調査槪報』1987年

奈文研『平城宮發掘調査出土木簡槪報』19, 1987年

寺崎保廣「奈良·平城宮·京跡」(『木簡硏究』9, 1987年)

113) 平城京跡左京三條二坊六坪(宮跡庭園)(96次·121次)

1. 이름 : 헤이조큐 터(96·121차)

2. 출토지 : 奈良縣(나라현) 奈良市(나라시)

3. 발굴 기간 : 1975.5·1975.12

4. 발굴 기관 : 奈良國立文化財硏究所

5. 유적 종류 : 도성

6. 점수 : 60

7. 유적과 출토 상황

조사지는 平城京左京三條二坊六坪 북단에 해당된다. 96차 조사(1975년)에 의해 평 내 중심부에서 남쪽으로 흐르는 옛 하천 유로를 이용하여 園池를 조영하고 이것을 중심으로 담, 건물이 계획적으로 배치되었음이 판명되었다. 園池는 전체에 組石을 배치하고 구부러진 曲池와 같은 형태로 되어 있어 감상과 연회 등 행사에 있어서 정원의 기능을 갖고 있었으리라 추정된다. 목간에는 和銅5년(712), 7년(714)이라는 기년이 쓰여 있다. 해당 유적은 1976년 12월에 宮跡庭園이라는 이름으로 특별사적으로 지정되었다. 121차 조사에서는 96차 조사 시 남아 있었던 정원과 못의 導水路 부분이 발굴되었다. 도수로의 퇴적층은 3층으로 나누어지는데 모든 층위에서 총 38점의 목간이 출토되었다. 기년은 和銅3년(710)이다. 조사 결과 해당 유적은 크게 두 개 시기로 나눌 수 있는데 두 시기에 걸쳐 정원과 못이 존속된 시기는 출토된 유물이나 목간으로 보아 나라시대로 비정된다.

출토유물은 일상적인 토기나 목제품이 적고 기와는 모두 平城宮에서 출토된 것과 同型이며, 목간에 '北宮' 등 天皇과이 관련되는 것이 있다. 中央區는 東西塀에 의해 구획되었고, 園池를 중심으로 한 공적인 宴遊 시설이다. 목간은 합계 102점이 출토되었다.

8. 목간

(1)

· 「∨和銅三年四月十日阿刀

· 「∨部志祁太女春米

春米(정미한 쌀) 하찰. 大寶연간 이후에는 하찰의 기년이 말미에 쓰인 사례가 많지만, 이 목간은 날짜가 첫머리에 오는 아주 드문 사례이다. 和銅3년은 710년으로서 平城 천도 당시부터 정원과 못이 조영되었음을 말해 준다.

(2)

· 「　　　　　　　　　　受稲□〔積?〕」

　　竹野王子大許進米三升　　　　」

· 「　　　　　　六日百嶋　　　　　」

쌀의 진상에 관한 하찰 또는 傳票. 稲積은 쌀을 부탁 받은 사람. 뒷면에 날짜와 책임자 이름 '百嶋'가 기재되어 있다. '竹野王子'의 '王子'는 일본어 미코(천황의 아들과 딸을 통틀어 미코라고 부른다)를 표기한 것이다.

(3)

· 「∨阿須波里□〔白?〕×

· 「∨北宮御物俵□×

쌀의 하찰목간. 足羽鄕(=阿須波里)는『和名類聚抄』를 보면 越前國足羽郡과 越後國沼垂郡에 같은 지명이 보이는데 쌀이 貢進된 것으로 보아 越前國의 鄕·里의 이름으로 생각된다. 北宮은 다른 목간에도 기재되어 있고 목간 이외에도 和銅5년(712)의 長屋王願經奧書에 서사된 용례가 보이고 또한 神龜3년의 山背國愛宕郡計帳에도 기재되어 있다. 計帳에는 '北宮帳內'가 '右大臣資人'(長屋王資人)과 함께 서사되어 있어 이로부터 北宮은 吉備內親王 및 궁을 가리킨다고 볼 수 있다.

9. 참고문헌

奈文研『昭和50年度平城宮跡發掘調査部發掘調査概報』1976年

奈文研『奈良國立文化財研究所年報1976』1976年

奈文研『平城京左京三條二坊六坪發掘調査概報』1976年

奈文研『平城宮發掘調査出土木簡概報』11, 1977年

佐藤信「奈良·平城京左京三條二坊宮跡庭園遺跡」(『木簡研究』2, 1980年)

奈文研『不城京左京三條二坊六坪發掘調査報告』(奈良國立文化財研究所學報44) 1986年

木簡學會編『日本古代木簡選』岩波書店, 1990年

沖森卓也·佐藤信編『上代木簡資料集成』おうふう, 1994年

奈文研『平城京木簡一——長屋王家木簡一』(奈良國立文化財研究所史料41) 1995年

114) 平城京跡左京三條二坊七坪(103-1次)

1. 이름 : 헤이조큐 터(103-1차)
2. 출토지 : 奈良縣(나라현) 奈良市(나라시)
3. 발굴 기간 : 1977.5~1977.6
4. 발굴 기관 : 奈良國立文化財研究所
5. 유적 종류 : 도성
6. 점수 : 1

7. 유적과 출토 상황

조사지역은 나라시 北新町이며 左京三條二坊七坪에 해당된다. 발굴조사구역은 7평 중앙부에서 약간 동쪽에 있는 남북 트렌치를 설정하였다. 트렌치 조사여서 건물 배치는 확실하지 않으나 건물 15동, 담 3조, 溝 2조, 하천 1조 등이 확인되었다. 목간은 하천 SX1678에서 1점이 출토되었다. SX1678는 폭 약 7m, 깊이 약 0.7m이며 발굴구역 남부에서 동북부에서 동남쪽으로 크게 구부러진 굴곡부가 발견되었다. 菰川의 옛 유로로 생각된다. 埋土에서 출토된 토기로 보아 8세기 중엽에 매립된 것으로 보인다. 목간은 하천 굴곡부의 퇴적토에서 8세기 전반의 토기와 목편과 함께 출토되었다.

8. 목간

八日須支九口受□〔道?〕守石村

9. 참고문헌

奈文研『昭和52年度平城宮跡發掘調査部發掘調査概報』1978年

奈文研『奈良國立文化財研究所年報1978』1978年

奈文研『平城宮發掘調査出土木簡概報』12, 1978年

佐藤信「奈良・平城京左京三條二坊宮跡庭園遺跡」(『木簡研究』2, 1980年)

奈文研『平城京木簡一―長屋王家木簡一』(奈良國立文化財研究所史料41) 1995年

115) 平城京跡左京三條二坊七坪(118-23次)

1. 이름 : 헤이조큐 터(118-23차)

2. 출토지 : 奈良縣(나라현) 奈良市(나라시)

3. 발굴 기간 : 1979.12

4. 발굴 기관 : 奈良國立文化財研究所

5. 유적 종류 : 도성

6. 점수 : 18

7. 유적과 출토 상황

조사지는 左京三條二坊七坪 동남쪽 모퉁이에 해당된다. 조사 결과 二坊坊間路 서쪽 배수로와 서쪽으로 3.5m 떨어져 있는 남북 溝, 주혈, 土壙 등이 발견되었다. 목간이 출토된 坊間路 西側溝는 폭이 약 2.5m, 깊이 약 0.9m이며 퇴적토는 2층으로 나누어진다. 목간은 19점이 출토되었는데 18점이 상층에서, 1점은 하층에서 출토되었다. 공반유물로는 '主水司', '□造少乃'라고 기재된 묵서 토기도 있다.

8. 목간

(1)

· ×城　養秦原×

· 　　　　輕不　　　□

(2)

「手枕里戶主无津君千嶋一石」

9. 참고문헌

奈文研『昭和54年度平城宮跡發掘調査部發掘調査槪報』1980年

奈文研『平城宮發掘調査出土木簡槪報』13, 1980年

清田善樹「奈良·平城宮·京跡」(『木簡研究』2, 1980年)

奈文研『平城京木簡1ー長屋王家木簡1』(奈良國立文化財研究所史料41) 1995年

116) 平城京跡左京三條二坊七坪(141-35次)

1. 이름 : 헤이조큐 터(141-35차)
2. 출토지 : 奈良縣(나라현) 奈良市(나라시)
3. 발굴 기간 : 1983.3~1983.4
4. 발굴 기관 : 奈良國立文化財硏究所
5. 유적 종류 : 도성
6. 점수 : 1

7. 유적과 출토 상황

조사구는 平城京跡左京三條二坊七坪에 해당된다. 유적에서는 굴립주건물, 궁정정원으로 통하는 導水路, 담, 우물, 토갱 등 유구가 발견되었는데 시기는 나라시대와 平城宮 조영시기 이전으로 나뉜다. 목간은 나라시대초기의 토갱 埋土에서 1점 출토되었다.

8. 목간

×□里人歲歲歲歲歲歲

9. 참고문헌

奈文研『昭和57年度平城宮跡發掘調査部發掘調査槪報』1983年

奈文研『奈良國立文化財研究所年報1983』1983年

奈文研『平城宮發掘調査出土木簡槪報』16, 1983年

寺崎保廣·橋本義則「奈良·平城宮·京跡」(『木簡研究』5, 1983年)

奈文研『平城京木簡――長屋王家木簡―』(奈良國立文化財研究所史料41)1995年

117) 平城京跡左京三條二坊七坪·東二坊坊間路(178次)

1. 이름 : 헤이조큐 터(178차)
2. 출토지 : 奈良縣(나라현) 奈良市(나라시)
3. 발굴 기간 : 1986.9~1987.4
4. 발굴 기관 : 奈良國立文化財硏究所
5. 유적 종류 : 도성
6. 점수 : 3

7. 유적과 출토 상황

조사지는 7평 남부의 절반을 치지히며 특별사적 궁터 정원의 북쪽에 인접해 있다. 나라시대의 주된 유구로는 掘立柱건물 50채 이상, 掘立柱담 39 이상, 배수로 10 이상, 우물 14, 평사이의 도로, 방간로, 하천 등이 발견되었다. 목간은 溝 SD14, 掘立柱건물 SB55의 주혈, 東二坊 坊間路 서측 溝 SD106에서 출토되었다. SD14는 고훈시대로부터 존속되어 온 하천의 유로인데 나라시대의 초기에 좁아졌고, 결국 나라시대의 중기에 이르러서 폐절된 溝이다.

목간은 퇴적토 최상층에서 1점이 출토되었다. SB55는 남북 쪽으로 행랑방을 가진 5×2칸의 건물이며 이 건물 동남 모퉁이에 있는 주혈에서 목간이 1점 출토되었다. SD106는 나라시대에 걸쳐 사용된 남북 溝인데 넓이는 3m, 깊이는1.2m 된다. 퇴적토는 3층으로 나누어지는데 목간은 하층에서 112점(그중 삭설은 8점)이 출토되었다.

8. 목간

SD14
(1)
·「尾張國海部郡嶋里」

・「□連□〔末?〕□□□□」

(2)

SD106

「□□倂□〔資?〕人等上日帳」

나무 상자 뚜껑에 묵서되어 있는 목간이다.

(3)

「∨厨布直錢二貫

9. 참고문헌

奈文研『昭和61年度平城宮跡發掘調査部發掘調査概報』1987年

寺崎保廣「奈良·平城宮·京跡」(『木簡研究』9, 1987年)

奈文研『奈良國立文化財硏究所年報1987』1988年

奈文研『平城宮發掘調査出土木簡概報』20, 1988年

奈文研『平城京 長屋王邸宅と木簡』1991年

奈文研『平城京左京二條二坊·三條二坊發掘調査報告―長屋王邸·藤原麻呂邸の調査(本文編)(圖版編)』(奈良國立文化財硏究所學報54) 1995年

奈文研『平城京木簡一―長屋王家木簡一』(奈良國立文化財硏究所史料41) 1995年

118) 平城京跡左京三條二坊七坪·東二坊坊間路(184次·186次)

1. 이름 : 헤이조큐 터(184·186차)
2. 출토지 : 奈良縣(나라현) 奈良市(나라시)
3. 발굴 기간 : 1987.3~1988.2
4. 발굴 기관 : 奈良國立文化財硏究所

5. 유적 종류 : 도성

6. 점수 : 17

7. 유적과 출토 상황

백화점 건설에 앞서 진행된 발굴조사로 左京三條二坊 一·二·七·八坪의 약 4만㎡에 달하는 면적의 조사를 1986년 9월부터 시작해왔다. 목간은 184차 조사에서 총 15점이 출토되었는데 그 내역은 우물 SE116에서 1점, 우물 SE117에서 11점(削屑 9점), 掘立柱건물 SB143(SB4430)에서 2점(削屑 2점), 우물 SE163에서 1점(削屑 1점) 출토되었다. 186차 조사에서는 도합 229점 출토되었는데 우물 SE180(SE4770)에서 228점(削屑 108점), 우물 SE211에서 1점 출토되었다.

SE116(새 번호 SE4225·4365)과 SE117(SE4366)는 발굴조사구역 중앙부에서 약간 동쪽에 있는 우물이다. SE116는 나라시내 밀기에 폐절된 方形 우물이며 목간은 埋土 속에서 출토되었다. SE117는 나라시대 초기에서 전기에 속하는 방형 우물이며 목간은 埋土 및 상부 구조틀을 제거한 토갱에서 출토되었다. SB143(SB4430)은 正殿으로 추정되는 건물 SB210 동측 구획에 있는 6칸×3칸의 掘立柱건물로 나라시대 초기에서 전기에 속한다. 목간은 이 건물의 남측에 있는 기둥의 주혈에서 출토되었다. SE163(SE4497)은 SB143과 정전 사이에 위치하는 원형 우물이다. 나라시대 말기에 폐절되었는데 목간은 埋土 속에서 출토되었다. SE180(SE4770)은 조사구의 동북부에서 확인된 우물인데 우물의 테두리는 모두 뽑혀 있었다. 출토된 목간의 기년은 모두 養老원년(靈龜3년 717)이므로 그 후 가까운 시기에 매몰된 것으로 생각된다. 함께 출토된 토기 연대도 이와 모순되지 않는다. SE211(SE4580)는 정전과 중복되어 확인된 방형 우물이며 변 길이가 5m 된다. 목간은 埋土 속에서 토기, 기와, 齋串, 동전(和同·万年·神功) 등과 함께 출토되었다. 토기 연대는 헤이안시대 초기이다.

8. 목간

남북동건물 SB143(SB4430) 주혈

(1)

從八位下小長谷連

우물 SE180(SE4770)

(2)

· 「長屋皇宮俵一石春人夫」

· 「羽咋直嶋　　　　　　」

쌀의 하찰목간이다. '長屋皇宮'이 적혀 있는 것으로 보아 나라시대 초기에서 전기에 4평을 일체로 사용한 대규모의 택지 주인이 長屋王이었음을 알 수 있다.

(3)

· 「∨犬上郡瓦原鄉川背舍□〔人?〕」

· 「∨乙米五斗　　　　　　　　」

近江國으로부터의 하찰목간. 近江國의 하찰목간은 이외에도 많이 출토되었는데 서식의 방식이 동일하다. 즉 표기법이 다른 하찰목간과 같이 國郡鄉里명, 성명, 세목, 품목, 수량 등이 기재되어 있는 것이 아니고 생략된 표기로부터 생각해 보면, 近江國에 長屋王의 封戶 혹은 庄 등이 있었을 가능성이 높고 해당 목간은 거기로부터 보내온 하찰로 생각된다.

9. 참고문헌

奈文研 『昭和62年度平城宮跡發掘調査部發掘調査槪報』 1988年

奈文研 『平城宮發掘調査出土木簡槪報』 20, 1988年

寺崎保廣 「奈良·平城宮·京跡」 (『木簡研究』 10, 1988年)

奈文研 『奈良國立文化財研究所年報1990』 1991年

奈文研『平城京 長屋王邸宅と木簡』1991年

奈文研『平城京左京二條二坊・三條二坊發掘調査報告—長屋王邸・藤原麻呂邸の調査(本文編) (圖版編)』(奈良國立文化財研究所學報54) 1995年

奈文研『平城京木簡一—長屋王家木簡一』(奈良國立文化財研究所史料41) 1995年

119) 平城京跡左京三條二坊七・八坪・三條條間北小路北側溝(193次 A區)・平城京跡左京三條二坊八坪・二條大路・東二坊坊間路 (193次B區)・平城京跡左京三條二坊八坪(193次E區)・平城京 跡左京三條二坊八坪・東二坊大路・二條大路(200次)

1. 이름 : 헤이조큐 터(193차·200차)

2. 출토지 : 奈良縣(나라현) 奈良市(나라시)

3. 발굴 기간 : 1988.7~1988.9

4. 발굴 기관 : 奈良國立文化財研究所

5. 유적 종류 : 도성

6. 점수 : 231

7. 유적과 출토 상황

백화점 건설에 앞서 진행된 발굴조사로 左京三條二坊 一・二・七・八坪의 약 4만㎡에 달하는 면적의 조사를 1986년 9월부터 시작하여 1989년 9월에 종료되었다. 조사지 전체의 유구는 敷 地 이용으로부터 A나라시대 전반, B나라시대 중기, C나라시대 후반, D나라시대 말기로부터 헤 이안시대 초기로 나누어진다. 1988년도에 진행된 193차 조사 A區・B區・E區, 200차 조사에 서 대량의 목간이 출토되었다. 목간은 8평 동남쪽에 있는 남북溝 SD014(새 번호SD4750)에서 약 35,000점, 동2방방간로 서측 溝 SD002(SD4699)에서 약 400점, 동2방방간로 동측 溝

SD001 (SD4699)에서 7점, 동서溝 SD160(SD5100)에서 약 2000점, 3조조간북소로 북측 溝 SD012(SD4361)에서 3점, 북변 토담 북 빗물받이 溝 SD156(SD5165)에서 1점, 1평 동단에 있는 부정형 토갱 SK163(SK5074)에서 12점, 우물 SE023(SE5220)에서 4점, 우물 SE058(SE4815)에서 1점, 우물 SE088(SE4655)에서 2점, 우물 SE096(SE4885)에서 2점, 우물 SE106(SE4760)에서 2점, 우물 SE126(SE5135)에서 1점, 우물 SE132(SE5140)에서 1점, 우물 SE148(SE5075)에서 5점이 출토되었다. 목간이 많이 출토된 중요한 유구에 대하여 다음과 같이 소개한다.

남북溝 SD014(SD4750)

8평의 동남쪽 모퉁이에 위치하는 남북으로 긴 溝이다. 폭이 3~3.4m, 길이 27m이며 깊이는 유구면에서 약 0.8m이다. 퇴적은 4층으로 나누어지는데 대량의 목간이 출토된 木片층(위로부터 3번째 층)은 두께가 약 30㎝이다. 溝는 남북양단이 끊겨있고 토층을 보아도 물이 흐른 흔적이 보이지 않는다. 木片층 위의 2층은 퇴적토라고 하기 보다는 埋土라고 생각되어 단기간에 폐절된 쓰레기 투기를 위하여 판 토갱이다. 따라서 출토유물은 일괄적인 사료로 볼 수 있다. 목간에 기재된 기년은 和銅4년(711)~靈龜2년(716)이기에 해당 유구 시기는 A시기에 해당된다.

동2방방간로 서측 溝 SD002(SD4699)

조사구의 동변에서 확인된 남북구이며 폭이 2~3m, 깊이 0.9~1.2m이다. 溝는 여러 군데에서 발견되었는데 도합 130m 정도 발굴되었다. 퇴적은 4층으로 나누어지는데 최상층은 埋土이고 아래 3층은 물 흐름에 의해 형성된 퇴적토이다. 목간은 아래 3층에서 출토되었다. 목간에 기재된 기년은 和銅8년(715)~天平원년(729)가 확인되는데 그중에서도 天平원년이 제일 많다.

동서溝 SD160(SD5100)

2조대로 남단을 大路에 따라 동서로 뻗은 東西溝이다. 당초에는 2조대로 南側溝로 보았으나 동서 두 끝단이 모두 끊겨 있고 물 흐름도 확인되지 않기에 SD014(SD4750)와 같은 단기간에 매립된 쓰레기를 투기한 토갱으로 보이고 있다. 溝의 폭은 2.6m이고 깊이 0.9m이며 총 길이 120m를 전부 발굴하였다. 溝는 4층으로 나누어지는데 최상층은 매립토로 나라시대후반기의 유물이 포함되나 목간은 아래 3층으로 나뉘는 퇴적토에서 출토되었다. 목간에 기재된 紀年은 天平3년(731)~10년이 확인되는데 天平7·8년이 특히 많다.

8. 목간

남북구 SD014(SD4750)

(1)

平群朝臣廣足

· 「雅樂寮移長屋王家令所

右人請因倭舞　　　　」

· 「故移　十二月廿四日　少属白鳥史豊麻呂

少允船連豊　　　　」

雅樂寮에서 平群朝臣廣足라는 사람의 파견을 요청한 목간. 수신처는 '長屋王家令所'. 앞면 '舞'는 '儛'자체로 서사되었다.

(2)

急々

· 「o吉備內親王大命以符　婢筥入女進出

[　　]」

· 「o五月八日少書吏國足

家令　家扶　　　　」

상단과 좌·우변은 다듬어져 있고 하단은 부러졌다. 손상된 곳이 많다. 해당 목간은 吉備內親王의 명령을 전하는 高市皇子의 家政機關이 보낸 문서목간이다.

(3)

・「木上進糯米四斛　各田部逆」

・「十二月廿一日忍海安麻呂 　」

園司・御田司에서 찹쌀(糯米)을 진상한 목간.

(4)

・「進上氷一駄丁　阿部色麻呂 o」

・「九月十六日火三田次　　　o」

얼음을 진상한 목간. 都祁에 氷室이 있는 것으로 알려지고 있다.

(5)

「∨長屋親王宮鮑大贄十編∨」

長屋王의 宮으로 전복(鮑)이 贄 즉 신이나 조정에 바치는 그 지방의 토산물로서 운반될 때
에 사용된 하찰

(6)

「∨『封』北宮進上　津稅使∨」

봉함목간이다. '封'자의 일부가 먹이 없어져 가로로 하얗게 된 곳이 있는데 이것은 목간에
끈을 매고 그 위에 묵서하였음을 말해준다. 이 목간의 작성방법은 상하에 홈을 파고 하부 양측
을 다듬은 후에 앞뒷면을 2매로 분할하고, 2매 사이에 종이문서를 끼우고 봉하여 서찰로 보낸
것이다. 北宮은 수신처, 津稅使는 발신자이다. '津'는 '摂津職'으로 생각된다.

(7)

「∨尺太郡穴里大伴志伊俵」

상하 양단은 절단되어 있고 좌우 양변은 다듬어져 있다. 尺太郡穴里는 近江國坂田郡阿那里
이다. 坂田를 자(尺)로 쓰는 예는 이외에 二條大路木簡에도 있다. 長屋王家 목간 중 近江國로부
터의 하찰은 해당 목간과 같이 국명, 인명, 세목, 연월 등이 생략된 것이 많다.

(8)

「∨周防國大嶋郡務理里日下部小籠御調塩三斗」

네 변이 모두 다듬어져 있다. 近江國로부터의 하찰과는 달리 하찰로서의 서식이 갖추어져
있다.

동2방방간로 서측 溝 SD002(SD4699)

(9)

・「謹牒　厨務所　□〔棘?〕本請二升許

　　　　　　　　　　　　　　将曹若麻侶

・「右為藥分之　天平元年八月十八日

　　　　　　　　　　　　　大國

(10)

「∨若狹國遠敷郡青鄉御贄貽貝富也併作

　　　　　　　　　　一塌」

동서溝 SD160(SD5100)

(11)

・「∨芳野幸行貫簀　不用　　　」

・「∨　天平八年七月十五日」

『續日本紀』에 기재된 聖武天皇의 吉野行幸(天平8년(736) 6월~7월)과 관련된 목간.

(12)

　　　　　　　　　　　　　　袋一口

・「山房解　申返抄　米二斗　菜一櫃　返上

　　　　　　　　　　　　　櫃一合」

　　　　　　注狀進如解

・「丁壬生部己麻付　　　　　　　僧延福」

　　　　天平七年閏月廿一日

'山房'은 東大寺의 前身인 金鐘山房일 것이다. 『東大寺要錄』에 의하면 僧延福는 東大寺大佛開眼會에서 讀師를 담당하였다.

(13)

「∨筑紫大宰進上肥後國託麻郡×

(14)

×麻郡殖種子紫草伍拾斤□□   」

위의 두 목간은 紫草 진상 목간이다. 목재가 동일하며 필체도 서식도 동일하다. 이러한 목간이 이외에도 몇 점 더 있다. 西海道의 여러 國에서 수집된 紫草를 도성으로 보내기 위해 大宰府에서 일괄적으로 작성된 목간이다.

(15)

・「∨伊豆國田方郡棄妾鄕許保里戶主宍人部君麻呂口宍人部宿奈麻呂調荒堅魚一斤十五両六連四節   ∨」

・「∨　天平七年十月　　　　　　　　　　　　　　　　∨」

해당 유구에서는 하찰목간이 많이 출토되었는데 國별로 보면 이 목간과 같은 伊豆國로부터의 하찰이 제일 많다. 기재된 연대는 모두가 天平7년(735)이다. =기호는 한 줄로 이어짐을 표시.

(16)

・「∨武藏國足立郡土毛蓮子一斗五升」

・「∨　天平七年十一月　　　　　　　」

武藏國로부터 貢進物 하찰목간. '土毛'이란 세목은 令 규정에는 있으나 목간에서는 처음으로 확인된 예이다. 蓮子를 貢進物로 바치는 사례도 드물다.

9. 참고문헌

奈文研 『昭和63年度平城宮跡發掘調査部發掘調査槪報』 1989年
寺崎保廣 「奈良·平城京跡」 (『木簡硏究』 11, 1989年)
奈文研 『平城宮發掘調査出土木簡槪報』 22, 1990年

奈文研『平城京 長屋王邸宅と木簡』1991年

奈文研『平城京左京二條二坊·三條二坊發掘調査報告—長屋王邸·藤原麻呂邸の調査(本文編)(圖版編)』(奈良國立文化財研究所學報54)1995年

奈文研『平城京木簡——長屋王家木簡—』(奈良國立文化財研究所史料41)1995年

木簡學會編『日本古代木簡集成』東京大學出版會, 2003年

120) 平城京跡左京三條二坊八坪(193次F區)

1. 이름 : 헤이조큐 터(193차 F구)

2. 출토시 : 奈良縣(나라현) 奈良市(나라시)

3. 발굴 기간 : 1989.5~1989.6

4. 발굴 기관 : 奈良國立文化財研究所

5. 유적 종류 : 도성

6. 점수 : 3039

7. 유적과 출토 상황

1988년도에 백화점 건설 관련하여 실시된 제193차 E구역의 조사에서 '長屋王家木簡'으로 불리는 대량의 목간이 출토되었다. 이 조사는 폐기된 南北溝 SD4750(기존에 SD14로 불리는 溝)의 발굴을 완료하기 위한 보충 조사다. 확인된 유구로는 건물 1동, 溝 2조, 우물 1조, 토갱 4조 등이 있다. 이번 조사를 통해 SD4750 북쪽 끝이 확인되었고 약 750점에 달하는 목간이 출토되었다.

8. 목간

　　(1)

・「御命宣　笘六張急々取遣仕丁　　」

・二人　三月五日　巳時四点　廣足」

御命은 廣足가 쓴 것으로 보아 吉備內親王의 명령으로 생각된다.

　　(2)

・「ｏ 都祁遣雇人二口五升帳內一口一升受 」

・「ｏ 智□〔善?〕　九月廿六日　石角　書吏 」

氷室 존재가 알려진 都祁에 있는 庄地의 직접적인 경영을 시사한다.

　　(3)

・「ｏ 牛乳煎人一口米七合五夕受稻万呂」

・「ｏ　十月四日大嶋　　　　　　　」

長屋王 저택에서 우유를 졸여서 식용하였다는 사실을 알려 준다

　　(4)

・「障子作劃師一人米二升　　　　　　　」

・「障子作劃師一口帳內一口米□□〔半升?〕」

　　(5)

・新羅人一口一升　受持万呂 ｏ」

・　七月卅日　甥万呂　　　ｏ」

『懷風藻』에 보이는 新羅 使臣을 초대한 연회를 연상케 한다.

　　(6)

・「錢一貫　　　　　　」

・「畝火連大山

　　　　　　　　　右二人檢校」

　　檜前主寸安麻呂

엽전 꾸러미의 하찰로 생각된다.

9. 참고문헌

奈文研『1989年度平城宮跡發掘調査部發掘調査槪報』1990年

渡邊晃宏「奈良·平城京跡」(『木簡研究』12, 1990年)

奈文研『平城宮發掘調査出土木簡槪報』23·27·28·29, 1990~94年

奈文研『平城京 長屋王邸宅と木簡』1991年

沖森卓也·佐藤信編『上代木簡資料集成』おうふう, 1994年

奈文研『平城京左京二條二坊·三條二坊發掘調査報告─長屋王邸·藤原麻呂邸の調査(本文編)(圖版編)』(奈良國立文化財研究所學報54) 1995年

奈文研『平城京木簡一─長屋王家木簡一』(奈良國立文化財研究所史料41) 1995年

奈文研『平城京木簡二─長屋王家木簡二』(奈良國立文化財研究所史料53) 2001年

木簡學會編『日本古代木簡集成』東京大學出版會, 2003年

121) 平城京跡左京三條三坊五坪(三條大路北側溝)

1. 이름 : 헤이조큐 터(三條大路 北側溝)

2. 출토지 : 奈良縣(나라현) 奈良市(나라시)

3. 발굴 기간 : 2005.4~2005.7

4. 발굴 기관 : 奈良國立文化財研究所

5. 유적 종류 : 도성

6. 점수 : 25

7. 유적과 출토 상황

발굴 조사에서는 三條大路面 및 북측 溝, 溝 4조 등의 遺構가 확인되었다. 三條大路 북측 溝 SD01은 길이 52.2m, 폭이 약 3m, 깊이 0.75m으로, 상·중·하의 3층으로 대별된다. 출토 토기의 연대로 미루어 보아 하층은 8세기 중반부터 후반까지, 중층은 8세기 후반으로 생각된다. 유물은 토기, 기와, 목제품, 금속제품, 錢貨가 출토되었다. 목간은 중·하층에서 총 25점이 출토되었다. 묵서 토기도 33점이 출토되었다.

8. 목간

(1)

「□□□〔省家?〕符到奉行」

상단 좌측이 꺾여 손상되어 있다. 문서목간(太政官符로 생각됨)의 말미 부분인데, 이면에 묵서는 없다.

(2)

·「尾張國愛智郡草部鄕日置里戶主」

·「[　　]□國周草　支入□　不□]

　　尾張國愛智郡草日下[　　　　　]」

短冊型 목간으로 하단의 일부가 결손되었다. 앞뒷면 모두 같은 筆跡으로 거의 같은 내용이 적혀 있는데, 상하가 거꾸로 된 重書도 있으므로 습서 목간이라 생각된다. 향리제하의 목간이며, '尾張國愛智郡草部鄕'은 『和名抄』尾張國 愛知郡 日部鄕에 해당된다. '日置里'에 대해서는 분명하지 않으나, 式內社日置神社가 名古屋市 中區 橘에 있는 사실이 참고가 된다.

(3)

「八□□」

좌변과 하단이 원형으로 남아 있다.

(4)

• 「□是　　　　　　馬　　　為為[　　　　　　]□　　　　□□

　　　　(인물 그림)【鸞】万 為(그림?) 用 用 衣

　　□□〔是?〕　　　　五　(얼굴 그림) 万(그림?)　為 為　為　□ □」

• 「□執　　　　　　　　【□是□是】(그림?)【毛毛】 [　　]

　　(그림)(말 그림)(인물 그림)【□是】　　　成□ 入[　　]

　　　　　　　　　　　　【鸞】衣 衣 長 □〔為?〕鳥　　　　」

대형 목간으로서 상단부는 꺾여 손상되어 있다. 양면에 습서와 인물 그림 등이 보인다.

(5)

「越前國坂井…□□〔御贄?〕□□　　」

가늘고 각각은 접속하지 않으나, 동일한 개체이며, 越前國坂井郡으로부터의 贄의 하찰 목간이라 생각된다.

(6)

「∨深渕鄕□　」

하단이 꺾여 손상되었고, 이면은 원래 상태다. '深渕鄕'은 『和名抄』土佐國香美郡深渕鄕에 해당된다.

(7)

「∨□□□〔郡?〕[　　　　　]　」

하찰 목간의 오른쪽 부분만이 남아 있다.

(8)

「∨□〔大?〕部鄕米一俵」

한쪽 면에만 묵서가 있다.

(9)

「十三日 六人マ□□〔色夫?〕　」

상단은 네모로 되어 있으며, 하단은 꺾여 손상되어 있다.

9. 참고문헌

橿考研『奈良縣遺跡調査槪報 2005年度(第1分冊)』2006年

宮長秀和·岡林孝作·安永周平·鶴見泰壽「奈良·平城京跡(1)」(『木簡硏究』28, 2006年)

橿考研『平城京左京三條三坊五·十二坪－ＪＲ奈良駅連續立体交差·街路整備事業に係る發掘調査報告書2』(奈良縣文化財調査報告書131) 2008年

122) 平城京跡左京三條三坊七坪(141-28次)

1. 이름 : 헤이조큐 터(141-28차)

2. 출토지 : 奈良縣(나라현) 奈良市(나라시)

3. 발굴 기간 : 1982.12

4. 발굴 기관 : 奈良國立文化財硏究所

5. 유적 종류 : 도성

6. 점수 : 1

7. 유적과 출토 상황

조사지는 左京三條三坊七坪에 해당된다. 나라시대의 유구로서는 東三坊坊間路 서측 배수로와 배수로 서측 3m에 있는 남북 담 등이 발견되었다. 목간은 東三坊坊間路 서측 배수로에서 1점 출토되었다. 공반유물로는 기와, 토기, 曲物, 수막새(신종) 등이 있다.

8. 목간

· 「∨尾張國仲嶋郡牧沼鄕新居里∨」

· 「∨□マ廣嶋白米五斗五月一日∨」

尾張國로부터의 백미 하찰목간. '牧沼鄕'은 『和名類聚抄』에 기재되어 있지 않아 해당 목간으로부터 확인된 새로운 향명.

9. 참고문헌

奈文研『昭和57年度平城宮跡發掘調査部發掘調査槪報』1983年

奈文研『奈良國立文化財研究所年報1983』1983年

奈文研『平城宮發掘調査出土木簡槪報』16, 1983年

寺崎保廣·橋本義則「奈良·平城宮·京跡」(『木簡研究』5, 1983年)

123) 平城京跡左京三條三坊十一坪(東堀河)(市499次)

1. 이름 : 헤이조큐 터(시499차)
2. 출토지 : 奈良縣(나라현) 奈良市(나라시)
3. 발굴 기간 : 2003.7~2003.9
4. 발굴 기관 : 奈良市敎育委員會
5. 유적 종류 : 도성
6. 점수 : 3

7. 유적과 출토 상황

조사구역은 平城京跡 左京三條三坊十一坪의 北半 중앙부에 위치하며, 구역의 서반부에는 東堀河, 북쪽에는 三條條間路가 상정되어 있다. 조사 결과 東堀河, 掘立柱 건물 2동, 掘立柱塀 2조, 溝 등이 확인되었다. 목간은 각각 東堀河의 위에서 세 번째 퇴적층에서 토기종류와 함께 출토되었다. 東堀河는 적어도 9세기 후반에서 10세기 초까지 기능하고 있던 것으로 추정된다.

8. 목간

(1)

□□□

상·하단, 좌우 측면이 손상되어 있다. 앞면에 세 글자 묵서가 확인되나, 판독할 수 없다.

(2)

· □□□□　□　□□

· [　　]　　　□

두 편이 접합한다. 상단 및 좌측면이 손상되어 있으며, 하단에는 탄 흔적이 있다. 앞·뒤면에 묵서가 확인되나, 판독할 수 없다.

(3)

□□□□□□

상·하단이 손상되어 있다.

9. 참고문헌

三好美穗「奈良·平城京跡左京三條三坊十一坪」(『木簡研究』26, 2004年)

124) 平城京跡左京三條三坊十二坪

1. 이름 : 헤이조큐 터

2. 출토지 : 奈良縣(나라현) 奈良市(나라시)

3. 발굴 기간 : 1990.9~1990.10

4. 발굴 기관 : 奈良縣立橿原考古學研究所

5. 유적 종류 : 도성

6. 점수 : 2

7. 유적과 출토 상황

조사구역의 남쪽 끝은 三條大路에 상당한다. 조사 결과 三條大路 북측 溝, 掘立柱 건물 5채 등이 확인되었다. 목간은 三條大路 북측溝로 추정되는 동서 방향으로 뻗은 큰 溝에서 출토되었다.

8. 목간

(1)

· 「味酒酔□   」

· 「有好

　　□馴□〔鳩?〕   」

(2)

· 「□〔鷹?〕□□□□   」

· 「□〔氏?〕□□□□   」

9. 참고문헌

奈良縣教委『奈良縣遺跡調査槪報 1990年度(第1分冊)』1991年

平松良雄「奈良·平城京跡左京三條三坊十二坪」(『木簡研究』13, 1991年)

125) 平城京跡左京三條三坊十二坪(三條大路北側溝)

1. 이름 : 헤이조큐 터(三條大路北側溝)
2. 출토지 : 奈良縣(나라현) 奈良市(나라시)
3. 발굴 기간 : 2005.11~2005.12
4. 발굴 기관 : 奈良縣立橿原考古學研究所
5. 유적 종류 : 도성

6. 점수 : 2

7. 유적과 출토 상황

조사지는 3조 통로 북측에 인접해 있고 平城京 조방 복원으로는 左京三條三坊十二坪에 해당
된다. 확인된 유구는 3조의 溝 SD01·02·03과 3조대로, 東三坊坊間路의 노면으로 보이는 2곳
의 평탄한 면이다. 조사지 북부에 있는 溝 SD01은 폭 약 2.1~2.3m, 깊이 0.6m인 동서 溝이고
SD02·03과 일부 중복되며 시기는 헤이안시대 전기로 생각된다. 溝 SD02은 나라시대의 3조대
로 북측 溝로 추측되는 동서 溝인데 약 22m 확인되었다. 폭이 약 2.3m, 깊이 약 1.2m를 기본
으로 하지만 서반부에는 최대 3.7m 남쪽으로 얕아지고 넓어지는 곳이 있다. 溝 SD03은 조사
지 서북모퉁이 확장구역에서 발견된 남북 방향의 溝로 폭이 약 0.9m, 깊이 약 0.7m이다. 조방
복원후의 위치나 三條大路 북측 溝 SD02와 동시에 매몰된 것으로 보아 東三坊坊間路 동측 溝
로 추정된다.

각 유구에서는 일정한 양의 유물이 출토되었는데 특히 溝 SD02에서 목간, 人形, 齋串, 빗, 판
재, 용도를 알 수 없는 목제품 등이 많이 출토되었다. 목간은 10점이 출토되었는데 판독 가능한
것은 2점이다. 이외에 스에키, 하지키, 막새기와, 塼, 금속제품 등이 출토되었다. 토기 중에는
'黑女', '器'가 서사된 묵서토기도 포함되어 있다.

8. 목간

(1)

· 「□得麻呂年廿九　　　　　藤原家　　」
· 「　　　　　[　　　　　　]　　」

상하 양단이 부러져 있고 좌우 양변은 갈라져 있다. 뒷면 상단에 사선형으로 절단 흔적이
있는데 이는 이차적인 것이다. 앞면에는 인명과 나이가 적혀 있어 考課목간의 일부로 생각된다.
하단에는 '藤原家'라고 적혀 있어 藤原某家에 봉사하는 資人(나라시대, 헤이안시대의 하급관인.
친왕이나 상급 귀족에 배당되어 주인의 경비와 잡무에 종사.) 등에 관한 것일 가능성이 있다. 조

사지 서남쪽에는 藤原仲麻呂邸인 '田村第' 추정지가 있어 이것과 관련될 가능성이 있다.

    (2)

「□□〔阿波?〕國板野郡少嶋鄕白米五斗」

  白米의 하찰목간이다. 短冊型에 가까운 형태이며 상단 좌측과 하단 오른쪽 모퉁이가 결실되어 있다.

9. 참고문헌

橿考研『奈良縣遺跡調査槪報 2005年度(第1分冊)』2006年

宮長秀和·岡林孝作·安永周平·鶴見泰壽「奈良·平城京跡(1)」(『木簡硏究』28, 2006年)

橿考研『平城京左京三條三坊五·十二坪－ＪＲ奈良驛連續立体交差·街路整備事業に係る發掘調査報告書2』(奈良縣文化財調査報告書131) 2008年

126) 平城京跡左京三條四坊七坪(市320次)

1. 이름 : 헤이조큐 터(시320차)

2. 출토지 : 奈良縣(나라현) 奈良市(나라시)

3. 발굴 기간 : 1995.1~1995.2

4. 발굴 기관 : 奈良市敎育委員會

5. 유적 종류 : 도성

6. 점수 : 7

7. 유적과 출토 상황

해당 조사는 공동주택 건설에 따라서 진행된 것이다. 확인된 유구로는 나라시대의 掘立柱건물 4동, 우물 1조, 토갱이 있다. 목간은 나라시대의 우물 유구 SE01의 테두리 내에서 1점 출토되었다.

8. 목간

「□□□□□　　」

네 조각으로 갈라진 얇은 판자 1면에 5글자가 묵서 되었으나 판독이 되지 않는다.

9. 참고문헌

篠原豊一「奈良·平城京跡」(『木簡研究』17, 1995年)

奈良市教委『奈良市埋藏文化財調査槪要報告書 平成7年度』1996年

127) 平城京跡左京三條五坊十坪(縣)

1. 이름 : 헤이조큐 터(현)
2. 출토지 : 奈良縣(나라현) 奈良市(나라시)
3. 발굴 기간 : 2003.4~2003.8
4. 발굴 기관 : 奈良縣立橿原考古學硏究所
5. 유적 종류 : 도성
6. 점수 : 1

7. 유적과 출토 상황

조사지역은 左京三條五坊十坪 서변이며 東五坊坊間路가 있었으리라 추정되는 곳이다. 조사 결과 아스카시대, 나라시대, 헤이안시대 3시대의 유구가 확인되었다. 나라시대의 유구는 東五坊坊間路와 그 동측 溝, 평을 구획하는 溝, 택지를 둘러싼 토담 기단과 문, 土器埋納 유구 등이 있다. 동5방방간로와 그 동측 溝(폭 약 2.2m, 깊이 0.25m)는 약 36m가 확인되었다. 동측 溝는 당초에는 호안이 없었지만 후에는 택지 측에 있는 동쪽 면과 서쪽 면 일부에 돌을 깔아 호안시설로 하였다. 목간은 동측 溝에서 하지키, 스에키 등과 함께 1점 출토되었다.

8. 목간

- 「 　　『上　　 天四□□〔月?〕』

　　進出人夫四人右□〔道?〕

　　『上四日注導入』

- 「十二日申時将□

　　　　　『舊□』

상단은 칼집을 넣어 꺾은 것이며 원형이 남아 있다. 하단은 절손되어 있다. 좌우 양 측면은 원형이 남아 있다. 원래 短冊型의 문서목간이었지만 2차로 습서목산으로도 이용되이 최종적으로는 두 조각으로 부러져 폐기되었다. 서사된 글자는 묵색, 필체가 모두 비슷해 중복되어 쓰인 글자도 같은 사람에 의해 쓰였으리라 생각된다. 人夫 4인을 파견한 내용을 적은 목간이지만 작업내용이나 출토지점과의 관계는 알 수 없다.

9. 참고문헌

橿考研『奈良縣遺跡調査概報 2003年度(第1分冊)』2004年

清水昭博·鶴見泰壽「奈良·平城京跡左京三條五坊十坪」(『木簡研究』27, 2005年)

橿考研『平城京左京二·三·五條五坊－ＪＲ奈良駅連續立体交差·街路整備事業に係る發掘調査報告書(Ⅴ)』(奈良縣文化財調査報告書160) 2013年

128) 平城京跡左京四條二坊一坪(151-1次)

1. 이름 : 헤이조큐 터(151-1차)

2. 출토지 : 奈良縣(나라현) 奈良市(나라시)

3. 발굴 기간 : 1983.3~1983.5

4. 발굴 기관 : 奈良國立文化財硏究所

5. 유적 종류 : 도성

6. 점수 : 1

7. 유적과 출토 상황

조사지는 左京四條二坊一坪에 해당된다. 左京四條二坊은 平城宮에 가깝고 동반부에 있는 8 町은 藤原仲麻呂의 田村第로 추정되고 있으며 市原王의 거주지도 알려지고 있어 位階가 높은 사람의 택지로 상정되는 장소이다. 조사 결과 地表 아래 20~30㎝에서 나라시대의 유구면이 확인되고 다수의 주혈·토갱·우물 등이 발견되었다. 유구는 나라시대 전기, 중기, 후기로 나눠지면서 각 시기에 다른 양상을 나타내고 있다. 전기에는 평이 남북으로 4개 구역으로 나누어지고 각 구역에 소규모의 건물이 있었지만 중기에는 1평을 전부 차지하는 택지로 변화되며 평 중심부에 대규모 건물을 정연히 배치하였다. 나라시대 후기에는 대형건물은 없어지지만 1평 占地는 계속되어 팔각형의 우물 SE2600이 설치된다.

SE2600은 직경 1.5m, 변의 길이 59.5~64.5㎝이며 깊이는 발굴 당시 1m 가량 남아 있는 평면 팔각형 우물이다. 塼을 팔각형으로 1단 깔고 전 위에 나무 테두리를 팔각형으로 쌓아올렸다. 나무 테두리는 아래로부터 3단까지는 거의 남아 있지만 4단은 3변만이 남아 있다. 2단 위로부터는 남아 있는 테두리가 일치하지 않는다. 테두리로 사용된 나무판자 두께는 약 6㎝이다. 우물 바닥에는 전이 보이지 않을 정도로 자갈이 깔려 있다. 또한 우물 주위에는 1변이 약 4.5m 범위로 전이 깔려 있었던 흔적이 남아 있다. 우물의 굴삭 시기는 테두리 밖에 있는 埋土에서 출토된 유물로부터 天平末年으로 보이며 나라시대 말기에는 매몰되었다고 생각된다. 또한 우물 상부 시설 틀 바깥 측에서는 각 변에 꽂아 사용했으리라 추측되는 방망이가 15개 출토되었다. 우물 설치 시의 제사에 관련된 유물로 생각된다.

8. 목간

「可

　　　　　　　宗　　　　　　　　　　　　　　　　□

　□[顯?]

　　　　　　　　地　地　池　池　□　□　人　□　□　　　」

　　글자는 약 2㎝ 크기의 사각형이며 팔각형으로 된 우물 상부시설인 틀 중 東1단 외면 하부 왼쪽에 기재되어 있다. 우물은 제사와 관련될 가능성도 있지만 문자가 의미를 이루고 있지 않고 한자 부수가 중복되는 것이 있어 습서로 생각된다.

9. 참고문헌

奈文硏『奈良國立文化財硏究所年報1984』1984年

奈文硏『平城宮發掘調査出土木簡槪報』17, 1984年

奈文硏『平城京左京四條二坊一坪發掘調査報告』1984年

渡邊晃宏「奈良·平城京跡(2)」(『木簡硏究』28, 2006年)

129) 平城京跡左京四條二坊三坪(市550次)

1. 이름 : 헤이조큐 터(시550차)

2. 출토지 : 奈良縣(나라현) 奈良市(나라시)

3. 발굴 기간 : 2006.5~2006.6

4. 발굴 기관 : 奈良市敎育委員會

5. 유적 종류 : 도성

6. 점수 : 6

7. 유적과 출토 상황

조사지는 平城京 一條坊 복원으로는 左京四條二坊三坪 남변 중앙부에서 약간 동쪽에 해당된다. 학인된 유구로는 고훈시대의 溝, 나라시대의 하천, 나라시대에서 헤이안시대에 걸쳐서의 掘立柱건물·담, 가마쿠라시대의 우물 등이 있다. 목간은 나라시대의 하천 03에서 16점 출토되었다. 그중 판독이 되지 않는 삭설이 6점이다. 하천 03은 발굴구역 중앙부에서 동쪽 부분에 있다. 이번 조사지에는 하천의 서쪽 기슭만이 포함되어 있었다. 깊이는 발굴 조사구 북변 부근에서 확인한 것이 약 2m이다. 埋土는 대략 3층으로 나눌 수 있다. 하층은 주로 자갈로 이루어졌고 중층은 자연적으로 퇴적된 점토, 상층은 인위적으로 메워진 퇴적으로 되어 있다. 목간은 하층에서 나라시대 전반기의 스에키·하지키·기와 파편과 함께 출토되었다. 퇴적층 양상이나 유물 시기 등으로부터 보아 나라시대 전반기로부터 중기에 걸쳐서 일부가 매몰된 후에 인위적으로 매립하여 택지로 삼았을 가능성이 크다.

8. 목간

(1)

· 「衛士十七人

[　]五升　　　」

· 「

□

□　　　」

상하 양단이 부러졌고 좌우 양변이 갈라졌다. '衛士'의 식료 지급에 관한 목간으로 생각된다.

(2)

· 「　□　　從六位上守左大史　　」

· 「[　]　　　從□位下[　]　」

상하 양단이 부러졌고 좌우 양변은 갈라졌다. 글씨를 단정하게 쓴 목간 단편. '左大史'는 太政官 관인이며 직위는 正六位上에 상당한다.

(3)

「郡狀」(木口)

棒軸(: 두루마리 종이문서를 감는 나무 막대기) 단편. 목재를 가로로 자른 면에 묵서가 되어 있다. 다른 단면은 부러져 결손되었다. 某郡의 書狀의 축으로 판단된다. 부러진 다른 한 면에 郡명이 쓰였을 것이라고 생각된다.

(4)

· 「∨安芸國高田郡三田里己西マ首∨」

· 「∨生石五斗　　　　　　　　　∨」

네 변 모두가 다듬어진 모양이다. 좌변은 상단부의 홈 윗부분과 중앙부에서 약간 아랫부분이 조금 결실되어 있다. 里制(701~707) 시기의 安芸國으로부터의 白米 하찰목간으로 보인다.

(5)

「□□命者□受□」

상단은 부러지고 하단은 깎아져 있다. 좌우 양변은 갈라져 있다. 2번째 문자는 '使' 또는 '便', 5번째 문자는 '預' 또는 '頂'일 가능성이 있다.

(6)

「□米一石一　　」

쌀의 수량을 적은 장부 목간의 削屑로 생각된다.

9. 참고문헌

武田和哉·原田香織·宮﨑正裕·原田憲二郎 「奈良·平城京跡(1)」 (『木簡研究』 29, 2007年)

130) 平城京跡左京四條二坊七坪

1. 이름 : 헤이조큐 터

2. 출토지 : 奈良縣(나라현) 奈良市(나라시)

3. 발굴 기간 : 1984.10~1984.11

4. 발굴 기관 : 奈良市教育委員會

5. 유적 종류 : 도성

6. 점수 : 2

7. 유적과 출토 상황

조사지는 7평 동쪽 끝에서 東二坊坊間大路의 일부에 해당된다. 주변은 平城京 유적 내에서
도 비교적 조사사례가 많은 지역으로 조사지 동쪽 즉 東二坊坊間大路를 사이에 둔 좌경4조2방
의 동반부는 田村第로 비정되어 있다. 이번에 확인된 유구는 東二坊坊間大路의 일부와 그 서측
溝, 掘立柱건물 4동, 담 1곳, 우물 1곳, 토광이 있다.

목간은 東二坊坊間大路 서측 溝에서 2점이 출토되었다. 이 側溝는 폭 1.9~3.1m, 깊이는 발
굴구역 북단이 0.3m, 남단이 0.8m인 남북구역이다. 구역 내의 퇴적토는 크게 상·하층으로 나
눌 수 있다. 그중 하층은 또한 2개의 층위로 나누어지는데 목간은 최하층에서 출토되었다. 상층
은 물의 흐름으로 인해 2~5층으로 퇴적이 복잡하게 되어 있고 나라시대 후반의 토기가 출토되
었다.

8. 목간

(1)

「∨石見國那賀郡石×

(2)

「□」

9. 참고문헌

奈良市教委 『奈良市埋藏文化財調査報告書 昭和59年度』 1985年

西崎卓哉「奈良·平城京跡」(『木簡研究』7, 1985年)

131) 平城京跡左京四條三坊九坪(東堀河)

1. 이름 : 헤이조큐 터(히가시호리가와)

2. 출토지 : 奈良縣(나라현) 奈良市(나라시)

3. 발굴 기간 : 2004.10~2005.3

4. 발굴 기관 : 奈良縣立橿原考古學研究所

5. 유적 종류 : 도성

6. 점수 : 1

7. 유적과 출토 상황

조사지는 左京四條三坊九坪 三條大路에 면한 북쪽 끝 중앙부에 해당된다. 확인된 유구로는 東堀河, 掘立柱건물, 굴립주담, 溝, 토갱, 우물 등이 있다. 東堀河 SD04는 조사구역 서측 중앙에서 확인되었다. 폭 9.5~10.1m, 깊이 0.9~1.12m의 남북 溝이다. 단면은 거꾸로 된 사다리꼴이며 埋土는 상, 중, 하 3층으로 나눌 수 있다. 하층은 자갈을 깐 모래층이며 8세기 말~9세기 전반무렵에 퇴적되었다. 중층은 진흙질의 모래와 점질토층이며 9세기 후반기에 퇴적되었다. 長岡京로 천도함에 따라 東市는 관영 시장으로서의 역할을 끝내고 東市로 통하는 운하로서의 기능이 쇠퇴된 것을 계기로 東堀河는 차츰 매몰된 것으로 추측된다. 東堀河는 동서 양측에 택지가 있고 동쪽 택지에서는 掘立柱건물 2동과 掘立柱담 1조, 서측 택지에서는 掘立柱담 3조가 확인되었다. 東堀河와 양측 택지와의 사이에는 폭 3m의 空地가 있는데 이것은 東堀河 양안의 小路로 생각된다.

유물은 나라·헤이안시대의 토기, 기와·塼, 목제품, 금속제품, 전화(錢貨 和同開珍·神功開寶), 목간 등이 정리용 상자로 110상자 출토되었다. 또한 인면 묵서토기, 소형 모조토기, 土馬, 목제

人形, 齋串, 동제人形 등 제사유물도 출토되었다. 목간은 東堀河 하층에서 19점 출토되었다. 그 외에 '神明膏', '四合四夕' 등이 기재된 묵서토기 40점도 출토되었다.

8. 목간

(1)

「往來諸人等　黒毛牛捉事　右牛今月以三日捉印左右下耳辟二果足白

延曆六年十一月八日　」

[　　　　　]到多□食損因是件牛捉宜知狀主有者問所來故告令知

　告知札 목간이다. 상하 양단이 절손되어 있으나 내용은 거의 전문이 남아 있다. 내용은 다음과 같다.

　'왕래하는 사람(에게 알린다). 검은 털의 소를 잡은 사실에 관하여. 이 소는 금월 3일에 잡았다. 특징은 좌우 귀 아래에 '辟'이 2개 있고 발은 흰색이다. [　]에 와서 □ 들쑤시어 먹었다. 그래서 이 소를 잡았다. 이 일을 알고 만약에 주인이 있으면 問所까지 오기 바란다. 이상 고지한다.'

　'延曆六年十一月八日'의 延曆6년은 787년으로 長岡京 천도 3년 후이다. 廐牧令 闌遺物條에 闌遺物은 5일 이내에 해당 부서에 신청을 해야 한다고 규정되어 있다. 소를 포획한 것은 11월 3일, 告知札 작성일은 11월 8일이기에 廐牧令 규정에 적합하다. 이 告知札에는 주인에게 '問所'에 출두하도록 요청하고 있다. '問所'는 소 주인을 찾고 있는 사람이 있는 곳, 또는 이러한 신고나 문의를 처리하는 조직으로 생각된다.

(2)

・「田村殿解　　　　」

・「前寅□〔曆?〕□料□　　」

　문서목간 상단부이다. 목간 연대는 알 수 없으나 '田村殿'는 藤原仲麻呂의 田村第을 의미하는 것으로 추측된다. 田村第 추정지는 조사지 서쪽에 있는 左京四條二坊 東半部에 해당된다(岸俊男「藤原仲麻呂の田村第」『日本古代政治史研究』塙書房, 1966年). 출토 지점은 추정지에서 동쪽으로 2町 떨어져 있어 약간 문제는 있으나 해당 목간은 田村第와 관계가 있는 것으로 볼 수 있다.

(3)

・「□酒受役夫病者[　　　]受君□〔候?〕部荒當　□□□[　　　]
　　　　　　　　　『□　□　□』　　　[　　　　]」

・「□□四斗一升二合中　四斗中
　□□□斗□□二合中　　　都合一斛九斗八升　　　」

短冊型 목간. 좌변 윗부분 3분의 2가 손상되어 있다. 상하 양단 및 좌우 양변은 깎아서 다듬어져 있다. 내용은 役夫에 대한 술의 지급 기록이다. 앞면의 '君□〔候?〕部'에 관해서는 天平勝寶九歲(757)三月에 君子部로부터 吉美候部로 성씨를 바꾼다는 勅이 발령되었는데(『續日本紀』天平寶字元年三月乙亥條) 해당 목간에는 이 두 표기가 섞여 있는 것으로 보아 아마도 改姓 후 얼마 지나지 않은 것으로 추측된다. 異筆 부분(『□　□　□』)은 문자 부분이 깎여졌으나 크고 墨色도 명료하다.

(4)

・「食口　」

・「鯛万呂一斗　」

인명과 물품명 수량이 적혀 있는 목간. 短冊型 목간의 중앙부분에 인명과 수량이 기재되어 있을 뿐 그 전후에 문자는 없다.

(5)

「横女八合」

인명과 물품명 수량이 적혀 있는 목간. 식료 지급에 관한 기록을 적은 목간 단편이다.

(6)

「四條二坊百　」

조방이 적혀 있는 목간. 조사지는 左京四條三坊九坪으로서 목간에 기재되어 있는 2방의 1방 동측에 있다. 四條二坊은 동반부가 田村第 추정지에 해당되기에 위의 '田村殿' 목간과 함께 藤原仲麻呂의 저택과 관계된 것으로 추정된다.

9. 참고문헌

橿考研『奈良縣遺跡調査槪報 2005年度(第1分冊)』2006年

宮長秀和·岡林孝作·安永周平·鶴見泰壽「奈良·平城京跡(1)」(『木簡研究』28, 2006年)

132) 平城京跡左京四條三坊十坪(市314次)

1. 이름 : 헤이조큐 터(시314차)

2. 출토지 : 奈良縣(나라현) 奈良市(나라시)

3. 발굴 기간 : 1994.10~1994.12

4. 발굴 기관 : 奈良市敎育委員會

5. 유적 종류 : 도성

6. 점수 : 5

7. 유적과 출토 상황

해당 조사는 공동주택 건설에 따라서 진행되었다. 확인된 유구로는 나라시대의 굴립주 건물 4동, 굴립주담 2조, 우물 3조, 토갱 7조, 溝 9조와 東堀河 SD26이 있다. SD26은 平城京 내에서 확인된 東堀河의 북쪽 끝이다. 목간은 나라시대의 우물 유구 SE07의 테두리 내에서 2점, 東堀河(SD26)에서 3점 출토되었다.

8. 목간

우물 SE07

(1)

「[ ] 」

(2)

「□　」

　이 2점의 목간 모두가 나라시대 전반기의 우물 상부시설 틀 내에서 출토되었다. 묵서는 보이나 판독이 되지 않는다.

　　東堀河 SD26

(3)

「背國□□□〔相樂郡?〕水□[　　　　]□□□請□〔請?〕∨」

　부찰목간이다. 山背國相樂郡水泉鄕(『和名類聚抄』)으로부터 보낸 부찰일 것이다. '水泉鄕'은 『續日本紀』寶龜元年十二月乙未條에는 '出水鄕'으로 기재되어 있다. 상단은 이차적으로 절단되었으며, 하단부 홈이 있는 곳의 아래에는 '請'자를 습서하였다.

(4)

「∨[　　]君万呂[　　]　」

　목간 중앙부에 '君万呂'라는 인명이 보이나 그 외는 판독되지 않아 내용은 알 수 없다.

(5)

「[　　]　」

　희미한 묵흔이 보이나 판독은 되지 않는다.

9. 참고문헌

奈良市教委 『奈良市埋藏文化財調査槪要報告書 平成6年度』 1995年

篠原豊一 「奈良·平城京跡」(『木簡研究』 17, 1995年)

133) 平城京跡朱雀大路·四條條間路(市328次)

1. 이름 : 헤이조큐 터(시328차)

2. 출토지 : 奈良縣(나라현) 奈良市(나라시)

3. 발굴 기간 : 1995.4~1995.6

4. 발굴 기관 : 奈良市教育委員會

5. 유적 종류 : 도성

6. 점수 : 1

7. 유적과 출토 상황

조사지는 平城京 朱雀大路와 四條條間路의 교차점에 해당된다. 조사 결과 주작대로 및 그 동측 溝, 四條條間路 및 그 남북 양측 溝, 주작대로와 4조조간로 교차점에 있는 다리의 존재가 확인되었다. 또한 주작대로 노면상에서는 시모츠미치(下ツ道)와 그 동측 溝, 북쪽에서 동쪽으로 ㄴ자형으로 굽어진 야요이시대 전기말의 溝, 서북부에서 동남부로 경사된 야요이시대 후기의 溝도 확인되었다. 주작대로 SF06은 노면의 폭이 약 41.5m가 확인되었다. 노면 포장 등은 확인되지 않았다. 주작대로 동측 溝 SD07는 퇴적상황으로 보아 2시기로 나뉜다. 1기의 溝 SD07A는 호안시설이 없고 폭 7.15m 이상이며 깊이는 0.95m이다. 이것을 개축한 2기의 溝 SD07B에는 溝 동쪽기슭에 돌을 1단 깐 호안시설 SX13이 확인된다. 폭 2.2m 이상이고 깊이는 0.5m이다. 유물은 1기 溝 SD07A에서 나라·헤이안시대의 토기, 나라시대의 기와· 人形 등 목제품이 출토되었고 2기 溝 SD07B에서는 나라·헤이안시대의 토기, 기와가 출토되었다. 四條條間路 SF08에서는 북측 溝 SD09(폭 3.0m, 확인된 면으로부터의 깊이0.6m)와 남측 溝SD10(폭 2.6m, 확인된 면으로부터의 깊이 0.5m)가 확인되었다. 목간은 남측 溝 SD10에서 출토되었다. SD10의 토층 퇴적상황은 상층으로부터 암회색사질토, 회백색사질토, 담차회색(淡茶灰色)모래, 담황회색모래(이상은 개축시의 埋土), 회갈색모래, 담황회색모래, 담황갈색모래, 갈회색사질토, 황회색조사(粗砂)로 되어 있으며 최하층은 암회색점질토이다. 목간은 최하층에서 출토되었다.

위치는 주작로 동측 溝 SD07A과의 교차점에서 약 3.5m 동쪽이다.

8. 목간

「 [   ]
    戶主物部×   」

　형태는 목간 상단 및 문자가 있는 왼쪽과 오른쪽 일부가 갈라져 손상되었고 하단은 탄화되었으며 앞뒷면은 이차적으로 깎아져 있다. 묵서는 한 면에만 남아 있는데 왼쪽 아랫부분에 2행의 문자가 확인된다. 하지만 오른쪽 행에 문자는 묵서 흔적은 보이지만 판독이 되지 않는다. 묵서 내용은 戶主와 '物部'가 기재되어 있으나 결손이 심해 부찰목간으로 볼 수 있을지 확실하지 않다.

9. 참고문헌

奈良市敎委『奈良市埋藏文化財調査槪要報告書 平成7年度』1996年

秋山成人「奈良·平城京跡」(『木簡硏究』18, 1996年)

134) 平城京跡左京五條一坊十五坪(市316次)

1. 이름 : 헤이조큐 터(시316차)

2. 출토지 : 奈良縣(나라현) 奈良市(나라시)

3. 발굴 기간 : 1994.11~1994.12

4. 발굴 기관 : 奈良市敎育委員會

5. 유적 종류 : 도성

6. 점수 : 9

7. 유적과 출토 상황

해당 조사는 주택전시장 건축에 따라서 진행되었다. 확인된 유구로는 나라시대의 東一坊大路와 그 서측 溝, 토담, 雨落溝, 掘立柱건물, 토갱이 있다. 목간은 東一坊大路 서측 溝 SD02에서 9점 출토되었다.

8. 목간

「[   ]□□□   」

가늘고 긴 방망이 형태의 목간. 1면에 묵서가 잘 남아 있으나 판독이 되지 않는다. 아랫부분에 2문자는 같은 문자이다. 서측 溝에서는 이외에 삭설이 8점 출토되었는데 모두가 작은 조각으로 판독이 되지 않는다.

9. 참고문헌

奈良市敎委『奈良市埋藏文化財調査槪要報告書 平成6年度』1995年

篠原豊一「奈良·平城京跡」(『木簡研究』17, 1995年)

135) 平城京跡左京五條四坊九坪·五條條間北小路(市622-C次·D次)

1. 이름 : 헤이조큐 터(시622차)
2. 출토지 : 奈良縣(나라현) 奈良市(나라시)
3. 발굴 기간 : 2009.5~2009.10
4. 발굴 기관 : 奈良市敎育委員會
5. 유적 종류 : 도성
6. 점수 : 3

7. 유적과 출토 상황

左京五條四坊九坪(市622-C次)

구획 정리 사업에 관한 조사의 하나로 조사지는 平城京 조방복원에서 左京五條四坊九坪에 해당된다. 확인된 주된 유구로는 掘立柱건물·掘立柱列·溝·토갱·우물이 있다. 목간은 9평 서남부에서 확인된 우물 밑바닥에서 1점 출토되었다. 우물은 길이가 남북 2.6m 이상, 동서 약 3.2m이며 확인된 면으로부터의 깊이는 약 1.1m이다. 테두리 내경은 1변 길이 약 1.0m이다. 우물 구축 시기는 출토된 토기로 보아 8세기 말로 추정된다.

左京五條四坊九坪·五條條間北小路(市622-D次)

구획 정리 사업에 관한 조사의 하나로 조사지는 平城京 조방복원에서 左京五條四坊九坪 서남 모퉁이 및 9평과 10평을 구획하는 五條條間北小路에 해당된다. 확인된 주된 유구로는 五條條間北小路 및 그 북측溝, 9평 남면 토담 및 그 雨落溝, 문, 다리, 埋納 유구가 있다. 목간은 五條條間北小路 북측 溝내에서 2점이 붙은 상태로 출토되었다. 五條條間北小路 북측 溝는 2차례의 준설이 확인되며 목간은 제일 오래된 시기의 溝에서 출토되었다. 이 시기의 측구 규모에 관해서는 폭 0.9m 이상, 깊이 0.5m 이상 된다. 埋土는 2층으로 나눌 수 있는데 목간은 상층 암회석 점질토층에서 출토되었다. 함께 출토된 토기로 보아 매몰연대는 나라시대 말기로 추정된다.

8. 목간

左京五條四坊九坪(市622-C次)

(1)

· 「□ 臣[   ] 家家 足   」

· 「□□□〔臣?〕   」

상단은 앞면과 뒷면 양쪽에서 칼집을 내어서 이차적으로 꺾은 것이다. 하단부는 절단하여 평평하다. 좌측면은 칼을 중간까지 넣어 갈라진 것이다. 우측면은 갈라진 후에 부분적으로 다듬어진 곳이 있다. 앞뒷면 모두 말끔하게 깎여져 있다.

左京五條四坊九坪・五條條間北小路(市622-D次)

(2)

・「∨古錢百廿一文『□』」

・「∨『[   ]』   」

'錢'의 부찰목간이다. 오른쪽 상단부에는 결손이 있고 상단부에는 좌우에 홈이 파여 있다. 하단부는 좌우로부터 뾰족하게 깎아져 있다. 앞뒷면과 양 측면 모두가 말끔하게 깎여져 있다. 앞면 마지막 문자와 뒷면 문자는 목간이 1차적으로 사용되었을 때 기재된 것이다. '古錢'은 8세기 후반기에 발행된 新錢(万年通寶・神功開寶)에 대한 호칭으로 그 전에 발행된 和同開珍을 가리킨다고 생각된다.

(3)

「∨佐伯   」

상단 좌우에 홈이 파여 있다. 하반부는 절손되어 있어 하단부 형태는 불명. 앞뒷면과 양 측면 모두가 말끔하게 깎여져 있다.

9. 참고문헌

原田憲二郎・中島和彦「奈良・平城京跡」(『木簡研究』33, 2011年)

奈良市教委『奈良市埋藏文化財調査年報 平成21(2009)年度』2012年

136) 平城京跡左京五條四坊九・十六坪(市541次)

1. 이름 : 헤이조큐 터(시541차)

2. 출토지 : 奈良縣(나라현) 奈良市(나라시)

3. 발굴 기간 : 2005.11~2006.3

4. 발굴 기관 : 奈良市敎育委員會

5. 유적 종류 : 도성

6. 점수 : 1

7. 유적과 출토 상황

조사지는 平城京跡 左京五條四坊十六坪 서북부로부터 九坪의 東端 중앙부에 해당된다. 조사 결과 야요이시대 후기의 土坑, 나라시대의 九坪과 十六坪 사이에 있는 東四坊坊間路東小路 및 그 양측 溝, 九坪의 동쪽과 16평의 서쪽을 경계 짓는 토담 雨落溝, 9평 坪內를 구획하는 나라시대의 溝, 掘立柱건물·담·우물·토갱 등이 확인되었다. 목간은 16평 내의 우물 유구 SE01의 테두리 내에서 1점 출토되었다. SE01은 남북 1.6m, 동서 1.7m인 隅丸方形이며 깊이는 1.4m이다. 우물 테두리는 나무 한그루를 절반으로 잘라서 속을 파낸 것이며 밑바닥에는 曲物을 설치하였다. 테두리 내경은 남북 0.65m, 동서 0.55m이고 높이는 0.9m가 남아 있다. 曲物 안쪽 치수는 직경 0.18m이고 높이는 0.26m이다. 우물 폐기 시기는 함께 출토된 토기로 보아 나라시대 말 또는 8세기 말경으로 생각된다.

8. 목간

```
「  □  □[      ]□
       …

          机机机机机
榎  榎榎成成成   成  成
  障  障障  障障障障心
    □□       □
```

曲物의 뚜껑으로 쓰인 판재에 습서되어 있다. 뚜껑은 접속되지 않은 좌우 2매의 단편으로 되어 있으며 오른쪽 단편은 왼쪽이 손상되고 상단에서 우단·하단에 걸쳐서 曲物의 弧形이 남아 있다. 그리고 오른 쪽 끝에 구멍이 하나 뚫려 있다. 왼쪽 단편은 좌우양측이 손상되었고 상단과 하단에 弧形이 남아 있다. 두 단편 사이에는 오른쪽 단편의 문자의 左半과 그 다음 한 줄이 손상되어 있다고 생각된다. 오른쪽 단편의 첫 번째와 두 번째 문자는 '榎'일 가능성이 있다. 그리고 오른쪽 단편의 마지막 문자와 왼쪽 단편 마지막 줄의 첫 번째, 두 번째 문자는 '行'의 오른쪽 부위 '亍'로 보인다.

9. 참고문헌

武田和哉·原田香織·宮崎正裕·原田憲二郎 「奈良·平城京跡(1)」(『木簡研究』 29, 2007年)

137) 平城京跡左京五條四坊十六坪(市568次)

1. 이름 : 헤이조큐 터(시568차)
2. 출토지 : 奈良縣(나라현) 奈良市(나라시)
3. 발굴 기간 : 2007.1~2007.3
4. 발굴 기관 : 奈良市教育委員會
5. 유적 종류 : 도성
6. 점수 : 2

7. 유적과 출토 상황

조사지는 平城京跡 左京五條四坊十六坪 남단 중앙부 및 15평과 16평을 구획하는 五條條間北小路에 해당된다. 확인된 유구는 야요이시대의 토갱을 제외하고 모두가 나라시대 이후의 것이다. 나라시대 이후의 유구로는 五條條間北小路와 그 남북 兩側溝, 15평 북면을 경계 짓는 토담과 그 雨落溝, 16평 남쪽 끝의 溝, 坪內를 구획하는 도로·掘立柱담·溝, 16평 남면에 열린 문,

溝, 토갱, 나무다리가 있다. 목간은 五條條間北小路의 북측溝 埋土에서 1점, 그 북측溝를 매몰한 후에 같은 자리에 굴삭된 토갱 SK08에서 1점 출토되었다. 후자는 에도시대 초기의 토기와 함께 출토되었다.

8. 목간

五條條間北小路北側溝

(1)

「□　　」

두께가 있는 판재를 얇은 판재로 쪼갠 것이다. 상단과 좌변에는 원래 목재를 다듬은 것이고 하단은 이차적인 절단면이 남아 있다. 앞뒷면 모두가 표면은 정형이 되어 있지 않고 쪼갠 모습이 그대로 남아 있으며 우변은 차츰 얇아진다.

土坑SK08

(2)

・「　□□□□」

・「□　□□□□」

9. 참고문헌

武田和哉·原田香織·宮崎正裕·原田憲二郎 「奈良·平城京跡(1)」 (『木簡研究』 29, 2007年)

138) 平城京跡左京五條四坊十六坪(市638次)

1. 이름 : 헤이조큐 터(638차)

2. 출토지 : 奈良縣(나라현) 奈良市(나라시)

3. 발굴 기간 : 2010.12~2011.2

4. 발굴 기관 : 奈良市敎育委員會

5. 유적 종류 : 도성

6. 점수 : 1

7. 유적과 출토 상황

조사지는 平城京跡 左京五條四坊十六坪에 해당된다. 16평은 이번 조사를 포함하여 10차례의 발굴조사가 진행되어 坪內 전부의 모습을 알 수 있게 되었다. 확인된 유구로는 掘立柱건물, 담, 우물 21조, 토갱, 溝 등이 있다. 坪內는 동서·남북 방향의 통로에서 분할되며 8분의 1평으로부터 3분의 2평까지의 규모의 택지가 확인되었다. 유구는 중복관계로 보아 4시기 이상으로 나눌 수 있는데 모두 8세기 후반부터 9시기 전반에 해당한다.

목간은 16평 동북부에서 발견된 우물에서 발견되었다. 우물 테두리에 글자가 새겨진 刻書이다. 우물 상부구조 나무틀은 內徑이 0.7m이고 한 그루의 나무를 속을 파서 만든 것이며 깊이는 약 2.7m이다. 상부가 부식되었으나 내면은 매끄럽고 외면은 거칠고 초우나 자귀(手斧)로 다듬은 흔적이 남아 있다. 각서는 외면 북쪽에 쓰여 있다. 나무틀 내에서는 유물 정리상자 1상자 분량의 토기(하지키, 스에키)와 기와 종류가 출토되었다. 출토 유물로 보아 우물 폐절 시기는 8세기 말로 추정된다.

8. 목간

「■司(刻書)　　」

문자는 우물 테두리의 아랫부분에서 약 140㎝ 윗부분에 상하방향으로 2글자 새겨져 있다. 외면을 초우나 자귀로 다듬은 후에 새겨진 것으로 보인다. '■'는 왼쪽이 '角', 오른쪽이 '斤'으로 쓰인 자체인데 '斤'이 사용된 것으로 보아 아마도 '斧' 즉 도끼를 의미한다고 생각된다.

9. 참고문헌

中島和彦「奈良·平城京跡(2)」(『木簡研究』34, 2012年)

奈良市教委『奈良市埋藏文化財調査年報 平成22(2010)年度』2013年

139) 平城京跡左京五條五坊七坪

1. 이름 : 헤이조큐 터
2. 출토지 : 奈良縣(나라현) 奈良市(나라시)
3. 발굴 기간 : 1980.9~1980.12
4. 발굴 기관 : 奈良市教育委員會
5. 유적 종류 : 도성
6. 점수 : 2

7. 유적과 출토 상황

조사지는 平城京跡 左京五條五坊七坪과 十坪에 걸친 지역에 해당된다. 조사 결과 7평과 10평 사이를 구획하는 坊間路와 7평 택지 내에 있는 掘立柱건물 13동, 우물 6조가 확인되었다. 방간로는 동서 양측 溝가 있고 그 중심과 중심 사이의 거리는 8m가 넘는다. 폭이 3丈(30尺)으로 계획된 것으로 보이나 3장의 폭을 가진 坊·條間路는 기존에 알려지지 않았다. 한편 7평 내의 유구는 주혈의 중복관계나 건물 사이의 간격으로 보아 네 시기의 변천이 있었다고 볼 수 있으나 모든 시기에 坪內를 구획하는 명확한 시설의 흔적이 없고 2칸×3칸 정도의 소규모의 건물이 배치되어 있을 뿐이다. 서민계층의 생활공간으로 추측된다.

목간은 발굴구역 남단에서 발견된 나라시대 후기의 우물 유구 SE05에서 출토되었다. 이 우물은 1변 길이가 약 2m 되는 방형이고 테두리는 침엽수 그루터기를 세로로 갈라 그 내부를 파내고 다시 조합시켜 만들었다. 나무틀 각 부분의 크기는 상부의 內徑이 82㎝, 하부의 내경이

68㎝이고 길이는 169㎝이며 두께는 5~12㎝이다. 목간은 나무틀 내의 아랫부분에서 나라시대 말기의 토기종류와 함께 출토되었다. 그 외에 젓가락, 曲物 등 목제품, 土馬, 쇠도끼 등도 출토되었다. 토기 중에는 '人', '用'이 쓰인 묵서토기가 2점 포함되어 있다.

8. 목간

(1)

「ε(人面)山□□〔下倉?〕人豆主」

人形의 胴體에 인명이 묵서되어 있으며 눈썹, 코, 입, 수염도 그려져 있다.

(2)

「□□

道道□」

습서의 일부로 보이나 선단부가 칼끝모양으로 가공되어 있고 노송나무의 얇은 판자가 사용되어 있기에 檜扇 즉 노송나무의 얇은 오리로 엮어 만든 쥘부채의 살의 끝부분일 가능성이 있다.

9. 참고문헌

中井公「奈良·平城京左京(外京)五條五坊七坪」(『木簡研究』3, 1981年)
奈良市教委『平城京左京(外京)五條五坊七·十坪發掘調査概要報告』1982年

140) 平城京跡左京七條一坊十六坪·東一坊大路西側溝·六條大路北側溝(252-253次)

1. 이름 : 헤이조큐 터(252차)
2. 출토지 : 奈良縣(나라현) 奈良市(나라시)

3. 발굴 기간 : 1994.6~1994.10

4. 발굴 기관 : 奈良國立文化財研究所

5. 유적 종류 : 도성

6. 점수 : 304

7. 유적과 출토 상황

平城京跡 左京七條一坊 十六坪의 지역 전체에 대한 조사이다. 유구는 대략 4시기로 나눌 수 있다. 또한 각 시설은 동서로 구분되는데 동반부는 건물이 아주 적고 공간을 크게 두고 있다. 이에 반해 서반부는 소규모의 건물이 배치되어 있다. 坪內의 성격에 관해서는 주변 溝에서 출토된 유물로 보아 官衙 또는 공방의 가능성이 있지만 坪內의 모습은 이와 달라 2분의1평의 택지로 보는 것이 좋을 듯싶다.

목간은 252·253차 조사에서 획인된 2곳의 溝에서 출토되었다. 16평 북변을 동서로 흐르는 6조대로 북측 溝에서 3점, 16평 동변을 남북으로 흐르는 동1방대로 양측 溝에서 852점(그정삭설 496점) 출토되었다. 六條大路 북측 溝는 5층으로 나누어지는데 제4층에서 1점, 최하층에서 2점 출토되었다. 東一坊大路 서측 溝는 폭이 약 7m, 깊이 1.2~1.6m로 단순한 도로 배수로라기보다는 東堀河나 西一坊坊間路 서측 溝 등과 같이 운하로서 기능했을 것이라고 생각된다. 퇴적층은 크게 5층으로 구분되며 아래 2층이 나라시대, 위 3층은 헤이안시대로 판단된다. 목간은 최상층 이외의 각층에서 출토되었으나 대부분이 아래 2층에서 출토되었고 헤이안시대에 쓰인 기년 목간은 없다. 목간의 기년은 天平2년(730), 20년(748), 天平勝寶5년(753), 天平寶字7년(763), 寶龜3년(772), 7년(776)이 확인된다. 목간 외에 대량의 유물이 함께 출토되었다. '神明膏', '道麻', '酒坏' 등 묵서토기, 기와, 목기, 금속기 외에 제사 관련 유물과 생산 관련 유물이 대량으로 출토되었다. 제사 관련 유물로는 인면 묵서토기, 소형 토기, 土馬, 人形(동제, 철제, 목제), 齋串, 小型素文鏡, 琴形 등 다종다양하다. 제사 유물 연대는 나라시대 후반부터 헤이안시대 초기로 추정된다. 또한 생산 관련 유물로는 유리구슬 鑄型, 도가니, 송풍관, 광재, 숫돌, 옻칠이 부착된 토기, 솔 등이 있다.

8. 목간

六條大路北側溝

(1)

茄子一斗　糖十□[斤?]

(2)

×岐國寒×

東一坊大路西側溝

(3)

・　□□□□□□□〔中務省移衛門府?〕

・□人　　□〔夫?〕□□□

문서목간이다. '中務省'에서 '衛門府'로 보낸 '移'.

(4)

・「寶字七年六

　　月諸司繼文

・「寶字七年六×

　　諸司繼文

題籤軸이다. 축 윗부분은 네모나게 다듬어져 있다. '諸司'로부터 보내온 문서를 붙여서 보관한 부서에서 사용된 목간이다. '寶字七年'은 763년이다.

(5)

「曽□〔雅?〕門一　　右四人嶋村列　　中大伴門一　　右四人三龍列　　」
[　　　　　　　　　]　　　　　　　[　　　]列

　문 경비를 맡은 '列'의 이름을 열기한 목간. '大伴門'은 주작문에 해당되는데 아마도 공적으로는 주작문이라고 불렀으나 그전에도 사용한 大伴門이란 호칭도 같이 사용되었으리라고 생각된다. '中大伴門'은 주작문 북측에 있는 문, 즉 朝堂院 남문에 해당될 것이다. '中大伴門'을 지키는 '三龍列'는 門部 혹은 衛士일 가능성이 있다.

(6)

· 參河國八名郡多米鄕□　　　」

· 天平二年六月五×　　　　」

하찰목간. '天平二年'은 730년이다.

(7)

·「∨駿河國駿河郡柏原鄕山□〔田?〕」

·「∨眞高錢六百文　　　　　　」

'六百文'은 養錢으로 생각된다. 養錢은 衛士 또는 仕丁에 관해 출생지로부터 보내온 돈인데 해당 목간은 이 돈의 하찰이다.

(8)

「∨封　∨　」

봉함(封緘)목간이다. 상·하단에 홈이 파여 있고 '封'자는 상단의 홈이 있는 위치에 쓰여 있고 그 중간에 묵흔이 끊어진 부분이 있다. 뒷면은 표면이 조정되지 않았는데 이것은 1매의 나무판자를 위로부터 중간까지 칼질을 하여 앞뒷면으로 갈라놓았기 때문이다. 앞뒷면이 갈라진 부분에 종이를 꼽아 사용했던 것이다.

9. 참고문헌

奈文研『1994年度平城宮跡發掘調査部發掘調査槪報』1995年

奈文研『平城宮發掘調査出土木簡槪報』31, 1995年

舘野和己「奈良·平城京跡左京七條一坊十六坪」(『木簡硏究』17, 1995年)

奈文研『奈良國立文化財硏究所年報1995』1996年

奈文研『平城京左京七條一坊十五·十六坪發掘調査報告』(奈良國立文化財硏究所學報56) 1997年

木簡學會編 『日本古代木簡集成』 東京大學出版會, 2003年

141) 平城京跡左京八條三坊六坪(東市跡推定地12次)

1. 이름 : 헤이조큐 터(東市跡推定地12次)

2. 출토지 : 奈良縣(나라현) 奈良市(나라시)

3. 발굴 기간 : 1991.10~1991.11

4. 발굴 기관 : 奈良市教育委員會

5. 유적 종류 : 도성·관아

6. 점수 : 5

7. 유적과 출토 상황

조사지는 平城京跡 左京八條三坊 五·六·十一·十二坪으로 비정되는 東市 유적의 서북평, 6 평에 해당된다. 조사 결과 東市 추정지 중앙부를 남북으로 통하는 東三坊坊間路의 일부와 그 서측 溝, 토담 흔적, 문, 굴립주담 5조, 우물 2조, 토갱 등이 확인되었다. 문과 東三坊坊間路가 확인됨에 의해 平安京의 시장과 같이 平城京 시장도 도로에 의해 1평씩 구획되었을 가능성이 크다.

목간은 6평 내에서 확인된 우물 유구 SE200에서 출토되었다. 우물은 동서 4m, 남북 4m의 평면타원형이고 확인된 면으로부터의 깊이는 3.2m이다. 우물은 2단으로 파였고 안에는 테두리가 설치되었으며 안지름은 한 변 94㎝이다. 목간은 5점 출토되었는데 함께 출토된 유물은 나라시대 후반기의 하지키·스에키를 비롯해 묵서토기, 나막신, 칠그릇, 빗, 齋串 등이 있다. 묵서토기는 29점 출토되었는데 '小'가 24점, '鯛' 2점, '八番' 1점, '袖' 1점, 불명 1점이다.

8. 목간

(1)

「　□□〔張張?〕張張□　　」

□〔淨?〕ヽヽヽ□

습서목간의 削屑이다. 필체 등으로 보아 아래의 두 목간도 동일한 목간의 削屑일 가능성이 있다.

(2)

「　　淨淨淨爭□〔爭?〕□　　　□　　」

□□

습서목간의 削屑이다. 2번째 줄의 두 글자는 '頁' 부분은 판독이 되나 다른 자획이 있는지는 확실하지 않다.

(3)

「□□□□□　　」

습서목간의 削屑이다. 2, 3번째 글자는 '頁' 부분은 판독이 되나 다른 자획이 있는지는 확실하지 않다.

(4)

「□秦□□　　」

목간 削屑이다. 문자가 4글자가 확인이 되나 내용은 알 수 없다.

(5)

「□□□□□　　」

목간 削屑이다. 문자가 5글자 확인이 되나 내용은 알 수 없다.

9. 참고문헌

奈良市敎委『平城京東市跡推定地の調査X 第12次發掘調査槪報』1992年

三好美穗「奈良·平城京東市跡推定地」(『木簡硏究』14, 1992年)

142) 平城京跡左京八條三坊九・十・十五・十六坪(東市周邊)(93次)

1. 이름 : 헤이조큐 터(93차)

2. 출토지 : 奈良縣(나라현) 奈良市(나라시)

3. 발굴 기간 : 1975.1~1975.6

4. 발굴 기관 : 奈良國立文化財研究所

5. 유적 종류 : 도성

6. 점수 : 30

7. 유적과 출토 상황

조사지는 平城京跡左京八條三坊 내 동북쪽에 있는 九・十・十五・十六坪에 해당된다. 주된 유구로는 九坪 중앙부에 남북을 貫流하는 堀河 SD1300과 坪境小路 및 도로형 유구와 그 側溝, 九・十坪을 중심으로 하는 掘立柱건물 90여 동, 우물 9조, 十五坪에 있는 사원건물 등이 있다. 목간은 堀河 SD1300에서 5점, 九・十坪 坪境小路 남측 溝 SD1155에서 25점, 합계 30점이 출토되었다. 堀河 SD1300은 東市의 중요한 운반도로였다고 생각된다.

8. 목간

SD1155

(1)

「□　四月十五日」

(2)

「養養養養養□〔養?〕[　　　]

　　□□□□□□」

습서목간이다.

(3)

・「□□國□□　　」

・「□□鄕戶主別公小足戶□□□」

'足'는 이체자로 쓰여 있다.

(4)

「□〔道?〕　首首道道　爲　□〔爲?〕

　　　　　　　　　　　道　　　　　　　」

습서목간이다.

(5)

・「進上馱一匹功四束　」

・「　　　□　　　　　」

(6)

「東宮靑奈　直□〔錢?〕

'直'는 점 아래에 '一'을 쓰고 그 아래에 '目', '一'을 쓴 이체자다.

SD1300

(7)

「　　　　　　藥
　□□□六果　□

(8)

・「□年料荏油一斗三升□」

・「九年九月廿五日　　」

(9)

「□百廿文□」

(10)

「符　民使　彼在□」

9. 참고문헌

奈文研『昭和49年度平城宮跡發掘調査部發掘調査槪報』1975年

奈文研『奈良國立文化財研究所年報1975』1976年

奈文研『平城京左京八條三坊發掘調査槪報—東市周邊東北地域の調査』1976年

奈文研『平城宮發掘調査出土木簡槪報』11, 1977年

143) 平城京跡左京八條三坊十一坪(東市跡推定地4次)

1. 이름 : 헤이조큐 터(東市跡推定地4次)

2. 출토지 : 奈良縣(나라현) 奈良市(나라시)

3. 발굴 기간 : 1983.4~1983.6

4. 발굴 기관 : 奈良市敎育委員會

5. 유적 종류 : 도성

6. 점수 : 6

7. 유적과 출토 상황

조사지는 平城京跡 左京八條三坊十一坪의 북변 중앙부에 위치한다. 今泉隆雄와 岸俊男의 연구로 인해 東市가 左京八條三坊五·六·十一·十二坪에 있었다는 4평설이 유력하여 해당 조사지도 東市 유적지로 추정된다. 이번 조사에서 확인된 주요 유구로는 東堀河, 8조조간로 및 양측 溝, 동해자에 걸쳐진 나무다리, 溝, 나무 담 등이 있다. 東堀河는 遺存된 地割 검토로 大安寺宮池町(左京五條三坊) 부근으로부터 경외 地藏院川 부근에 이르기까지의 남북 약 3㎞에 걸쳐 존재하였다고 예상되었지만 최근의 左京六條三坊十坪, 八條三坊十坪 및 九條三坊十坪에서 진행된 발굴조사를 통해 각 坊의 9~12평 중앙부를 남북 방향으로 흘러내린 것으로 밝혀졌다. 八條三坊九坪 조사에서는 東堀河 폭이 약 10m, 깊이가 약 1.4m 이었지만 해당 하류 조사에서는 폭이 11~12m로 넓다는 것이 밝혀졌다. 八條條間路는 노면 폭이 약 4.6m(溝 심심거리 약 6m)이다. 나무다리는 노면의 중앙부에 설치되어 있다. 東堀河는 埋土층에서 출토된 토기 연대로 보아 8세기 후반~말기, 9세기 전반~중기, 9세기 후반~말기의 3시기로 나뉜다. 따라서 東堀河는 차츰 메워지면서 얕아지기는 하나 平城京 廢絶후에도 얼마간 기능했다고 볼 수 있다.

목간은 東堀河에서 출토되었는데 목간 외에 대량의 토기와 土馬, 제사용구, 금속제품 등이 출토되었다. 목간은 6점 출토되었는데 원형을 알 수 있는 것이 1점이고 나머지는 모두 단편이다. 다른 유물의 연대로 보아 목간은 8세기 말부터 9세기 초에 投棄되었다고 생각된다. 이외에 묵서가 확인되는 하지키, 스에키 등이 40점 출토되었는데 해독 불가능한 것이 적지 않다.

8. 목간

(1)
「□□九□□知　　□〔奴?〕□卅×

(2)
「一斗六升×

(3)
・×[　　　　　　　　]」
・×飯□〔之?〕食飯□　」

(4)
「　Ｖ阿貴氷　□〔倉?〕垣少庭Ｖ
　　　　　　　六月四日　　　　」

완형의 부찰목간이다. '倉垣'는 氏名, '少庭'는 인명으로 생각된다.

(5)

大□〔坂?〕□

       □×

(6)

×万呂　□□乙×

9. 참고문헌

奈良市敎委『平城京東市跡推定地の調査Ⅱ 第4次發掘調査槪報』1984年

龜井伸雄「奈良·平城京左京八條三坊十一坪」(『木簡硏究』 6, 1984年)

144) 平城京跡左京八條三坊十一坪(東市跡推定地36次)

1. 이름 : 헤이조큐 터(東市跡推定地36次)
2. 출토지 : 奈良縣(나라현) 奈良市(나라시)
3. 발굴 기간 : 2012.7~2012.8
4. 발굴 기관 : 奈良市敎育委員會
5. 유적 종류 : 도성
6. 점수 : 1

7. 유적과 출토 상황

平城京 東市는 京都知恩院에 남아 있는 '平城京市指圖' 등의 연구를 통해 左京八條三坊五·六·十一·十二坪에 있었다는 것이 알려졌다. 이번 조사는 택지 건설에 의해 진행되었다. 유구는 8조조간로 남측 溝, 나라시대 중반기의 우물, 나라시대 후반기의 掘立柱건물, 掘立柱列 등이 확인되었다. 굴립주열의 주혈에서 51매가 이어진 和同開珍이 출토되어 건물 폐기에 관한 제사 시

사용된 것으로 추정된다. 목간은 八條條間路 남측 溝의 최하층에서 1점 출토되었다. 溝의 폭은 1.7~2.3m이고 깊이는 0.8~0.9m이다. 목간과 함께 출토된 토기 시기는 나라시대 후반기이다.

8. 목간

・「o　　　　　　　　　　月□〔料?〕

　　　伊予　□　含　濃郡

　　　　　『國俵』　『俵』　　　　　」

・「　月廿九日進上　□『□』

　　o　　『進』　　　　　　　」

伊予國에 관한 문서목간. 문자와 상단부의 구멍 위치는 중복되지 않는다. 구멍은 현재 남아 있는 문자와 같은 시기에 뚫린 것이 아닐 것이다. 앞뒷면 양면에 문자를 깎아내고 남은 묵서 흔적이 보이는데 이것은 아마도 구멍과 관련이 있는 것일 가능성이 크다. '含濃'은 '카미노'라고 읽으며 神野郡(후에 新居郡으로 이름을 바꿨다)과 같은 지명으로 생각된다.

9. 참고문헌

池田裕英 「奈良·平城京東市跡推定地(左京八條三坊十一坪)」 (『木簡研究』 35, 2013年)

145) 平城京跡左京八條三坊十二坪(東市跡推定地27次)

1. 이름 : 헤이조큐 터(東市터 추정지 27차)
2. 출토지 : 奈良縣(나라현) 奈良市(나라시)
3. 발굴 기간 : 2001.10~2001.11
4. 발굴 기관 : 奈良市敎育委員會
5. 유적 종류 : 도성

6. 점수 : 5

7. 유적과 출토 상황

발굴 조사지는 東市 유적 추정지에 해당되는 4개 평(左京八條三坊五·六·十一·十二坪) 중 12평의 서단, 남북 중앙라인의 남측에 위치한다. 12坪內의 조사는 이번이 처음이다. 나라, 헤이안, 가마쿠라시대의 유구가 확인되었으며 나라·헤이안시대의 유구로는 掘立柱건물 9, 우물 1, 土坑 4조가 있다. 掘立柱건물은 밀도가 높은 점, 중복관계로 보아 5시기 이상으로 나눈다. 건물 규모에 관해서는 발굴 조사구 밖으로 이어져 있어 전체 모습을 알 수는 없으나 柱穴 규모로 보아 중고규모의 건물로 추정된다. 출토된 토기로 보아 시기는 8세기 중기로부터 9세기 초기로 판단된다.

목간은 우물 유구 SE502에서 출토되었다. 우물은 방형이며 테두리 내경은 1변 약 0.8m이다. 깊이는 약 2.6m까지 팠으나 밑바닥까지 달하지 못했다. 테두리 내에서 목간 5점 외에 많은 유물이 출토되었다. 토기는 하지키, 스에키, 흑색토기가 있고 묵서토기도 29점이다. 묵서는 '鯛' 2점, '種' 1점 외에 기호가 11점 이상 된다. 이외에 和同開珍 1점, 神功開寶 2점, 초우나 자귀(手斧), 못, 齋串 2점, 빗 3점, 젓가락 다수, 동물유존체, 식물유존체도 출토되었다. 출토 토기로 보아 우물 연대는 8세기 말에서 9세기 초기의 시기로 판단된다.

8. 목간

　(1)

□

　(2)

□[　　]□□□……□□

　(3)

□

(4)

[   ]

(5)

□□

　두 번째부터 네 번째까지는 削屑이며 길이는 32~78㎜이다. 다섯 번째도 削屑이지만 길이가 125㎜ 되며 두께도 있는 削屑이다. 두 번째는 두 조각으로 나누어져 있고 직접 接合되지는 않지만 같은 목간으로 판단하였다. 어느 목간도 판독은 되지 않는다.

9. 참고문헌

中島和彦「奈良·平城京東市跡推定地」(『木簡研究』24, 2002年)

奈良市敎委『奈良市埋藏文化財調査槪要報告書 平成13年度』2004年

146) 平城京跡左京八條三坊十四坪(市613次)

1. 이름 : 헤이조큐 터(시613차)

2. 출토지 : 奈良縣(나라현) 奈良市(나라시)

3. 발굴 기간 : 2008.8~2008.9

4. 발굴 기관 : 奈良市敎育委員會

5. 유적 종류 : 도성

6. 점수 : 1

7. 유적과 출토 상황

　조사지는 平城京跡 左京八條三坊十四坪 북변 서반부에 해당된다. 이곳은 平城京 東市 유적 추정지에 인접해 있다. 조사 결과 나라시대의 掘立柱건물, 담, 우물, 溝, 중세 이후의 경작을 위한 溝가 확인되었다. 목간은 檜扇 즉 노송나무의 얇은 오리로 엮어 만든 쥘부채로 轉用된 것이며 발굴구역 동북 모퉁이에서 발견된 우물의 테두리 내 埋土에서 1점 출토되었다. 우물 나무틀은 방형이고 내경 길이는 동서 0.84m, 남북 0.85m이며 깊이는 2.25m이다. 나무 틀 내 埋土에서는 檜扇 외에 나라시대 후반기의 하지키·스에키, 수키와·암키와, 목제품, 도자(刀子), 복숭아 종자 등이 출토되었다.

8. 목간

```
┌麻呂□□□□
  □□□[四?]刀自女      ┘
```

檜扇의 부채살은 16매 있는데 그중 1매에 묵서가 되어 있다. 원형을 남기고 있는 살 상단부에 문장 일부가 쓰여 있기에 轉用으로 판단했다. 1매의 목간 단편을 얇게 깎아서 만든 것으로 보인다. 하단부는 손상되었고 부채살을 이은 끈을 통하게 하기 위한 구멍이 3곳 있다. 내용은 인명의 일부가 확인된다.

9. 참고문헌

原田香織「奈良·平城京跡(2)」(『木簡研究』31, 2009年)

奈良市教委『奈良市埋藏文化財調査年報 平成20(2008)年度』2011年

147) 平城京跡左京九條三坊五坪(東堀河)(141-23次)

1. 이름 : 헤이조큐 터(141-23차)
2. 출토지 : 奈良縣(나라현) 奈良市(나라시)
3. 발굴 기간 : 1982.1
4. 발굴 기관 : 奈良國立文化財研究所

5. 유적 종류 : 도성

6. 점수 : 5

7. 유적과 출토 상황

조사지는 左京九條三坊十坪 동북쪽에 해당된다. 넓이가 약 11m, 깊이 약 1.3m 되는 동쪽 해자와 이 해자에 걸쳐 있는 다리 및 호안시설, 九條條間路와 그 남북 양측의 溝 등 유구가 발견되었다. 목간은 해자 밑바닥에 퇴적된 토층에서 5점 출토되었다. 다른 유물의 연대관이나 해자의 폐기 상황으로 보아 대부분 나라시대 말기에 퇴적된 것으로 추정된다. 해자에서는 8세기 중엽으로부터 9세기 초의 하지키, 스에키, 100점에 가까운 동전, 人形, 齋串, 철제 공구, 銅製 금속제품, 목제품 등이 출토되었고 묵서 토기도 31점 출토되었다.

8. 목간

· ×直十五□〔文?〕×

· ×　□□　　　×

9. 참고문헌

奈文研『奈良國立文化財研究所年報1983』1983年

奈文研『平城宮發掘調査出土木簡槪報』16, 1983年

奈文研『平城京東堀河－左京九條三坊の發掘調査』1983年

寺崎保廣·橋本義則「奈良·平城宮·京跡」(『木簡研究』5, 1983年)

148) 平城京跡右京一條北邊二坊二·三坪(103-16次)

1. 이름 : 헤이조큐 터(103-16차)

2. 출토지 : 奈良縣(나라현) 奈良市(나라시)

3. 발굴 기간 : 1978.2~1978.4

4. 발굴 기관 : 奈良國立文化財研究所

5. 유적 종류 : 도성

6. 점수 : 1

7. 유적과 출토 상황

조사지는 平城京跡 右京一條北邊二坊二·三坪, 一條北大路에 해당된다. 확인된 유구는 크게 3시기로 구분된다. 1기(나라시대 전반)는 二坪·三坪이 일체로 이용된 시기인데 조사구역 남변에서 발견된 一條北大路 북측 溝 SD182(舊 160)과 掘立柱담으로 구획된 곳에 동서동 掘立柱건물 SB165(舊 250), 남북동 掘立柱건물 2동 등이 배치되어 있었다. 2기(나라시대 후반부터 말기)에는 二坪과 三坪이 남북 도로로 구획되어 분할되어 있었다. 이 도로는 西二坊坊間小路에 해당한다고 추측된다. 3기(나라시대 말 이후) 유구는 掘立柱건물, 동서 울타리(柵), 溝 등이 있다. 목간은 1기 掘立柱건물 SB165가 廢絶된 후에 설치된 우물 유구 SE177(舊 245)의 埋土에서 1점 출토되었다. 우물은 내경 1.3m의 방형이며 깊이는 약 2.6m, 나무틀이 8단 남아 있다. 공반 유물로는 나라시대 말의 토기가 있다.

8. 목간

「□丈七尺[　　　]　　」

9. 참고문헌

奈文研『昭和52年度 平城宮跡發掘調査部發掘調査槪報』1978年

奈文研『奈良國立文化財研究所年報1978』1978年

奈文研『平城宮發掘調査出土木簡槪報』12, 1978年

山本崇「奈良·平城京跡(2)」(『木簡研究』29, 2007年)

149) 平城京跡右京一條·北邊二坊

1. 이름 : 헤이조큐 터
2. 출토지 : 奈良縣(나라현) 奈良市(나라시)
3. 발굴 기간 : 2003.8~2003.12
4. 발굴 기관 : (財)元興寺文化財硏究所
5. 유적 종류 : 도성
6. 점수 : 1

7. 유적과 출토 상황

조사지는 平城京跡 右京一條二·三坊, 北邊二坊에 위치하며 西隆寺 舊 境內 및 喪儀寮 추정지에 해당된다. 조사 결과 조방 유구, 掘立柱건물군, 우물, 유로 등이 확인되었다. 나라시대 전기부터 중기(西隆寺 창건 이전)에는 一條北大路, 西二坊大路가 설치되었고 1조3방측은 평내(坪內) 도로에 의해 평내를 2곳 이상으로 분할하여 사용했으리라 생각된다. 나라시대 후기부터 헤이안시대 초기(서융사 창건 이후)에는 坪內를 분할하는 도로가 없어지고 새로운 규모의 큰 건물이 여러 채 건설되었다. 또한 北邊坊측에는 柵列 등이 보이는데 도로 側溝는 존재하지 않음이 트렌치 조사를 통해 확인되었다. 9세기 후반부터 10세기 초기에는 西二坊大路 西側溝가 매몰되었는데 여기에 대량의 西隆寺 기와가 버려졌다.

목간은 나라시대 후반기의 우물 SE2016에서 출토되었다. 그 외에 다른 유구에서 '寺', '下', '石川□□' 등이 기재된 묵서토기가 출토되었다.

8. 목간

· 「[   ]□〔鄕?〕□□…□□□□□□」
· 「[   ] … [   ]
　　[   ] … [   ]　　　」

목간은 우물 테두리내의 중층에서 출토되었다. 두 조각으로 분리되어 있어 직접 접합되지 않으나 동일 목간의 단편으로 생각된다. 하단부는 양측으로부터 도려낸 모습을 띄고 있다. 상단은 둥글게 다듬어져 있는데 이것은 목간으로서의 용도가 끝난 후에 다른 목제품으로 재가공된 것으로 생각된다. 문자는 중복된 곳이 많아 판독이 아주 어려운 상태이다. 겨우 '鄕'으로 보이는 문자가 확인이 되는데 하찰목간이었을 가능성이 있다.

9. 참고문헌

佐藤亜聖「奈良·平城京跡右京北邊」(『木簡研究』26, 2004年)

元興寺文化財硏究所『平城京右京北邊』2005年

150) 平城京跡右京一條北邊四坊三坪(市ＨＪ532次)

1. 이름 : 헤이조큐 터(시HJ532차)
2. 출토지 : 奈良縣(나라현) 奈良市(나라시)
3. 발굴 기간 : 2005.5~2005.7
4. 발굴 기관 : 奈良市教育委員會
5. 유적 종류 : 도성
6. 점수 : 1

7. 유적과 출토 상황

조사지는 平城京跡 右京一條北邊四坊三坪 동남 모퉁이에 해당된다. 이곳은 가마쿠라시대 말기의『西大寺與秋篠寺相論繪圖』에 '本願天皇山莊跡'이라고 기재된 곳이다. 서쪽에는 坪境에 해당되는 장소에 繪圖에 그려져 있는 가운데 섬이 있는 못이 지금도 남아 있는 것으로 보아 3평·6평 중 2정(町)의 면적이 택지로 이용된 것으로 생각된다. 또한 이곳은 称德天皇山莊跡이었다고 추정된다. 유구는 고훈시대의 溝 2조, 토갱 2조, 나라시대의 溝 2조, 우물 1조, 土坑 2조, 掘立柱건물 2동, 掘立柱 담 3조가 확인되었다. 나라시대 2조의 溝는 西四坊坊間東小路 西側溝 와 雨落溝일 가능성이 있다. 발굴구역 동단은 폭 1.5m 이상, 길이 22m 이상, 깊이 0.8m 범위 가 후세에 掘削되어 유구면이 파괴되었다. 목간은 이 후세의 굴삭 부분 밑바닥에서 출토되었 다. 굴삭은 나라시대 이후에 되었으나 유물이 아주 소량이므로 굴삭 시기를 특정할 수 없다.

8. 목간

「∨□□□　國□[人?]　　」

상단은 칼질을 한 다음에 꺾어서 가공한 것이고 좌우 양변은 다듬어져 있다. 또한 상단 좌 우 양측에는 홈이 파여 있다. 하단과 상단 왼쪽은 손상되어 있다. 목간은 형태로 보아 하찰목간 으로 생각된다.

9. 참고문헌

久保邦江「奈良・平城京跡(3)」(『木簡研究』28, 2006年)

151) 平城京跡右京一條二坊一坪(79-24次)(舊, 72年次數外 縣營住宅)

1. 이름 : 헤이조큐 터(79-24차)
2. 출토지 : 奈良縣(나라현) 奈良市(나라시)
3. 발굴 기간 : 1972.11~1972.12
4. 발굴 기관 : 奈良國立文化財硏究所
5. 유적 종류 : 도성
6. 점수 : 1

7. 유적과 출토 상황

조사지는 平城京跡 右京一條二坊一坪에 해당된다. 조사구는 6m×7m의 남북 트렌치와 이와 직교하는 6m×25m의 동서 트렌치이다. 유구는 나라시대 이전, 나라시대, 나라시대 이후로 크게 3시기로 나눌 수 있다. 하지만 나라시대 이전과 이후의 유구는 유구 중복관계에 의해 정해진 것으로 시기를 결정하는 유물이 출토된 것은 아니다. 나라시대의 주된 유구로는 동서동 건물의 서쪽 측면 부분, 溝 3조, 土坑 3조, 우물 1조가 있는데 목간은 남북·동서 트렌치의 교차점 부근에서 발견된 우물 SE810 하층에서 1점 출토되었다. SE810은 1변 약 4m, 깊이 2m 되는 방형 우물이며 나무틀은 남아 있지 않는다. 우물 퇴적토는 크게 상하 2층으로 나누어지는데 상층에서는 헤이안시대의 흑색 토기, 스에키 독(甕) 등이 출토되었고 하층에서는 나라시대 말기의 토기, 寶龜·延曆 연간(770~806)의 암막새 기와, 묵서토기가 출토되었다. 상층 유물은 平城京가 廢絶된 후 매몰된 것으로 추측된다.

8. 목간

「o □水船四枚切机四前中取一前　　」

상단과 우변은 깎아져 있고 하단은 이차적으로 절단되어 있으며 좌변은 이차적으로 깎아져 있다. '船'는 槽와 통하기에(『和名類聚抄』) '水船'는 水槽와 같다. '切机'는 도마를 가리키며 '中取'는 中取机, 즉 발이 달린 테이블을 가리킨다. 주방용구·식사용구 이름과 수량이 열거되어 있으나 목간 용도는 분명치 않다.

9. 참고문헌

奈文研『昭和47年度 平城宮跡發掘調査部發掘調査槪報(2)—法華寺境內·阿弥陀淨土院跡·中山瓦窯』1985年

奈文研『平城宮發掘調査出土木簡槪報』38, 2007年

山本崇「奈良·平城京跡右京一條二坊一坪」(『木簡硏究』29, 2007年)

152) 平城京跡右京一條三坊一坪

1. 이름 : 헤이조큐 터
2. 출토지 : 奈良縣(나라현) 奈良市(나라시)
3. 발굴 기간 : 2007.11~2008.3
4. 발굴 기관 : (財)元興寺文化財研究所
5. 유적 종류 : 도성
6. 점수 : 2

7. 유적과 출토 상황

조사지는 平城京跡 右京一條三坊一坪에 해당한다. 조사 결과 고대 유구로 一條北大路의 일부와 평내 구획 溝, 나라시대 후기부터 헤이안시대 전기의 掘立柱건물, 우물, 토갱 등이 확인되었다. 출토 유물 중 '同法所'라고 묵서된 하지키 접시가 있고 유사한 묵서 유물이 주변에서 출토된 것으로 보아 西大寺 寺域內였다고 생각된다. 목간은 나라시대 후기에 매몰된 우물 2곳에서 각각 1점씩 출토되었다.

8. 목간

SE200

(1)

· 「日日　月月　　　　」
· 「文文文　□[勅?]勅　　」

하단부가 약간 좁아지는 短冊型으로 되어 있으며 상단부는 이차적으로 절단되어 있다. '文' 아래에 문자는 '文' 또는 '勅'으로 보이나 확실하지 않다. 양면 모두 습서다.

SE310

(2)

「　　原

　　□

　　　　□　」

우물 바닥에 쓰인 曲物의 바깥 측면에 기재되어 있다. 테두리로 사용되었는데 위·아래가 거꾸로 되어 설치되었다.

9. 참고문헌

狹川眞一「奈良·平城京跡(1)」(『木簡研究』30, 2008年)

元興寺文化財研究所『平城京右京一條三坊一坪 平成18年度發掘調査報告書』2008年

153) 平城京跡右京二條二坊八·九坪(市576次)

1. 이름 : 헤이조큐 터(시576차)

2. 출토지 : 奈良縣(나라현) 奈良市(나라시)

3. 발굴 기간 : 2007.5~2007.6

4. 발굴 기관 : 奈良市教育委員會

5. 유적 종류 : 도성

6. 점수 : 1

7. 유적과 출토 상황

조사지는 平城京跡 右京二條二坊八坪 서반부와 西二坊坊間路, 九坪 동단의 일부에 해당된다. 확인된 유구로는 西二坊坊間路, 掘立柱건물 15동, 掘立柱列 2조 , 우물 1조, 토갱, 溝가 있고 이

외에 작은 주혈이 200개 넘게 있다. 유구 시기는 중복관계로 보아 5시기 이상으로 나누어지는데 8세기 후반기를 중심으로 한다.

목간은 8평 내의 우물 유구 SE19에서 출토되었다. SE19는 내경의 변 길이가 0.6m인 방형이고 깊이는 1.45m이며 바닥 중앙부에는 경 0.55m, 높이 0.37m 되는 曲物이 설치되었다. 유물은 테두리 내에서 출토되었는데 목간 1점 외에 유물 정리 상자 1개 분량의 토기(하지키, 스에키, 묵서토기 4점(판독되지 않음), 제염토기), 기와류 20점, 목제품(齋串, 빗, 曲物), 爐壁이 있다. 출토 유물로 보아 우물의 폐기 시기는 8세기 후반임을 알 수 있다.

8. 목간

· 「□□□[万呂?]」

· 「□□□」

하단부 좌우를 각진 주걱 손잡이 모양으로 깎았다. 상단부는 둥글게 다듬고 앞뒷면 양면을 뾰족하게 깎았다.

9. 참고문헌

奈良市教委『奈良市埋藏文化財調査年報 平成19(2007)年度』2010年

原田憲二郎·中島和彦「奈良·平城京跡」(『木簡研究』33, 2011年)

154) 平城京跡右京二條三坊三坪(市431-4次)

1. 이름 : 헤이조큐 터(431-4차)

2. 출토지 : 奈良縣(나라현) 奈良市(나라시)

3. 발굴 기간 : 1999.8~1999.11

4. 발굴 기관 : 奈良市教育委員會

5. 유적 종류 : 도성

6. 점수 : 1

7. 유적과 출토 상황

조사지는 右京二條三坊三坪 서북 모퉁이이며 二條條間路에 면한 위치에 있다. 확인된 유구로는 二條條間路 남측 溝, 境內道路, 掘立柱건물, 담, 우물, 토갱, 溝 등이 있다. 유구는 나라시대부터 헤이안시대 전기와 헤이안시대 후기 이후로 크게 나눌 수 있다.

목간은 우물 유구 SE528 테두리 판재를 뽑은 토갱에서 1점 출토되었다. 공반유물로는 8세기 중엽부터 9세기 초의 하지키, 스에키, 녹유도기, 제염토기, 암막새기와6732C, 人形이 있다.

8. 목간

「召日置得麻呂　　」

　하단부는 손상되어 있다. 목간에 기재되어 있는 인물을 召還하는 소환장 斷簡으로 생각된다.

9. 참고문헌

奈良市敎委『奈良市埋藏文化財調査槪要報告書 平成11年度』2001年

久保淸子「奈良·平城京跡右京二條三坊三坪」(『木簡硏究』25, 2003年)

155) 平城京跡右京二條三坊三·六坪(市310次)

1. 이름 : 헤이조큐 터(시310차)

2. 출토지 : 奈良縣(나라현) 奈良市(나라시)

3. 발굴 기간 : 1994.9~1995.3

4. 발굴 기관 : 奈良市教育委員會

5. 유적 종류 : 도성

6. 점수 : 2

7. 유적과 출토 상황

조사는 近鐵 西大寺驛 남쪽 토지구획 정리 사업에 의해 진행되었다. 유구는 고훈시대의 溝, 나라시대의 3평과 6평 사이에 있는 坪境小路 및 그 양측 溝, 나라시대부터 헤이안시대까지 걸친 굴립주 담 및 건물 150동 이상, 우물 25곳, 토기 매납 토갱이 3조 등이 있다.

목간은 나라시대 전반기의 우물 유구 SE08의 테두리 내에서 2점 출토되었다.

8. 목간

　(1)

「[　]　　」

　2자 정도의 묵서가 확인된다.

　(2)

「□　　」

　나무판자 조각에 희미하게 묵흔이 남아 있다.

9. 참고문헌

篠原豊一「奈良・平城京跡」(『木簡研究』17, 1995年)

奈良市教委『奈良市埋藏文化財調査概要報告書 平成7年度』1996年

156) 平城京跡右京二條三坊四坪(市276次)

1. 이름 : 헤이조큐 터(시276차)

2. 출토지 : 奈良縣(나라현) 奈良市(나라시)

3. 발굴 기간 : 1993.4~1993.10

4. 발굴 기관 : 奈良市教育委員會

5. 유적 종류 : 도성

6. 점수 : 8

7. 유적과 출토 상황

조사지는 右京二條三坊四坪 동반부에 해당된다. 조사 결과 고훈시대의 토갱, 나라시대의 도로, 토담, 掘立柱건물, 담, 溝, 우물, 헤이안시대의 掘立柱건물, 우물 등이 확인되었다. 西二坊大路에서는 이번 조사를 통해 처음으로 동서 양측 溝가 확인되었다. 나라시대 유구는 중복관계, 배치, 출토 유물로 보아 크게 4시기로 나뉜다. 나라시대 말기에는 四坪 동북부에 내부에 독(甕)을 고정시켜 놓은 건물 3동이 정연히 배치되어 있었다. 독은 남아 있지 않으나 고정한 흔적으로 보아 총 68개 이상이었던 것으로 볼 수 있다. 또 이 시기에는 西二坊大路에 면하여 문이 열려 있었다. 건물 규모나 배치 등으로 미뤄보아 이 건물은 공공시설의 한 구획이었을 가능성이 있다.

목간은 나라시대 말기의 우물 유구 SE502과 SE503에서 출토되었다. SE502는 남북 3.4m, 동서 3.6m, 깊이 2.8m의 平面隅丸方形이며 안의 치수 1변의 길이가 1.2m인 방형의 테두리를 설치하였다. 테두리 안은 점차적으로 메워져 우물 바닥으로부터 약 1.5m 상층에서 말의 발뼈가, 그 위층에서는 목서가 있는 檜扇 즉 노송나무의 얇은 오리로 엮어 만든 쥘부채가 출토되었다. SE503은 평면이 長徑 3.84m, 短徑 3.57m, 깊이 2.6m의 부정형 원형이며 그 안에 방형의 상하 2단 구조를 가진 방형의 상부 나무틀을 설치하였다. 목간은 우물 상부 나무틀을 설정하기 위한 掘形에서 1점 출토되었다. 공반유물로는 기와, 토기종류와 和琴 琴柱로 보이는 목제품이 있다.

8. 목간

우물 SE502

(1)

「德道爲輦輿輿　　　　　　　 o」

(2)

「波波乃□尓波止支□〔佐?〕　 o」

(3)

「□奈　　　　　　　　　　 o」

(4)

「□□甲□□々□□止羅尓o」

(5)

「比□可夕乃　　　　　　　 o」

(6)

「己乃己米米米津米己甲　　 o」

(7)

「□　　　　　　　　　　　 o」

　모두 묵서가 있는 檜扇 즉 노송나무의 얇은 오리로 엮어 만든 쥘부채이다. SE502에서 부채 骨板 즉 뼈대가 13매 붙어 있는 상태로 출토되었다. 나무 재질은 노송나무이다. 제일 밖에 있는 1매는 다른 骨板보다 약간 두껍고 상단 한쪽이 둥글게 다듬어져 부채 양끝의 굵은 살로 볼 수 있다. 다른 한 끝의 겉살은 출토되지 않아 骨板은 원래 14매 이상 있었던 것으로 생각된다. 다른 骨板은 상단이 넓은 장방형이다. 骨板에는 하단으로부터 약 1㎝ 되는 곳에 구멍이 뚫려 있다. 또 각 골판 상단부로부터 2~3㎝ 되는 곳에는 좌우 2군데에 골판을 잇기 위해 실을 매단 작은 구멍이 확인된다. 骨板 13매 중 묵서가 확인되는 것은 7매이며 겉살과 같은 면에 쓰여 있는 것은 4매(첫 번째부터 네 번째까지의 목간), 반대편에 쓰여 있는 것은 3매(다섯 번째부터 일곱 번째까지의 목간)이다. 앞뒷면 양면에 묵서가 있는 것은 없다.

글자는 겉살 첫 번째 목간만 한문으로 쓰여 있고 두 번째부터 여섯 번째 목간은 万葉仮名로 쓰여 있다 첫 번째 목간은 두 번째부터 여섯 번째 목간과 필체가 다르며 글자는 굵고 힘이 있다. '輦'도 '輿'도 모두 탈것이며 '輦輿'는 천자가 타는 것을 의미한다. '輿'가 연이어 두 번 쓰여 있는 것으로 보아 습서일 가능성이 있다. 두 번째부터 네 번째 목간은 필체가 같으므로 같은 사람에 의해 기재되었으리라 생각된다. 두 번째 목간은 '하하노□니하토기□'로 읽었지만 두 번째 글자를 '流', 4번째와 5번째 글자를 '安米'로 보아 '하루노아메'(봄비)로 읽을 수도 있다. 내용상으로는 두 번째부터 네 번째 목간 3매가 의미가 이어지지 않는다. 반대편에 묵서가 있는 다섯 번째와 여섯 번째 목간은 두 번째부터 네 번째 목간과 필체가 다르기에 다른 사람에 의해 기재된 것으로 생각된다. 다섯 번째 목간은 '히사카타노'라고 읽을 수 있는데 이것은 光(하늘)을 수식하는 마쿠라코토바(枕詞 : 和歌 등에서) 습관적으로 일정한 말 앞에 놓는 4[5]음절의 일정한 수식어)다. 여섯 번째 목간의 의미는 알 수 없으나 '米'를 연이어 쓴 것으로 보아 습서일 가능성이 있다. 일곱 번째 목간은 묵흔이 조금 보일 뿐이다.

우물 SE503

(8)

· 「□合酒四升　　」

· 「日□万佐可　　」

상부와 하단부가 손상되었으나 형태와 묵서 내용으로부터 보아 부찰로 생각된다. '日□万佐可'는 인명일 가능성이 있다. 공반유물로부터 나라시대 말기의 목간임을 알 수 있다.

9. 참고문헌

奈良市教委『奈良市埋藏文化財調査概要報告書 平成5年度』1994年

久保清子·久保邦江「奈良·平城京跡右京二條三坊四坪」(『木簡研究』16, 1994年)

157) 平城京跡右京二條三坊七坪(市378-4次)

1. 이름 : 헤이조큐 터(시378-4차)
2. 출토지 : 奈良縣(나라현) 奈良市(나라시)
3. 발굴 기간 : 1997.9~1997.12
4. 발굴 기관 : 奈良市教育委員會
5. 유적 종류 : 도성
6. 점수 : 1

7. 유적과 출토 상황

조사지는 平城京 右京二條三坊七坪 서변 중앙부에 위치한다. 나라시대부터 헤이안시대의 유구로는 西三坊坊間路과 동쪽 溝, 西三坊坊間路에 면하여 坪內를 남북으로 가른 서향의 문, 굴립주건물 2, 굴립주담 1, 우물 2곳이 있다.

목간은 우물 유구 SE516에서 1점 출토되었다. 이 우물은 평면의 형태가 隅丸方形이고 변 길이는 동서 3.3m, 남북 3.2m이며 확인된 면으로부터의 깊이는 1.6m, 내경은 0.9m×0.9m이다. 우물 테두리 내의 埋土에서 목간과 함께 나라시대 후반~長岡京 시기의 토기가 출토되었다.

8. 목간

「山背國京都

목간 상단부로부터 칼을 넣어 깎아 낸 삭설이며 상단부는 원형이 남아 있다. 이 삭설과 동재(同材)로 보이는 작은 삭설 3편이 같은 유구 SE516에서 출토되었는데 묵흔은 확인되지 않고 이어지지도 않는다. '京都'는 도성을 가리키는 일반명사로 생각된다. 『續日本紀』에도 일곱 차례 '京都'가 사용되었는데, 그중 恭仁京를 가리키는 예가 3곳 있으나 해당 목간은 공반유물의 연대로 보아 長岡京을 가리킬 가능성이 크다.

9. 참고문헌

奈良市教委『奈良市埋藏文化財調查槪要報告書 平成9年度(第1分冊)』1998年

原田香織·三好美穗·松浦五輪美「奈良·平城京跡(2)」(『木簡硏究』20, 1998年)

158) 平城京跡右京二條三坊十坪(市317次)

1. 이름 : 헤이조큐 터(시317차)

2. 출토지 : 奈良縣(나라현) 奈良市(나라시)

3. 발굴 기간 : 1994.12~1995.3

4. 발굴 기관 : 奈良市敎育委員會

5. 유적 종류 : 도성

6. 점수 : 2

7. 유적과 출토 상황

조사는 近鐵 西大寺驛 남쪽 토지구획 정리 사업에 의해 진행되었다. 확인된 유구로는 나라시대의 二條條間路 및 양측溝, 掘立柱건물 9조, 굴립주담 2조, 우물 2조가 있다. 목간은 나라시대의 우물 유구 SE501의 상부 나무틀 내에서 2점 출토되었다. 목간과 함께 출토된 유물로는 팽이가 있는데 윗면과 측면에 묵서가 확인되나 판독은 되지 않는다.

8. 목간

(1)

· 「□〔忍?〕 忍忍忍　　　」

· 「□□忍□□　　　　」

　　　[　　　　]

나라시대 후반기의 우물 상부 나무틀 내에서 출토되었다. 앞뒷면 양면에 '忍'을 습서한 목간이다.

(2)
· 「□□　」
　　□□
· 「□　」

한 면에 4자, 다른 한 면에 1자 묵서되어 있으나 판독이 되지 않는다. 위의 목간과 나무 재질, 다듬은 방법이 같아 동일한 목재로 만들어졌을 가능성이 있다.

9. 참고문헌
奈良市教委『奈良市埋藏文化財調査槪要報告書 平成6年度』1995年
篠原豊一「奈良・平城京跡」(『木簡研究』17, 1995年)

159) 平城京跡右京二條三坊十一坪(市292次)

1. 이름 : 헤이조큐 터(시292차)
2. 출토지 : 奈良縣(나라현) 奈良市(나라시)
3. 발굴 기간 : 1994.4~1994.9
4. 발굴 기관 : 奈良市教育委員會
5. 유적 종류 : 도성
6. 점수 : 1

7. 유적과 출토 상황
조사는 近鐵 西大寺驛 남쪽 토지구획 정리 사업에 의해 진행되었다. 확인된 유구로는 고훈시대 중기의 溝, 나라시대의 掘立柱건물 19동, 굴립주 담 2조, 우물 5조, 헤이안시대의 掘立柱건물 3동, 우물 2조, 토갱 등이 있다. 목간은 헤이안시대의 우물 유구 SE507의 테두리 내에서 1점 출토되었다.

8. 목간

- 「菅原寺」
- 「□〔菅?〕原□〔寺?〕」

헤이안시대의 우물 테두리 내에서 출토된 曲物 바깥 면에 2곳 묵서가 되어 있다. 목제 용기 바닥(두께 8㎜)에 쓰인 판자 바깥 면에는 '菅原寺'가 적혀 있고 측면에는 문자가 같은 간격으로 쓰여 있는데 상반부가 결실되어 있기에 '原'자 이외의 2자는 판독이 어려우나 바닥 부분과 같이 '菅原寺'가 기재되어 있으리라 생각된다.

9. 참고문헌

奈良市教委『奈良市埋藏文化財調査槪要報告書 平成6年度』1995年
篠原豊一「奈良・平城京跡」(『木簡研究』17, 1995年)

160) 平城京跡右京三條一坊三・四坪(288次)

1. 이름 : 헤이조큐 터(288차)
2. 출토지 : 奈良縣(나라현) 奈良市(나라시)
3. 발굴 기간 : 1997.11~1998.3
4. 발굴 기관 : 奈良國立文化財研究所
5. 유적 종류 : 도성
6. 점수 : 10

7. 유적과 출토 상황

조사지는 平城宮 남단으로부터 300m 남쪽에 위치한다. 조사는 제288차, 제290차의 두 차례로 나누어 진행되었다. 288차 조사구는 북구와 남구로 나뉜다. 북구에서는 주작대로 서측溝 SD2600, 3, 4평 동변 토담 서측 남북溝 SD2618, 3조조간 南小路 SF2623 및 그 남측 溝 SD2621, 북측 溝 SD2622 외에 溝 3조가 확인되었다. 그중 SD2600은 나라시대를 걸쳐 장기간 기능하였다. 남구는 四坪內의 택지 양상을 밝히기 위하여 조사가 이루어졌는데 담 2조, 掘立柱건물 7동, 溝 2조, 우물 2조, 토갱 2조 등이 확인되었다.

8. 목간

　(1)

·「召　氷□〔戶?〕」

·「內舍人尊　　　」

소환장이다. 하단은 부러졌다.

　(2)

·「下道□〔郡?〕[　　　]□□〔屋代?〕里下道臣三止」

·「□□米六斗　　　　　　　　　　　　」

備中國下道郡으로부터의 米 부찰이다.

　(3)

·「Ｖ備後國西良郡[　　]米

·「Ｖ[　　　　　　　　]

備後國西良(世羅)郡으로부터의 米 부찰이다.

9. 참고문헌

奈文研『奈良國立文化財研究所年報1998-Ⅲ』1998年

奈文研『平城宮發掘調査出土木簡槪報』34, 1998年

古尾谷知浩「奈良·平城京跡(1)」(『木簡研究』20, 1998年)

161) 平城京跡右京三條一坊三·四坪(290次)

1. 이름 : 헤이조큐 터(290차)

2. 출토지 : 奈良縣(나라현) 奈良市(나라시)

3. 발굴 기간 : 1997.11~1998.3

4. 발굴 기관 : 奈良國立文化財研究所

5. 유적 종류 : 도성

6. 점수 : 11

7. 유적과 출토 상황

조사지는 平城宮 남단으로부터 300m 남쪽에 위치한다. 조사는 제288차, 제290차의 두 차례로 나누어 진행되었다. 290차 조사구는 동구와 서북구로 나뉜다. 동구는 3坪內의 양상을 밝히기 위하여 진행되었는데 주작대로 서측 溝 SD2600 외에 담 5, 掘立柱 건물 4, 溝 1조 등이 확인되었다. 서북구는 西一坊坊間東小路를 확인하는 것을 목적으로 한 조사지인데 東小路 SF2642 및 그 동측 溝 SD2640, 서측 溝 SD2641 등이 확인되었다.

8. 목간

　(1)

「∨隱伎國周吉郡奄可鄕吉城里∨

　　服部屎人軍布六斤養老四年」

　隱伎國周吉郡으로부터의 '軍布'(미역 등 해조류 총칭)의 부찰이다.

(2)

「∨阿波國生鰒五十貝」

　阿波國로부터의 전복(鰒)의 부찰이다.

(3)

「□波米五斗∨」

9. 참고문헌

奈文研 『奈良國立文化財硏究所年報1998-Ⅲ』 1998年

奈文研 『平城宮發掘調査出土木簡槪報』 34, 1998年

古尾谷知浩 「奈良·平城京跡(1)」 (『木簡研究』 20, 1998年)

木簡學會編 『日本古代木簡集成』 東京大學出版會, 2003年

162) 平城京跡右京三條二坊三坪(市236·236-2次)

1. 이름 : 헤이조큐 터(시236·236-2차)
2. 출토지 : 奈良縣(나라현) 奈良市(나라시)
3. 발굴 기간 : 1991.11~1992.6
4. 발굴 기관 : 奈良市教育委員會
5. 유적 종류 : 도성
6. 점수 : 4

7. 유적과 출토 상황

　平城京右京三條二坊二坪과 三坪 사이에 있는 3조조간로에 따라 발굴 조사구를 설정하였다. 이 지구에서는 고훈시대로부터 가마쿠라시대까지 각 시대의 유구가 확인되었다. 나라시대의 유구로는 조방관계에서는 3조조간로 일부와 그 남측溝, 3평과 6평사이의 평경소로(坪境小路) 및 서측溝, 3평 내에서는 3평 북변의 토담 雨落溝, 평내 통로, 掘立柱건물 39동, 掘立柱담 11조, 溝 6조, 우물 4조, 토갱 6조, 토기 매납 토갱 1조 등이 발견되었다. 이러한 유구는 중복관계나 출토 유물로 보아 크게 A~C의 3시기로 나누어진다. 특히 A, B기에는 3평내를 동서로 구획하는 통로가 있었는데 통로 북단에 3조조간로와의 교차점에 문이 없기에 이 통로는 하나의 宅地 내에서 구획 통로로 사용되었으리라 생각되고 3평은 상당한 규모의 택지이었으리라 추측된다.

목간은 A기에 속하는 우물 유구 SE111에서 4점 출토되었다. SE111은 1.8m~2.3m의 평면 타원형으로 깊이는 2.1m이다. 테두리 내에서 목간과 함께 토기, 목제품, 복숭아 종자가 출토되었다. 토기는 나라시대 전반기의 특징을 갖고 있으며 완형에 가까운 것이 많아 일괄적으로 투기된 것으로 볼 수 있다. 그중에는 '殿'라고 묵서된 하지키 잔이 1점 있다. 목제품에는 齋串 6점, 刀形, 양물형, 옷칠하는 데 쓰는 솔, 예새 등이 있어 평내에 제사를 하는 곳이거나 옷칠을 하는 공방이 있다는 것을 말해준다.

8. 목간

(1)
「御米一斗六升五合　見充殿人食米一斗四合　一斗四升九合」
택지 내에서의 米 지급에 관련된 목간이다.

(2)
・「進上瓜二百卅七□〔顆?〕」
・「　八月十六日附鴨□〔手?〕」
수신자와 발신처가 적혀 있지 않으나 '鴨□'라는 사람에게 瓜를 부탁했다는 뜻이라면 3평의 주민으로 되는 수신자는 발신자가 누구인지 알고 있었을 것이다.

(3)
・「謹進上[　　]　　」
・「木工[　　　]　　」

수신자에 관한 부분은 남아 있지 않고 進上 내용을 알 수 없으나 발신자는 아마도 木工 아무개였을 것이다.

9. 참고문헌

奈良市教委『奈良市埋藏文化財調査概要報告書 平成4年度』1993年

西崎卓哉「奈良·平城京右京三條二坊三坪」(『木簡研究』15, 1993年)

木簡學會編『日本古代木簡集成』東京大學出版會, 2003年

163) 平城京跡右京三條四坊十坪(市386次)

1. 이름 : 헤이조큐 터(시386차)

2. 출토지 : 奈良縣(나라현) 奈良市(나라시)

3. 발굴 기간 : 1997.9~1997.11

4. 발굴 기관 : 奈良市教育委員會

5. 유적 종류 : 도성

6. 점수 : 1

7. 유적과 출토 상황

조사지는 平城京 右京三條四坊十坪 서반부에 해당된다. 조사 결과 조몬시대의 토갱 1조, 야요이시대의 자연유로 1조, 나라시대의 掘立柱건물 13동, 掘立柱 담 2조, 우물 3조 외에 시기를 알 수 없는 자연유로 2조가 발견되었다. 우물은 3조 가운데 한 곳에서 목간을 비롯한 나라시대 중기의 하지키, 스에키, 기와편, 종자, 齋串, 젓가락 등 총 6상자 분량이 출토되었다.

8. 목간

「□其□[寒?]縻□　　」

　　문자는 전체가 왼쪽에 기울여져 있다. '縻'는 '麻'와 '糸'가 많이 떨어져 있지만 1자로 본다. 내용은 알 수 없으나 '縻'는 麻糸을 가리키는 것으로 생각된다.

9. 참고문헌

原田香織·三好美穂·松浦五輪美「奈良·平城京跡(2)」(『木簡研究』20, 1998年)

奈良市教委『奈良市埋藏文化財調查槪要報告書 平成10年度』1999年

164) 平城京跡右京四條一坊九坪

1. 이름 : 헤이조큐 터

2. 출토지 : 奈良縣(나라현) 奈良市(나라시)

3. 발굴 기간 : 2006.6~2006.8

4. 발굴 기관 : 奈良縣立橿原考古學硏究所

5. 유적 종류 : 도성

6. 점수 : 2

7. 유적과 출토 상황

　　헤이안시대부터 가마쿠라시대까지 사용된 동서 배수로, 점토 채굴 토갱이 발견되었다. 목간은 헤이안시대에 매몰된 토갱 SX02에서 1점 출토되었다. SX02은 조사구 동북 모퉁이를 서북쪽에서 동남쪽으로 경사져 있으며 길이는 11m 이상, 깊이는 1.7m이다. 퇴적토는 진흙이며 크게 3층으로 구분된다.

　　목간은 중층에서 출토되었는데 730~750년으로 비정되는 토기와 기와, 대량의 목제품도 함께 출토되었다. 상층에서는 헤이안시대의 유물이 출토되었다. 또 중층과 상층 사이에서는 집중적으로 폐기된 유물군이 확인되었는데 토기 시기는 762~784년으로 추측된다.

8. 목간

· 十一二十七□十一子□十一[　　　]七七七□十一十

· 七□七□子□一□□□□□〔可可可可?〕七□十一[　　]

상단과 좌우 양변은 원형이 남아 있으나 하단부는 절손되어 있다. 판목재이다. 묵서는 양면에 모두 확인되고 뚜렷하게 보이나 자형과 필체는 불규칙적이며 불안정하다. 내용은 특히 의미가 없고 같은 문자가 반복되어 있으므로 습서로 볼 수 있다.

9. 참고문헌

橿考研『奈良縣遺跡調査槪報 2006年度(第1分冊)』2007年

岡田憲一·重見泰·鶴見泰壽「奈良·平城京跡(3)」(『木簡硏究』29, 2007年)

橿考研『平城京三條大路Ⅰ-國道308號整備事業に伴う發掘調査報告書(Ⅲ)』(奈良縣文化財調査報告書139) 2011年

165) 平城京跡右京四條二坊二坪(市平城京18次)

1. 이름 : 헤이조큐 터(시헤이조큐18차)

2. 출토지 : 奈良縣(나라현) 奈良市(나라시)

3. 발굴 기간 : 1981.9~1981.10

4. 발굴 기관 : 奈良市敎育委員會

5. 유적 종류 : 도성

6. 점수 : 1

7. 유적과 출토 상황

조사지는 平城京跡 右京四條二坊二坪 동북부에 해당된다. 유구는 나라시대의 우물 2곳과 가마쿠라시대에서 무로마치시대에 걸친 점토 채굴 토갱이 확인되었다. 나라시대의 유구는 점토 채굴 토갱으로 인해 대부분 파괴되었는데 발굴 조사구 동쪽에서 우물 2곳이 확인되었다. 목간은 나라시대의 우물 유구 SE02에서 출토되었다. 우물은 방형이며 변 길이가 3.5m~4.4m, 깊이는 2.7m이다. 상부 나무틀은 내경이 1.3m이며 가로 방향으로 걸쳐 놓은 널빤지는 8단이 남아 있다. 테두리 안의 埋土는 크게 3층으로 나눌 수 있는데 하층에서 나라시대 후반기의 토기와 함께 목간이 1점 출토되었다.

8. 목간

- 「　　米□〔一?〕斗六升一□〔八?〕　西□　一斗

　　米□〔玖?〕一石大　　　　　　　　　　　　　　」

- 「　　　□升□阿三陀料　　　　　　　　　　　　　」

　　□麦

곧은 결의 얇은 나무판자 양면에 묵서가 되어 있다. 하단부는 손상되어 있다. 형태는 檜扇 즉 노송나무의 얇은 오리로 엮어 만든 쥘부채의 윗부분과 비슷하여 轉用 되었을 가능성이 있다. 내용을 보면 앞뒷면에 米과 麦 등 곡물 종류와 양이 기재되어 있다. '西□'를 '粟'으로 판독한다면 앞면에는 米과 粟이 기재되어 있다고 볼 수 있다. 뒷면에는 麦과 '阿三陀料'가 적혀 있는데 조사지 동쪽 右京四條一坊에는 禅院寺가 소재하는 것으로 추정되어 '阿三陀料'를 '阿弥陀料'로 본다면 사원과 관련되는 목간일 가능성이 있다.

9. 참고문헌

奈良市教委『奈良市埋藏文化財調査報告書 昭和56年度』1982年

篠原豊一「奈良·平城京跡右京四條二坊二坪」(『木簡研究』26, 2004年)

166) 平城京跡右京七條一坊十五坪(市349次)

1. 이름 : 헤이조큐 터(시349차)
2. 출토지 : 奈良縣(나라현) 奈良市(나라시)
3. 발굴 기간 : 1996.5~1996.7
4. 발굴 기관 : 奈良市教育委員會
5. 유적 종류 : 도성
6. 점수 : 2

7. 유적과 출토 상황

조사지는 平城京跡 右京七條一坊十五坪의 동북 모퉁이에 있다. 조사 결과 10평과 15평 사이의 坪境小路 서측 배수로, 나라시대의 掘立柱건물 4동, 掘立柱 담 1조, 우물 2조, 토갱 1조, 무로마치시대의 점토채굴 토갱, 나라시대 이전의 구 하천을 발견하였다. 무로마치시대의 점토채굴 토갱은 조사구 전체의 약 70%를 차지하는데 토갱의 埋土에서 나라시대의 토기, 막새기와, 가마쿠라시대의 기와, 무로마치시대의 瓦質土器가 출토되었다. 점토채굴 토갱으로 인해 나라시대의 많은 유구가 파괴되었고 남아 있는 것은 구 하천상의 유구뿐이었다. 목간이 출토된 우물 유구는 발굴 조사구 중앙부에서 발견되었다. 위로부터 0.3m 정도는 점토 채굴 토갱으로 인해 파괴되었으나 그 아랫부분은 깊이 3.1m까지 남아 있다. 우물은 동서3.4m, 남북 3.6m인 평면 사각형이다. 埋土에서 목간과 나라시대 중기의 하지키, 스에키, 나라삼채 항아리 뚜껑, 수키와, 암키와가 출토되었다.

8. 목간

(1)

「西一二三四五六七　　」

방위(西)와 숫자만 적혀 있어 용도를 알 수 없다.

(2)

· 「北一二三四□□〔五六?〕　　　　」

· 「□□□□□〔四?〕□　　　　　　　」

　　　　　□

　방위(北)와 숫자만 적혀 있어 용도를 알 수 없다. 목간은 세로로 두 조각으로 갈라져 있는데 중간부분이 결실되었다.

9. 참고문헌

奈良市教委『奈良市埋藏文化財調査槪要報告書 平成8年度』1997年

三好美穗·松浦五輪美「奈良·平城京跡右京七條一坊十五坪」(『木簡硏究』21, 1999年)

167) 平城京跡右京八條一坊十一坪(149次)

1. 이름 : 헤이조큐 터(149차)

2. 출토지 : 奈良縣(나라현) 大和郡山市(야마토코리야마시)

3. 발굴 기간 : 1983.4~1983.6

4. 발굴 기관 : 奈良國立文化財硏究所

5. 유적 종류 : 도성

6. 점수 : 18

7. 유적과 출토 상황

조사지는 八條一坊十一坪의 일부, 西一坊坊間大路에 걸쳐 있다. 11평 내는 나라시대의 유구가 절반 이상 파괴되어 있고 掘立柱건물, 담장, 배수로, 도로, 우물, 토광 등이 확인되었다. 서1방 방간대로 서측 배수로 SD920에서는 목간이 18점 출토되었다. SD920은 위의 넓이가

5.5~11m, 아래의 넓이가 3~8m, 깊이가 1.5~1.75m로 도로의 배수로로서는 매우 규모가 크기에 운하로 사용되었을 가능성이 있다.

목간은 모두가 호안 점토층에서 출토되었는데 같은 층위에서 8세기 초반부터 중엽의 토기가 출토되었다. 특기할 만한 것은 묵서토기가 615점 출토되었다는 점이다. 또한 인면묵서토기, 人形, 刀形, 馬形, 齋串 등 대량의 제사에 관한 유물도 출토되었다. 그 외에 송풍관, 숫돌 등 주조 관련 유물과 和同開珍, 万年通寶, 神功開寶 등 동전도 출토되었다.

8. 목간

SD920

(1)

「　　　　　　受鳥万呂

附下田坏廿口

(2)

「∨千麻呂米□

(3)

「∨黑万呂」

위의 3점의 목간은 인명만이 적혀 있는 것으로 그자들이 소요 또는 관리하고 있는 물품을 정리하기 위한 목간으로 추정된다.

9. 참고문헌

奈文研『奈良國立文化財研究所年報1984』1984年

奈文研『平城宮發掘調査出土木簡槪報』17, 1984年

奈文研『平城京右京八條一坊十一坪發掘調査報告書』1984年

舘野和己「奈良·平城宮·京跡」(『木簡研究』6, 1984年)

168) 平城京跡右京八條一坊十三坪(168次北)

1. 이름 : 헤이조큐 터(168차북)
2. 출토지 : 奈良縣(나라현) 大和郡山市(야마토코리야마시)
3. 발굴 기간 : 1985.7~1986.1
4. 발굴 기관 : 奈良國立文化財研究所
5. 유적 종류 : 도성
6. 점수 : 1

7. 유적과 출토 상황

조사지는 十三坪과 十四坪에 걸쳐 있다. 확인된 유구는 掘立柱건물 58동, 굴립주 담 16조, 坪境小路 즉 평 사이에 있는 작은 도로 1조, 우물 10조, 토기 매납 유구 10조 등이 있다. 14평에 있는 掘立柱건물 한 채에서는 胎壺가 출토되었다. 十四坪 택지 내에서 발견된 우물 側板에는 묵서가 확인되어 목간으로 볼 수 있다. 이 우물은 나라시대 전기로부터 중기까지 존속되었다.

8. 목간

「　　　　　　　私□口?]
　　　　　　　□笑竹
　　　　　　　　　　稻三
　　　　　　　稻稻

　　　　　　稻稻
　　　弊醫私和笑竹
　　　　　　　和
　　担担私兇
　　遞遞　　　　　　　」
습서목간이다.

9. 참고문헌

奈文研『昭和60年度平城宮跡發掘調査部發掘調査概報』1986年

橋本義則「奈良·平城宮·京跡」(『木簡研究』8, 1986年)

奈文研『奈良國立文化財研究所年報1986』1987年

奈文研『平城宮發掘調査出土木簡概報』19, 1987年

奈文研『平城京右京八條一坊十三·十四坪發掘調査報告』(奈良國立文化財研究所學報 46) 1989年

169) 平城京跡右京八條一坊十四坪(179次)

1. 이름 : 헤이조큐 터(179차)

2. 출토지 : 奈良縣(나라현) 大和郡山市(야마토코리야마시)

3. 발굴 기간 : 1986.11~1986.12

4. 발굴 기관 : 奈良國立文化財研究所

5. 유적 종류 : 도성

6. 점수 : 1

7. 유적과 출토 상황

조사지는 14평 중심부에 있다. 나라시대의 주된 유구로는 掘立柱건물 24동, 굴립주 담 5조, 溝 4조, 우물 3조 등이 확인되었다. 목간은 우물 SE1880의 埋土 중에서 1점 출토되었다. 이 우물은 금속제품의 제작에 사용된 것으로 추정된다.

8. SE1880

「秦五　米一斗　十一月十七日□」

9. 참고문헌

奈文研『昭和61年度平城宮跡發掘調査部發掘調査概報』1987年

奈文研『平城宮發掘調査出土木簡槪報』19, 1987年

寺崎保廣「奈良·平城宮·京跡」(『木簡研究』9, 1987年)

奈文研『平城京右京八條一坊十三·十四坪發掘調査報告』(奈良國立文化財研究所學報 46) 1989年

170) 平城京跡右京九條一坊(125次)

1. 이름 : 헤이조큐 터(125차)

2. 출토지 : 奈良縣(나라현) 大和郡山市(야마토코리야마시)

3. 발굴 기간 : 1980.11~1981.1

4. 발굴 기관 : 奈良國立文化財研究所

5. 유적 종류 : 도성

6. 점수 : 8

7. 유적과 출토 상황

조사지는 右京一坊四坪, 五坪, 十二坪 남단부에 4곳을 설정하였다. 九條大路, 九路大路의 북측 溝, 거기에 인접하는 西一坊坊間大路 및 서측 溝 등 유구가 발견되었다. 목간은 九條大路 북측 溝에서 7점, 九條一坊五坪 동남쪽 끝에 있는 우물에서 1점 출토되었다. 우물에서 출토된 목간과 함께 출토된 토기는 나라시대 초기의 것이다.

8. 목간

- ×□□道在道行×

     □

- ×為□〔約?〕□□×

9. 참고문헌

奈文研『奈良國立文化財研究所年報1981』1981年

奈文研『平城京九條大路一縣道城廻り線予定地發掘調査槪報1』1981年

奈文研『平城宮發掘調査出土木簡槪報』14, 1981年

佐藤信「奈良·平城宮·京跡」(『木簡研究』3, 1981年)

沖森卓也·佐藤信編『上代木簡資料集成』おうふう, 1994年

171) 平城京跡右京九條一坊五坪(125次-5·6)

1. 이름 : 헤이조큐 터(125차-5·6)
2. 출토지 : 奈良縣(나라현) 大和郡山市(야마토코리야마시)
3. 발굴 기간 : 1983.7
4. 발굴 기관 : 奈良國立文化財研究所
5. 유적 종류 : 도성
6. 점수 : 4

7. 유적과 출토 상황

조사지는 右京九條一坊五坪에 있는데 조사 결과 九條大路 북측 溝 SD01과 토광 SK02이 발견되었다. SD01 퇴적층은 상하 2개 층위로 나누어지는데 하층에서 목간이 1점 출토되었다.

SK02는 SD01 북쪽에 판 토갱인데 埋土 중에서 목간이 3점, 725년 전후의 토기가 출토되었다. 平城宮 조영 시의 쓰레기를 버린 토갱으로 볼 수 있다.

8. 목간

SK02
(1)
「田邊鰒六十編」(刻字)

전복(鰒)을 적은 목간이다. '田邊'가 인명인지 향리 등 지명인지는 확실하지 않는다.
(2)
· 「∨廣万侶鰒百連甲」
· 「∨□〔廣?〕万侶鰒百連甲」

전복(鰒)을 적은 목간이다. 전복은 『延喜式』에 의하면 大祓이라는 제사 때에 사용되고 또한 근처에서는 人形을 비롯한 제사에 관련되는 유물이 많이 출토되어 위의 목간도 포함해서 右京 一坊 九條大路 근변에서 함께 출토된 전복 목간은 제사와 관련되는 것으로 볼 수 있다.

9. 참고문헌

奈文研 『昭和58年度平城宮跡發掘調査部發掘調査槪報』 1984年

奈文研 『奈良國立文化財硏究所年報1984』 1984年

奈文研 『平城宮發掘調査出土木簡槪報』 17, 1984年

舘野和己 「奈良·平城宮·京跡」 (『木簡硏究』 6, 1984年)

172) 唐招提寺講堂地下遺構(平城京跡右京五條二坊)

1. 이름 : 토우쇼우다이지 강당지하 유적
2. 출토지 : 奈良縣(나라현) 奈良市(나라시)
3. 발굴 기간 : 1969.5~1970.1
4. 발굴 기관 : 奈良縣敎育委員會
5. 유적 종류 : 도성
6. 점수 : 12

7. 유적과 출토 상황

해당 유구는 唐招提寺 강당 창건 이전의 것으로 唐招提寺의 전신으로 되는 新田部親王 저택과 관련된 것이다. 목간은 12점 출토되었다.

8. 목간

(1)

・「[   ]
　　　諸僧　　　」

・「長善長宜　　」

'長善', '長宜'는 승려의 이름일 가능성이 있다. 판독문에 제시된 문자 외에 앞면에는 '僧'자, 뒷면에는 '爲得', '爲', 그리고 '長'자가 거꾸로 쓰여 있다. 습서목간으로 볼 수 있다. 상부 왼쪽 편에 작은 구멍이 뚫려 있다.

(2)

「[　]苽三百丸 □〔馱?〕二匹
　　　　　　　天平十五年九月七日出雲眞前」

상단부의 묵서는 지워져 있으나 완형목간이다. '苽'는 '瓜'의 이체자로 오이과이다. '丸'은 개수, 즉 수량을 세는 단위이다. 내용은 300개의 오이와 열매를 馱에 싣고 운반했다는 사실을 적은 것으로 전표와 같은 역할을 하는 목간이다. '天平十五年'은 743년이다.

9. 참고문헌

奈良縣文化財保存事務所·奈良縣敎委『國寶唐招提寺講堂他二棟修理工事報告書』1972年

和田萃「奈良·唐招提寺講堂地下遺構」(『木簡研究』8, 1986年)

木簡學會編『日本古代木簡選』岩波書店, 1990年

173) 唐招提寺(防災4次)(平城京跡右京五條二坊十坪)

1. 이름 : 토우쇼우다이지(방재4차)
2. 출토지 : 奈良縣(나라현) 奈良市(나라시)
3. 발굴 기간 : 1991.7~1991.12
4. 발굴 기관 : 奈良縣立橿原考古學研究所
5. 유적 종류 : 사원
6. 점수 : 4

7. 유적과 출토 상황

唐招提寺 경내 북반부의 주요 가람에 대한 조사다. 조사 결과 唐招提寺 창건 이전의 유구로 唐招提寺의 전신인 新田部親王 저택과 관련된 배수로가 발견되었다. 唐招提寺 창건 시의 유구로는 둥근 못 형태의 유구, 溝 등이 발견되었다. 서실 남구 동쪽에서 발견된 배수로 SD03에서는 삼채 기와조각, 녹유 토기편이 대량으로 출토되었는데 나라시대 중엽에서 후반기의 유물이 포함되어 있다. 西室 서구 북쪽에서 발견된 溝 SD05는 나무판자와 말뚝으로 호안이 있는데 하층 암회석 모래층에서 목간, 묵서토기편과 함께 대량의 하지키, 스에키가 출토되었다. 묵서토

기에는 '招提寺', '招提/佛佛', '寺', '大衆' 등 문자가 기재되어 있었다. 목간은 4점 출토되었지만 판독이 가능한 것은 3점이다.

8. 목간
　(1)
・「二月五日□〔旛?〕×
　　法計計×
・「正月一日□
　　[　]三□
　　[　]四□〔日?〕[　　　]　┘
　(2)
「　□□福觀×
　(3)
・「∨□□國□□郡□　　」
・「∨□□〔屋?〕鄕戶主□　　」

　貢進物 부찰목간. '國', '郡', '鄕'이 기재되어 있는 것으로 보아 鄕里制로부터 鄕制로 바뀐 天平12년(740) 이후의 목간으로 볼 수 있다.

9. 참고문헌
前園実知雄「奈良·唐招提寺」(『木簡研究』14, 1992年)

奈良縣教委·建築研究協會·唐招提寺『唐招提寺防災施設工事·發掘調査報告書』1995年

174) 法華寺(平城京跡左京二條二坊九・十坪)(平城123-4次)

1. 이름 : 홋케지(평성123-4차)

2. 출토지 : 奈良縣(나라현) 奈良市(나라시)

3. 발굴 기간 : 1980.4~1980.5

4. 발굴 기관 : 奈良國立文化財研究所

5. 유적 종류 : 사원

6. 점수 : 44

7. 유적과 출토 상황

조사지는 法華寺 구 경내 서남부, 阿弥陀淨土院 유적 서북부 끝에 위치한다. 掘立柱 담, 배수로, 園池 등이 발견되었다. 목간은 동서 溝에서 목제품, 토기, 막새기와와 함께 44점 출토되었다. 또한 원지 埋土에서도 1점 출토되었다. 출토된 토기는 溝와 園池 모두 나라시대 후반기의 것이다.

8. 목간

· ×□□十二箇月利本□弐拾□□□×

· 「　[　　]　」

出擧 또는 借金과 관련된 목간이다.

9. 참고문헌

奈文研『昭和54年度平城宮跡發掘調査部發掘調査槪報』1980年

奈文研『奈良國立文化財研究所年報1981』1981年

奈文研『平城宮發掘調査出土木簡槪報』14, 1981年

佐藤信「奈良·平城宮·京跡」(『木簡研究』3, 1981年)

175) 法華寺(平城京跡左京二條二坊九·十坪)(平城141-1次)

1. 이름 : 홋케지(평성141-1차)
2. 출토지 : 奈良縣(나라현) 奈良市(나라시)
3. 발굴 기간 : 1982.4
4. 발굴 기관 : 奈良國立文化財硏究所
5. 유적 종류 : 사원
6. 점수 : 1

7. 유적과 출토 상황

조사지는 法華寺 옛 경내 서남부(左京二條二坊九, 十坪)에 해당된다. 중세까지 손속된 圍 도랑, 溝 등 유구가 발견되었다. 목간은 溝에서 1점 출토되었다.

8. 목간

· 「□采□〔女?〕×

· 「采女□×

9. 참고문헌

奈文硏『昭和55年度平城宮跡發掘調査部發掘調査槪報』1981年
奈文硏『平城宮發掘調査出土木簡槪報』15, 1982年
奈文硏『奈良國立文化財硏究所年報1983』1983年
寺崎保廣·橋本義則「奈良·平城宮·京跡」(『木簡研究』5, 1983年)

176) 法華寺阿弥陀淨土院跡(平城京跡左京二條二坊九·十坪)(平城80次)

1. 이름 : 홋케지아미다죠우도인터(평성80차)

2. 출토지 : 奈良縣(나라현) 奈良市(나라시)

3. 발굴 기간 : 1972.11~1972.12

4. 발굴 기관 : 奈良國立文化財研究所

5. 유적 종류 : 사원

6. 점수 : 5

7. 유적과 출토 상황

조사지는 平城京 左京二條二坊十坪 서북 모퉁이에 있는 法華寺阿弥陀淨土院 추정지이다. 阿弥陀淨土院은 光明皇太后에 의해 法華寺 서남 모퉁이에 건립된 사찰로서 天平寶字3년(759)에 조영이 시작되어 光明皇太后가 사망한 이후인 天平寶字4년 12월에 완성되었다. 조사 결과 나라시대의 건물 7동, 溝 4조, 木柵 2조, 그리고 헤이안시대 이후의 토갱 3기, 溝 2조 등이 확인되었다. 나라시대 유구는 A, B 2시기로 나눌 수 있는데 A기는 阿弥陀淨土院 조영 이전, B기는 조영 이후로 볼 수 있다. 목간은 5점 출토되었다.

8. 목간

(1)

· 「坤宮官縫殿出米參斗　右薪買　　　」

· 「遣如件　五月廿八日舍人池後小東人」

동이방방간대로 동측 배수로로 추정되는 곳에서 출토. '坤宮官'은 天平寶字2년(758)八月에 藤原仲麻呂에 의해 관명을 바꿀 때에 光明皇太后의 紫微中台를 개칭한 것이다. 天平寶字四年六月에 皇太后 사망 후 폐지되었다.

(2)

・「□□□□□〔會會會會會?〕會會會會會□□〔會會?〕　　」

・「□　□　　□　□　　　　　　　　　　　　　　　　　　　」

조사구 서쪽에 있는 작은 토갱(지름 약 30㎝)에서 출토.

(3)

十九本

조사구 중앙부분에 있는 헤이안시대의 토갱(길이 22m, 최대 넓이 5m, 깊이 0.3~0.6m)에서 출토.

9. 참고문헌

奈文研『昭和47年度平城宮跡發掘調査部發掘調査槪報(2)』1973年

奈文研『奈良國立文化財研究所年報1973』1973年

奈文研『平城宮發掘調査出土木簡槪報』9, 1973年

舘野和己「奈良·平城京跡左京二條二坊十坪」(『木簡研究』21, 1999年)

177) 法華寺阿弥陀淨土院跡(平城京跡左京二條二坊九·十坪)(平城 118-30)

1. 이름 : 홋케지아미다죠우도인터(평성118-30차)

2. 출토지 : 奈良縣(나라현) 奈良市(나라시)

3. 발굴 기간 : 1980.2

4. 발굴 기관 : 奈良國立文化財研究所

5. 유적 종류 : 사원

6. 점수 : 1

7. 유적과 출토 상황

조사지는 法華寺阿弥陀淨土院 유적 서북 모퉁이에 해당된다. 확인된 유구로는 淨土院 내의 서쪽에서 남북 溝 1조, 북쪽에서는 木樋暗渠 등이 발견되었다. 목간은 木樋에 있는 대량의 목편과 함께 1점 출토되었다.

8. 목간

- 「霧寒小□豊繼

    闘久者　牟也」

- 「　久利久者牟

    夜　久利久者□

    牟夜　　　　　」

'闘'는 '門'자 안에 '牛'를 쓰는 자체로 '마로'라고 읽는다.

9. 참고문헌

奈文研『奈良國立文化財研究所年報1980』1980年

奈文研『平城宮發掘調査出土木簡槪報』13, 1980年

淸田善樹「奈良·平城宮·京跡」(『木簡研究』2, 1980年)

奈文研『昭和54年度平城宮跡發掘調査部發掘調査槪報』1981年

沖森卓也·佐藤信編『上代木簡資料集成』おうふう, 1994年

178) 法華寺阿弥陀淨土院跡(平城京跡左京二條二坊十坪)(平城312次)

1. 이름 : 홋케지아미다죠우도인(평성312차)
2. 출토지 : 奈良縣(나라현) 奈良市(나라시)

3. 발굴 기간 : 2000.2~2000.4

4. 발굴 기관 : 奈良國立文化財研究所

5. 유적 종류 : 사원

6. 점수 : 9

7. 유적과 출토 상황

平城京 左京二條二坊十坪에 있는 阿弥陀淨土院 유적이다. 光明皇太后 1주기를 진행하기 위하여 1년 이내라는 짧은 시간 내에 조영된 사찰 유적. 조사 결과 못과 못 속에 있는 섬, 초석건물의 초석을 뽑아낸 구멍, 못과 병존하는 못 속의 항아리를 묻은 유구 등이 확인되었다. 또한 초석건물 하층에서는 같은 자리에서 掘立柱건물 柱穴이 확인되었다. 목간은 조사지 남측 트렌치 동쪽 끝에 있는 못의 밑바닥 퇴적토에서 1점, 북서구역 트렌치 남쪽 끝에 있는 못 속에서 발견된 항아리를 묻은 유구 중 항아리 내 埋土에서 삭설 6점, 도합 7점이 출토되었다. 목간이 출토된 지점에서는 한 면만 다듬어진 封緘목간 형태의 목제품이 출토되었다.

8. 목간

(1)

×河國　遠江□〔國?〕　　」

상·하단 모두 절손되었다. 첫 번째 글자는 '參'으로 보아 '參河國遠江國'와 같이 國名을 열기한 가능성이 크다. 帳簿목간으로 추정된다.

(2)

「□　」

'言'자가 확인되나 자체로 보아 '言'변일 가능성이 크다.

9. 참고문헌

奈文研『平城宮發掘調査出土木簡槪報』35, 2000年

奈文研『奈良文化財研究所紀要2000-Ⅲ』2000年

渡邊晃宏「奈良·阿弥陀淨土院跡」(『木簡研究』22, 2000年)

179) 東大寺佛餉屋下層遺構(舊境內4次)

1. 이름 : 토우다이지 붓쇼우야카소우 유적(구 경내 4차)

2. 출토지 : 奈良縣(나라현) 奈良市(나라시)

3. 발굴 기간 : 1983.7~1983.10

4. 발굴 기관 : 奈良縣立橿原考古學研究所

5. 유적 종류 : 사원

6. 점수 : 1

7. 유적과 출토 상황

東大寺 동쪽 끝에 있는 二月堂 계단 아래에 있는 유구이다. 현재는 가마쿠라시대에 건축되었다고 전해지는 오미즈토리(お水取)라는 행사를 할 때 스님의 식사를 마련하는 佛餉屋이다. 佛餉屋의 해체수리로 인해 발굴조사를 하여 掘立柱건물 2동, 초석건물 1동, 도로유구 1조, 溝 1조가 확인되었다. 시기는 1기~3기로 크게 나눌 수 있는데 1기는 또한 전후의 2개 시기로 나눌 수 있다. 1시기(전)는 기단형의 돌담이 있는 掘立柱건물이었는데 기둥 자리에서 和同開珍 은전을 절반으로 쪼갠 것이 출토되었다. 1시기(후)는 기단형 돌담 밖에 또 하나의 돌담을 건립하여 이것을 배수로로 하고 이 담 남측을 도로로 하였다. 도로에는 큰 돌이 깔려 있었고 골짜기로 된 곳을 일부는 깎아내고 일부는 메워서 평탄하게 하였다. 이 골짜기를 메운 토층에서 나라시대 후반기의 토기와 녹유기와편, '東寺', '造寺', '上院', '大同' 등이 묵서된 토기가 출토되었다. 배수로 안에서는 흑색토기가 대량으로 출토되었다. 목간(히오우기(檜扇) : 편백나무의 얇은 오리로 엮어 만든 쥘부채)은 배수로 밑바닥에서 출토되었다. 1기 건물에 관해서는 그 상한을 8세기 전

반기로 볼 수 있어 東大寺 전신으로 되는 金鐘寺와 관련된 시설이었으리라 추측된다. 2기 건물은 남북동이고 2칸×3칸이었으며 건물 중앙부에 가마가 있어 현재의 佛餉屋과 같은 목적의 건물이었다는 것을 알 수 있다.

8. 목간

「□之   o   」

9. 참고문헌

奈良縣文化財保存事務所『重要文化財東大寺二月堂佛餉屋修理工事報告書』1984年

中井一夫「奈良·東大寺佛餉屋下層遺構」(『木簡研究』6, 1984年)

奈良縣教委·東大寺『東大寺防災施設工事·發掘調査報告書(發掘調査篇)』2000年

180) 東大寺大佛殿回廊西隣接地(舊境內9次)

1. **이름** : 토다이지 다이부쓰덴 회랑 인접지(구경내9차)
2. **출토지** : 奈良縣(나라현) 奈良市(나라시)
3. **발굴 기간** : 1988.1~1988.3
4. **발굴 기관** : 奈良縣立橿原考古學硏究所
5. **유적 종류** : 사원
6. **점수** : 226

7. 유적과 출토 상황

東大寺 大佛殿 회랑 서쪽에는 회랑을 따라 넓이가 20m나 되는 평탄한 곳이 있는데 이곳의 서쪽은 급경사지이고 낙차가 심한 곳은 3m에 이른다. 조사지는 이 평탄한 곳의 남단부이다. 조

사지점은 골짜기를 메워서 가람 건립을 위하여 정지된 곳인데 최하층 골짜기 밑바닥에 자연 퇴적층이 보이고 수로에 박아 넣은 말뚝도 발견되었다. 이 최하층 흑색유기질토층에서 목간이 226점(삭설 82점) 출토되었다. 최하층은 현재 表土에서 약 7m이며 두께가 약 50㎝ 되는 이 토층 위의 층은 두께가 2.5m이다. 銅 주조 관련 유물(동과 동 용해로편)이 대량으로 포함되어 있다. 목간 수종은 편백나무가 많고 대불 조영 공사 현장에서 사용된 목재를 이용하여 목간을 제작한 것으로 추정된다.

8. 목간

(1)

「∨卅三斤八両二畝」

　동의 무게를 적은 부찰 목간. 당시의 1斤은 현재의 약 675g이다. '畝'란 단위로부터 水洗銅에 매단 부찰로 추측된다. 동은 재생이 가능한 광물로서 주형이나 爐에 붙어 있는 동은 그것을 부수어서 물로 씻어 건조하는데 水洗銅은 동을 건조할 때 지금도 이랑(畝) 형태로 펼쳐 놓는다.

(2)

「∨白銅砕一裏」

　주석 성분이 많아 흰색을 띠는 白銅을 부수어서 마대에 넣은 꾸러미에 매단 부찰목간.

(3)

「自宮請上吹銅一万一千二百廿二斤

　　□宮宿〔舞?〕□□□丘□〔百?〕足宮□人[　　　　]百□　　　」

　대불 주조 현장이 光明皇后의 황후궁에게 청구하여 精銅 11,222근(약 7.6톤)을 얻게 된 사실을 적은 목간.

(4)

・×邊家繼　　　　　　　　　」

・「[　　　　]□〔塞?〕卅人

　　卅一人正丁

　　　　　十七人[　　　　]　　　　」

　'邊家繼'라는 인물은 正倉院문서에 보이는 田邊家繼와 동일 인물일 가능성이 있다. 田邊家繼는 天平勝寶2년(750)부터 '上毛野君家繼'라고 기재될 경우가 많기에 다른 목간도 포함해서 大佛 주조가 시작된 天平19년(747)부터 대불전이 완성된 天平勝寶3년(751) 사이의 목간으로 보아도 문제없을 듯하다.

　　　　(5)
　　　　　　　大伴部鳥上　　入正月[　　　][五日？]
・「藥院依仕奉人　　　　　　　　　　　　　　肥後國菊地郡□〔子？〕養鄉人」
　　　　　　　大伴部稻依　　入正月五日
・「悲田院悲□〔回？〕院　　　充大□不□末[　　　　　　]」

　대불 주조에 참여한 노역의 작업 현장과 관련된 복간. 앞면의 기재 내용은 '藥院에서 온 봉자'로 읽을 수 있다. 肥後國菊地郡子養鄉 출신인 '大伴部鳥上'와 '大伴部稻依'는 光明皇后의 황후궁에 봉사하고 있었지만 施藥院으로부터 대불 주조 현장에 파견되었음을 의미한다.

9. 참고문헌

奈良縣敎委 『奈良縣遺跡調査槪報 1987年度』 1988年

中井一夫·和田萃 「奈良·東大寺大佛殿廻廊西地區」(『木簡硏究』 11, 1989年)

木簡學會編 『日本古代木簡選』 岩波書店, 1990年

奈良縣敎委·東大寺 『東大寺防災施設工事·發掘調査報告書(發掘調査篇)』 2000年

木簡學會編 『日本古代木簡集成』 東京大學出版會, 2003年

181) 東大寺(防災工事3次)

1. 이름 : 토다이지(방재공사3차)

2. 출토지 : 奈良縣(나라현) 奈良市(나라시)

3. 발굴 기간 : 1992.6~1993.3

4. 발굴 기관 : 奈良縣立橿原考古學研究所

5. 유적 종류 : 사원

6. 점수 : 9

7. 유적과 출토 상황

東大寺 境內의 종합적인 방재 시설 설치 공사를 위한 사전 발굴조사가 1990년부터 이루어졌
는데 해당 유적은 제3차 발굴조사에서 발견된 것이다. 조사구역은 大佛殿 북부, 서부, 남부의
서반 부분이며 목간이 출토된 곳은 남부 조사구의 중문부터 서쪽으로 이어지는 회랑 남측이다.
東大寺가 본격적으로 造佛 작업에 들어간 것은 天平17년(745)인데 이번 조사구에서는 창건 당
시의 작업면과 조영에 관한 폐기 유물이 많이 출토되었다. 주석, 청동제품 주조 관련 폐기물, 토
기, 여러 가지 목제품이 출토되었으며 그중에서도 특히 經軸형 목제품이 주목된다. 작업면은
대불전의 남쪽 골짜기를 메운 퇴적토 도중에 있는데 이 층면에는 T자형으로 접속되는 石溝가
구축되어 있을 뿐 명확한 유구라고는 할 수 없으나 흙을 불로 태운 층면이 보인다. 이 태운 흙
에 목간이 1점 꼽혀 있었다. 이 작업면과 석구를 메우기 위해 퇴적되어 있는 층은 목설로 구성
된 층인데 이 층위는 '大佛殿廻廊西地區'에서 발견된 초우나 자귀 木屑층과 같은 것이며 목간은
이 木屑층 아래에 얇게 깔려 있는 회색토층에서 1점 출토되었다. 또한 회색토층 중 석구 바로
위에 있는 층면에서도 목간이 1점 출토되었다. 초우나 자귀 목설층에서는 목간이 2점 외에 문
자를 새겨 쓴 목제 削片도 출토되었다.

8. 목간

　(1)

・「o 東大之寺僧志尺文寺得□〔促?〕×

　　　　　尊　　　　　　　　　　」

```
        作心信作心      第 為 □ 為是□是
```
・「o 論語序一『寺』□ 第
```
        信心    哥第 為為為為為羽[  ]      ↲
```

'尊'은 '僧'자 좌우측에 작게 기재되어 있으나 필체는 같다고 본다. 뒷면 필체는 앞면과 다르며 내용은 습서가 된다. '論語序一'이라 쓰고 '作心', '信心' 등 비슷한 어구를 연습하고, 여러 서체의 '為'자도 연습하였다. 하지만 '寺'자는 앞면의 글씨와 필체가 같으므로 뒷면은 원래 적혀 있던 내용을 깎아내고 습서했던 것으로 보인다. '東大之寺'라고 적은 사례는 天平19년(747) 12월 22일의 '近江國坂田郡司解奴婢売買券'(『大日本古文書』九-六四三)에 보이는데 동대사 조영을 위하여 造東大寺司가 설립된 것은 天平20년(748) 7월 무렵으로 추정된다. 그러므로 해당 목간에는 기년이 적혀 있지 않으나 '東大之寺'라는 기재 내용으로부터 天平19년(747)부터 天平20년(748) 부렵으로 볼 수 있다. 大佛 주조가 天平19년 9월부터 시작되었으므로 주조가 시작되고 나서 얼마 지나지 않은 시기에 만들어진 목간으로 추정된다.

　　(2)

「鳥取□　　」

세 번째 글자는 손상으로 인해 판독을 확정할 수 없으나 '世' 또는 '桑'일 가능성이 있다.

　　(3)
```
        長    [  ]
```
・「□三奴百足戶□同□□　　」
・「□作何□[   ]
```
        [        ]          ↲
```
'三奴'는 '三野'일 가능성이 있다.

　　(4)

「賛支國□　　」

각서 목편이다. '賛支國'는 사누키(讚岐) 국을 가리킨다.

(5)

「高背　」

'高背'는『和名類聚抄』에 적혀 있는 '讚岐國三野郡'의 '高瀬鄕'일 가능성이 크다.

9. 참고문헌

平松良雄 「史跡東大寺總合防災施設に伴う事前發掘調査の概要」(『南都佛教』69, 南都佛教研究會·東大寺, 1994年)

平松良雄·和田萃 「奈良·東大寺」(『木簡研究』16, 1994年)

奈良縣教委·東大寺『東大寺防災施設工事·發掘調査報告書(發掘調査篇)』2000年

182) 東大寺(舊境內37次)

1. 이름 : 토다이지(구경내97차)
2. 출토지 : 奈良縣(나라현) 奈良市(나라시)
3. 발굴 기간 : 1993.7~1993.8
4. 발굴 기관 : 奈良縣立橿原考古學研究所
5. 유적 종류 : 사원
6. 점수 : 3

7. 유적과 출토 상황

東大寺 중문에서 서쪽으로 뻗은 회랑 남쪽에 있는 유적이다. 東大寺 境內의 방재 시설 설치 공사가 1990년부터 이루어졌는데 그 전에 발굴조사가 진행되었다. 해당 유적의 범위는 1992년 제3차 발굴조사 시 발견된 T형 石溝에서 남쪽으로 이어지는 50㎡이다. 조사지 퇴적층은 6단계로 나눌 수 있다. 최하층은 주조 관련 유물을 많이 포함한 층위이며 대불 주조에 사용된 흙

과 모래로 整地되었다. 石溝는 이 층을 기반으로 敷設되었다. 그 위에 층은 석구 埋土인데 주조 관련 유물이 들어 있다. 그 위에 층은 대량의 목설이 포함되어 있는데 가람 건립에 관련된 것이며 목간은 이 木屑층에서 출토되었다. 목설층 위에는 나라시대, 중세, 근세 3개시기의 퇴적층으로 나눌 수 있다.

8. 목간

　　(1)

賛支國

　　(2)

賛支

　　(3)

賛□〔支?〕

　　3점의 목간 전부가 글이 새겨져 있는 목편으로 큰 목재에서 잘라낸 것으로 보인다. '賛支國'는 사누키(讚岐)라는 국명이다.

9. 참고문헌

西藤清秀·和田萃·鶴見泰壽「奈良·東大寺」(『木簡研究』17, 1995年)

奈良縣敎委·東大寺『東大寺防災施設工事·發掘調査報告書』發掘調査篇, 2000年

183) 東大寺(防災工事9次)

1. 이름 : 토다이지(방재공사9차)
2. 출토지 : 奈良縣(나라현) 奈良市(나라시)
3. 발굴 기간 : 1998.7~1998.11

4. 발굴 기관 : 奈良縣立橿原考古學硏究所

5. 유적 종류 : 사원

6. 점수 : 20

7. 유적과 출토 상황

東大寺 옛 境内에 있는 국보건조물 금당, 남대문 등 주요 가람에 대해 방재 시설 설치 공사가 1990년부터 이루어졌는데 그전에 발굴조사가 98년까지 9차례 실시되어 많은 성과를 거두었다. 98년에 실시된 제9차 조사에서는 9812구 SX02, 9813구 SK01 유구가 발견되었다. 9812구는 戒壇院 동쪽으로부터 西塔 유적으로 통하는 작은 도로를 따라 설치된 넓이 약 1m, 길이 약 51.2m에 달하는 조사구이다. 9813구는 9812구의 남쪽 끝에서 서쪽으로 분기된 곳에 있다.

9812구 약간 남쪽 방향에서 SX02유구가 발견되었고 이 유구에서 목간이 출토되었다. SX02은 넓이 약 9m, 깊이 약 1.3m이고 동서 방향으로 뻗은 유로로 보인다. SX02는 완만한 흐름의 퇴적으로 매몰된 것으로 보이는데 퇴적층은 3개로 나눌 수 있다. 하층은 갈색점질토층인데 이 퇴적토에 목간과 다른 유기물이 포함되어 있다. 近江産으로 보이는 하지키 항아리가 출토된 것이 특기할 만하다. 중층은 흑색 유기질토층인데 목간 외에 토기, 청동, 동, 銅滓, 목탄, 목제품 등이 출토되었다. 가장 큰 특징은 주조 관련 폐기물이 출토되었다는 점이고 문방구도 주목된다. 목간은 20점 가까이 출토되었는데 주로 남안에 집중된 경향이 있다. 목간의 거의 절반은 부찰 목간이며 물품명을 적은 것은 없다. 다만 조사지 동측에 있는 대불전서회랑 인접지역 발굴조사 시 대불 주조와 관련되는 구리의 부찰이 많이 출토되었고 이 출토지도 같은 자연유로에 해당되는 것으로 보아 구리 부찰로 추정된다. 상층은 암회색점토층인데 중층과 같이 청동, 동재(銅滓), 목탄 등 주조관련 폐기물이 출토되었다. 상층 퇴적층에서는 8세기 중후반기의 토기가 출토되어 SX02의 폐절 연대도 같은 시기라는 것을 알 수 있다.

8. 목간

(1)

·「∨卅四斤『大

小二百斤』」

·「∨ 『枚二』 」

상단부 좌우 양쪽에 홈이 파여 있고 앞면에는 무게와 매수를 적은 목간이다. 앞면의 '卅四斤'과 그 아랫부분의 두 줄로 갈라서 쓴 문자와의 필체는 다르다. 大, 小를 줄을 바꿔 갈라 적었는데 대1근은 소3근과 같다. 뒷면에는 이미 쓴 문자를 지우기 위해 표면을 깎았으나 묵흔이 남아 있다. 지금 판독 되는 두 글자는 그 위에 기재된 것으로 보인다. '枚'는 구리의 주괴(鑄塊) 단위이며 '枚二'는 매수를 나타낸다.

(2)

·「∨語人鳥□〔奉?〕七十六斤 『一』」

·「∨ 七月廿日 」

상단부 좌우 양쪽에 홈이 파여 있고 앞면에는 인명과 수량, 뒷면에는 날짜가 쓰여 있다. 글씨가 굵고 먹이 스며있어 판독이 어려우나 운필로부터 앞부분은 '語人鳥'라는 인명이 판독 되었다. 앞면의 내용은 '語人鳥'가 바친 동 76근이라는 뜻이다. '七十六斤' 아랫부분에 다른 필체로 '一'이 적혀 있는데 이는 구리 주괴 단위로 되는 매수를 나타내는 것으로 추정된다.

(3)

·「∨生壬部万呂十九斤 『一』」

·「∨十一月廿六日 『前大目』」

상단부 좌우 양쪽에 홈이 파여 있고 앞면에는 인명과 수량, 뒷면에는 날짜가 쓰여 있다. '生壬部'는 '壬生部'와 같은 성씨이며 미부베라고 읽는다. '十九斤' 아랫부분에 적혀 있는 '一'도 역시 다른 필체로 보이며 구리 매수를 나타낸다.

9. 참고문헌

奈良縣敎委·東大寺『東大寺防災施設工事·發掘調查報告書(發掘調查篇)』2000年

平松良雄·鶴見泰壽「奈良·東大寺」(『木簡硏究』24, 2002年)

184) 東大寺(舊境內98次)

1. 이름 : 도다이지(구 경내98차)
2. 출토지 : 奈良縣(나라현) 奈良市(나라시)
3. 발굴 기간 : 2003.10~2003.11
4. 발굴 기관 : 奈良縣立橿原考古學硏究所
5. 유적 종류 : 사원
6. 점수 : 7

7. 유적과 출토 상황

東大寺 大佛殿 북쪽에서 약 360m 떨어져 있는 유적이다. 조사 결과 나라시대의 주조 관련 유구와 무로마치시대의 기단, 우물, 에도시대의 초석건물, 우물 등 많은 유구가 발견되었다. 목간이 출토된 주조 토갱은 한 변의 길이가 약 2.9m인 정방형이며 깊이는 잘 남아 있는 곳이 약 1.3m이다. 토갱 밑바닥에는 양질의 점토가 깔려 있고 그 주위에는 넓이 약 0.5m의 배수로가 발견되었다. 또한 배수로 물을 토갱 밖으로 흘러내리기 위한 기와를 사용한 암거 배수시설도 확인되었다. 주조 토갱에서는 정리용 상자로 30상자의 유물이 출토되었다. 대부분은 銅滓, 용해로편, 鑄型片, 송풍관 등 주조 관련 유물이고 이외에 스에키, 하지키, 기와, 목간 등도 포함되어 있다. 토기는 대부분 나라시대 중기에서 후반으로 비정되고 주조 토갱의 조작 시기에 대응되는 것으로 보이며 東大寺 조영시기와도 대응된다. 東大寺 구 境內의 사역 내에 있는 것으로 보아 東大寺 조영과 관련 있는 주조유구로 판단하여도 문제없을 듯하다. 목간은 11점 출토되었

는데 판독되는 것은 3점이다.

8. 목간

(1)

```
·                    □□
                十人掘出自□地
                    十一人銅
        ×人作露盤伏鉢樋八枚形
            □              □人
· 壹斤                      □□□
    丈一尺              滑海藻
```

네 조각으로 갈라져 있으며 상·하 양끝은 부러져 있고 좌우 양측은 갈라져 있어 원래는 더욱 큰 복산이었다. 앞면은 '露盤伏鉢樋八枚'의 '形'(鑄型) 세삭에 참여한 삭업원의 인수(윗부분이 절손되어 인수가 구체적으로 몇 명이 되는지는 불명)를 적고 그 내역을 2줄로 갈라 적었다. 오른쪽에 쓰여 있는 '十人掘出自□地'는 주형에 사용되는 점토의 채굴 등 작업에 관련된 기재로 보인다. 점토 채굴, 주형 제작 등 작업의 각 단계에 있어서 작업원 인수와 그 내역을 열기한 목간으로 추정된다. 뒷면에는 무게(壹斤)와 길이(丈一尺)가 윗부분에 기재되고 아랫부분에 대황(滑海藻)이 기재 되어 있는데 중간에 공백부분이 있다. 대황은 식료품으로 지급되었을 가능성이 높으나 주형에 넣어 사용하였을 가능성도 있다.

(2)

```
鳥甘□

□
```

상하 양단은 부러져 있고 좌우 양쪽은 갈라져 있어 원형을 잃었다. 뒷면은 타서 탄화되어 있다. '鳥甘'는 인명.

(3)

```
·   □大□□〔鑄工?〕從

    □□□
```

・□□□〔参伯参?〕□

상하 양단은 부러져 있고 좌우 양쪽은 갈라져 있어 원형이 남아 있지 않다. '大鑄工'은 정확히는 알 수 없으나 유사한 용례가 있다. 『東大寺要錄』에 수록된 「大佛殿碑文」에 '大鑄師從五位下'가 있어 참고된다.

9. 참고문헌

橿考硏『奈良縣遺跡調査槪報 2003年度』(別刷) 2004年

淸水昭博·鶴見泰壽 「奈良·東大寺舊境內」(『木簡硏究』27, 2005年)

185) 東大寺(舊境內市13次)

1. 이름 : 도다이지(구 경내시13차)
2. 출토지 : 奈良縣(나라현) 奈良市(나라시)
3. 발굴 기간 : 2011.7~2011.12
4. 발굴 기관 : 奈良市敎育委員會
5. 유적 종류 : 사원
6. 점수 : 1

7. 유적과 출토 상황

東大寺 大佛殿 북쪽지구에 있는 유적이다. 大佛殿 북쪽지구에는 강당을 둘러싼 3면의 僧房이 있는데 東室로 불리는 東僧房(太房) 남단부를 발견하고 대불전과 강당 사이에는 깊은 골짜기가 확인되었다(제13차 조사). 목간은 이 골짜기 밑바닥에 퇴적된 흑회색 점토층(두께 0.1m~0.2m)에서 1짐 출도되었다. 목간과 함께 대량의 목단조긱, 송풍관, 銅滓, 8세기의 스에키 잔, 전용 벼루 등이 출토되었다.

8. 목간

- ×守　受█一口
- 　　　九月九日

상·하단 모두 손상되고 두개의 단편이 상하로 붙여진다. '█'자는 왼쪽이 '革', 오른쪽은 '艹' 아래에 '侖'을 쓰는 자체. 풀무를 뜻한다. 대불 주조에 관련된 목간이다.

9. 참고문헌

三好美穗「奈良·東大寺舊境內」(『木簡硏究』35, 2013年)

186) 東大寺(市2012年度立會)

1. 이름 : 도다이지(시 2012년도 입회)
2. 출토지 : 奈良縣(나라현) 奈良市(나라시)
3. 발굴 기간 : 2012.7
4. 발굴 기관 : 奈良市敎育委員會
5. 유적 종류 : 사원
6. 점수 : 1

7. 유적과 출토 상황

東大寺 大佛殿 북쪽 지구에 있는 유적이다. 大佛殿 북쪽 지구에는 강당을 둘러싼 3면의 僧房이 있는데 東室로 불리는 東僧房(太房) 남단부를 발견하고 대불전과 강당 사이에는 깊은 골짜기가 확인되었다(제13차 조사). 제13차 조사 시, 이 골짜기 밑바닥에 퇴적되어 있는 흑회색 점토층에서 목간 1점이 출토되었는데, 그 후 유물이 포함되어 있는 퇴적토가 확인되어 공사 입회를 진행하였다. 그 결과 제13차 조사 때에 출토된 목간 지점에서 서쪽으로 20m 떨어진 곳에서

목간 1점, 목탄조각, 8세기의 하지키, 스에키편 등을 포함한 흑회색 점토층(두께 0.1m)이 확인되었다.

8. 목간

	土起八□
・×方少丁合肆拾人之中	土運十九
~~	土起八□
・×方少丁合肆□〔拾？〕□之中	土運十九
~~ ~~~ (묵선으로 말소되어 있다)	

상·하단 모두 손상되었다. 앞뒷면의 문자를 모두 기재한 후 묵선을 그어 말소하였다. '少丁'이 토목작업에 종사하였다는 것을 알 수 있는 자료이다.

9. 참고문헌

三好美穂 「奈良·東大寺舊境內」 (『木簡研究』 35, 2013年)

187) 興福寺舊境內(勅使坊門跡下層)

1. 이름 : 고후쿠지큐케이다이
2. 출토지 : 奈良縣(나라현) 奈良市(나라시)
3. 발굴 기간 : 1987.9~1987.11
4. 발굴 기관 : 奈良縣立橿原考古學研究所
5. 유적 종류 : 사원
6. 점수 : 2

7. 유적과 출토 상황

興福寺를 남북으로 갈라놓는 도로, 현재 나라 현청 앞의 도로에 있는 유적, 西大門, 一乘院門 유적, 勅使坊門 유적 등이 발견되었다. 勅使坊門 유적에서는 長徑 약 1.5m인 커다란 자연석이 확인되었으며 그 埋土는 9세기의 못을 메운 整地土(땅을 반반하게 고르기 위해 사용된 흙)였다. 이 整地土 아래에서 확인된 못 밑바닥에는 약 20㎝의 흑색 유기질토가 퇴적되어 있는데 목간은 이 퇴적층에서 2점 출토되었다. 공반유물로는 흑색 토기편과 송풍관이 있다.

8. 목간

　(1)

・「∨池□□□□」

・「∨∣　∣　　　　」

상단부에는 홈이 파여 있고 하단부는 뾰족하게 깎아져 있다. 뒷면 문자는 작게 적혀 있다. 앞뒷면의 나뭇결이 드러나 있어 오랫동안 밖에서 비바람을 맞은 것일 가능성이 있다.

　(2)

「□□□　□

좌우 양측이 갈라져 있다.

9. 참고 문헌

中井一夫·和田萃 「奈良·興福寺勅使坊門跡下層」(『木簡研究』 10, 1988年)

188) 西大寺舊境內(14次)(平城京跡右京一條三坊四坪)

1. **이름** : 사이다이지큐우케이다이(14차)
2. **출토지** : 奈良縣(나라현) 奈良市(나라시)

3. 발굴 기간 : 2002.9~2002.12

4. 발굴 기관 : 奈良市教育委員會

5. 유직 종류 : 도성

6. 점수 : 1

7. 유적과 출토 상황

平城京 右京一條三坊四坪 동북 모퉁이에 있는 유적이며 나라시대 후반기에는 西大寺 境內地였다. 나라시대부터 헤이안시대까지의 굴립주 담 9조, 건물 17동, 우물 8조, 溝, 토갱 등이 확인되었다. 목간은 우물유구 SE02에서 1점 출토되었다. SE02는 상부 나무틀이 남아 있는 3개의 우물 중 하나이며 평면 형태는 모서리를 둥글게 다듬은 方形이고 동서 1.95m, 남북 1.75m이다. 내경은 0.8m×0.7m이며 깊이는 2.4m이다. 공반유물로는 하지키, 스에키가 있으며 시기는 나라시대 후기로 추측된다.

8. 목간

□□□

3글자 확인은 되지만 판독은 되지 않는다.

9. 참고문헌

池田富貴子 「奈良·西大寺舊境內」 (『木簡研究』 25, 2003年)

奈良市教委 『奈良市埋藏文化財調査槪要報告書 平成14年度』 2005年

189) 西大寺舊境內(25次)(平城京跡右京一條三坊十四坪)

1. 이름 : 사이다이지큐케이다이(25차)

2. 출토지 : 奈良縣(나라현) 奈良市(나라시)

3. 발굴 기간 : 2009.4~2009.7

4. 발굴 기관 : 奈良市敎育委員會

5. 유적 종류 : 사원

6. 점수 : 1939

7. 유적과 출토 상황

平城京 右京一條三坊十三坪과 十四坪 경계선에 있는 유적이며 나라시대 후반기에는 西大寺 境內地였다. 동서 방향으로 뻗은 2개의 溝가 확인되었는데 이는 條坊 側溝 또는 그것을 이용해 사원 내의 배수와 구획을 분할하는 역할을 하고 있었을 가능성이 있다. 그중 남쪽의 溝 SD01은 넓이 약 7m, 깊이는 약 1.4m이며 북쪽의 溝에 비해 넓이도 깊이도 규모가 크다. 埋土는 2개 층위로 나누어지는데 하층부에는 목편을 포함한 퇴적이 있고 여기서 목간과 묵서토기 등이 출토되었다. 하층부의 토기는 주로 나라시대 후반기의 것이고 상층부 토기는 8세기 후반부터 9세기 전반까지의 것이다. 목간은 205개 상자 분량이 출토되었다. 대부분이 SD01 출토품이며 나라시대부터 헤이안시대의 하지키, 스에키, 奈良三彩, 灰釉陶器, 綠釉陶器, 흑색토기, 이슬람도기, 도자기 벼루, 전용 벼루, 묵서토기, 각서토기, 墨書石, 여러 가지 기와, 목제품, 목간, 동전(和同開珍), 금속제품, 석기, 석제품, 유리 제품, 종자, 나뭇잎 등이 있다. 출토문자자료로는 목간 1935점, 묵서토기 289점, 묵서석 1점, 印刻瓦 4점이 출토되었다. 이러한 목간, 묵서토기의 시기는 대략 神護景雲~寶龜(767~780)로 추측된다. 이 시기는 西大寺 창건기 및 그 직후에 해당된다.

8. 목간

　(1)

・「　　　伊賀 尾張 遠江 伊豆 上總 常陸　　　近江 火太 甲斐 下野

　　東海道 『內』志麻　　武藏　　　　東巽道 『錦』　　　　　　　□　」

```
          伊勢 □河 駿河 相武 下總 阿波        美濃 信野 上野 常奧 □□
・「     伊刀 海麻 牟呂 淡路國 阿波國[ ][ ]   土左國     阿川『人 人』
   紀國 那賀 安□『金』御原 板野 [ ][ ]    □□     □    『莖足□□〔芹芹?〕芋芋』  」
   名草 日高    津名 三間 [ ]      長岡    □ 土左『合』□
                        土左
```

길이 50㎝가 넘는 큰 목간이다. 앞면에 東海道와 東山(㟴)道의 國 이름을 적고, 뒷면에는 南海道 각 國의 郡名을 열기하였다. 용도에 관해서는 유사한 용례가 없어서 확정할 수 없으나 문서작성을 위한 메모와 같은 역할을 하는 것으로 추측된다. 기재내용에 관해서 유의할 점은 東海도 各國에 武藏國가 소속되어 있다는 점이다. 『續日本紀』에 의하면 武藏國은 寶龜2년(771)에 도산도에서 도카이도에 소속이 바뀌었는데 이러한 사실을 기재하였을 가능성이 있다.

(2)

```
「大德一心念、今日衆僧自恣[            ]恣若有見聞疑罪、大
德恴[哀?]愍、故語□、□□[        ]如法懺悔、第二第三亦如是」
```

『四分律刪繁補闕行事鈔』등 경전의 한 구절을 적은 목간이다. '恴'로 판독되는 글자는 '哀'가 맞다. 경문을 의미에 따라 나누고, 거기에 점이 찍혀 있다. 행사 때 확인을 하기 위해 작성한 비망록 같은 것일 가능성이 있다.

(3)

```
「o                    各長□〔三?〕
金堂所牒   嶋院   借請麻柱松弐枝      右□
```

(4)

```
・      右件田主知□〔已?〕衣服□〔細?〕□
□事『[   ]會會會請□』
         [        ]      」
・              □
神護景雲二年三月五日『□□』   」
```

'金堂所'가 발송한 '牒'라는 문서이다. '嶋院'은 『續日本紀』 神護景雲원년(767) 9월 己酉조에 그 이름이 보인다. 称德天皇이 이때에 行幸하였다는 사실이 적혀 있어 西大寺 안에서도 중요한 존재임을 알 수 있다.

(5)
「法王尓□〔成?〕」
(6)
・「大律師成」
・「〔   〕」
(7)
・「此取人
・「法師成
(8)
「□沙弥尓成」
(9)
「我鬼成」

위 5점(5~9)은 제비뽑기 목간이다. 내용은 '法王'부터 '律師', '法師', '沙弥'(불문의 제자)로 이어지는데 이는 스님의 지위를 가리킨다. 마지막에 '我(餓)鬼'를 적었다. '法王'은 称德朝에서 道鏡이라는 스님을 반영할 가능성이 있다. 스님의 지위가 여럿 나타나고 불교사상에서 가장 피해야 할 존재인 '餓鬼'가 확인되므로 제비뽑기 놀이의 요소가 갖추어진 것으로 볼 수 있다.

9. 참고문헌

奈良市教委 『奈良市埋藏文化財年報 平成21(2009) 年度』 2012年

奈良市教委 『西大寺舊境內發掘調査報告報告書 1 ―西大寺舊境內第25次調査(本篇)(文字資料篇)』(奈良市埋藏文化財調査研究報告3) 2013年

鐘方正樹「奈良·西大寺舊境內」(『木簡研究』35, 2013年)

190) 西大寺食堂院(平城京跡右京一條三坊八坪)(平城404次)

1. 이름 : 사이다이지지키도인(평성404차)

2. 출토지 : 奈良縣(나라현) 奈良市(나라시)

3. 발굴 기간 : 2006.5~2006.8

4. 발굴 기관 : 奈良文化財研究所

5. 유적 종류 : 사원

6. 점수 : 2689

7. 유적과 출토 상황

平城京 우경 1조3방8평에 있는 西大寺 食堂院 유적이다. 목간은 남북 방향으로 나란히 있는 동서 2동의 초석건물을 연계하는 軒廊 동쪽의 SE950 우물유구에서 출토되었다. 이 우물은 내경 한 변의 길이가 약 2.3m이고 높이는 아래 3단이 약 60㎝, 위 2단이 약 30㎝이며 이와 별개로 우물 안에는 우물 상부 나무틀 부재가 낙하 상태여서 원래는 최소 6단은 있었던 것으로 볼수 있다. 우물 바닥에는 직경 3㎝ 가량의 둥근 자갈이 깔려 있고 정수용으로 목탄을 깔았다. 우물은 폐기되면서 상부 구조를 제거한 후 아랫부분은 목편과 함께 여러 유물이 대량 포함된 쓰레기로 메우고, 윗부분은 작은 토기 조각이 대량 포함된 흙으로 정성스럽게 메웠다. 목간 출토층은 목편층이 위주지만 윗부분의 埋土에도 목간이 포함되어 있다. 목간 총 수량은 1,000여 점에 이르러 '西大寺食堂院木簡'이라 부른다. 그 외에 우물유구 SE950에서는 다종다양한 유물이 출토되었다. 금속제품으로는 銅火箸, 쇠칼, 쇠못 등이 출토되었다. 목제품으로는 曲物, 나막신, 그릇, 숟가락, 국자, 젓가락, 齋串 등이 출토되었다. 식사 용구, 服飾具, 용기, 祭祀具, 부재 등으로 종류가 많으나 출토 점수는 젓가락 외에는 많지 않다. 토기는 나라시대부터 長岡京 시기의

하지키, 스에키 등과 함께 제염토기가 다량 출토되었다. 묵서토기도 많이 포함되어 있다. '西大寺', '西寺', '西大寺弥', '藥□〔師?〕', '綱', '厨□〔記號〕' 등이 묵서되어 있다.

8. 목간

(1)

「東薗進上大根三升　知佐二升　　　」

'東薗'으로부터 채소를 進上했다는 내용을 적은 목이다. '東薗'은 西大寺에 소속된 것이 아니라 '園池司' 등의 園地일 것이다.

(2)

・「飯壹升　伊賀栗拾使間食料　八月廿七日　目代□□〔倉人?〕」

・『『□□□□□□　　　　　　　　　八月四日□〔目?〕□

　　　　　　　　　　　倉人

　上座　　寺主　　可信　　□　　　□　　□□　　　　　」」

(뒷면 제2행은 먹칠하여 지워버린 것)

밥(飯) 지급에 관한 목간이다. 앞면은 '伊賀栗拾使'의 간식으로서의 밥을 지급한 기록. 뒷면은 다른 지급 기록이 남아 있다. 뒷면의 문자는 앞뒤로 문자가 이어지므로 세 조각으로 나누어진 중앙부분으로 보인다.

(3)

・「　　　　　　　六石五斗見直充了

　茄子十五石六斗　　　　　『□ □ 世世世世世世世世世世』□□ (『』부분은 중서)

　『世世世世』　九石一斗　直未□九十三文今所給 □ [　　　]

・「　　　　　　　『麻』○一石[　　　　　]

　□□二石九斗『茄子』四石　　　　　　『財平□』

　　　　　　『爲爲爲』□□□卅□

가지(茄子)에 관한 장부형 목간이다.

(4)

・淨酒弐升□□〔政所？〕□料又酒

・□ □　 □ □ □

'政所'에서의 술 지급에 관한 목간이다. 좌우 양변이 이차적으로 깎아지거나 갈라졌을 가능성이 있다.

(5)

「僧房作所　 」

西大寺 안에 있는 시설 또는 기구명을 적은 목간이다. 공반된 목간을 통해 승방이 조영되었음을 알 수 있다.

(6)

「o西南□殿鎰」

상단부를 둥글게 가공한 부찰목간이다. '□'는 '藥' 또는 '菓'.

(7)

・「羽郡野田鄕戶主 [　]私人戶口生江伊加万呂」

・「延曆五年十月廿七日　　　　　　　　　　　 」

越前國足羽郡으로부터의 하찰목간이다. '羽郡'은 足羽郡을 생략한 것. 貢進者는 적었으나 稅目에 관해서는 기재하지 않았다. '延曆五年'(786)은 西大寺에서 발견된 기년명 목간 가운데 가장 이르다.

(8)

「少戶主波太部直万呂大豆五斗」

大豆 하찰목간이다. 越前國와의 밀접한 관계와 越前國 坂井郡으로부터의 콩 공진 하찰 사례가 헤이조큐(平城宮) 목간에도 있는 것으로 보아 '少'는 越前國 足羽郡 少名鄕을 가리킬 가능성이 있다. 鄕名을 한 글자로 줄여 쓰는 하찰목간 사례가 다른 지역에도 있는 것이 참고가 되며 西大寺와의 직접적인 관계로 인하여 표기를 간략히 한 것으로 보인다.

(9)

「美作國勝田郡吉野鄉□〔搗?〕米五斗」

美作國이 보낸 도정한 쌀(搗米)의 하찰목간이다. 貢進者 이름은 기재하지 않았다.

(10)

「∨醬漬瓜六斗」

장에 담은 오이과(瓜)의 용기에 단 부찰목간이다.

9. 참고문헌

奈文研 『西大寺食堂院‧右京北邊發掘調査報告』 2007年

奈文研 『奈良文化財研究所紀要2007』 2007年

奈文研 『平城宮發掘調査出土木簡概報』 38, 2007年

渡邊晃宏 「奈良‧西大寺食堂院跡」 (『木簡研究』 29, 2007年)

奈文研 『平城宮發掘調査出土木簡概報』 39, 2009年

191) 大安寺舊境內(市57次)(平城京跡左京六條四坊二坪)

1. 이름 : 다이안지 큐케이다이(시57차)

2. 출토지 : 奈良縣(나라현) 奈良市(나라시)

3. 발굴 기간 : 1993.5~1993.7

4. 발굴 기관 : 奈良市敎育委員會

5. 유적 종류 : 사원

6. 점수 : 15

7. 유적과 출토 상황

나라시대의 大安寺는 동서 쌍탑을 남대문 남쪽에 배치한 대사원이며 平城京 左京 六條四坊과 7조4방에 걸쳐서 15정의 면적을 사원 지역으로 삼았다. 1980년부터 나라교육위원회에 의해 64차례의 발굴조사가 이루어졌는데 1993년에 진행한 제57차 조사구에서 목간이 15점 출토되었다.

목간은 나라시대의 우물유구 SE02에서 출토되었다. 우물은 평면형이 사각형의 형태로 되어 있고 한 변의 길이가 2.2~2.4m이며 깊이는 약 4.5m이다. 우물 상부 나무틀 안에서 목간 외에 나라시대 후반기에서 말기의 하지키, 스에키, 묵서토기, 막새, 人形, 바구니, 曲物, 막대기 모양의 목제품, 쇠못, 銅滓, 漆紗冠 등이 출토되었다. 묵서토기는 6점인데 '大安寺', '大寺', '大安寺左右酒' 등 묵서가 확인된다.

8. 목간

(1)

「龜六年難　　」

題籤軸인데 軸部가 결손되었다. '龜六年'은 寶龜6년(775)일 것이다. '難'에 이어지는 문자는 뒷면에 계속되는 것으로 보이는데, 깎여져 있어 문자 확인이 되지 않는다.

(2)

・「o漬芹」

・「o□　　」

부찰목간이며 윗부분에 구멍이 뚫려 있다. 미나리 절임을 넣은 용기에 끈을 매달아 사용한 것으로 추측되고 있다.

(3)

「o可充紙□□

어떠한 용도에 사용되는 종이 수량을 적은 목간이다. 윗부분에 구멍이 뚫려 있다.

9. 참고문헌

奈良市敎委『奈良市埋藏文化財調査槪要報告書 平成5年度』1994年

三好美穗·篠原豊一「奈良·大安寺舊境內」(『木簡研究』16, 1994年)

192) 大安寺舊境內(市64次)(平城京跡左京六條四坊十二坪)

1. 이름 : 다이안지 큐케이다이(시64차)
2. 출토지 : 奈良縣(나라현) 奈良市(나라시)
3. 발굴 기간 : 1994.2~1994.3
4. 빌굴 기관 · 奈良市敎育委員曾
5. 유적 종류 : 사원
6. 점수 : 35

7. 유적과 출토 상황

나라시대의 大安寺는 동서 쌍탑을 남대문 남쪽에 배치한 대사원이며 平城京 左京 六條四坊과 七條四坊에 걸쳐서 15정의 면적을 사원 지역으로 삼았다. 1980년부터 나라교육위원회에 의해 64차례의 발굴조사가 이루어졌는데 1994년에 진행한 제64차 조사구(苑院 추정지)에서 목간이 35점 출토되었다.

목간은 대부분이 삭설이다. 나라시대의 우물유구 SE02에서 출토되었다. 우물은 평면형이 사각형의 형태로 되어 있고 한 변의 길이가 1.8~2.2m이며 깊이는 약 2.4m이다. 목간은 우물 상부 나무틀 안 회색 점토층에서 출토되었는데 이외에 나라시대 중기로부터 후반기에 걸친 특징이 있는 하지키, 스에키를 비롯해 묵서토기, 막새, 제염토기, 土馬, 曲物, 막대기 모양의 목제품과 대량의 목설이 출토되었다. 묵서토기는 14점인데 '東院', '光', '大', '家', '維', '高' 등 묵서가 확인된다.

8. 목간

(1)

□□□〔出水鄕?〕大豆五斗

『倭名類聚抄』에 의하면 이즈미향은 세 곳이 있는데 大安寺와 관련 있는 곳은 山城國 相樂郡 水原鄕이다.「大安寺伽藍緣起幷流記資財帳」에 '泉木屋幷薗地二町'라고 적혀 있어 大安寺의 목조 가옥과 薗地가 이곳에 있었다는 것을 알 수 있다. 해당 목간은 이 원지로부터의 하찰목간일 가능성이 있다.

(2)

白米二斗

양단이 손상되어 전부의 형태를 알 수 없으나 부찰로서 사용되었을 가능성이 크다.

9. 참고문헌

奈良市教委『奈良市埋藏文化財調査槪要報告書 平成5年度』1994年

三好美穗·篠原豊一「奈良·大安寺舊境內」(『木簡研究』16, 1994年)

193) 白毫寺遺跡

1. 이름 : 뱌쿠고지 유적
2. 출토지 : 奈良縣(나라현) 奈良市(나라시)
3. 발굴 기간 : 1982.2~1982.7
4. 발굴 기관 : 奈良縣立橿原考古學硏究所
5. 유적 종류 : 정원
6. 점수 : 2

7. 유적과 출토 상황

나라시대부터 헤이안시대의 정원유적이다. 자연지형을 이용해서 만들어진 못 2조와 우물, 溝가 확인되었다. 목간은 못 1에서 출토되었다. 못 바닥은 2층으로 나누어지는데 상층은 정원의 기능을 갖고 있으며 정선에 따라 정원석이 배치되어 있고 못 바닥에도 돌을 깔았다. 못 속에 난잡하게 던져 넣은 큰 돌 사이에서 목간과 나라시대의 유물이 출토되었다. 못 2에서 출토된 유물은 많지 않으나 못 중앙부에 만들어진 우물 안에서 齋串이 출토되었다.

8. 목간

「∨天平五年閏月廿六日白□合

'天平五年'은 733년.

9. 참고문헌

橿考研『奈良縣遺跡調査槪報 1982年度』1983年

中井一夫「奈良·白毫寺遺跡」(『木簡硏究』5, 1983年)

194) 阪原阪戸遺跡(阪原遺跡群2次)

1. 이름 : 사카하라사카도 유적(사카하라 유적군 2차)
2. 출토지 : 奈良縣(나라현) 奈良市(나라시)
3. 발굴 기간 : 1992.11~1993.2
4. 발굴 기관 : 奈良縣立橿原考古學硏究所
5. 유적 종류 : 제사유적
6. 점수 : 1

7. 유적과 출토 상황

해당 유적은 나라시의 동쪽 산간부에 위치해 있으며 木津川 지류, 白砂川 중류 지역에 위치해 있다. 조사 결과 길이 80m, 넓이 6~10m, 깊이 1.0~1.5m 가량의 남북 방향으로 뻗은 溝가 확인되었다. 목간은 溝의 퇴적토 중층에서 출토되었다. 목간과 같이 출토된 유물로는 아스카~나라시대의 스에키, 하지키 등 토기류와 목제품(齋串 포함), 석제품 등이 있으며 '□[俾?]顆之'라고 적힌 묵서토기와 '志', '直', '牛' 등 문자가 적힌 벼루로 전용된 스에키편도 있다. 이 유적에서는 5세기 전반부터 나라시대에 이르기까지 계속해서 제사가 진행된 水源유구가 확인되었다. 목간, 묵서토기, 벼루가 출토된 것은 나라시대에 수원제사유구 가까이에 관아의 시설이 존재하였다는 것을 시사한다.

8. 목간

□□夫子之求之與其諸異乎

『論語』學而篇의 한 구절을 적은 목간이다.

9. 참고문헌

橿考研『奈良縣遺跡調査槪報 1993年度』1994年

木下亘·平岩欣太·和田萃「奈良·阪原阪戶遺跡」(『木簡硏究』16, 1994年)

195) 秋篠·山陵遺跡

1. 이름 : 아키시노·미사사기 유적
2. 출토지 : 奈良縣(나라현) 奈良市(나라시)
3. 발굴 기간 : 1994.4~1994.12
4. 발굴 기관 : 秋篠·山陵遺跡調査會, 奈良大學文學部考古學硏究室, 學校法人正強學園

5. 유적 종류 : 취락

6. 점수 : 1

7. 유적과 출토 상황

해당 유적은 나라 시의 서북쪽, 西大寺를 남쪽으로 바라보는 京北條里 지역에 위치한다. 조몬시대 말기의 토기, 고훈시대 중기의 토갱, 고훈시대 후기의 배수로, 수혈주택, 埴輪로 전용된 우물 형태 유구, 나라시대 후기의 창고, 우물, 溝, 헤이안시대부터 무로마치시대의 촌락, 경작유구, 수전, 각 시대의 하천이 발견되었다. 그중에서도 가장 큰 성과는 京北條里에 관하여, 7세기 단계에서는 자연 지형에 따라 토지를 이용하던 것이 8세기 중엽부터 후기에 걸쳐 일정한 규제를 가진 토지 이용으로 변화된 것을 알 수 있게 된 것이다.

목간은 우물 DSE01에서 1첨 출토되었다. 우물 밑에서 문자가 쓰이지 않은 상방형 목편과 같이 출토된 것이다. 그 위층에서는 '寺'라고 묵서된 하지키 편도 출토되었으며 같이 출토된 토기 연대는 8세기 후반이다. 출토된 유물로는 기와, 녹유 기와, 동전(万年通寶), 숫돌, 송풍관, 제염 노기 등이 있어 이 유적이 사원 조영과 관련된 것을 알 수 있다.

8. 목간

「ₒ卄四日下米　八合乎知方大刀自　六合阿治吾公　廿□〔六?〕日□□□〔收納?〕米肆□□□〔斗陸升?〕
　　　　　　　六合□□□　八合松万呂
　　　□□□

쌀 출납에 관한 목간이다. 상단과 하단부의 일부, 좌우측이 결손. 윗 쪽에는 용도를 알 수 없는 지름 1㎜의 작은 구멍이 뚫어져 있다.

9. 참고문헌

秋篠·山陵遺跡調査會, 奈良大學文學部考古學研究室, 學校法人正強學園『秋篠·山陵遺跡一奈良大學附屬高等學校建設に伴う埋藏文化財發掘調査報告書』(奈良大學文學部考古學研究室發掘

調査報告書17) 1998年

佐藤亜聖「奈良·秋篠·山陵遺跡」(『木簡研究』21, 1999年)

木簡學會編『日本古代木簡集成』東京大學出版會, 2003年

196) 日笠フシンダ遺跡

1. 이름 : 히가사후신다 유적

2. 출토지 : 奈良縣(나라현) 奈良市(나라시)

3. 발굴 기간 : 2006.4~2006.12

4. 발굴 기관 : 奈良縣立橿原考古學研究所

5. 유적 종류 : 제사유적

6. 점수 : 4

7. 유적과 출토 상황

해당 유적은 木津川 지류, 白砂川 오른쪽 기슭에 위치해 있는 제사 관련 유적이다. 발굴조사 결과 나라시대부터 가마쿠라시대의 유구가 발견되었다. 나라시대의 주요 유구는 하천 유로와 木道이다. 유로가 최종적으로 매몰된 것은 가마쿠라시대이나 유로에서 출토된 유물을 보면 목간을 비롯해 토기, 土馬, 동전(和同開珍), 목제품, 목재편, 목설 등 나라시대의 유물이 대량으로 발견되어 나라시대가 중심임을 알 수 있다. 나라시대 유물 중 특별한 것은 목제품인데 繪馬, 人形, 舟形, 陽物形 목제품 등 제사용품이 많이 포함되어 있다. 제사에 사용된 유물은 유로 북쪽 기슭에 집중되므로 유로 주변, 특히 산 쪽에서 제사가 이루어진 것으로 보인다. 木道는 유로 기슭에 따라 나무 판재를 깔아놓은 통로이다. 목도 부근에서도 제사 유물이 출토되어 제사를 지내는 장소로서의 역할을 추측할 수 있다. 목간은 유로 안에서 4점 출토되었다. 목간 출토지 부근에서 繪馬를 비롯한 제사유물이 많이 출토되어 목간도 제사와 관련이 있는 것으로 보인다.

8. 목간

　(1)

・「天平十年七月始□□代進上[　　　　]

　十二月廿七日廿四古使

・[　　　　　　　　]

　　상단부는 원형을 갖추고 있으나 좌우 양변은 파손, 하단은 절손되어 있다. 어떠한 물품을 天平10년(738) 7월에 진상하기 시작하고 또 어떠한 물품을 12월 27일에 24개 사용했다는 기록목간인데 물품명과 진상한 곳은 명확하지 않다.

　(2)

始廿古使中博士　馬一匹

　　상하 양난이 설손되었으나 좌우 양변은 원형이나. 묵흔이 뎅료해 글사가 잘 보이나 '廿'사는 '小'자일 가능성이 있다. '中'과 '馬一匹'은 글자가 작아 주해로 적었을 가능성이 있다.

　(3)

□□納

　(4)

「[　　　　]廿□□〔廿?〕

9. 참고문헌

橿考研『奈良縣遺跡調査槪報 2006年(第1分冊)』2007年

清水昭博·鶴見泰壽「奈良·日笠フシンダ遺跡」(『木簡硏究』29, 2007年)

橿考研『日笠フシンダ遺跡 附載 : 中貫柿ノ木遺跡—縣營圃場整備事業田原南地區に伴う發掘調査報告書』(奈良縣文化財調査報告書144) 2011年

197) 稗田遺跡(確認調査)

1. 이름 : 히에다 유적
2. 출토지 : 奈良縣(나라현) 大和郡山市(야마토코리야마시)
3. 발굴 기간 : 1976.8~1977.2
4. 발굴 기관 : 奈良縣立橿原考古學研究所
5. 유적 종류 : 하천
6. 점수 : 10

7. 유적과 출토 상황

稗田遺跡은 나라 분지를 세로로 통하게 하는 시모츠미치 沿道에 있는 유적으로 平城京 羅城門에서 남쪽 방향으로 약 1.8㎞ 떨어진 곳에 위치한다. 이 유적에서는 고훈시대 후기의 수전과 수로, 나라시대의 인공 하천이 확인되었다. 하천은 폭이 약 10m, 깊이 2m이며 동북에서 서남 방향으로는 거의 직선으로 흐르나 서쪽에서 남쪽으로 완만하게 구부러졌다. 하천 퇴적토는 대부분이 모래며 이 퇴적층은 나라시대 전반, 중기, 후반부터 헤이안시대 초기까지의 3시기로 나눌 수 있다. 하천에서는 목간과 함께 인면묵서토기, 土製馬, 소형 가마, 人形, 齋串, 묵서토기, 和同開珍 등이 출토되었다. 목간은 약간의 묵흔이 있는 것을 합하면 10점이 출토되었다.

8. 목간

  (1)
「∨美作國英多郡

  위에 홈이 있는 하찰목간이다. 하단부는 절손되어 있다.

  (2)
「讚岐國鵜足郡少川鄕□

  상단부는 네모난 형태이고 좌측은 파손되었으며 우측은 깎아져 있고 하단부는 비스듬하게 꺾어져 있다.

　(3)

「∨赤毛□」

　완형의 부찰목간이며 상단부에 홈이 있고 하단부는 뾰족하게 깎아져 있다. 그리고 상하 두 쪽으로 갈라져 있다.

　(4)

「∨朝風王∨」

　　子万呂

　상하 양단에 홈이 있는 완형의 부찰목간이다. 인명이 적혀 있다. '朝風'에 관해서는 奈良縣 高市郡 明日香村에 '아사카제'라는 지명이 남아 있고 竹野王이 天平勝寶3년(751)에 건립한 石造竹野王多重塔이 근저에 있는데 그 명문에 '朝風'이 적혀 있다. 또한 長屋王家 목간에 '旦風悔過布施文'라고 적혀져 있는 목간이 있어 長屋王家에 관련해서 불사가 朝風 지역에서 진행되었다는 것을 알 수 있다. 다만 이 목간의 '朝風王'과 어떤 관계가 있는지는 확실하지 않다. 혹은 '朝風'을 성으로 보고 '아사카제노 미코마로'라고 읽을 수 있다는 의견도 있다.

9. 참고문헌

奈良縣教委『奈良縣遺跡調査槪報 1976年度』1977年
鶴見泰壽「奈良·稗田遺跡」(『木簡研究』32, 2010年)

198) 稗田遺跡

1. 이름 : 히에다 유적

2. 출토지 : 奈良縣(나라현) 大和郡山市(야마토코리야마시)

3. 발굴 기간 : 1980.9~1981.2

4. 발굴 기관 : 奈良縣立橿原考古學研究所

5. 유적 종류 : 하천

6. 점수 : 18

7. 유적과 출토 상황

稗田遺跡에서는 시모츠미치라는 도로유구와 하천이 확인되었다. 시모츠미치는 도로 폭이 16m, 동쪽 배수로 넓이가 11m, 西側溝의 넓이가 4m다. 다만 東側溝는 규모가 아주 크기에 수로의 역할이 더욱 중요하였을 가능성이 있다. 시모츠미치와 교차하는 하천은 폭이 약 20m, 깊이 약 1.5m이며 하천 내부와 강기슭에는 지름이 약 50㎝의 기둥이 약 20개 남아 있어 하천에 걸친 다리 기둥으로 볼 수 있다. 이 다리 주변에는 호안, 유로 조정을 위한 木栅이 놓여 있는데 목간은 이 수책 주위에 퇴적된 유기층에서 출토되었다. 목간은 묵흔이 있는 것과 습서목간을 합하면 18점이다.

8. 목간

(1)

・「□〔右?〕衛士府移□府□〔入?〕□□又□□□〔旨?〕　　　」

・「　　　　　霊龜三年十一月十日取鳥部連次万呂　　　　」

'衛士府'에 관한 목간이다. '霊龜三年'은 717년이다.

(2)

「∨　　　大田部□[　　][箸麻呂?]　　　∨」
　　隱地郡　　　　　　　　　　　　海藻
　　　　　　　日下部□□〔荒次?〕

隱岐國 隱地郡이 보낸 하찰목간이다.

(3)

「　　　　　　　　　　[　　　]万呂

　□□□□〔衛士府?〕　□□[　　]万呂

多比連□万呂

阿□連□万呂　　」

'衛士府'에 관한 목간이다.

(4)

「幡麻國□〔耳?〕企郡×

播磨國 美囊郡이 보낸 하찰목간이다.

9. 참고문헌

奈良縣教委『奈良縣遺跡調査概報 1980年度』1981年

中井一夫「奈良·稗田遺跡一下ッ道」(『木簡研究』3, 1981年)

木簡學會編『日本古代木簡選』岩波書店, 1990年

199) 八條北遺跡(A 地區)

1. 이름 : 하치죠키타 유적(A지구)

2. 출토지 : 奈良縣(나라현) 大和郡山市(야마토코리야마시)

3. 발굴 기간 : 2003.4~2003.12

4. 발굴 기관 : 奈良縣立橿原考古學研究所

5. 유적 종류 : 취락

6. 점수 : 8

7. 유적과 출토 상황

八條北遺跡은 고대 도로 시모츠미치 서쪽에 인접해 있는 유적이다. A지구에서는 목간이 출토된 溝 외에 굴립주 건물, 울타리, 우물, 토갱 등이 발견되었다. 우물 중 제일 큰 SE1에서는 和

同開珍, 神功開寶, 석제품, 철제품 등이 출토되었다.

목간은 나라시대의 溝 SD1에서 8점 출토되었다. SD1은 동남-서북방향의 溝이고 넓이 약 4 m, 깊이 0.7~1.2 m이다. 조사구 서쪽으로부터 북쪽으로 L자형으로 굽어 있으며 굽은 부분 이 북으로는 넓이가 동서쪽으로 넓어지고 깊이도 1.5 m로 깊어지는 곳이 있다. 퇴적층은 상층과 하층 두 개 층으로 나뉘며 상층에서는 그릇, 잔 등 식기류, 기와, 塼, 묵서토기, 土馬, 소형 토기 등 유물이 출토되었다. 나라시대 중기의 토기가 현저해 이 시기에 溝가 메워진 것으로 볼 수 있 다. 묵서토기에는 '太', '宅' 등의 글자가 적혀 있다. 하층에서는 토기, 말굽형 벼루, 목간, 齋串, 土 馬, 소형 토기, 옥, 말 이빨, 짐승 뼈, 조개, 호두 등이 출토되었다.

8. 목간

(1)

「∨若佐國[　　　]佐□□ □
　　　　　　　　　　　□

若狹國에서 보낸 하찰목간이다.

(2)

「∨□□米六斗三家里」

완형의 하찰목간이다. '六斗'로 적혀 있는 것으로 보아 庸米일 가능성이 크다.

(3)

「各田部連□□　　　□

'各田部連'는 '額田部連'이며 天武13년(685) 12월에 '宿祢'로 성을 바꿨으나 '連'도 남아 있은 듯 하다. '額田部連'의 본거지는 조사지에서 서남방향으로 2㎞ 떨어진 平群郡額田郷이다.

(4)

・內先穴師首万呂

・□□□□□□

인명을 적은 목간이다. 상하 양단 및 왼쪽이 파손되었다. '穴師'는 현재에도 櫻井市穴師라는